Peter Pantuček

Lebensweltorientierte Individualhilfe

Eine Einführung für soziale Berufe

Lambertus

Die Deutsche Bibliothek - CIP-Einheitsaufnahme

Pantuček, Peter:
Lebensweltorientierte Individualhilfe: eine Einführung für soziale Berufe / Peter Pantuček. – Freiburg im Breisgau: Lambertus, 1998
ISBN 3-7841-0714-1

Umschlaggestaltung: Grafikdesign Christa Berger, Solingen
Umschlagfoto: Uwe Stratmann, Wuppertal
Herstellung: Druckerei Franz X. Stückle, Ettenheim
ISBN 3-7841-0714-1

Inhalt

Vorwort

Der ganze Text für dieses Buch war bereits fertiggestellt, da war immer noch nicht klar, wie es heißen sollte. Was einst Casework war, hat heute keinen allgemeingebräuchlichen Namen mehr: Einzelfallhilfe, Soziale Einzelarbeit, lebensweltorientierte Individualhilfe, Fallarbeit, Soziale Arbeit mit einzelnen – alle diese Bezeichnungen verwende ich in diesem Band, und gemeint ist immer das gleiche.
Den deutschen Streit zwischen fachhochschulbasierter Sozialarbeit und universitärer Sozialpädagogik, was denn nun die Unterschiede seien, ob es überhaupt welche gäbe usw., verfolge ich nur von außen mit der einem Österreicher zustehenden staunenden Naivität. Ich habe mir immer gedacht, Sozialpädagogik hat etwas mit pädagogischen, also erzieherischen Anstrengungen außerhalb der traditionellen Rahmen Familie und Schule zu tun. Sozialarbeit hingegen mit der Bearbeitung sozialer Probleme, in der Regel fallbezogen. So ist jedenfalls mein Verständnis – und wenn ich mir die Diskussionen in internationalen Mailinglists zu Social Work ansehe, dann fühle ich mich dort recht zu Hause und bin mir nicht klar, weshalb Sozialarbeit hierzulande so umstritten ist. Manchmal schreibe ich in diesem Buch „Soziale Arbeit“, ohne mir sicher zu sein, welche Position ich damit im deutschen Streit einnehme, oder auch ganz einfach „Sozialarbeit“. „Sozialpädagogik“ nenne ich etwas dann, wenn es sich tatsächlich um pädagogische Arbeit handelt. Meine Leserinnen mögen mir das Beharren auf meiner Naivität verzeihen. Natürlich gibt es Streit auch in Österreich – ich könnte da einiges über die hiesigen sogenannten „Sozialpädagogen“ erzählen ...
Bei allem Willen zur politischen Korrektheit und zu einer Sprache, die den weiblichen Teil der Welt nicht verschwinden läßt, brachte ich es doch nicht übers Herz, durchgängig die häßlichen Groß-I- und Schrägstrichformen zu verwenden. Die Leser finden im Text abwechselnd einmal männliche, dann wieder weibliche Formen. Leserinnen oder Leser des jeweils anderen Geschlechts können sich als mitgemeint betrachten oder auch nicht – ganz wie es behagt. Wo das Geschlecht eindeutig sein sollte, ist es das hoffentlich auch.

Schließlich danke ich allen, die geholfen haben, und noch mehr denen, die mit mir während der Arbeit an diesem Buch Geduld hatten. Meiner Frau und Fachkollegin Gertraud danke ich nicht nur dafür, sondern auch für Anregung und produktives Infragestellen.

St. Pölten, März 1998 Peter Pantuček

Einführung: Zur Bedeutung der Einzelfallhilfe als Arbeitsform für die Soziale Arbeit

Der vorliegende Band soll dazu beitragen, daß der Individualhilfe im Selbstbild der Sozialen Arbeit wie in der Ausbildung jener Platz eingeräumt wird, der ihr zukommt – als die häufigste Arbeitsweise, deren kunstfertiger Gebrauch in nahezu allen Praxisfeldern von Nutzen sein kann. In diesem Einführungskapitel versuche ich zuerst, die Arbeitsform innerhalb der Sozialen Arbeit und das Lernen von Einzelfallhilfe im Rahmen der beruflichen Sozialisation zu verorten (Abschnitt 0.1.). Es folgen einige Hinweise zum Gebrauch dieses Buches (Abschnitt 0.2.), schließlich will ich anhand einer Fallgeschichte (0.3.) einige grundsätzliche Überlegungen zur Individualhilfe skizzieren. Der Fall ist in den Folgekapiteln auch Bezugspunkt mancher Beispiele, er begleitet die Leserin, den Leser also durch einige Teile des Buchs.

0.1. Soziale Arbeit und Individualhilfe

Soziale Arbeit ist nicht nur irgendeine Profession. Sie lebt von der Faszination, die von Menschen ausgeht. Sie lebt von der Freude am Komplizierten und Komplexen, am nicht völlig durch Analyse Erfaßbaren und durch Konzepte Bewältigbaren. Soziale Arbeit ist Kommunikationskunst und Organisationskunst, allerdings nie l'art pour l'art. Dazu ist ihr Gegenstand, die Bewältigung menschlicher sozialer Probleme, zu ernst und ihr Handeln zu folgenreich.
Beim Bemühen, die konkrete Praxis zu gestalten, die jeweiligen konkreten Handlungsvollzüge zu reflektieren, zu ändern und neu zu entwerfen, war traditionellerweise die Einzelfallhilfe von besonderer Bedeutung. Sie bildete zusammen mit der Sozialen Gruppenarbeit und der Sozialen Gemeinwesenarbeit – zumeist kurz als „Methoden" bezeichnet – die Trias der klassischen handlungsstrukturierenden Arbeitsformen. Mehr noch als die anderen Arbeitsformen prägte sie hierzulande – immer wieder belebt und getragen von Impulsen aus den USA – bis in die siebziger Jahre hinein das professionelle Selbstverständnis der Sozialen Arbeit.

Dann allerdings büßte die Einzelfallhilfe diese Vorrangstellung ein. Die gesellschaftkritische Infragestellung der individualisierenden Hilfen führte dazu, daß nicht nur der öffentliche Diskurs über die verschiedenen Arbeitsformen der Sozialarbeit, insbesondere die Einzelfallarbeit, ziemlich verstummte, sondern auch die Vermittlung von handlungspraktischen und methodischen Kompetenzen in der Ausbildung von Sozialarbeitern immer mehr vernachlässigt wurde. Das so entstandene Vakuum an handlungsleitendem Wissen wurde in den Jahren danach von anderen, meist therapeutischen Arbeitsformen aufgefüllt, die auf der Basis psychologischer Konzepte oder Methodiken entwickelt worden waren und die sich viele SozialarbeiterInnen via Zusatzausbildung aneigneten (Gesprächstherapie, systemische Familientherapie, NLP u.v.m.). Neuerdings scheinen sich eher betriebswirtschaftlich ausgerichtete Managementmethoden in den Vordergrund zu schieben – und problem- oder handlungsfeldbezogene Spezialtechniken (z. B. die Schuldnerberatung, Scheidungsmediation usw.), die nur marginal an den allgemeineren Wissensstand der Sozialarbeit anknüpfen.

PraktikerInnen im Bereich der Sozialen Arbeit bekommen auch mit diesen „fachfremden" Methodiken Orientierung und Hilfen, doch sind es immer die richtigen, die den zu bearbeitenden Problemen und den sozialarbeiterischen Möglichkeiten angemessenen? Dies zu beurteilen ist nur auf der Grundlage eines eigenen professionellen Bezugsrahmens möglich, wie u. a. Müller/Gehrmann (1996) in ihrer Polemik gegen die „Kolonisierung" der Sozialarbeit durch Fremddisziplinen argumentieren. Aus fachlicher Sicht, aus Gründen der beruflichen Identität und im Interesse der Sicherung der Qualität sozialarbeiterischer Intervention muß und kann die Soziale Arbeit dieser Entwicklung entgegenwirken (siehe dazu etwa Pfeifer-Schaupp 1995).

Inzwischen scheint es so, als würde sich die Soziale Arbeit von der Lähmung und Tabuisierung der eigenen Grundlagen befreien. Wenn die Zeichen nicht trügen, dann hebt die Diskussion um die Arbeitsformen wieder an, werden die Nachfragen nach sozialarbeiterischen Handlungskonzepten stärker, werden die konzeptionellen und theoretischen Grundlagen methodischen Arbeitens wieder erörtert, werden hergebrachte Arbeitsformen kritisch reformuliert und weiterentwikkelt usw. (siehe etwa Heiner u. a. 1994; Groddeck/Schumann 1994).

In diesem Kontext soll diese Publikation ein kleiner „Lehrgang" für die Einzelfallhilfe sein. Mit ihr wollen wir versuchen, dem Bedarf ent-

gegenzukommen, Informationen und Verständnishilfen zu dieser spezifisch sozialarbeiterischen Arbeitsform geben und einen Beitrag zu ihrer Weiterentwicklung leisten.
Allerdings müssen wir vor der Erwartung warnen, die Lektüre dieses Buches in der Aus- oder Weiterbildung stelle alles nötige bereit, was man für eine wirksame Sozialarbeit und Individualhilfe benötigt. Diesen Anspruch kann dieses Buch nicht erfüllen. Denn über die methodischen Kenntnisse hinaus gilt es noch einige Kenntnisse und Fähigkeiten zu erwerben, um „paßgenaue" Arbeit leisten zu können:

(a) die Kenntnis der realen Bedingungen, unter denen Menschen (und Klientinnen der Sozialarbeit) ihr Leben reproduzieren, müssen die Sozialarbeiter vor Ort in der Praxis erwerben
(b) die tatsächlichen Strategien, mit denen Menschen (und Klienten der Sozialarbeit) ihr Leben zu gestalten versuchen, und die Chancen und Gefahren, die diese Strategien mehr oder weniger erfolgreich machen, können ebenfalls nur in den jeweiligen Praxissituationen in den Blick genommen werden
(c) die wirklichen Ressourcen, die im Umfeld dieser Menschen zur Verfügung stehen, und die Qualität und Brauchbarkeit dieser Ressourcen können auch wiederum nur vor Ort erkundet werden.

Dazu kommt, daß die Einzefallhilfe sich nicht auf „methodische" (Gesprächs-, Beratungs- und Interventions-)Taktiken reduzieren läßt. Die Vielfalt und Differenziertheit des Alltags verbieten die einfache Anwendung von eingeübten Handlungsrepertoirs nach Schema F. Was im Rahmen der Ausbildung bzw. des Studiums und mit Hilfe dieser Publikation als Arbeitsform gelernt wird, soll die Handlungskompetenz grundlegen und das Repertoire bereichern; das bloße Einüben einer Strategie oder Taktik wäre jedoch das Gegenteil davon. Am besten läßt sich die „Methoden-Kompetenz" für gute Sozialarbeit immer noch dadurch verbessern, daß die Fachkräfte (in der Ausbildung und danach) sich unterschiedlichsten sozialen Situationen aussetzen, sich in ihnen bewegen lernen, und ihre Erfahrungen dann mit anderen reflektieren.
Abschließend hier noch einen Hinweis zur Terminologie: Die Bezeichnungen für die Individualhilfe als eine der „Methoden" der Sozialarbeit sind etwas unpräzise und vielgestaltig. Sie laute(te)n in diesem Jahrhundert: „social casework", „Einzelfallhilfe", „Soziale Einzelhilfe", „vertiefte Einzelfallhilfe". Wir sprechen in diesem Buch

i. d. R. von „lebensweltorientierter Individualhilfe“ oder kürzer: von „Individualhilfe“. Einerseits wird dadurch eine Abgrenzung gegenüber dem klassischen Casework vorgenommen, andererseits eine Verwechslung mit dem speziellen Angebot der „Sozialen Einzelhilfe“ als alltagsbegleitender Betreuungsform, wie sie juristisch definiert ist, vermieden.

0.2. Zielgruppe und Aufbau des Buches

Dieses Buch wendet sich zuvorderst an Studierende der Sozialarbeit/Sozialpädagogik an Fachhochschulen und Universitäten. Sie sollen damit eine grundlegende Einführung in die Individualhilfe erhalten.
Sofern PraktikerInnen an einer Reflexion ihrer Tätigkeit interessiert sind und/oder ihre Arbeit überprüfen wollen, hoffen wir, auch ihnen nützlich zu sein. Personen ohne sozialarbeiterische Vorbildung, die in einschlägigen Handlungsfeldern arbeiten, können die Publikation als Einführung in die Einzelfallhilfe zur Hand nehmen.
Da es sich um eine traditionsreiche Arbeitsform handelt, nehme ich zuerst auf diese Tradition Bezug und gebe in den Kapiteln 1 und 2 einen kurzen Abriß ihrer Geschichte, mit dem Blick auf die heute noch interessanten Sichten und Kontroversen. In der Folge werden einige theoretische Bezüge hergestellt, da Individualhilfe nicht nur in der Praxis wurzelt, sondern zu ihrer Reflektion und Fundierung um Überlegungen auf der Theorieebene nicht umhinkommt und ihre Kompatibilität mit dem Stand der Wissenschaft überprüfen muß. Im Kapitel 4 werden dann Zentralbegriffe der Sozialarbeit (Klient, Lebensfeld, Organisation) diskutiert. Nach der Beschäftigung mit den Grundlagen können wir dann im engeren Sinne methodische Fragen behandeln. Ihnen sind die Abschnitte 5 bis 8 gewidmet: Die Eingangsphase einer helfenden Beziehung strukturiert den Hilfsprozeß vor. In ihr wird die Beziehung zwischen Sozialarbeiter und Klient definiert. Dem sogenannten Intake ist daher ein ganzes Kapitel gewidmet. Die Folgekapitel werden sich mit der Beziehungsgestaltung, der Gesprächsführung und der Arbeit im Umfeld der Klienten beschäftigen. Die Breite des Anwendungsbereichs der Individualhilfe ermöglicht nur eine exemplarische und unvollständige Darstellung – im Kapitel 9 versuchen wir, anhand einiger Bereiche diese Vielfalt darzustellen. Die Zusammenarbeit mit benachbarten Professionen bzw. Methoden wirft Ab-

grenzungsfragen und Fragen der Kooperation auf. Mit ihnen beschäftigen wir uns im Kapitel 10. Die enge Verbindung von Methodik und Ethik hat im Social Casework Tradition. Daher ist den Fragen der Professionellen Ethik, vor allem der Ethik der Sozialarbeiter-Klient-Beziehung, ein eigenes Kapitel (11) gewidmet. Schließlich folgen noch Hinweise darauf, wie Sie Ihre Fähigkeiten schulen und entwikkeln können, um zu einem guten Caseworker oder einer guten Caseworkerin zu werden.

Einigen Kapiteln sind Materialien beigegeben, die einen Eindruck von wichtigen Originaltexten vermitteln und zu eigenen Recherchen anregen sollen. Die Marginalien (an den Rand gestellten Stichworte) dienen der leichteren Auffindbarkeit einzelner Themen. Jedem Kapitel sind einige Fragen angeschlossen, die in thematischem Zusammenhang mit den dort behandelten Aspekten stehen. Manche dienen der Überprüfung des eigenen Verständnisses, andere sind Anregungen zur Diskussion verschiedener möglicher Standpunkte, wieder andere sollen zu kreativen Herangehensweisen an Fallgeschichten und an Fragen der Individualhilfe ermutigen.

Zur Illustration und Konkretisierung von Aussagen greife ich auf einschlägige Fallbeispiele zurück. Diese sind teils meiner eigenen Praxis entnommen, teils entstammen sie kontrollierter Praxis von Kolleginnen und Kollegen und wurden mir im Rahmen meiner Ausbildungs-, Supervisions- und Fortbildungstätigkeit bekannt.

Ich habe versucht, das Buch so gliedern, daß die einzelnen Kapitel auch für sich allein stehen können. Ein Gesamtbild wird sich aber nur den Leserinnen erschließen, die sich letztlich doch mit allen hier dargestellten Aspekten der Individualhilfe beschäftigen.

Den meisten Kapiteln folgen annotierte Literaturhinweise, Empfehlungen für die weitere Lektüre, wenn Sie an den Fragestellungen des jeweiligen Kapitels besonders interessiert sein sollten.

0.3. Fallbeispiel

Michael M., 16 Jahre alt (eine schematische Darstellung des Betreuungsverlaufs bietet Abbildung 1, S. 20 f.):

Das „Kriz“ ist eine Kriseneinrichtung für Kinder und Jugendliche. Es wird im Februar mit dem Ersuchen von Frau Maier, Sozialarbeiterin des nahegelegenen Jugendamts, konfrontiert, den Jugendlichen Michael kurzfristig aufzunehmen. Michael befindet sich seit drei Monaten in Joching, einem Heim der Jugendwohlfahrt, zur Abklärung der weiteren Vorgangsweise. Frau Maier verweist bei ihrer Anfrage auf ein psychologisches Gutachten, in dem die vom Jugendlichen offen zur Schau gestellte Homosexualität als Grund für seine Schwierigkeiten genannt wurde. Er werde deshalb in der Heimgruppe von den anderen Kindern und Jugendlichen fortwährend gehänselt. Sonst sei er ein netter Junge und weitgehend unproblematisch, vernünftig und selbständig. Ins Heim Joching sei Michael vor drei Monaten gekommen, weil seine Mutter, Frau Müller, 35 Jahre alt, Sozialhilfeempfängerin und in einer kommunalen Wohnung lebend, nach der Geburt eines weiteren Kindes nicht mehr bereit gewesen war, Michael bei sich zu behalten. Das psychologische Gutachten enthalte bereits einen „Administrationsvorschlag", nämlich die dauernde Unterbringung in Hohenburg, einem Heim der Jugendwohlfahrt am äußersten Rande der Stadt.

Eine Sozialarbeiterin der Kriseneinrichtung (KRIZ) übernimmt die Verantwortung für Michael. Da es keinen Betreuungsauftrag für Michael gibt und bereits eine längerfristige Unterbringung in Hohenburg vorgesehen ist, wird Michael im KRIZ bloß aufgenommen; er kann dort vorerst wohnen, ohne daß eine intensivere Beschäftigung mit ihm und seiner Lebenssituation stattfindet.

Insgesamt verbringt Michael vier Wochen im KRIZ. Er ist sehr umgänglich und spricht mit allen BetreuerInnen über seine Homosexualität, die er sehr offen darstellt. Er besucht zu diesem Zeitpunkt noch die Regelschule (letzte Klasse) mit durchschnittlichem Erfolg und ohne nennenswerte Schwierigkeiten. Michael ist viel unterwegs: Er hat intensiven Kontakt zu einer politisch und beraterisch aktiven Gruppe von Homosexuellen, besucht Veranstaltungen und Sitzungen und nimmt an Verhandlungen mit Politikern teil. Viel Zeit will er auch bei Alexander, seinem Freund, einem 28jährigen Studenten, verbringen. Ein wenig inszeniert er sich wie ein vielbeschäftigter, fürchterlich wichtiger Manager. Die Kriseneinrichtung schränkt seine außerhäusigen Aktivitäten ein und legt auf regelmäßige Anwesenheit wert. Alexander, seinem Freund, teilt die Sozialarbeiterin telefonisch mit, welche Regeln im KRIZ gelten. Sie ersucht ihn, Michael nicht dazu anzuregen, sofort nach der Schule zu ihm zu kommen oder über Nacht bei ihm zu bleiben. Auch die Teilnahme an den anderen Aktivitäten werden eingeschränkt, was nach einigen Schwierigkeiten gut funktioniert. Bloß einmal gibt es einen problematischen Vorfall: Michael war alkoholisiert mit einem Mann (Freier?) „mitgegangen", wurde von seinem Freund gesucht und gefunden und wieder in das KRIZ gebracht.

Es fällt auf, daß Michael im Alltag manchmal „verwirrt", sehr vergeßlich und zerstreut ist und sich ausschließlich mit dem Thema „Homosexualität" beschäftigt und für nichts anderes zu interessieren ist.

Nach vier Wochen zieht Michael wie vorgesehen aus dem KRIZ aus und bezieht in Hohenburg den vorgesehenen und zwischenzeitlich frei gewordenen Heimplatz. Beim Umzug wird festgestellt, daß er neben seinen eigenen

Habseligkeiten im KRIZ auch einige Utensilien eingepackt hat, die ihm nicht gehören: Stempel, diverses Büromaterial, das ihm die Betreuer wieder abnehmen. Vom Heim Hohenburg ist Michael vor seinem Wechsel dorthin wenig bekannt, er hatte sich auch kaum dafür interessiert. Trotzdem geht er positiv gestimmt. Auch die ErzieherInnen kennen ihn noch nicht persönlich. Die zuständige Erzieherin beklagt sich aber, wie man ihnen und der Gruppe so etwas nur antun könne: ihnen einen schwulen Knaben reinzusetzen.

Einige Monate nach dem Umzug meldet sich Frau Schmitt, Sozialtherapeutin, die in der Familie von Michael im Rahmen der sozialpädagogischen Familienhilfe tätig ist, telefonisch im KRIZ. Michael habe sie angerufen und ihr mitgeteilt, daß im Heim im Sommer Gruppenräumlichkeiten umgebaut würden und er seinen dadurch nötigen Heimurlaub gerne bei seiner Mutter oder in der Kriseneinrichtung (KRIZ) verbringen möchte. Ihr selbst erscheine ein Urlaub bei der Mutter nicht günstig, weshalb sie sich in dieser Angelegenheit an das KRIZ wende. Die Sozialarbeiterin des KRIZ sagt zu, daß Michael dann wieder aufgenommen werden könnte.

14 Tage später ruft die Jugendamtssozialarbeiterin im KRIZ an und teilt mit, daß bei ihr im Amt Frau Müller (Michaels Mutter), Michael selbst und die Familienhelferin sitzen. Michael sei aus dem Heim geflüchtet und weigere sich, nach Hohenburg zurückzugehen. Die Mutter habe Michael nach seiner „Flucht" das Wochenende über aufgenommen. Mutter und Familienhelferin wollten keinesfalls, daß er weiter bei der Mutter bleibe. Deshalb ersuche sie um die Aufnahme von Michael im KRIZ. Diese wird ihr für zwei Tage später zugesagt.

Michael kommt wie vereinbart nach zwei Tagen mit seiner Mutter und der Familienhelferin in das KRIZ. Vereinbart ist vorerst die Aufnahme bis Monatsende (3 Wochen); danach soll er wieder ins Heim nach Hohenburg. Bis dahin soll daran gearbeitet werden, die dort bestehenden Schwierigkeiten zu bereinigen. Der betreuenden Sozialarbeiterin im KRIZ erzählt Michael, daß er in Hohenburg, einmal erst spät Nachts um drei Uhr, von einem Ausgang heimgekehrt, von einem Mitinsassen sexuell genötigt worden sei. Im Heim habe sich niemand darum gekümmert, weshalb er mit Hilfe seines erwachsenen Freundes Anzeige bei der Polizei erstattet habe.

Nach einigen Tagen ruft im KRIZ ein Erzieher aus Hohenburg an und fragt, ob Michael sich nun in psychologischer Begutachtung befinde. Er sei im Heim als so schwierig erlebt worden, daß man ihn nur nach einem entsprechenden Gutachten wieder aufnehmen wolle. Der Erziehungsleiter von Hohenburg wolle außerdem noch während des Aufenthalts des Jugendlichen im KRIZ eine Besprechung durchführen.

Die Sozialarbeiterin des Krisenzentrums besucht tags darauf zusammen mit Michael das Heim Hohenburg, um von dort noch verbliebene Habseligkeiten des Jungen zu holen. Der Erziehungsleiter teilt ihr bei dieser Gelegenheit mit, daß er zwischenzeitlich von der Polizei Mitteilung wegen der Anzeige erhal-

ten habe. Michael habe sich damit vollends disqualifiziert. Nach dem Vorfall (lt. Michael eine „Nötigung“) habe im Heim eine Besprechung stattgefunden mit Michael, dem Erziehungsleiter selbst, dem Gruppenerzieher, der Jugendamtssozialarbeiterin, der Mutter und Michaels Freund Alexander. Michael habe diese Besprechung vorzeitig verlassen, da ihm die Mutter die Nötigungsgeschichte nicht habe glauben wollen. Jedenfalls habe man die Angelegenheit damals intern geregelt und es sei zugesagt worden, daß keine Anzeige erstattet werde. Michael habe somit einen groben Vertrauensbruch begangen. Seine Wiederaufnahme sei – so der Leiter des Heims Hohenburg – unter diesen Umständen kaum vorstellbar.
Nun gibt es einige Gespräche von Michael mit Sabine P., der Sozialarbeiterin des KRIZ, die sich des Falls hauptverantwortlich angenommen hat. Michael bestreitet alle Vorwürfe des Heims. Er erklärt außerdem unmißverständlich, daß er keinesfalls wieder nach Hohenburg wolle. Sabine P. rät ihm, dieses Problem auch mit der Jugendamtssozialarbeiterin zu besprechen: Sie muß schließlich die Entscheidungen treffen.
Da Michael die Wochenenden jeweils bei seiner Mutter verbringen soll, werden vom KRIZ (Sabine P., hier unsere „Mustersozialarbeiterin“) auch mit ihr Vor- und Nachbesprechungen vereinbart. Die Umsetzung dieser Vereinbarung gestaltet sich aber höchst schwierig: Frau Müller gibt zu erkennen, daß sie aufgrund der nötigen Aufmerksamkeit, die das Neugeborene, Michaels kleiner Bruder, beanspruche, sehr belastet sei und für die „Spinnereien“ von Michael überhaupt kein Verständnis aufbringen könne.
Das darauffolgende Besuchswochenende gestaltet sich dementsprechend unbefriedigend. In der Nachbesprechung weist die Mutter darauf hin, daß Michael aus ihrer Sicht nicht bereit gewesen sei, ihr im Haushalt zu helfen; er habe sich sehr frech verhalten. Weitere Wochenendaufenthalte bei ihr lehne sie kategorisch ab (was sie später nach Anrufen von Michael insofern relativiert, als sie ihm Kurzbesuche gestattet).
Michael ist während dieses zweiten Aufenthalts im KRIZ sehr anhänglich; er hält die getroffenen Vereinbarungen im wesentlichen ein und ist nie abgängig. Allerdings ist seine Verwirrtheit wieder zu bemerken. Er liebt es, mit Freunden, Bekannten, Sozialarbeitern mehrere Termine für den gleichen Zeitpunkt zu vereinbaren, verkompliziert damit seinen Alltagsablauf beträchtlich.
In dieser Zeit schließt Michael die Regelschule ab, allerdings mit einem „nicht genügend“ in Geographie. Die Familienhelferin ist bereit, nach ihrem Urlaub mit ihm für die Nachprüfung zu lernen, was aber infolge der in dieser Zeit sich auftürmenden Schwierigkeiten und der Unfähigkeit von Michael, die erforderlichen Mitschriften und Bücher zu besorgen, scheitert. Sie bietet des weiteren an, mit den ErzieherInnen im Heim Hohenburg zu arbeiten und ihnen Michael „ertragen“ zu helfen. Doch auch dieses Arrangement kommt nicht zustande, zum einen wegen des Widerstands der ErzieherInnen, zum anderen wegen des ausgedehnten Urlaubs der Familienhelferin.

Alexander, der immer wieder aktive Freund des Jugendlichen, hat ihm inzwischen einen Gesprächstherapeuten vermittelt, den Michael tatsächlich hin und wieder zu einer Sitzung besucht (wieder ein Termin!).

Drei Tage vor dem vereinbarten Ablauf des Aufenthalts von Michael in der Kriseneinrichtung (KRIZ) findet in Hohenburg noch eine – diesmal von der Sozialarbeiterin des Heims organisierte – Besprechung statt. Zur Überraschung der Jugendamtssozialarbeiterin bekommt sie vom anwesenden Mitarbeiter des Heims die Auskunft, daß sich das Team eine Wiederaufnahme von Michael überhaupt nicht vorstellen könne. Sabine P. vom KRIZ ist darüber nicht mehr so verwundert, sie hatte ja bereits die Haltung des Erziehungsleiters erlebt. Als Begründung führen die Erzieher die nicht abgeschlossenen Renovierungsarbeiten in Hohenburg an, den bevorstehenden Urlaub des Erziehungsleiters und die Unmöglichkeit, Michael vor den Aggressionen des von ihm angezeigten Mitbewohners zu schützen. Der bei der Besprechung anwesende Gruppenerzieher verfügt außerdem über keinerlei Entscheidungsbefugnis. Er hätte sich erst mit den anderen GruppenerzieherInnen besprechen müssen, wozu er sich aber aufgrund seines eigenen baldigen Urlaubsantritts nicht mehr in der Lage sieht. Dagegen spricht sich die Jugendamtssozialarbeiterin eindeutig für eine sofortige Rückkehr von Michael nach Hohenburg aus, bleibt damit aber völlig allein: Michael selbst weigert sich ja nach wie vor, ins Heim Hohenburg zurückzugehen. Die Sozialarbeiterin des Heims versucht zwischen der Jugendamtssozialarbeiterin und Michael bzw. Sabine P. vom KRIZ zu vermitteln und stellt einen Platz in einer Wohngemeinschaft in Aussicht. Genaueres müsse sie aber noch abklären.

In weiteren Besprechungen gelingt es Sabine P. vom KRIZ, die Kollegin vom Jugendamt umzustimmen und ihr Einverständnis zu einer Übersiedlung von Michael in die Wohngemeinschaft zu bekommen. Dabei stellt sich heraus, daß die Jugendamtssozialarbeiterin bereits seit vielen Jahren mit der Familie in Kontakt ist und sich dabei besonders um den Knaben gekümmert, ihn auch im Rahmen Sozialer Gruppenarbeit betreut hatte. Ihr langjähriges Engagement war darauf ausgerichtet, ihn bei der Familie halten und eine Heimeinweisung verhindern zu können. Offensichtlich hatte die Mutter Michael bereits seit langem nicht mehr im Haushalt haben wollen. Eine gewisse Erschöpfung und Enttäuschung über den Mißerfolg und über die Schwierigkeiten, die Michael nun bereitet, sind sicherlich mit ein Grund für die anfängliche Unwilligkeit der Kollegin, erneut eine neue Lösung mit unklarem Ausgang zu suchen. Ihre Gefühle mögen so sein: Jahrelang bemühe ich mich um ihn, er hat mich jetzt mehrfach enttäuscht, jetzt muß ich konsequent bleiben, weil, es kann nicht immer alles nach seinem Kopf gehen.

Der Wechsel des Jugendlichen in die Wohngemeinschaft bereitet dann keine besonderen Schwierigkeiten; es gefällt ihm dort, und auch die ErzieherInnen scheinen mit ihm zurechtzukommen. Michael beginnt eine Lehre als Koch/Kellner. Als er an seinem Arbeitsplatz 500 Mark „mitgehen“ läßt, verliert er

Abbildung 1: Ablaufschema der Fallbearbeitung Michael M.

Zeitpunkt	Kontakte aus Sicht von Sabine P., Sozialarbeiterin des KRIZ	Michael (Klient)	Important Others: Mutter	Important Others: Freund	Sozial-arbeiter Jugendamt	Heim-erzieher	Familien-hilfe	Wohn-gemein-schaft		Aufenthalt		Schule/Arbeit
Februar	Jugendamt ruft an				X							
	Erstgespräch	X	X		X							
März	mehrere Gespräche während des Aufenthalts	XXXX	XX	XX	XX					Aufenthalt im KRIZ 4 Wochen		Pflichtschule
Ende März	Schluß-besprechung	X	X		X							
										Aufenthalt in		
Ende Juni	Anruf						X			Hohenburg:		
Anfang Juli	Anruf				X					3 1/2 Monate		
	Aufnahme-gespräch	X	X				X					
	Einzelgespräche während des Aufenthalts	XXX								neuerlicher Aufenthalt im KRIZ		
	Anruf					X				vereinbart:		

	„zufällige Besprechung im Heim“	×				×			3 Wochen	
	Einzelgespräche während des Aufenthalts	×××					×		weil Rückkehr nach Hohenburg nicht möglich	
	Vorbesprechung vor Ausgang	×	×						schließlich verlängert	
	Nachbesprechung nach Ausgang	×	×						auf 2 Monate	
	Lagebesprechung						×			
	Besprechung im Heim	×			×	×				
	Nachbe-sprechung				×		×			
	Nachbe-sprechung				×					
	Kontakt-aufnahme	×						×		
Anfang September	Schlußbe-sprechung	×								erste Lehrstelle
Ende Sept.	Anrufe	×								
Mitte Okt.	Besuch im KRIZ	×							Wohn-gemeinschaft	
November	Anrufe	××								zweite Lehrstelle
.....	.....	.....								

die Lehrstelle allerdings sofort wieder. Auf eine Anzeige verzichtet der Lehrherr. Seine Mutter will darob endgültig nichts mehr mit ihm zu tun haben und verweigert Kontakte zu ihm. Auch mit seinem Freund Alexander zerstreitet sich Michael. Er beendet den Kontakt zu ihm (oder umgekehrt?). In der Homosexuelleninitiative hält er sich jedoch weiter auf. Hin und wieder droht er damit, auf den Strich zu gehen, wenn Dinge nicht so arrangiert werden, wie er es sich vorstellt. Von Zeit zu Zeit meldet er sich telefonisch oder persönlich bei Sabine P., seiner Sozialarbeiterin aus dem KRIZ, um zu erzählen, wie es ihm geht, und um sich den einen oder anderen Rat zu holen.

Der Fall ist für das KRIZ abgeschlossen, obwohl es noch fallweise Kontaktaufnahmen durch Michael gibt. Die Gespräche haben aber nun einen anderen Charakter, sind Gelegenheiten für Michael, sich selbst darzustellen und vielleicht einmal den einen oder anderen Aspekt seines Alltags in einem unbelasteten Setting zu besprechen. Ich habe versucht, die Fallgeschichte – stark verkürzt – aus der Sicht von Sabine P., der betreuenden Sozialarbeiterin der Kriseneinrichtung (KRIZ), darzustellen. Damit will ich einige auch über diesen Fall hinaus wichtige Aspekte der Individualhilfe verdeutlichen. In der obigen Falldarstellung sind die Gesprächsstrategien und Handlungsziele der Sozialarbeiterin noch nicht berücksichtigt; sie seien – im Rückblick und ausschnitthaft – nachgetragen:

Mit Michaels zweiten Aufenthalt im KRIZ stellte sich als Aufgabe oder Ziel, die Frage der Unterkunft zu klären und für ihn eine bessere Lösung zu finden, als es die bisherigen waren. Während des Aufenthalts bei uns stand auch praktische Hilfe bei der täglichen Lebensführung im Vordergrund: Wo kann man was einkaufen? Wie kann man seine Wäsche waschen? Wie läßt sich ein Überblick über seine Sachen bewahren? Ein Ziel unserer Arbeit war auch die Verbesserung der Kontakte zur Mutter, was ja schließlich gründlich mißlang. Ich wollte Michael auch zu einer besseren Realitätseinschätzung verhelfen, – einer besseren Einschätzung seiner eigenen Möglichkeiten. Wir machten ihm viele Angebote im Freizeitbereich, um ihn von seiner einseitigen Fixierung auf die Homosexuellenszene wegzubringen, ohne ihm diese Kontakte jedoch ausreden zu wollen. Das anfänglich klar formulierte Ziel, Ordnung in die Vielzahl der Hilfen/HelferInnen zu bringen, konnte nicht erreicht werden. Neben den zahlreichen Verhandlungs- und Besprechungsaktivitäten waren natürlich auch die Gespräche mit Michael, die nicht immer eindeutig als Beratungsgespräche definiert waren, wichtig. In ihnen wurde Michael mit den anstehenden Problemen konfrontiert, z. B. damit, wie andere ihn sehen, welches Chaos in seinem Zimmer herrscht, was er mit seiner Anzeige bewirkt oder wie er sich zu diesem Vorgang stellt.
Von diesen Zielen wurde das unmittelbar drängendste für ihn, eine Unterkunft

zu finden, gelöst. Für wie lange diese Lösung trägt, läßt sich jetzt noch nicht abschätzen. Seine anfängliche Selbstüberschätzung, alles selbst [checken] zu können, ist bis jetzt einer realistischeren Einschätzung seiner Möglichkeiten gewichen.

In dieser Fallgeschichte werden einige *Charakteristika der Individualhilfe* sichtbar:

(a) Die Sozialarbeiterin agiert in komplizierten Welten und unter schwierigen Bedingungen mit viel Eigendynamik. Die Beziehungen von Michael (des Klienten) zu seiner Mutter, seinen homosexuellen Freunden, der Initiativgruppe, den anderen Heiminsassen – und wie sich später herausstellt auch zur Jugendamtssozialarbeiterin – haben jeweils eine Geschichte und eine je eigene Dynamik. Diese Beziehungsgeschichten und Beziehungsstrukturen sind für den Prozeß wichtig, in ihrer Eigenlogik aber nicht leicht zu erkennen und zu durchschauen. Auch die verschiedenen institutionellen Welten mit ihren eigenen Regeln – man denke an die Kriseneinrichtung, an das Heim, an die Wohngemeinschaft – agieren nicht immer so, wie es für Michael oder seine Sozialarbeiterin wünschenswert wäre.
(b) Der Auftrag für die professionelle Sozialarbeiterin, mit dem Klienten zu arbeiten, kommt – wie in vielen anderen Fällen auch – zunächst nicht von diesem selbst; erst im Laufe der Betreuung wendet sich der Klient, Michael, selbst an die Sozialarbeiterin der Kriseneinrichtung, ja man kann sogar behaupten, daß es schlußendlich in einer entscheidenden Frage zu einem „Bündnis“ von Sozialarbeiterin und Klient gegen die Pläne der ursprünglich Handelnden und Auftraggeberin, der Sozialarbeiterin des Jugendamts, kommt.
(c) Von großer Bedeutung sind die Gespräche der Sozialarbeiterin der Krisenwohngemeinschaft mit Michael. Sie ermöglichen erst adäquate Aktionen im komplizierten Feld der Lebensumstände des Klienten.
(d) Die Gespräche mit dem Klienten werden ergänzt durch andere Formen methodischer Vorgehensweisen (siehe etwa die Auseinandersetzung mit den zahlreichen HelferInnen). Diese Interventionen im Feld bilden einen zentralen Teil der Arbeit der Sozialarbeiterin.
(e) Offensichtlich können fallbezogene Entscheidungen durch die Emotionen der SozialarbeiterInnen stark beeinflußt sein – in unserem Beispiel bei der Jugendamtssozialarbeiterin sichtbar.

Eine eindeutige Bewertung des „Erfolgs“ der Bearbeitung scheint es in diesem Fall nicht zu geben. Nach langen und arbeitsaufwendigen

Gesprächen und Interventionen steht am vorläufigen Ende des Prozesses, daß es „irgendwie weitergeht", obwohl einige – und gar nicht so wenige – Probleme weiterbestehen. Manche Ziele, die sich die Sozialarbeiterin des KRIZ gar nicht gesteckt hatte, wurden quasi nebenbei erreicht, während andere, explizit formulierte Ziele, sich als unrealistisch erwiesen.
Die dargestellte Fallgeschichte zeigt auch, wie vielfältig Individualhilfe sein kann. Die Ghettosituation von homosexuellen Subkulturen ist ebenso Gegenstand und Inhalt der Arbeit wie die belastete Familiensituation und/oder die oft ärgerlichen Schwächen institutionalisierter Unterstützungssysteme, die sich bisweilen sogar als Hindernisse für Hilfen erweisen. Eingewoben in diese Lebensbedingungen sind die individuellen Lösungsversuche eines Jugendlichen, der auf der Suche nach seiner Identität und einer Rolle in dieser Gesellschaft nicht nur über die Prügel stolpert, die ihm vor die Füße geworfen werden, sondern zusätzlich auch noch über seine eigenen Beine. Verständnis für seine manchmal ärgerlich ungeschickten Gehversuche aufzubringen und ihn als „ganzen Menschen" zu akzeptieren, zählt ebenso zu den Erfordernissen der Individualhilfe wie Verhandlungsgeschick und Durchsetzungsfähigkeit gegenüber all den anderen Personen in seinem Lebensfeld.
Abschließend sei darauf hingweisen, daß einige Personen, die am Leben von Michael noch beteiligt waren/sind, der Einfachheit halber in dieser Darstellung nicht erwähnt wurden. Die wichtigsten, zu denen Michael Kontakt und die Sozialarbeiterin im Verlauf der Betreuung Verhandlungsbeziehungen hatte, sind in der Abbildung 2 dargestellt.

Abbildung 2: Wichtige Personen um Michael

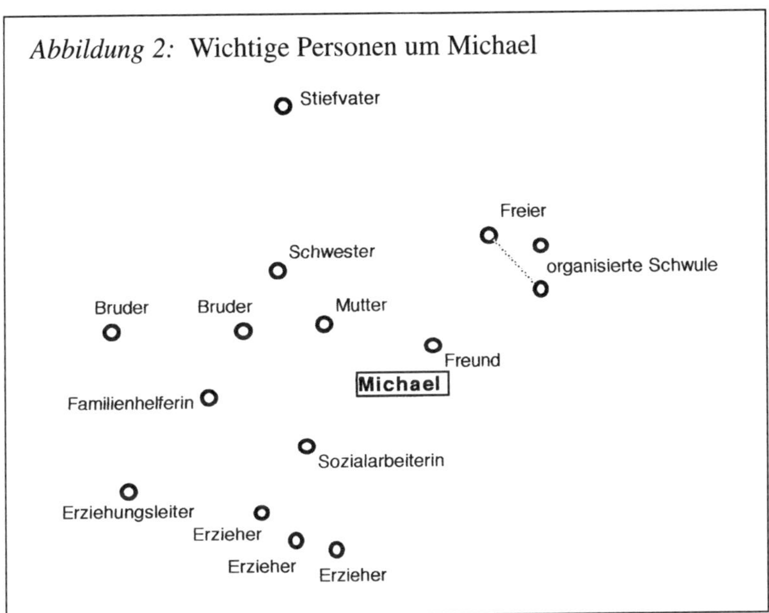

Anregungen zur Diskussion, Fragen

(1) Versuchen Sie den Fall (in einer Gruppe mit verteilten Rollen) aus der Sicht der verschiedenen Helfer und Helferinnen zu erzählen. Was wollten sie erreichen, was war ihnen wichtig, was haben sie erreicht. Eine kleine Untergruppe versucht, die Perspektive Michaels zu erarbeiten. Konfrontieren Sie die verschiedenen Perspektiven, stellen Gemeinsamkeiten und Verschiedenheiten fest.
(2) Im vorliegenden Fall war eine große Zahl von Helferinnen und Helfern beteiligt. Überlegen Sie, ob man diese Zahl verringern oder die Zusammenarbeit anders organisieren könnte – und ob das für Michael ein Vorteil oder Nachteil wäre.
(3) Versuchen Sie die Lebenssituation Michaels zu rekonstruieren. In welchen Welten lebt er? Was könnten seine Ziele, Träume, Ängste sein?
(4) Stellen Sie sich vor, es seien zehn Jahre vergangen. Michael ist inzwischen 26 Jahre alt. Erzählen Sie nun, was er jetzt tut, wie es

(Fortsetzung S. 26)

ihm geht, was in den vergangenen zehn Jahren passiert ist und wie er aus dieser Perspektive sein Leben als Sechzehnjähriger einschätzt.
(4) Diskutieren Sie, was Sie an der Fallführung der Sozialarbeiterin des KRIZ beeindruckt, was Sie überrascht, was Sie befremdet. Begründen Sie die positiven und die negativen Bewertungen und Eindrücke.

Teil 1
Grundlagen

1. Social Casework, Einzelfallhilfe, Soziale Einzelhilfe: die Geschichte einer Methode

Was in diesem Buch als lebensweltorientierte Individualhilfe beschrieben wird, steht in einer Tradition von Sozialarbeit, die sich mit den individuellen Lebensbedingungen und Problemen von Menschen befaßt. Konstitutiv für diese Methodik ist ihr Bezug zum einzelnen Menschen, zum Individuum. Das bedeutet nicht nur, daß der Aufmerksamkeitsfokus auf Personen gerichtet ist, sondern begründet auch ein spezifisches Verantwortungsverhältnis des Sozialarbeiters zum Klienten. Zwar veränderten sich die Blickwinkel und die Schwerpunkte der in der Tradition der Einzelfallhilfe stehenden Sozialarbeit und ihrer Konzepte, doch insgesamt hat sich auf dieser Basis ein beachtlicher Fundus an reflektierten praktischen Handlungsorientierungen entwickelt.

Übersicht In diesem Kapitel wird die Entwicklung der professionellen Individualhilfe von ihren Anfängen bis in die späten sechziger-Jahre des 20. Jahrhunderts in groben Zügen nachgezeichnet, wobei ich versuche, die heute noch oder wieder interessanten Fortschritte in den Vordergrund zu stellen. Notwendigerweise wird der erste Blick dem angloamerikanischen Raum gelten (1.1.), wo zuerst Grundlagen für professionelle Sozialarbeit geschaffen wurden. Rege Verbindungen zwischen den USA und dem deutschen Sprachraum befruchteten auch die eigenständige Entwicklung hierzulande im knappen Vierteljahrhundert vor der Machtergreifung des Faschismus (1.2.). Währenddessen wurde Casework in den USA zu einer eigenständigen, methodisch ausgefeilten Arbeitsform entwickelt, deren Produktivität und Lebendigkeit sich auch in einem Schulenstreit äußerte (1.3.). In Deutschland und dem annektierten Österreich bezog der Nationalsozialismus die Sozialarbeit in sein totalitär-gewalttätiges Programm zur Formierung einer sogenannten Volksgemeinschaft ein (1.4.). Nach der desaströsen Erfahrung von Nationalsozialismus und Krieg kam langsam der Methodendiskurs wieder in Gang (1.5.). Die Materialien im Anschluß an dieses Kapitel sollen einen kleinen Eindruck davon vermitteln, wie die VertreterInnen des klassischen Casework methodische Fragestellungen bearbeiteten.

1.1. Anfänge in Grossbritannien und den USA: die Charity-Organisation-Societies und Mary Richmond

Steigendes soziales Elend, hervorgebracht von den gewaltigen Umwälzungen der Industrialisierung, machten in Europa und den USA des 19. Jahrhunderts die Entwicklung neuer Formen der Armenhilfe erforderlich. Es entstanden zahlreiche karitative Vereinigungen, in denen das besitzende Bürgertum seine Wohltätigkeit organisierte. Aus Besuchsvereinen ging das „friendly visiting“ hervor, eine von Thomas Chalmers (1780–1847) in Schottland entwickelte Methode einer individualisierenden Familienbetreuung mit dem Grundsatz der „Hilfe zur Selbsthilfe“ (Wendt 1995a, 90ff.).

Charity Organisation

Als Reaktion auf das Anwachsen des sozialen Elends und die Überforderung der traditionellen Armenfürsorge wurden in England 1869, in den USA 1877 die ersten „Charity Organisation Societies“ (COS) gegründet. Diese sollten nicht bloß eine neue Vereinigung neben anderen sein, die Almosen vergaben. Sie ermittelten zunächst den individuellen Hilfebedarf und koordinierten und vermittelten die benötigte Hilfe. Die COS arbeiteten mit ehrenamtlichen Helferinnen („friendly visitors“), die für diese Tätigkeit vorerst on the job ausgebildet wurden. Zu ihren Aufgaben gehörte es, in das Lebensfeld der Betroffenen zu gehen – also Hausbesuche zu machen –, die Lebensbedingungen und Lebenslagen der Hilfesuchenden zu studieren, freund(schaft)liche Beziehungen zu den Armen herzustellen und unter anderem durch eigenes Vorbild Änderungen zu bewirken und anzuregen. Nicht Almosen, sondern eine Freundin/einen Freund („not alms, but a friend“) wollten die COS den Armen zur Verfügung stellen. Ihre Vermittlungstätigkeit schaffte Kontakte zu wichtigen Ressourcen für die Betroffenen, wurde von jenen aber nicht nur mit Begeisterung aufgenommen. Schließlich war ja ein sparsamerer und zielgerichteterer Einsatz der materiellen Ressourcen der Wohltätigkeitsvereine eines der Ziele der Organisation. Die der Almosenvergabe vorangehende Überprüfung des Hilfebedarfs und der Unterstützungswürdigkeit sollte die Selbsthilfe fördern, die Behandlung des Einzelfalls effektiver gestalten. In die Fallbearbeitung zogen Sachlichkeit und Rationalität ein. Die Unterscheidung zwischen unterstützungswürdigen und „unwürdigen“ Armen wurde penibel getroffen, die Erhebungsmethoden der COS sollten diese Unterscheidung professioneller treffen können. Der Kontroll- und Disziplinierungsaspekt war unübersehbar.

Wir finden in der Herangehensweise der Charity Organisation Society bereits einige wesentliche Züge individualisierender Hilfen, des „case work“ (dieser Begriff wurde tatsächlich in Zusammenhang mit den COS erstmals verwendet): Eine Entwicklung der Methode, die Thematisierung der Unterschiede in den je spezifischen und individuellen Lebenslagen, das Prinzip der Beschäftigung mit der Lebenssituation der Betroffenen und den Vorrang der Selbsthilfe, der Aktivierung des sozialen Umfelds der Betroffenen, der Kooperation und Koordination verschiedener Hilfsleistungen. Andererseits finden sich auch bereits jene Züge, die später am case work besonders kritisiert werden sollten: Die Blindheit für die gesellschaftliche Produktion von Armut und individuellen Notlagen, die Zurechnung von Schuld an die Betroffenen, ihre moralisierende Kontrolle.

Das Modell der britischen COS fand in den USA Nachahmung. Die amerikanische Gesellschaft war durch Bürgerkrieg, Wirtschaftskrise und Zuwanderung mit einer großen Zahl von Armen konfrontiert, während das System der öffentlichen Wohlfahrt kaum entwickelt war. Die COS etablierten für ihre „friendly visitors“ Einschulung und Fortbildung, der Ablauf der Fallbearbeitung (Besuch, schriftlicher Bericht, Fallkonferenz, eventuell Organisation der Hilfen, Kontrolle) ermöglichte die Entwicklung einer „Technologie“ der Hilfe, einer Methodik (Wendt 1995a, 245). Erste Schritte zur Verberuflichung sollten folgen, die Grundlagen methodischer Fallarbeit waren geschaffen.

Mary Richmond

Prominente Vertreterin der COS war Mary Richmond (1861–1928), die mit ihrem Einsatz für die Etablierung einer Ausbildung und mit ihren Publikationen, vor allem mit dem 1917 erschienenen Buch „Social Diagnosis“, Sozialarbeitsgeschichte schrieb (C. W. Müller 1988a, 99–122; Wendt 1995a, 177 ff.; Neuffer 1990, 24 f.). Darin stellt sie die Auswertung ihrer langjährigen Befragungen und Fallgeschichten vor und versucht, eine gemeinsame methodische Grundlage für den neuen Beruf zu legen. Der Schwerpunkt des Buches liegt weniger auf der Behandlung und Betreuung von KlientInnen, sondern mehr auf der peniblen Diagnose ihrer je individuellen Lebenslage und Lebensbewältigungsstrategien, also auf der „investigation“. Richmond betonte schon die Notwendigkeit, nicht nur Menschen an die Umgebung, sondern auch die Umgebung an die Menschen anzupassen, verstand also das „case work“ bereits als eine Arbeit mit Menschen in ihrem sozialen Umfeld. Die Verdienste von Mary Richmond faßt C. Wolfgang Müller (1988a, 119) wie folgt zusammen:

„Sie war beispielsweise ausgesprochen und unausgesprochen der Überzeugung, daß Gott als Verursacher von Armut und Hilfebedürftigkeit keine Rolle spiele ... Sie war weiter der ausgesprochenen Überzeugung, daß Armut und Hilfebedürftigkeit keine angeborene Charakterschwäche oder das Ergebnis unterentwickelter Willenskräfte wären, sondern daß sie aus der individuellen Lebensgeschichte und dem gegenwärtigen Netzwerk sozialer Beziehungen stammten, in das der Hilfesuchende und seine Familie eingebunden seien. Und sie war schließlich der ausgesprochenen Überzeugung, daß die Hilfebedürftigkeit durch Prozesse sozialen Lernens besser und dauerhafter beseitigt werden könne als durch punktuelle materielle Gaben.“

Zusammenfassend kann man also die Leistung der COS und Mary Richmonds in der Einführung einer reflektierten Hilfe, in wichtigen Schritten zur Professionalisierung und in der Formulierung und Erprobung eines methodischen Grundinventars sehen. Es mag vielleicht paradox klingen, aber die Verweigerung der COS, Hilfe ohne Überprüfung der Situation zu geben, und ihr Bestehen auf Eigenleistungen der KlientInnen sind noch heute Voraussetzungen für nicht-entmündigende Sozialarbeitsmethodik, auch wenn wir der globalen Kritik mancher VertreterInnen der COS an generalisierten staatlichen Leistungen heute sicher nicht mehr zustimmen würden.

1.2. Anfänge in Deutschland und Österreich vor und nach dem Ersten Weltkrieg: Alice Salomon und Ilse Arlt

Im Deutschen Reich entwickelte sich seit Ende des letzten Jahrhunderts als Antwort auf die durch die späte Industrialisierung hervorgerufene Massenarmut eine staatliche Wohlfahrtspolitik mit dem Aufbau der Sozialversicherung und mit der Einrichtung kommunaler sozialer Dienste. Der Erste Weltkrieg von 1914 bis 1918 hinterließ großes soziales Elend: Massenarbeitslosigkeit, Hunger, die große Zahl von Kriegsversehrten und zahlreiche vaterlose Familien. Notwendigerweise konzentrierte sich die Fürsorgearbeit vorerst auf die Existenzsicherung. Die umfassende Entwicklung der Grundlagen einer staatlichen Sozialpolitik (Krankenversicherung, Arbeitslosenversicherung, Pensionssystem, Sozialhilfe usw.) führte zu einer klareren Trennung der Aufgaben von Sozialpolitik und Fürsorge. Letzterer fielen zunehmend die Aufgaben einer individualisierenden Betreuung zu, die allerdings auch mit klaren Kontrollfunktionen verbunden waren.
Die Aufgabe von Fürsorgerinnen bestand – im Rahmen von Program-

men individualisierender Fürsorge und dem Kampf beispielsweise gegen die Tuberkulose – darin, für die Sozialbürokratie ermittelnd tätig zu sein, Normen etwa der Hygiene zu vermitteln und durchzusetzen. Für das benötigte Fachpersonal wurden in den ersten Jahrzehnten dieses Jahrhunderts Fürsorgeschulen gegründet (Wendt 1995a, 179f.).

Ilse Arlt

In Österreich prägte Ilse Arlt (1876–1960) wesentlich die Anfänge der Sozialarbeit als eigenständige Profession. Sie beschäftigte sich vorrangig mit Fragen der Alltagsorganisation von Menschen in schwierigen Lebenslagen und versuchte bereits die Gegenstandsbestimmung einer – wie wir heute sagen würden – Sozialarbeitswissenschaft (Staub-Bernasconi 1996). 1912 gründete sie die „Vereinigten Fachkurse für Volkspflege", in der Fürsorgerinnen ausgebildet wurden. In diesem Zusammenhang förderte sie auch ein eigenständiges berufliches Selbstverständnis der Fürsorgerinnen, was in der Sozialverwaltung nicht gerne gesehen (M. Simon 1995) und mit der Gründung einer konkurrierenden Lehranstalt beantwortet wurde.

Alice Salomon

Alice Salomon (1872–1948), Gründerin und langjährige Leiterin der Sozialen Frauenschule in Berlin, ist für Deutschland als die Persönlichkeit anzusehen, die für die Konzeptualisierung der Sozialarbeit und für die Professionalisierung der SozialarbeiterInnen entscheidende Impulse gegeben hat. Sie griff dabei auf die oben skizzierten Entwicklungen in den USA zurück. 1926 publizierte sie ihr Werk „Soziale Diagnose", das auf die Arbeit von Mary Richmond Bezug nahm. Sie formulierte als methodische Anweisung, alle Aspekte des menschlichen Lebens in die Diagnose einzubeziehen. Auch beim Ansatz von Alice Salomon lag das Schwergewicht der methodischen Anweisungen auf der Ermittlungstätigkeit und auf Fragen der Interpretation von erhobenen Fakten. Sie folgte einem medizinischen Denkmodell, sprach von „sozialer Krankheit" und deren „Heilung" (1926, 8). In gewissem Sinne stellte das einen Fortschritt gegenüber hergebrachten Denkmustern dar, weil der Krankheitsbegriff bzw. die Betrachtung sozialer Auffälligkeiten als „Symptome" von einer Schuldzuschreibung an die Betroffenen abgeht. Alice Salomon war noch verhaftet im Wunsch nach einer möglichst umfassenden Erhebung der Lebensbedingungen von KlientInnen. Die Bewertung der erhobenen Fakten sollte allerdings sorgfältig, kritisch und bewußt erfolgen. Tatsachen und persönliche Meinungen seien streng auseinanderzuhalten, eingebürgerte Urteile und Sichtweisen ständig zu überprüfen (1926, 16). Der damalige Eifer beim Datensammeln erstreckte sich auch auf Per-

sonen des Lebensfeldes der KlientInnen, die Hausgemeinschaft, Schule, Ärzte, Verwandte usw., – eine aus heutiger Sicht als übertrieben und problematisch zu beurteilende professionelle Neugier. Die methodischen Anweisungen für die „Therapie“, also die Heilung der „sozialen Krankheit“, bleiben dagegen vage. Allerdings beschrieb Alice Salomon bereits die helfende Beziehung als Instrument. Sie sei durch ein Vertrauensverhältnis geprägt, das die Voraussetzungen für zielgerichtete Einflußnahme schaffe.
Letztlich aber bleibt Salomon, die in der bürgerlichen Frauenbewegung aktiv war und den „Sozialen Frauenberuf“ vor allem auch als adäquate Möglichkeit gesellschaftlicher Aktivität für Frauen sah, aber immer wieder nur der Appell an die moralischen Qualitäten der FürsorgerInnen, die sie als entscheidend für die „richtige“ Bewertung und Behandlung des Falles ansieht (Landwehr 1991, 63).

Siddy Wronsky

Siddy Wronsky (1883 – 1947), Geschäftsführerin des Archivs für Wohlfahrtspflege, versuchte sich stärker mit der Behandlung der sozialen Probleme, der „Sozialen Therapie“, auseinanderzusetzen, wenngleich sie dabei an die penible Ermittlungsarbeit (Diagnose) anknüpfte, für die unter anderen Alice Salomon Konzepte entwickelt hatte. Sie sammelte – vorerst in Zusammenarbeit mit Alice Salomon – eine Fülle von Fallgeschichten (Salomon und Wronsky 1927) und entwarf dann, während sich Alice Salomon von methodischen Fragen abwandte, ein methodisches Konzept, das sich am methodischen Dreischritt der Medizin orientierte: Ermittlung (Analyse) – Befund (Diagnose) – Behandlung (Therapie). Sie berücksichtigte dabei Ansätze der Psychoanalyse nach Sigmund Freud und der Individualpsychologie nach Alfred Adler. Konsequenterweise standen nicht mehr die aktuellen sozialen Bezüge der KlientInnen im Mittelpunkt des Interesses, sondern ihre Biographie. Die Grenzen zu therapeutischen Ansätzen begannen zu verschwimmen. Auf die reale Entwicklung der Fürsorge in Deutschland konnten Wronskys Studien allerdings keinen großen Einfluß mehr nehmen.

1.3. Weiterentwicklungen in den USA: Psychologisierung, aber auch Verfeinerung der Methodik

Casework „Schulen“

In den zwanziger und dreißiger Jahren wurden in den USA die Konzepte und Arbeitsweisen der Sozialarbeit weiterentwickelt. Neue

Methodiken, insbesondere Ansätze der (Tiefen-)Psychologie, hielten Eingang in das „social casework“. Dies hatte eine Focussierung der Konzepte und der Arbeitsformen auf die Beziehung Sozialarbeiter – Klient zur Folge: Die Psychoanalyse lenkte die Aufmerksamkeit auf die frühe Kindheit, das Hier und Jetzt wurde als vorläufiger Endpunkt der Biografie gesehen, die helfende Beziehung hatte sich mit Übertragung und Gegenübertragung (siehe dazu Kapitel 6) auseinanderzusetzen. Weiterhin galt die Aktivierung der KlientInnen zur Selbsthilfe als wesentliche Aufgabe der Sozialarbeit, die Mittel dazu wurden aber noch stärker solche des Gesprächs und der „Beziehung“. Vor allem im Casework-Konzept von Virginia Robinson (1930) ist dieser Entwicklungsschritt faßbar.
In den USA entwickelten sich in den zwanziger und dreißiger Jahren zwei Schulen des Casework, die über Jahrzehnte bedeutsam bleiben sollten:

„Diagnostische Schule“

(a) Die „diagnostische Schule“ konzentrierte sich auf die Hilfe für die Entwicklung der Persönlichkeit. Die Arbeit an den Umweltbedingungen der KlientInnen könne nur außerhalb des Casework geleistet werden. Folgerichtig beschäftigte man sich ausführlich mit der Gestaltung der helfenden Beziehung. Gordon A. Hamilton (1951) hielt eine „akzeptierende Haltung“ für unerläßlich. Darunter verstand sie (und verstehen wir noch heute) die Anerkennung des Rechts der KlientInnen auf eine eigene Persönlichkeit, auf eigene Entscheidungen, auch auf eigene „Dummheit“: Casework also nicht als Form der Zwangsbeglückung oder einer Einschulung in „richtiges“ Leben, sondern als respektvoller Dialog mit Individuen. Akzeptierend müsse die Haltung des Sozialarbeiters insofern sein, als er den Klienten so annimmt, wie er ist, ohne ihn für sein So-Sein zu kritisieren. Auf Moralisieren, Druck und Zwang sei zu verzichten. Gordon Hamilton weiß natürlich auch, daß diese Haltung eine gereifte Persönlichkeit des Sozialarbeiters erfordert. Für SozialarbeiterInnen sei es daher unerläßlich, ihre eigene Persönlichkeit kennenzulernen und zu reflektieren. Aus Achtung vor den Rechten der Klienten – wohl aber auch wegen des eher psychologisierenden Ansatzes – werden Erhebungen über die KlientInnen in deren Umfeld tendenziell abgelehnt. Wenn überhaupt, so seien sie nur mit der Zustimmung der Betroffenen zulässig (Neuffer 1990, 92ff.). Bedenkt man den hohen Stellenwert, den Erhebungsarbeit seit den COS für die Entwicklung des Berufs hatte, ist diese

Wendung durchaus bemerkenswert und markiert eine größere Verpflichtung der Sozialarbeit gegenüber ihren KlientInnen, wenn auch um den Preis der Psychologisierung, der Verortung des Problems beim Klienten selbst.
Waren schon die COS mit ihrer den KlientInnen gegenüber gar nicht nur ausschließlich freundlichen Haltung gleichzeitig die Erfinder des Berufs und Propagandisten einiger zentraler professioneller Haltungen (Hilfe zur Selbsthilfe), so kann auch hier die durchaus konservativ – jedenfalls nicht sozialreformerisch – anmutende Konzentration auf das Individuum und die Beziehung Sozialarbeiter/Klient das Casework einen entscheidenden Schritt weiterbringen. Die Hilfe zur Selbsthilfe wird nun mit der Achtung vor den KlientInnen als Personen/Persönlichkeiten verbunden, die Verantwortung des Sozialarbeiters betont und seine Selbstreflexion gefordert und gefördert. Die professionellen HelferInnen können sich nicht mehr bloß darauf berufen, daß ihre Aktionen gut gemeint oder wissenschaftlich abgesichert sind, sie müssen auch die Zustimmung der Betroffenen haben. Sozialarbeit als Menschenrechtsberuf verankert sich so in einer demokratischen Moderne der Individualisierung und gewinnt Abstand zu autoritär gedachten Weltverbesserungsentwürfen. Der Preis scheint allerdings hoch. Die radikale Individualisierung und Psychologisierung verliert gesellschaftliches Elend eher aus dem Blick und kann dazu führen, daß die KlientInnen immer wieder nur auf sich selbst verwiesen werden – und das in Lebenssituationen, in denen vielleicht auch Personen mit günstigeren biographischen Voraussetzungen ihre liebe Not hätten.

„Funktionelle Schule“

(b) Auch die in den dreißiger Jahren an der University of Pennsylvania School for Social Work unter Einfluß des Freud-Schülers Otto Rank entwickelte „functional school“ stellte die Individualisierung nicht in Frage. Ausgangspunkt der Überlegungen waren bei ihr allerdings die Organisationen, deren Angebot und deren Funktion. Die Sozialeinrichtungen, in denen SozialarbeiterInnen arbeiten, seien Ausdruck eines gesellschaftlichen Willens, den Kontakt mit randständigen und hilfsbedürftigen Personen aufrechtzuerhalten. Sozialarbeit hat die Organisation als Instrument, ist in ihren Möglichkeiten vom Programm und den durch die Institution bereitgestellten Ressourcen abhängig. Wie auch die diagnostische Schule, der Ruth Smalley (1974) vorwarf, von einem Krankheits- und Defizitmodell auszugehen, setzten die Vertreterinnen der Funktionellen Schule auf die Selbständigkeit der KlientInnen. In Anlehnung an die sogenannte humanistische Psychologie verwendeten sie eine Wachstumsmetaphorik: Den KlientInnen sollten Bedingungen geboten werden, die ihr Wachstum, ihre Entwicklung fördern. Ihnen wird freigestellt, sich der Hilfeangebote zu bedienen, die als Angebote der Gesellschaft verstanden werden. Die SozialarbeiterInnen hatten den KlientInnen kein Ziel vorzugeben, wohl aber ihren eigenen Anteil am Beziehungsprozeß zu kontrollieren. Professionalität bemißt sich hier nicht an der Zielerreichung, sondern an der kunstgerechten Gestaltung des Hilfsprozesses („helping process"). Heute würde man von einer Betonung der Prozeßqualität sozialarbeiterischer Dienstleistungen sprechen, die durch Selbstreflexion und Supervision gesichert werden soll. Der funktionelle Ansatz versteht die SozialarbeiterInnen als AgentInnen der Gesellschaft, die mit Personen an deren Rand verhandeln, ihnen Unterstützung und Hilfen zur Integration anbieten, sie aber zur Integration nicht zwingen (Neuffer 1990, 94f.; Wendt 1995a, 253) .

Die Dienstleistungsorientierung der Funktionellen Schule mutet durchaus modern an, obwohl sie sich mit einem rigiden Psychologismus verbindet. Der Unterschied zwischen Psychotherapie und Casework verwischt sich mit der Entwicklung der Diagnostischen und Funktionellen Schule zusehends, die Aufmerksamkeit richtet sich immer mehr auf die Persönlichkeit, auf das Innerpsychische. Der Blick auf die gesellschaftlichen Umstände geht verloren. Dadurch wird allerdings die Ausformulierung einer Technologie des Gesprächs, von Anforderungen an die Selbstkontrolle und Selbstbeobachtung der SozialarbeiterInnen möglich – und die Autonomie der KlientInnen kann betont werden. Ein Rückgriff auf das Verständnis der Sozialarbeit als gesellschaftlich beauftragte Integrationsarbeit unter Wahrung der persönlichen Autonomie der KlientInnen scheint auch heute lohnend. In diesem Sinne sind die Institutionen nicht bloß zufällige Arbeitgeber, sondern Instrumente von Gesellschaft und Sozialarbeit gleichermaßen.

1.4. Nationalsozialismus: Bruch und Kontinuität.

Die Entwicklung der Sozialarbeit und ihrer hier interessierenden Arbeitsformen wurde durch die Machtübernahme der NSDAP 1933 in

Deutschland und 1938 in Österreich unterbrochen. Die Nationalsozialisten entfernten kurz nach ihrer Machtübernahme die jüdischen SozialarbeiterInnen und die AnhängerInnen von Linksparteien aus den Ämtern. Die Lehrpläne und Lehrpraxis der Ausbildungseinrichtungen wurden im Deutschen Reich noch 1933 gleichgeschaltet, d. h. der Parteiideologie angepaßt. Die Nationalsozialistische Volkswohlfahrt (NSV) diente der Herstellung der „Volksgemeinschaft", war also kollektivistisch ausgerichtet. Individualisierende Hilfen waren nicht gefragt, höchstens noch individualisierende Erhebungs- und Etikettierungsarbeit. Die Fürsorge sollte nicht als Dienst an hilfsbedürftigen Personen verstanden werden, sondern als Dienst an der Volksgemeinschaft. Olga Rinne (1991, 164) faßt zusammen, worin die Aufgaben der Volkspflegerinnen bestanden:

Durchsetzung nationalsozialistischer Ideologie: „Volks- und Rassengesundheit"

in der Auslese der „erbbiologisch Wertvollen", in der Verbreitung und Durchsetzung der faschistischen Ideologie in der Bevölkerung, in der Kontrolle und Disziplinierung von Abweichlern, in der Erfassung, Meldung, Aussonderung der „Lebensunwerten", „Minderwertigen", „Gemeinschaftsfremden". Zwar lief die fürsorgerische Tätigkeit weiter, doch die nunmehrigen „Volkspflegerinnen" – Männer hatten in diesem Dienst nichts mehr zu suchen, sieht man einmal vom Leitungspersonal ab – erfüllten nun Aufgaben im Rahmen nationalsozialistischer Gewaltpolitik: Die Fähigkeiten zur Ermittlung von Lebensbedingungen und die Alltagsnähe des Fürsorgepersonals wurden zur Erfassung „lebensunwerten Lebens" genutzt; auf der Basis von Fürsorgeberichten wurden Zwangssterilisationen durchgeführt; die als „Asoziale" definierten und „diagnostizierten" Menschen wurden der NS-Vernichtungsmaschinerie überantwortet. Biologistische Vorstellungen von „Volks- und Rassengesundheit", pseudowissenschaftlich aufgemacht, hatten schon vor 1933 den ideologischen Boden für das mörderische System bereitet und ließen die Ausgrenzungs- und Vernichtungspolitik der Nazis als konsequent erscheinen (Baron 1991, 151ff.).

Bei aller Schwierigkeit der Thematik verwundert es, daß eine Aufarbeitung der Rolle des Berufsstandes der SozialarbeiterInnen (bzw. Fürsorgerinnen, Volkspflegerinnen) während der nationalsozialistischen Herrschaft nur unzureichend erfolgt ist, was vor allem für die ersten Jahre nach dem Sturz des Nazi-Regimes gilt (Tramsen 1991). Die ideologischen Theoreme „Gesundheit" und „Krankheit", „Normalität" und „Abweichung", die Betonung der „Volks-"Gesundheit

sowie eine Auffassung von der bloß begrenzten Reichweite der Menschenrechte wären daraufhin zu überprüfen, ob und in welcher Weise sie sich noch oder wieder in heutigen (Alltags-)Theorien wiederfinden.
Festgehalten sei aus diesen Erfahrungen der Eindruck, daß auch die SozialarbeiterInnen keinen besonderen Berufsstand darstellen, der sich von vorneherein durch größere Menschlichkeit auszeichnet und dessen methodische Kompetenzen nicht auch für unmenschliche Praktiken instrumentalisierbar wäre.

1.5. Entwicklungen nach dem Zweiten Weltkrieg in Deutschland und Österreich: Massennot und der Versuch des „Methodentransfers" aus den USA

In Deutschland und Österreich waren die ersten Jahre nach dem Krieg durch die Not breiter Bevölkerungsschichten geprägt. Immer mehr Einrichtungen der Fürsorge nahmen ihre Arbeit wieder auf, waren aber mit der Organisation unmittelbarer materieller Hilfen voll ausgelastet. Sie mußten dabei für heute unvorstellbar hohe Fallzahlen in Kauf nehmen, mit den vielfach damit verbundenen Folgen der Reduzierung ihrer Tätigkeit auf Sicherung der einfachen Bedürfnisse des Überlebens, auf Kontrolle und direktive Vorgehensweisen.

Methoden-(Re-)Impuls aus den USA

Mit der Rückkehr von EmigrantInnen wurden die in den USA entwickelten Konzepte und Arbeitsformen der Sozialarbeit (siehe die Ausführungen S. 33 ff.) auch in Deutschland und Österreich bekannt. DozentInnen und PraktikerInnen konnten auf Studienreisen den Stand der Methodenentwicklung kennenlernen. Als in den fünfziger Jahren der Druck der unmittelbaren Not geringer wurde, fanden die Sozialarbeits-Konzepte und Arbeitsformen aus den USA immer mehr Eingang in die deutschsprachige Diskussion. Gefördert wurde dies auch von der amerikanischen Besatzungsmacht, die an der Entwicklung eines demokratischen Bewußtseins interessiert war. Ihren Ausdruck fand die Rezeption des Standes der amerikanischen Diskussion in den Bemühungen, das Fach „Methodenlehre" in der Ausbildung zu verankern. Des weiteren wurden in Fortbildungsveranstaltungen die bereits im Beruf stehenden SozialarbeiterInnen mit dem „Social Casework" bzw. der „vertieften Einzelfallhilfe" vertraut gemacht.

Unter den Ansätzen bzw. VertreterInnen, die die Entwicklung der methodischen Konzepte des Casework vorantrieben, seien hier ohne Anspruch auf Vollständigkeit einige genannt:

(a) Rosa Dworschak vom Wiener Institut für Erziehungshilfe, die in Österreich, aber auch in Deutschland mit ihrer Tätigkeit nachhaltigen Einfluß auf die Einzelfallhilfe ausübte. Sie stellte die Wichtigkeit der Beziehung zwischen SozialarbeiterIn und KlientIn in den Vordergrund, schloß an die Arbeiten von August Aichhorn (Freud-Schüler, der im Wien der 20er-Jahre die Erziehungsberatung aufgebaut hatte) und Carl Rogers (Schöpfer der Gesprächspsychotherapie) an. Rosa Dworschak (siehe dazu auch den Beitrag in Dokumentation 1, S. 45 f.) beschäftigte sich mit Übertragung als Mittel des Hilfsprozesses. Ganz in der Tradition eines individualisierenden Casework legte sie Wert auf eine wachstumsfördernde, einfühlsame und gesprächszentrierte Sozialarbeit, die die KlientInnen bei der Nutzung ihrer eigenen Ressourcen ermutigen sollte und eine vertrauensvolle Beziehung der KlientInnen zum Sozialarbeiter voraussetzte. Im Gegensatz zur Fürsorge alter Schule galt Freiwilligkeit als Wert und als Voraussetzung erfolgreicher Arbeit.

Rosa Dworschak

(b) Ein beachtliches Lebenswerk hat die Holländerin Marie Kamphuis (geb. 1907, mehrere Studienaufenthalte in den USA, hauptsächlich in Amsterdam und Groningen tätig) erbracht. In Deutschland hielt sie von den fünfziger bis in die siebziger Jahre eine Serie von Fortbildungsveranstaltungen ab, in denen sie SozialarbeiterInnen mit den Prinzipien des Casework vertraut machte. Marie Kamphuis entwickelte ein spezifisch europäisches Konzept der Sozialen Einzelhilfe, das die Bedingungen einer mehr hierarchischen Gliederung der Gesellschaft in Europa und das stärker autoritative Vorgehen mit den Grundsätzen des „Annehmens“ der KlientInnen zu verknüpfen versuchte (Neuffer 1990, 115ff.).

Marie Kamphuis

(c) Besondere Beachtung in der deutschsprachigen Rezeption von Arbeitsformen fand die Technik der Gesprächsführung, vor allem unter Verwendung des Ansatzes von Carl Rogers (1902–1987). Die „klientenzentrierte“ oder „nondirektive Gesprächsführung“ arbeitet mit den Techniken des Spiegelns, der Beobachtung des verbalen und nonverbalen Geschehens, der Konzentration auf Zuhören und Ermutigung und mit der weitgehenden Verweigerung der Fachkräfte, den KlientInnen „Ratschläge“ zu geben. Diese Arbeitskultur prägt die Ein-

Carl Rogers

zelhilfe bis heute. Das „Spiegeln“ ist eine Technik des aktiven Zuhörens, in der der Berater dem Klienten seine Äußerungen mit veränderten Worten eben zurückspiegelt. Damit gibt er zu erkennen, daß er verstanden hat, und ermutigt den Klienten, fortzufahren.

Felix Biestek

(d) Nachhaltigen Einfluß auf das professionelle Selbstverständnis der Fachkräfte übten die „Prinzipien“ des Casework aus. Felix Biestek, Professor an der Loyola University Chicago, (siehe Dokumentation 1, S. 44) charakterisiert in seinem Ende der sechziger- und Anfang der siebziger Jahre weit verbreiteten Buch „Wesen und Grundsätze der helfenden Beziehung in der sozialen Einzelhilfe“ die helfende Beziehung wie folgt: Sie ist emotional geprägt, das Arbeiten mit den Gefühlen wird gezielt eingesetzt, und auf die emotionalen Bedürfnisse der KlientInnen ist durch entsprechendes Verhalten der SozialarbeiterInnen einzugehen. Die Forderungen nach „Individualisierung“, „Akzeptieren des Klienten“, „nichtrichtender Haltung“, „Ansprechen von Gefühlen“, „kontrollierter gefühlsmäßiger Anteilnahme“ sowie der Wahrung des Rechts der KlientInnen auf Entscheidungsfreiheit und Geheimhaltung beinhalten zentrale, gleichermaßen methodische und ethische Prinzipien des Casework. In gewissem Sinne zählen sie heute noch zu den Grundlagen sozialarbeiterischer Arbeitsformen, wenngleich die Betonung der emotionalen Seite der KlientInnen-SozialarbeiterInnen-Beziehung manchmal zur Fehlinterpretation Anlaß gab, es sei die Herstellung einer Sympathiebeziehung Voraussetzung sozialarbeiterischen Erfolgs.

Die Betonung der Haltung des Sozialarbeiters, seiner professionellen Bereitschaft und Fähigkeit, die Perspektive und Deutungen der KlientInnen zu erkennen und an diesen respektvoll mit den KlientInnen zu arbeiten, ist dic bleibende Botschaft der Caseworkerinnen. Die stringente Umsetzung der Arbeitsformen vertiefter Einzelfallhilfe scheiterte in Mitteleuropa jedoch vielfach an fehlenden Voraussetzungen: Bisweilen autoritär strukturierte Behörden und Verbände waren die dominierenden Träger der Sozialarbeit, deren schlechtes und mitunter Angst machendes Image den KlientInnen eine Annäherung erschwerte; zu hohe Fallzahlen verleiteten zu einer kontrollierenden und/oder oberflächlichen Arbeitsweise; in überbelegten Amtsräumen fanden die KollegInnen sehr schlechte Gesprächsbedingungen vor, die eine Atmosphäre der Aufmerksamkeit und Konzentration gar nicht aufkommen ließen.

Zudem stieß die psychologisierende Schlagseite des Casework auf Kritik und Mißtrauen. Die Konzentration auf Beziehung und Gesprächsführung stand im auffallenden Gegensatz zu einer Fürsorge, die mit Kontrolle, Überredung, dem Einsatz materieller Ressourcen und manchmal auch mit Zwang zu arbeiten gewohnt war und bei der bürokratische Fallbearbeitung vorherrschte.

ANREGUNGEN ZUR DISKUSSION, FRAGEN

(1) Diskutieren Sie den von den COS behaupteten Zusammenhang zwischen Individualisierung der Hilfe und größerer Sparsamkeit beim Mitteleinsatz. Kann es so einen Zusammenhang geben? Spricht das Ihrer Meinung nach für oder gegen individualisierende Hilfen? Warum?
(2) Recherchieren Sie über die Geschichte sogenannter helfender Berufe unter dem nationalsozialistischen Regime und Diskutieren Sie die Ergebnisse.
(3) Besprechen Sie den Zusammenhang von Individualhilfe und Demokratie. Inwiefern war die Einzelfallhilfe ein Gegenmodell zur autoritäreren Fürsorge? Wie könnte das heute aussehen?

LITERATUR ZUR VERTIEFUNG

C. Wolfgang Müller: Wie Helfen zum Beruf wurde: eine Methodengeschichte der Sozialarbeit. (2 Bände) Weinheim. C. W. Müller hat mit diesem Buch selbst einen Klassiker geschrieben, der nicht nur die Entwicklung der Methodik beschreibt, sondern auch die jeweiligen gesellschaftlichen Verhältnisse und die agierenden Persönlichkeiten. Uneingeschränkt empfehlenswert ist die Lektüre für alle, die Soziale Arbeit nicht „geschichtslos“ betreiben wollen.
Manfred Neuffer: Die Kunst des Helfens. Geschichte der Sozialen Einzelhilfe in Deutschland. Weinheim und Basel. Neuffer rekonstruiert die Geschichte des Casework bis in die siebziger Jahre des zwanzigsten Jahrhunderts. Ein besonderer Schwerpunkt liegt bei der Nachkriegsentwicklung in Deutschland, zu der er auch eine Reihe von Zeitzeugen befragt.

Wolf-Rainer Wendt: Geschichte der sozialen Arbeit. Stuttgart. Die Darstellung der Geschichte ist nicht so lebendig, wie in den oben erwähnten Büchern, und Wendts Fokus liegt nicht auf der Methodenentwicklung. Trotzdem bietet er eine Fülle von Material zu einem differenzierteren Verständnis der Geschichte der Profession.

Definitionen von Casework und Sozialer Einzelhilfe

(zitiert nach Neuffer 1990, 178 ff.)

Gordon Hamilton (1948):
„Die entscheidende Eigenart des Casework als Teil der fortschreitenden Wissenschaft von der Wohlfahrt der Menschen ist der Versuch, durch die Mittel berufsmäßiger Hilfe menschliche Grundrechte und menschliche Nöte in eine planmäßige Verbindung miteinander zu bringen."

Helen H. Perlman (1957):
„Der Prozeß des Problemlösens hat in unterschiedlichem (und bescheidenem) Umfang das Ziel, dem Hilfesuchenden die stützende und emotional anregende Erfahrung der Beziehung zu einem interessierten und respektvollen Helfer zu vermitteln, ihm ferner zu einer klaren Auffassung seines Problems und seiner eigenen Rolle dabei zu verhelfen, seine Strebungen und Fähigkeiten zu stärken, damit er seine Probleme besser bewältigen kann, ihm materielle Hilfe und verbesserte Möglichkeiten zu geben oder zu vermitteln und schließlich die emotionalen und sachlichen Bindungen zwischen ihm und den Menschen und Möglichkeiten seiner eigenen sozialen Umgebung so zu stärken, daß er in Zukunft darin Erfüllung findet."

Marie Kamphuis (1963):
„Ziel der Sozialarbeit ist also: den Menschen zu helfen, die für kürzere oder längere Zeit nicht in der Lage sind, selbst ihrer sozialen Schwierigkeiten Herr zu werden, damit und bis sie von neuem eine Möglichkeit finden, in der Gemeinschaft positiv zu funktionieren."

Florence Hollis (1964):
„... Soziale Einzelhilfe wird als eine abgestimmte Mischung von Vorgängen gesehen, die so, wie es diagnostisch angezeigt erscheint, auf eine Veränderung in der Person oder in ihrer sozialen oder zwischenmenschlichen Umgebung oder in beidem hinarbeitet und auf eine Modifikation des Austausches abzielt, der zwischen Mensch und Umwelt stattfindet."

Dora von Caemmerer (1965):
„(Die Bewältigung äußerer und innerer Notlagen, d. V.) ... geschieht in einem systematischen Vorgang des Helfens, der von der Beziehung zwichen Sozialarbeiter und Hilfesuchenden getragen ist. Dabei stellt der Sozialarbeiter sein diagnostisches Denken als Grundlage planmäßigen Vorgehens, sein Können in bezug auf Gesprächsführung, den methodischen Gebrauch von Umwelthilfe und Arbeit mit der Beziehung und den disziplinierten und verantwortlichen Einsatz der eigenen Persönlichkeit für die gemeinsame Arbeit im Hilfsprozeß zur Verfügung."

Ruth E. Smalley (1967):
„Soziale Einzelhilfe (wird) definiert als Methode, die dazu dient, mit Hilfe eines Beziehungsprozesses, der im wesentlichen auf einer Einzelbeziehung basiert, einen Klienten zu bewegen, zu seinem eigenen und zum allgemeinen sozialen Wohl die Dienste einer sozialen Institution in Anspruch zu nehmen."

Felix Biestek (1970): Richtungen und Grundsätze der helfenden Beziehung

Abbildung 3: Bedürfnisse des Klienten – Grundsätze des Sozialarbeiters

Bedürfnisse des Klienten	**Grundsätze des Sozialarbeiters**
als Individuum behandelt zu werden	Individualisieren
Gefühle ausdrücken zu dürfen	bewußter Ausdruck von Gefühlen
wohlwollendes Verständnis für sein Problem zu finden	kontrollierte gefühlsmäßige Anteilnahme
als Person von eigenem Wert angenommen zu werden	Annahme des anderen
nicht verurteilt zu werden	nichtrichtende Haltung
eigene Wahl und eigene Entscheidungen zu treffen	Selbstbestimmung des Klienten
Geheimnisse über seine Person nicht preiszugeben	Verschwiegenheit

Quelle: Biestek (1970, 36 ff.)

Das Wichtigste für den Sozialarbeiter ist die innere Überzeugung, daß Individualisieren für erfolgreiche Hilfe äußerst notwendig ist und daß man diesen Grundsatz wirklich in die Praxis umsetzen muß. Dennoch kann man das Individualisieren auch nach außen sichtbar machen, so daß der Klient es erlebt ...

1. Kleinigkeiten bedenken. Solche Kleinigkeiten, wie z. B. Verabredungen treffen, bestimmen den Grad des Individualisierens. Wenn eine Mutter mehrerer kleiner Kinder gefragt wird, ob sich eine bestimmte Zeit mit der Mittagsruhe vereinbaren läßt oder ob sie dann mit ihren Kindern in der Stoßzeit fahren muß, so spürt sie, daß der Sozialarbeiter ihre Stellung bis zu einem gewissen Grad versteht ...

2. Diskretion bei den Gesprächen. Der Ort für Gespräche ist ein wichtiges Mittel, um den Klienten das Gefühl zu geben, daß man seine vertraulichen Mitteilungen achtet. Er soll dem Sozialarbeiter die volle und ungeteilte Aufmerksamkeit gegenüber dem Klienten ermöglichen. Diskretion ist die konkrete Bekundung einer sozialen Dienststelle, daß sie den Grundsatz der Geheimhaltung ernstnimmt.

3. Sorgfalt bei der Einhaltung von Verabredungen. Pünktliches Einhalten von Verabredungen sagt dem Klienten, daß er erwartet wurde und daß die Stunde ganz ihm gehört. Zeitdruck und Notstände an Dienststellen stören manchmal die Verabredungen; dann sollte man dem Klienten deutlich machen, daß dies nicht vermeidbar war. Mußte der Klient in einem überfüllten Zimmer warten, so sollte man diese Tatsache erwähnen und damit Verständnis zeigen für ein wahrscheinliches Unbehagen des Klienten ...

4. Vorbereitung auf das Gespräch. Eine der besten unmittelbaren Vorbereitungen ist das nochmalige Durchlesen des Akts. Damit wird die Erinnerung an Kleinigkeiten im Fall des Klienten lebendig gemacht, und man kann sich versuchsweise auf besondere Zielsetzungen im kommenden Gespräch einstellen. Die-

se Vorbereitung hilft dem Sozialarbeiter auch, daß er andere Tagesinteressen und Verantwortungen in den Hintergrund treten läßt und sich wirksamer auf diese eine Person und ihr Problem einstellt.

5. Den Klienten miteinbeziehen. Wenn der Klient nach Maßgabe seiner augenblicklichen Fähigkeiten einbezogen wird in die Fallstudie, die Diagnose und Behandlung, dann wird er sich sicher und als Einzelperson behandelt fühlen. Während er mit Hilfe des Sozialarbeiters die notwendigen Daten liefert, kann man ihm auch zum Verständnis verhelfen, warum man diese braucht. Man kann ihm zeigen, daß die Daten sorgfältig gesammelt werden und daß sie in Beziehung stehen zum Problem oder Bedürfnis des Klienten. Bei der Auswahl der Behandlungsziele hilft man ihm seine eigenen Entscheidungen zu treffen. Man wird zurückhaltend sein mit dem ungesunden „Etwas-für-einen-anderen-Tun", wenn der Klient selbst imstande ist, das zu leisten. Dies gilt auch für solche mechanischen Dinge wie das Ausfüllen von Formularen. Auch hierbei kann der Sozialarbeiter seine Überzeugung hinsichtlich des Individualisierens zum Ausdruck bringen und dadurch das Selbstvertrauen des Klienten wecken.

6. Elastizität. Obgleich man notwendigerweise in jedem Einzelfall eine gewisse Beständigkeit zur Erreichung eines Zieles braucht, so verlangt doch irgendeine eintretende Änderung auch elastisches Vorgehen. Die Behandlungsziele müssen immer wieder an das zunehmende Wissen um den Klienten und seine Situation angepaßt werden. Sie müssen den ständigen Entwicklungen und Änderungen in seinem Leben Rechnung tragen. Diese Anpassung von Zielen und Methoden macht ein reifes Urteil, Objektivität und Geschicklichkeit des Sozialarbeiters erforderlich. Es ist ein spezifischer Weg des Individualisierens.

Rosa Dworschak (1961)

„... Es entstand der Begriff der ‚psychosozialen Diagnose', der bedeutet, daß in jedem Falle die einzelne Person in ihrer gegebenen Situation betrachtet und beurteilt werden müsse. Das führte zur Ablehnung von Verallgemeinerungen in der Beurteilung der Fälle, zur Ausbildung der akzeptierenden Haltung des Helfers, in weiterer Folge zur Überprüfung seiner Berufseinstellung im allgemeinen sowie zur Kontrolle seiner Einstellung dem Einzelfalle gegenüber. Es wurden weiters die psychologischen Gesetzmäßigkeiten der entstehenden Beziehung zwischen Klient und Helfer in ihrem Entstehen, Wachsen und Abflauen studiert und es ergab sich eine Fülle von Forderungen an den Helfer, aber auch eine Reihe von praktischen Hinweisen auf seine Arbeit. Das Arbeitsgebiet wurde sehr bewußt abgegrenzt gegenüber der Psychotherapie und der Persönlichkeitsanalyse. Der Klient des Sozialarbeiters bringt ein Problem der Gegenwart, das ihn beschäftigt, er bringt bewußtes und vorbewußtes Erinnerungsmaterial, das ihm ohne die Anwendung besonderer Techniken zur Verfügung steht, er stellt eine Bindung an den Helfer her, die es ihm ermöglicht, im Gespräch mit ihm so ehrlich als möglich zu sein und sich mit seinem eigenen Verhalten auseinanderzusetzen. Diese Auseinandersetzung bewirkt sodann erfahrungsgemäß auch eine merkbare Nachreifung der Persönlichkeit. Der Klient kann zu Einsichten kommen, die es ihm ermöglichen, bisherige Verhaltensweisen zu ändern ... Es sei zunächst an einen Vortrag von August Aichhorn erinnert, in dem er sagte, daß dem Erziehungsberater im Verkehr mit den Eltern des Kindes – entsprechend der Auffassung der Gesamtpersönlichkeit – drei Wege offen stünden: der über das Es, der über die bewußte Ichinstanz und der über das Über-Ich des Klienten. Daß der Weg über das bewußte Ich, wenn er gangbar ist, als der einfachste erscheinen wird, ist klar: die Menschen, die imstande sind, einen vernünftigen Rat zu befolgen, d. h. intellektuell ihn aufzunehmen und zu verwerten, werden für den Helfer immer zu den angenehmsten Klienten zählen. Der gewissenhafte, eher zwanghafte Mensch wird andererseits auf dem Wege über seine innere Autorität, seine Wertungen zu erreichen sein. Aichhorn demonstrierte an anderen Fällen aber auch die Möglichkeit, mit Erwachsenen, die wegen der Problematik ihres Kindes zu ihm kamen, in einer bestimmten Art in Verbindung zu treten, durch die sie auf dem Wege über das Es, also das Trieb- und Gefühlsleben, – ohne sich dessen bewußt zu werden – zu einer Änderung ihres Verhaltens gelangten.

... Durch die regelmäßig stattfindenden Aussprachen mit dem nach der Case Work Methode arbeitenden Sozialarbeiter stellt der Klient eine emotionelle Bindung her. Ist seine Problematik durch eine ihm bewußt gebliebene Frustration in der Kindheit bestimmt, dann wird er die entstehende Beziehung dazu benützen, sich für die erlebten emotionellen Entbehrungen zu entschädigen. Als Erwachsener wird er bewußt erleben, daß er akzeptiert und verstanden wird. Zumeist unbewußt bleibt für ihn der Umstand, daß er die entstehende Bindung gleichzeitig dazu verwendet, um alte, unbefriedigt gebliebene Wünsche zum Teil zu befriedigen.

Auffällig wurde die Geringfügigkeit des realen Anspruches und Geschehens verglichen mit der möglichen positiven Auswirkung der Bindung.

Bei Anwendung der Methode wird es dem Klienten durch das Verhalten des Sozialarbeiters nicht leicht möglich gemacht, die Ambivalenz seiner Gefühle in die entstehende Bindung einzuschleusen. Die positive Beziehung wird gepflegt, das gegenwärtige Problem bleibt im Vordergrund der Besprechungen, die emotionellen Schwingungen der Beziehung sind manchmal deutlich spürbar, werden aber nicht zum Gegenstand der Untersuchung gemacht. Daher steht es anscheinend dem Unbewußten des Klienten frei, die Beziehung nach seinem Bedürfnis zu erleben.

Die Reaktion der Klienten wird manchmal leicht zu verstehen sein, manchmal aber ohne Kenntnis der ganzen Vorgeschichte auch recht schwierig zu deuten sein."

2. Von der Methodenkritik zur Therapeutisierung

Übersicht

Die tiefgreifenden Veränderungen der mitteleuropäischen Gesellschaften in den siebziger bis neunziger Jahren konnten nicht ohne Auswirkung auf die Sozialarbeit und die Fallarbeit bleiben. Individualisierung, die Einbeziehung der Frauen in das Erwerbsleben, Erhöhung der individuellen Mobilität, Fragmentierung der traditionellen gesellschaftlichen Klassen gingen einher mit dem Verfall alter Sicherheiten, einem Wandel und Ausbau des Sozialwesens, einer Konjunktur von Beratungsangeboten. Die laute Kritik am Casework argumentierte vorerst politisch und soziologisch. Sie wird hier im Abschnitt 2.1. kritisch dargestellt. Im Abschnitt 2.2. (Medizinisches und dialogisches Paradigma) versuche ich zwei Linien der Professionalisierungsbestrebungen der Fallarbeit gegenüberzustellen, die für das methodische Verständnis der Arbeit mit dem Fall und für das Menschenbild von grundlegender Bedeutung sind. Im Anschluß daran gehe ich auf einige aus dem Casework entstandene Konzepte ein, die trotz des Rückzugs der Individualhilfe aus dem Methodendiskurs eine gewisse Bedeutung erlangen konnten und Weiterentwicklungen darstellten. Die rasante Ausweitung des psychotherapeutischen Marktes ist auch an der Sozialarbeit nicht spurlos vorbeigegangen. Die Auswirkungen versuche ich im Abschnitt 2.4. darzustellen. Nicht zuletzt brachten die letzten Jahrzehnte eine Ausweitung problemzentrierter Angebote, ihnen ist der Abschnitt 2.5. gewidmet. Mit diesem Kapitel ist der Überblick über die geschichtliche Entwicklung der Methodik abgeschlossen, so daß wir uns im Folgenden mit den Grundlagen der Fallarbeit auseinandersetzen können.

2.1. Methodenkritik

Kritik der 68er-Bewegung

Die Kritik an der Einzelfallarbeit orientierte sich im Gefolge der Achtundsechziger-Bewegung und ihrer Nachfolger an einer Radikalkritik der gesellschaftlichen Funktion von Sozialarbeit überhaupt. Ihr wurde vorgeworfen, systemstabilisierend und Teil eines Unterdrückungssystems zu sein. Die Einzelfallhilfe besonders sei Komplize beim Versuch der Herrschenden, Armut, psychische Störungen usw. den Individuen als Schuld zuzurechnen und sie für das eigene Elend selbst verantwortlich zu machen. Die Einzelfallhilfe sei daher strukturell nicht in der Lage, das Los der Betroffenen zu verbessern. Dafür müsse eine sich als revolutionär-politisch verstehende Soziale Arbeit konzipiert werden. Helge Peters (1968) steht für jene Kritik, und er präzisierte sie auch dahingehend, als er dem Casework Blindheit für die eigenen institutionellen Rahmenbedingungen vorwarf (Peters 1968, 68). Etwas differenzierter wurde die Einschätzung z. B. im von Walter Hollstein und Marianne Meinhold herausgegebenen,1973 erschienenen und recht weit verbreiteten Band „Sozialarbeit unter kapitalistischen Produktionsbedingungen" (siehe dazu auch den Text von Hollstein/Amann in den Materialien zu diesem Kapitel). Darin konfrontiert Marianne Meinhold die hehren Prinzipien des Casework mit der stigmatisierenden, kontrollierenden Realität der Jugendämter und betont den Zwangscharakter der Sozialarbeit. Allerdings läßt sie (wie andere damaligen Kritiker auch) außer acht, daß die Caseworkerinnen eben jene autoritären und wenig achtsamen Umgangsformen mit den KlientInnen bekämpften und durch eine respektvolle und die Individualität achtende Methodik ersetzen wollten. Die (auch organisatorischen) Voraussetzungen dafür waren keineswegs geschaffen und fehlen mitunter heute noch.

Die Kritik galt auch dem psychologisierenden Gestus der Caseworkliteratur. Tatsächlich war die im Gefolge der Psychoanalyse-Rezeption entstandene Methodenliteratur auffällig durch die Abwesenheit von Beschreibungen der sozialen Lage der KlientInnen. Naheliegend also eine Kritik, die ihr vorwarf, daß sie „... die Herstellung einer helfenden Beziehung des Sozialarbeiters zu seinem Klienten als das zentrale Ereignis jeglicher Sozialarbeit suggerierte" (Peters/Cremer-Schäfer, 1975, 1).

Aktivierende Arbeit mit Randgruppen und konfliktorientierte Gemeinwesenarbeit stellten demgegenüber für viele gesellschaftskritische SozialarbeiterInnen und SozialpädagogInnen die Hoffnungsträger für eine gesellschaftsverändernde Soziale Arbeit dar. Wie auch Manfred Neuffer feststellt (1990, 235 ff.), brach Mitte der siebziger Jahre die Publikationstätigkeit zur Einzelfallhilfe ab. Dies ist um so bemerkenswerter, als die Arbeitsform in der Praxis weiterhin dominant blieb. Es breitete sich allerdings langsam aber sicher Sprachlosigkeit aus. Charakteristisch für das Dilemma der soziologistischen Kritik an der Sozialarbeit im allgemeinen und der Einzelhilfe im besonderen ist eine Studie von Anton Amann (1983), in der zum wiederholten Male die Mängel der „Methode“ hervorgehoben werden. Vor allem werden Äußerungen von Ruth Smalley und Marie Kamphuis kritisiert, die den schöpferischen Anteil an der Arbeit betonen bzw. sie als „Kunst und Wissenschaft zugleich“ beschreiben. Jener Anteil an Intuition und Spontaneität stelle einen jeder sozialwissenschaftlichen Theorienbildung widerständigen Komplex dar (Amann 1989, 62). Amann versucht dann auf Basis des Konzepts der „Lebenslage“ exemplarisch die Situation alter Menschen zu untersuchen, um am Ende resignierend festzustellen, daß die „objektiv“ untersuchten Lebensbedingungen nur wenig mit der „subjektiv wahrgenommenen Lebensqualität“ korrelieren (ebd., 258). Es wird so sogar in diesen Daten sichtbar, was als Erkenntnis am Anfang der individualisierenden Sozialarbeit stand, nämlich daß die konkrete Lage jedes einzelnen Klienten bzw. jeder einzelnen Klientin auch und wesentlich von materiellen, sozialen und körperlichen Bedingungen geprägt ist, aber keineswegs im Sinne eines Automatismus. Also nicht so, daß aus der Kenntnis der Lebenslage bereits eindeutig die subjektive Lage des Klienten und eine Strategie der Änderung ableitbar wäre.

Seit Mary Richmond und den COS steht die Individualhilfe für den Versuch, mit dem Menschen, dem Individuum Kontakt aufzunehmen, um in Zusammenarbeit mit ihm zu erkunden, wie seine Lage verbessert werden soll und kann. Der Versuch, durch Lebenslagenforschung das Allgemeine sichtbar zu machen, soll dadurch nicht abgewertet werden, im Gegenteil. Die Kenntnisse über die „objektiven Strukturen“ der Lebenswelt, also jene, die unabhängig von der Aktivität des Klienten da sind und seine Handlungsbedingungen vorformen, sind sogar nötig für adäquate Arbeit mit dem Betroffenen. Erst sie ermöglichen das „Normalisieren“ als Beratungstechnik (siehe meine Äußerungen S. 201 ff.), dessen Kern die Unterscheidung zwischen dem Allgemeinen und dem Besonderen ist, zwischen dem, was anderen Menschen in vergleichbarer Lage auch passiert, und dem, wofür der Klient selbst Verantwortung trägt.

Paralyse der Methodendiskussion und -weiterentwicklung

Es ist keine Nachlässigkeit von Manfred Neuffer, daß er seine Rekonstruktion der Geschichte der Einzelhilfe in Deutschland mit der Darstellung der „linken“ Methodenkritik abbrechen läßt. Danach war nichts mehr, oder nur mehr sehr wenig. Im Fortbildungsbereich etablierten sich zuerst die Gesprächspsychotherapie nach C. Rogers, ohnehin sehr nahe dem Caseworkmodell, dann die Familientherapie, nach und nach immer mehr auch andere therapeutische Richtungen. Mit ihnen verbindet sich die Hoffnung so mancher KollegInnen auf eine gesellschaftlich imageträchtigere und vielleicht auch besser dotierte Arbeit – und die Erwartung, Handwerkszeug für die schwierige Alltagsarbeit zu bekommen. Die Hoffnungen erfüllen sich jedoch nur bedingt.

2.2. Medizinisches und dialogisches Paradigma

Medizinisches Modell

Beginnend mit Mary Richmond, aber bis in sozialtechnologisch orientierte Ansätze der Gegenwart hinein, versuchten Autorinnen und Autoren, der Methodik der Sozialarbeit durch das Kopieren scheinbar bewährter Modelle der Arbeitsstrukturierung den Anschein von Professionalität zu geben. Das einflußreichste Modell war (und ist immer noch) das der Medizin. Nicht nur, daß die Ärzte als ebenfalls „helfende" Profession ein Prestige haben, das dem der Sozialarbeiter stets deutlich überlegen war, sondern auch die nie in Frage gestellte wissenschaftliche Basis des ärztlichen Berufs verleitete und verleitet offensichtlich zu Ablaufmodellen, die dem methodischen Dreischritt der Medizin (Anamnese – Diagnose – Therapie) nachempfunden waren (siehe Abbildung 4)

Abbildung 4: Medizinisches Paradigma

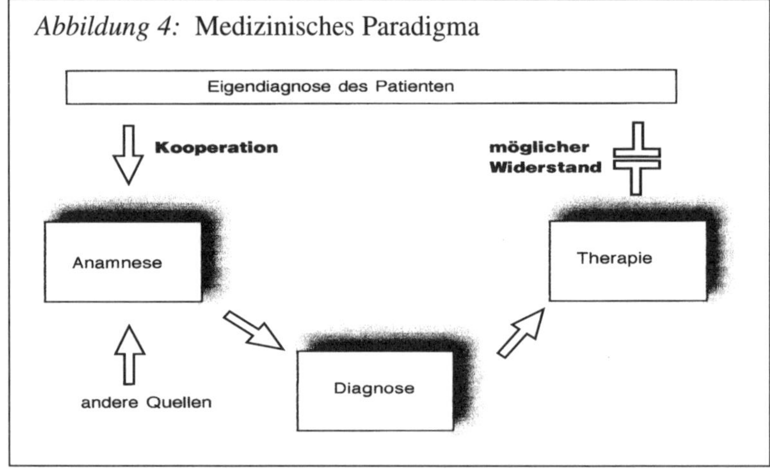

Die Diagnose erscheint hier als die zentrale Leistung des Experten bzw. der Expertin. Sie erfordert das professionelle Wissen. Die Diagnose erfolgt zwar mit den in der Anamnese, also unter Mithilfe des Patienten, erhobenen Daten, ist aber letztlich eine einsame Leistung des „Wissenden“, der durch seine Kenntnis der Wissenschaft befähigt ist, die Zeichen (Symptome) „richtig“ zu deuten. Die Abbildung 4 verweist bereits auf ein Problem dieses Dreischritts. Die Patientinnen sind in der Regel nicht passive Objekte der ärztlichen Bemühungen. Sie sind eben nicht bloß Körper. Sie sind auch Bewußtsein, „psychisches System“. Als solche sind sie selbsttätig, machen sich ihre eigenen Gedanken über ihren Körper und das, was mit ihm passiert. Sie kommen bereits mit einer Eigendiagnose zum Arzt. Sie beobachten den Arzt bei seinen Klärungs- und Erklärungsversuchen, bewerten sie. Kurz gesagt: die Patienten bleiben eigen-sinnig. Ihr Vertrauen in den Arzt hat Grenzen. So kennt auch die Medizin das Problem, daß Patienten die Therapien unterlaufen. Die professionelle Diagnose ist in Konflikt mit der Eigendiagnose, so werden auch die Therapievorschläge des Arztes nur bedingt angenommen. Die Patienten nehmen verschriebene Medikamente in einer anderen Dosierung zu sich, als vom Arzt verordnet, setzen sie früher ab, nehmen zusätzlich noch Medikamente, die der Arzt zwar nicht verschrieben, aber Bekannte empfohlen haben usw. Der Widerstand von Patienten gegen ärztliche Weisheit ist zu einem Gutteil Produkt des oben beschriebenen methodischen Dreischritts (Trappl 1998). Der Medizin ist es aber gelungen, diesen Widerstand nicht zu ihrem Problem zu machen.

Die Medizin hat als Hilfsmittel für den einzelnen Arzt einen umfangreichen Katalog von identifizier- und abgrenzbaren Krankheiten erarbeitet, denen Symptome und Therapien zugeordnet werden. Die therapeutischen Möglichkeiten – Verhaltensvorschriften, Medikamente, aber auch direkte Eingriffe des Arztes in den Körper – wurden im Lauf der Professionsentwicklung ebenso erweitert, wie der Katalog der Krankheiten. Die Medizin konnte sich so an den technischen und wissenschaftlichen Fortschritt ankoppeln. Die moderne High-Tech-Medizin stellt die augenfälligste Verbindung der Profession mit der gesellschaftlichen Macht und der Technik/Wissenschaft dar. Dem hat Sozialarbeit nichts gleichwertiges entgegenzusetzen.

Die Versuche der Professionalisierung waren früh an das medizinische Modell gebunden. Mary Richmond und Alice Salomon konzentrierten sich auf die psychosoziale Diagnose als vermeintliches Kernstück der

Abbildung 5: Medizinisches Paradigma in der Sozialarbeit

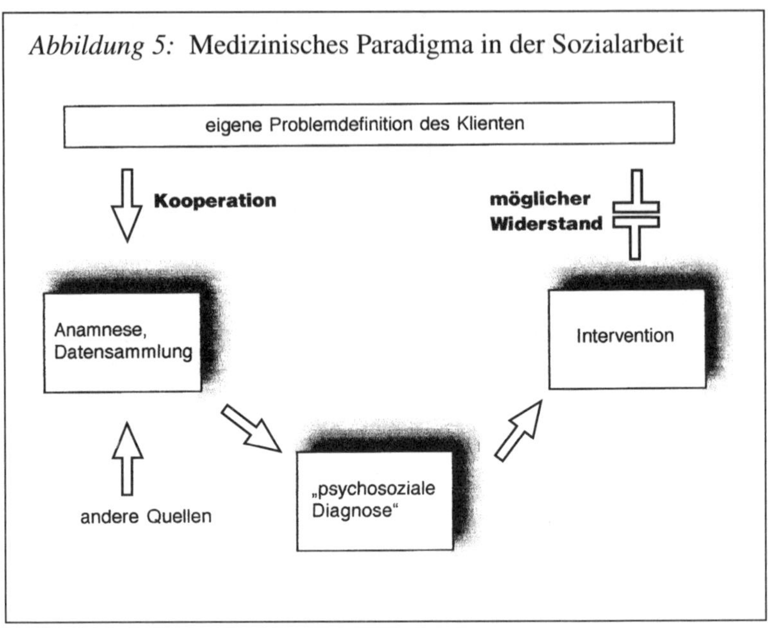

Professionalität. Mit der erfolgreichen Ärzteschaft vor Augen sollte die Einzelfallhilfe ebenfalls die Weihen des höheren Expertentums erhalten. Maja Heiner (1995b) weist nicht nur darauf hin, daß dieses Modell für die Soziale Arbeit wenig hilfreich ist, sondern auch darauf, daß es bis in die neueste Literatur (z. B. bei B. Müller 1993a) trotzdem Verwendung findet, teilweise ergänzt durch die Evaluation als vierten Schritt. Das medizinische Paradigma, mit dem die Hoffnung auf eine Professionalisierung der Sozialarbeit nach dem Muster der Ärzteschaft verbunden war, äußerte sich in der Übernahme der medizinischen Begrifflichkeit (siehe Abbildung 5) für das Casework.
Die Schwierigkeiten für den Erfolg eines Casework-Prozesses bei der Übernahme der medizinischen Form der Strukturierung sind evident: Mangels definierbarer „Krankheiten“, die in der Diagnose entdeckt werden könnten und vor allem mangels eindeutiger Therapien, die relativ unabhängig von der Selbstwahrnehmung der Klientinnen und Klienten wirksam wären, ist der Erfolg einer solchen Vorgehensweise fragwürdig. In der Regel sind es nicht die definierbaren „Defizite“, die durch Sozialarbeit bearbeitet würden, sondern oft die schwierige indi-

viduelle und soziale Lage, die für die Betroffenen unter anderem aufgrund ihrer Krankheiten, „Defizite", sonstigen sozialen Situation usw. entstanden sind (siehe z.B. Dewe/Scherr 1991; Gottschalch 1988, 128 ff.). Die Diagnose ist als einsame Leistung des Experten dabei nur wenig hilfreich. Was vom medizinischen Modell in der Praxis bleibt, ist der Nachteil des erwartbaren Widerstands der Klienten.
Ein Modell, das von vornherein dialogisch angelegt ist, das heißt, das nicht nur die Aktion der Experten im Blick hat, sondern den Caseworkprozeß als kooperativen begreift, müßte etwas anders aussehen. Ein Vorschlag sei hier skizziert (siehe Abbildung 6, S. 54).

Dialogisches Modell

Dieses kooperativ und dialogisch orientierte Ablaufmodell versucht gar nicht die Illusion zu erwecken, als sei allein durch die Kenntnisse der Expertinnen eine Verbesserung oder „Heilung" zu erreichen. Vielmehr werden in Prozessen der Aushandlung, der Verständigung darüber, was „der Fall" sein könnte und wie Änderungen bewerkstelligt werden könnten, die Grundlagen für mögliche Lösungen geschaffen. Deren Kriterium ist der Alltag der Betroffenen. Hier kann auch nicht wie in der Medizin vorentschieden sein, welche Problemdefinitionen „gelten" und welche nicht. Jedes mögliche Alltagsproblem ist ein Problem für das Casework, es muß nicht notwendigerweise in eine Fachsprache übersetzt werden, um Lösungen zugänglich zu machen. Der Sozialarbeiter hat nicht von vornherein das Wissen, was dem Klienten fehlt, und er benötigt keineswegs nur ausreichende Daten, um dieses Wissen aktivieren zu können.
Aus den eben genannten Gründen muß eine Professionalisierung und eine Arbeitsstrukturierung nach dem Muster der Medizin zwangsläufig scheitern oder zumindest beachtliche Probleme generieren. Lebensweltorientierte Fallarbeit ist Prozeßsteuerung, Aushandeln, Alltagsbeeinflussung, auch Beziehungsmanagement. Sie ist immer und notwendigerweise kooperativ und auf die Eigenaktivitäten der Klienten und/oder ihres Umfeldes angewiesen, weil sie auf Integration zielt; darauf, daß Menschen ihren Alltag und lebensweltlich andere die Betroffenen „aushalten".

2.3. Individualhilfe auf dem Rückzug

Die Methodenkritik hatte Folgen. War das Casework vorher zum zentralen Baustein der beruflichen Identität der Sozialarbeit geworden,

Abbildung 6: Dialogisches Paradigma

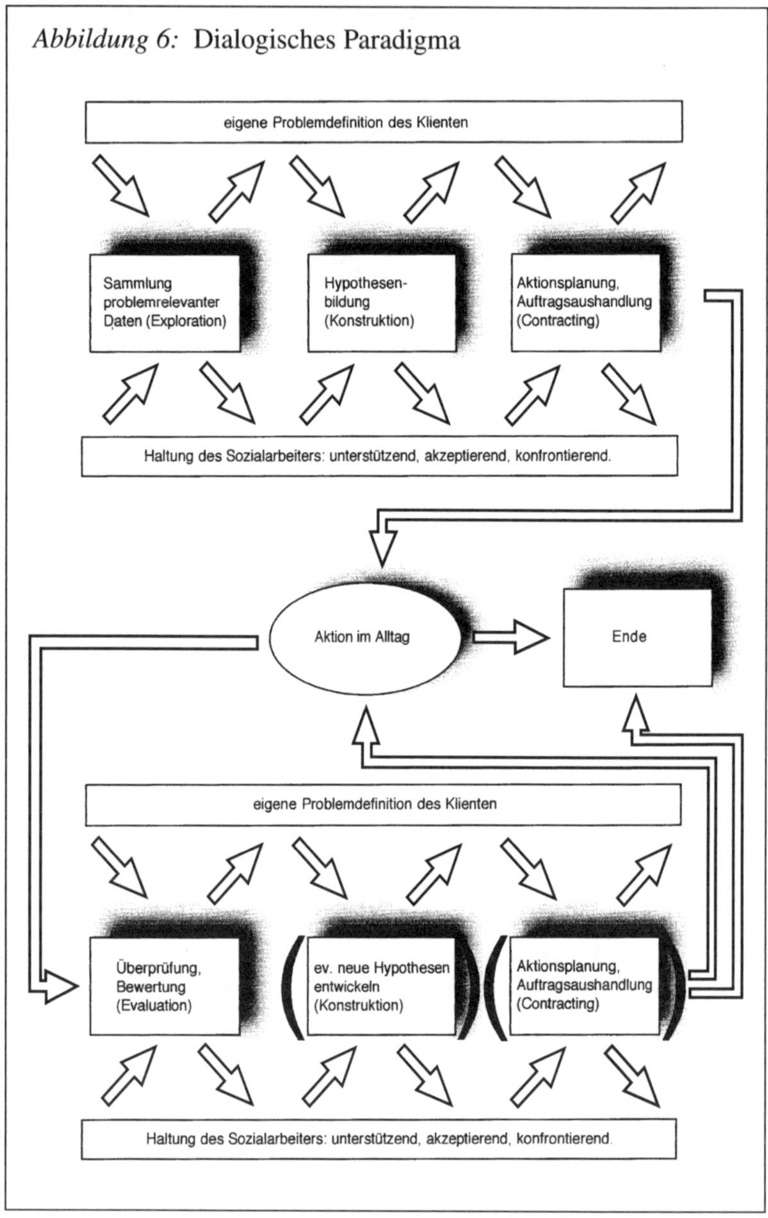

verschwand es schließlich wieder weitgehend aus den Lehrplänen (Belardi 1980, 69 ff.) und nahezu vollständig aus dem Fortbildungsprogramm (Vyslouzil 1992). Damit ging auch eine integrierende Chiffre für die Profession verloren. Eine Reihe von methodischen bzw. methodisch/theoretischen Zugängen setzte allerdings die Tradition des Casework fort, in der Regel ohne sich explizit darauf zu beziehen.

Methodenintegrativer Ansatz

Ein deklariert sozialarbeiterischer Ansatz, der Elemente einer Systemtheorie aufgriff und denSozialarbeiter als „change agent“ zu beschreiben versuchte, war der sogenannte methodenintegrative Ansatz von Allen Pincus und Anne Minahan (1980a). Auf der Basis eines systemischen Verständnisses kritisierten die Autoren die klassische Unterscheidung in Einzel-, Gruppen- und Gemeinwesenarbeit und plädierten für einen Ansatz, der Elemente aller drei Arbeitsformen beinhalten sollte. Klienten werden als Auftraggeber verstanden, die an einer Änderung interessiert sind. Pincus und Minahan unterscheiden zwischen dem Aktionssystem, dem Klientensystem und dem Zielsystem des Veränderungsprozesses. Aufgabe des Sozialarbeiters sei es, nach entsprechender Informationssammlung eine Problemanalyse zu erstellen, Kontakte aufzubauen, ein Aktionssystem zu bilden und zu koordinieren um Einfluß auf das Zielsystem zu nehmen. Bei Zielerreichung wird der Veränderungsprozeß abgeschlossen. Tätigkeiten wie Verhandlung, Vermittlung und Organisation spielen in diesem Verständnis eine große Rolle. Besonders einflußreich war die Veränderung des Klientenbegriffs bei Pincus und Minahan. Die Betonung der Vertragsform und des Interesses des Klienten an einer Veränderung führt zum einen dazu, daß viele Personen, die von Sozialarbeitern bis dahin als Klienten betrachtet wurden, in diesem Verständnis nur mehr als „potentielle Klienten“ eingestuft waren: Ihnen fehlte der offensichtliche Veränderungswille, eine Vereinbarung mit ihnen war zwar möglich, aber noch nicht realisiert. Zum anderen konnten so Personen als Klienten betrachtet werden, die das im traditionellen Verständnis nicht waren. Die Schuldirektorin, die über die Probleme in der Klasse des Lehrers X klagt, kann zum Auftraggeber einer Veränderungsarbeit der Sozialarbeiterin und damit zur Klientin werden. Die Klasse, die „schlimmen Kinder“ sind Zielsystem, der Lehrer kann zum Teil des Aktionssystems gemacht werden.

Das Modell von Allen Pincus und Anne Minahan war geeignet, die Praktiker der Individualhilfe von einem zu starken Fokus auf Beziehungsgestaltung zu befreien. Es bezog endlich die in der Sozialarbeit ohnehin immer schon vorhandenen Elemente von Feldarbeit, Verhandlungs- und Vermittlungsarbeit in die reflektierende Betrachtung des Prozesses mit ein. Was allerdings ein Stück weit verloren ging, war der theoretische Bezug auf den sozialen und gesellschaftlichen Kontext. Das Modell eines Veränderungsmanagements, wie es in der methodenintegrativen Sozialarbeit vorgestellt worden war, bezog sich nicht mehr auf vermeintliche soziale Krankheiten, das Prozeßmodell verabschiedete sich von medizinischen Vorbildern. Gleichzeitig war allerdings auch kaum mehr ein Unterschied zu anderen Berufen auszumachen, die ebenfalls an Veränderungen arbeiten – von Organisationsentwicklern bis zu politischem Management.

Ökologische Ansätze

Verschiedene Ansätze der ökologischen Sozialarbeit versuchten auch, die Nachfolge des Casework anzutreten. Die differenzierteste Ausarbeitung erfuhr dieses Modell durch Carel B. Germain und Alex Gitterman (1983). Ihr sogenanntes Life Model versuchte einen integrativen Rahmen für Sozialarbeit zu schaffen. Germain und Gitterman gehen von einem ökologischen Vorstellungsmodell aus, also von einem Modell der multiplen Interaktion zwischen Menschen und verschiedensten Umweltfaktoren. Sie bleiben dabei allerdings gleichzeitig einer Terminologie verhaftet, die in der amerikanischen Tradition steht: Es ist von Fehlanpassung, von Anpassungspotential, von Streßfaktoren und von Wachstumsmaximierung die Rede. Ein Vokabular, das hierzulande manchmal Befremden auslösen könnte und gegen defizitorientierte Interpretationen keineswegs immun ist.

Allerdings machen die Autoren des Life Models auch einen wesentlichen Schritt weg von der defizitorientierten, dem medizinischen Modell verpflichteten Sichtweise. Sie grenzen sich von allzueinfachen Vorstellungen vom Verhältnis zwischen Person und Umwelt ab (wir befassen uns im Kapitel 4 noch aufführlicher mit dieser Frage), gehen von Wechselwirkungen aus. Soziale Arbeit habe die doppelte Aufgabe, „die auf ein Wachstum hindrängenden Stärken und Kräfte der Menschen in Anspruch zu nehmen, aber ebenso auch die organisatorischen Strukturen, andere soziale Systeme und physische Gegebenheiten zu beeinflussen, so daß sie besser auf die Bedürfnisse der Menschen abgestimmt sind.“ (Germain/Gitterman 1983, 1)

Case Management

Im deutschen Sprachraum publizierte vor allem Wolf Rainer Wendt mit Bezug auf dieses ökologische Modell (1990; siehe auch den Anhang zu diesem Kapitel). In der Folge dominierte bei ihm allerdings der Begriff des „Case Management“ (1991, 1992) bei weiterem Bezug auf Grundpositionen der ökosozialen Sozialarbeit. Case Management stellt eine Form der Individualhilfe dar, bei der stärker der Aspekt des Haushaltens, der Koordination, der Planung im Vordergrund stehen. Die Fallführung übernimmt nach einer Erhebungsphase (Assessment) und der Hilfeplanung die Aufgabe der Koordination, Steuerung und Beobachtung des Unterstützungsprozesses. Evaluative Verfahren (Re-Assessment) sollen eventuell notwendige Korrekturen des Unterstützungsarrangements veranlassen. In dieser Buchreihe steht auch eine von Wolf Rainer Wendt verfaßte Einführung in das Case Management zur Verfügung, so daß sich eine ausführlichere Darstellung in diesem Rahmen erübrigen sollte.

Der Bezug zur Methodengeschichte der Sozialarbeit wurde nur mehr selten hergestellt. Als Ausnahme sei hier C. Wolfgang Müller genannt, der mit seinen Publikationen, vor allem mit seinem zweibändigen Werk „Wie Helfen zum Beruf wurde“ (1988) auf der Konstruktion einer Berufsgeschichte insistierte und zur Aufrechterhaltung einer sozialarbeiterischen bzw. sozialpädagogischen Identität beitrug.

Sowohl die „methodenintegrative Sozialarbeit“, als auch das „Life Model“ und das „Case Management“ sind deklariert sozialarbeiterische Ansätze und verstehen sich als Weiterentwicklungen sozialarbeiterischer Methodik. Daneben breiteten sich aber sowohl in den Ausbildungen als auch (und vor allem) auf dem Fortbildungsmarkt seit den ausgehenden Siebzigerjahren methodische Ansätze aus, deren Bezug zur Sozialarbeit nur mehr marginal war. In erster Linie sind dies die Techniken der verschiedensten therapeutischen Schulen. Psychoanalytische Zugänge, die lange Zeit in der Individualhilfe dominierend waren, verloren nun allerdings an Bedeutung. Dieser Strang wurde und wird im deutschen Sprachraum noch prominent von Burkhard Müller (1995) und von Wilfried Gottschalch (1988) vertreten.

2.4. Therapeutische Ansätze

Autoren beschreiben die fortschreitende „Psychologisierung“ des Alltagswissens im ausgehenden 20. Jahrhundert (z.B. Keupp 1991; Mahlmann 1991). Zumal die zweite Modernisierung (Beck/Beck-Gernsheim 1990) viele der früheren Gewißheiten, wie zu leben sei, pulverisiert hatte und tendenziell den Menschen aufgibt, selbst zu entscheiden, wird der Bedarf nach Hilfen und anwendbaren Erklärungs-

modellen groß. Das (Lebens-)Beratungsgeschäft boomt, und neben zahlreichen Angeboten aus der New-Age-Lade, von Tarot über Horoskope bis zur Aura-Analyse, behauptet sich das inzwischen stark diversifizierte psychotherapeutische Angebot auf dem seriöseren Sektor dieses Marktes. Längst ist psychotherapeutische Hilfe nicht nur bei ihrem klassischen Betätigungsfeld der Neurosen gefragt, sondern auch von Menschen, die ihre Lebenssituation überdenken wollen. Psychotherapie hat streckenweise den Charakter einer „Supervision“ bei schwierigen Lebensabschnitten angenommen. Dementsprechend hat sich auch das Instrumentarium gewandelt, verfeinert und diversifiziert. Hier braucht weniger der Kampf der Psychotherapeutinnen und Psychotherapeuten um eine Anerkennung neben den medizinisch legitimierten Psychiatern interessieren, der paradoxerweise die sich selbst oft nicht mehr in „Krankheits“-Kategorien denkenden Therapeuten zwingt, sich der an Diagnosen orientierten Medizinbürokratie anzupassen, um an Mittel aus der Krankenversicherung zu kommen. Interessanter ist, daß die Grenzen zwischen Therapie und Sozialer Arbeit, die nie völlig trennscharf gezogen waren, noch unklarer wurden und werden. Nicht zuletzt deshalb, weil einige psychotherapeutische Schulen Teile des Methodenrepertoires der Sozialarbeit integrierten und sich für die Bearbeitung von Lebenssituationen zu interessieren begannen, die früher nicht als Fälle für psychotherapeutische Interventionen angesehen worden wären. Die Entwicklung der Familientherapie mag dafür als Beispiel herhalten.
Für die Soziale Arbeit bedeutete der Aufschwung der Psychotherapie eine beträchtliche Irritation, fiel er doch mit der Verunsicherung über die eigenen theoretischen und methodischen Grundlagen im Gefolge der Methodenkritik zusammen. Die soziologistisch orientierte Kritik hatte genau jene Entwicklung des Handwerkszeugs der Fallarbeit blockiert, die von den neuen psychotherapeutischen Schulen vorangetrieben wurde. Der Fortbildungsmarkt in der Sozialen Arbeit wird seither von psychotherapeutischen Ansätzen verschiedenster Provenienz dominiert (Vyslouzil 1992). Daraus ergeben sich einige Probleme. Zum einen sind, bei aller Nützlichkeit von in therapeutischen Kontexten entwickelten Techniken der Gesprächsführung und Intervention, jene Technologien unter anderen Zugangsbedingungen, anderen organisatorischen Rahmenbedingungen und mit anderen Möglichkeiten der Settinggestaltung entwickelt worden, als sie die Soziale Arbeit in der Regel vorfindet. Ihre Anwendung in der Sozialen Fallarbeit ist

nicht ohne Prüfung möglich, erfordert Adaptionen und den Verzicht auf manche Techniken, die in einem psychotherapeutischen Setting durchaus sinnvoll einsetzbar sein können.
Inzwischen sind zahlreiche Kolleginnen und Kollegen, die auch eine therapeutische Ausbildung absolviert haben, als Sozialarbeiter tätig. Sie konnten mit dem Erlernen der systemischen Therapie, von NLP, tiefenpsychologisch orientierten Therapieformen usw. ihr Handlungsrepertoire erweitern und einen Bezugsrahmen für die Reflexion ihrer Tätigkeit gewinnen. Dies schlägt sich oft in gesteigerter Professionalität ihrer Arbeit mit den Klienten nieder. Gleichzeitig scheint aber die „Nur-"Sozialarbeit defizitär. In der Vermarktung der eigenen Bedeutung für die Gesellschaft und im professionellen Selbstbewußtsein sind die Therapien der Sozialarbeit voraus. Heinz Grözinger (1991) wies darauf hin, daß die therapeutische Zusatzqualifikation vieler Sozialarbeiter auch Auswirkungen auf die Klientenauswahl habe. Es erfolge eine Selektion, die das klassische Klientel der Sozialarbeit, nämlich Personen mit komplexen Problemen und einer Verschränkung von materiellen, sozialen und psychischen Benachteiligungen, tendenziell ausschließe.

Systemische Ansätze

Eine Reihe von Autoren bemüht sich darum, therapeutische Ansätze für die Sozialarbeit zu adaptieren bzw. das Gegenstandsverständnis und die Technologien auf ihre Brauchbarkeit für sozialarbeiterische Settings zu überprüfen. Besonders intensiv geschah dies für die systemischen Ansätze. Genannt seien beispielhaft Heino Hollstein-Brinkmann (1992), Hans-Ulrich Pfeifer-Schaupp (1995), Maja Heiner (1995) für die Systemtheorie und die aus ihr abgeleiteten Therapiemodelle, Jürgen Hargens und Armin Albers (1996) für die lösungsorientierte systemische Kurztherapie. Den Bezug zur Tiefenpsychologie stellt z. B. Burkhard Müller (1995) her. Diesen Annäherungen ist gemeinsam, daß sie sich der Mühe unterziehen, aus der Perspektive der professionellen Geschichte und Aufgabe der Sozialarbeit einzuschätzen, was bereichernd und nützlich sein könnte, ohne deshalb das Kind mit dem Bade auszugießen und einer unkritischen Übernahme therapeutischer Settings und Technologien das Wort zu reden.
In einer Internetdiskussion über Social Work kritisierte ein amerikanischer Kollege einen Diskutanten, der sich als Psychotherapeut bezeichnet hatte: „Du bist Sozialarbeiter. Es ist schön, daß Du auch eine psychotherapeutische Ausbildung hast. Aber welcher Tischler würde sich als Hobler bezeichnen, nur weil er auch hobeln kann?" In diesem

Bild artikuliert sich ein übergreifendes Verständnis von Sozialer Fallarbeit, das darauf beharrt, nicht von vornherein zu wissen, ob der Klient nun eine Therapie, materielle Unterstützung, aktive Hilfe bei der Verbesserung seines lebensweltlichen Netzwerks oder pädagogische Hilfe braucht. Ein hoher Anspruch, gewiß. Aber einer, der die Eigenständigkeit und Faszination Sozialer Fallarbeit betont.

2.5. Problemzentrierte Ansätze

Problemzentrierte Ansätze

Eine Ausdifferenzierung fand in den letzten Jahrzehnten des 20. Jahrhunderts nicht nur in den methodischen und therapeutischen Ansätzen statt, sondern auch bei den Sozialeinrichtungen. Nicht zuletzt aufgrund politischer Rahmenbedingungen, die die Finanzierung von Einrichtungen begünstigen, die auf die Bearbeitung eines Sachverhalts abzielen, der im öffentlichen Diskurs als „soziales Problem" definiert wird, sind es problemzentrierte Programme, die sich institutionalisieren konnten. Beratungsstellen für Opfer sexuellen Mißbrauchs, Schuldnerberatungen, Aids-Hilfen, Scheidungsberatung usw. orientieren sich an Problemdefinitionen, die vermarktbar sind. Während Einrichtungen, die weitgehend offen sind, sich personenbezogen definieren und Raum für verschiedene mögliche Problemdefinitionen geben, zusehends Schwierigkeiten mit der Darstellung ihrer Nützlichkeit haben, haben es „One-Issue-Institutions" leichter. Kennzeichnend für die Entwicklung ist es, daß von den auf vermarktbare Problemdefinitionen spezialisierten Institutionen und in ihren oft losen Dachorganisationen und Kommunikationsstrukturen Problembearbeitungsprogramme entwickelt werden, die quer zu traditionellen Professionsgrenzen liegen. Sie integrieren sozialarbeiterische, psychologische, psychotherapeutische, mitunter auch medizinische, juristische und politische Kompetenz, Problemsicht und Methodik und vereinen sie zu einem Handlungsprogramm.

Man kann diese Entwicklung begrüßen, weil sie Interdisziplinarität zur Voraussetzung hat und produziert; weil sie problembezogene Fachkompetenz begünstigt; weil sie problembezogenes Expertentum hervorbringt, das zunehmend auch politisch relevant ist. Man kann die genannte Entwicklung beklagen, weil sie einem personen- und/oder lebensweltbezogenen Verständnis entgegensteht, weil sie dem ironischen Diktum entspricht, daß Beratung darin bestehe, dem Klienten

einzureden, er habe das Problem, für das die Institution ein vorgefertigtes Bearbeitungsprogramm anbiete (beschrieben bei Schmitz u. a. 1989). Die Ausdifferenzierung methodischer Programme, die sich entlang öfentlichkeitswirksamer Diagnosen vollzieht, ist aber zweifelsohne ein Faktum, mit dem man rechnen muß.
Als Beispiel könnte die Schuldnerhilfe (Groth 1984 und 1994; Suter 1986; Just 1990; Berner 1992; Korczak 1992; Ebli 1995) dienen, die in einem Problemfeld agiert, das das Interesse von Sozialeinrichtungen, Banken, Unternehmen und der Justiz tangiert. Zu den „Opfern“ der Verschuldung gehören Angehörige der klassischen Zielgruppen der Sozialarbeit ebenso wie gescheiterte Selbständige und Personen aus der Mittelschicht, die durch riskantes Verhalten oder Abhängigkeit (z. B. Spielsucht) in eine Schuldenkrise geraten sind. Das methodische Programm der Mehrzahl der Schuldnerberatungseinrichtungen ist auf die Bewältigung der Überschuldung ausgerichtet und läßt wenig Platz für eine Bearbeitung paralleler psychosozialer Schwierigkeiten. Für viele Klienten heißt das, daß sie mehrere spezialisierte Institutionen aufsuchen müssen, wenn sie bei den verschiedenen schwierigen Aspekten ihrer Lebenssituation Unterstützung benötigen. Für die Soziale Fallarbeit eröffnet dies als nicht ganz neues, aber immer wichtigeres Aufgabenfeld die Koordinierung der spezialisierten Hilfen bzw. die Unterstützung der Klienten bei ihren Versuchen, die verschiedenen ihnen auferlegten Programme zu verstehen und für sich „auf die Reihe zu kriegen“, in ihren Alltag zu integrieren.

2.6. Zusammenfassung

Betrachten wir die Entwicklung der Sozialarbeit und der Arbeitsform Individualhilfe über nunmehr mehr als ein Jahrhundert im Rückblick und versuchen wir, die Entwicklungen und Ansätze zu ordnen, dann zeigt sich, daß die Vertreterinnen der verschiedenen Ansätze in den jeweiligen Phasen den komplexen Gegenstand der Sozialen Arbeit dadurch in den Griff zu bekommen versuchten, daß sie bestimmte Einzelaspekte aufgriffen und (manchmal über-)betonten. Dabei sind folgende Einzelaspekte – in Gegenüberstellung – zu beobachten:

(a) Betonung der Anamnese/Diagnose – Betonung des Hilfeprozesses: Es gibt Ansätze bzw. Traditionsstränge, die größten Wert auf eine

penible Erhebung von Daten, also eine möglichst umfassende Erfassung der Lebenssituation der Klientinnen und Klienten legen, und solche, die stärker den Hilfsprozeß selbst und die Beziehung zwischen Klientin und Sozialarbeiterin im Blick haben.
(b) Einnahme einer psychologi(sti)schen Sichtweise – Einnahme einer soziologi(sti)schen Perspektive: Es konkurrieren psychologisierende, extrem individualisierende Ansätze mit solchen, die gesellschaftliche Ursachen individueller Not betonen und folgerichtig die Grenze zur (Sozial-)Politik überschreiten.
(c) Schließlich ist noch ein personenzentriertes Verständnis von einem problemzentrierten Verständnis zu unterscheiden. Ersteres führt zu stärker hermeneutisch und thematisch offenen Zugängen, zweiteres zu starreren Programmen.

Der anstrengende Königsweg muß m. E. bemüht sein, die verschiedenen Gesichtspunkte einzubeziehen und sich vor Einseitigkeiten zu hüten. Jede der Herangehensweisen betont einen wesentlichen Aspekt der spannenden und komplexen Aufgabe der Sozialen Fallarbeit und trägt so etwas zum Verständnis bei. Institutionen und Kolleginnen, die ihren eigenen Stil finden, werden von allen etwas lernen können. Oder, um es mit Karl E. Weick (1995, 312) zu sagen: „Ambivalenz ist der beste Kompromiß“. In den folgenden Kapiteln werde ich eine Integration versuchen, die hoffentlich hinreichend ambivalent bleibt.

Anregungen zur Diskussion, Fragen

(1) Diskutieren Sie die gesellschaftliche Funktion der Sozialarbeit anhand des Textes von Amann/Hollstein in den Materialien zu diesem Kapitel.
(2) Welche Probleme ergeben sich aus dem medizinischen Modell, welche können sich aus dem dialogischen Modell für den Sozialarbeiter ergeben?
(3) Nennen Sie einige Weiterentwicklungen der Individualhilfe der letzten Jahrzehnte.
(4) Diskutieren Sie die Aufgaben therapeutischer und sozialarbeiterischer Ansätze im Vergleich mit Bezug auf den Text von Wolf R. Wendt in den Materialien.

Literatur zur Vertiefung

Ulrich Beck / Elisabeth Beck-Gernsheim (Hrsg.): Riskante Freiheiten. Frankfurt. Die Lektüre dieses 1994 erschienenen Bandes kann jenen empfohlen werden, die sich mit den gesellschaftlichen Rahmenbedingungen der Fallarbeit heute auseinandersetzen wollen. Sie werden sich der Erkenntnis gegenüber sehen, daß es – entgegen der Methodenkritik im Gefolge der achtundsechziger Jahre heute aus soziologischer Sicht gute Gründe für individualisierende Hilfen gibt.

Claus Mühlfeld u. a. (Hrsg.): Soziale Einzelhilfe (Brennpunkte Sozialer Arbeit). Frankfurt/Main. Unter den wenigen Publikationen zur Einzelhilfe ist dieses 1988 erschienene Heft ein Lichtblick. Es umfaßt fünf Beiträge, die zusammengenommen einen Überblick über die wichtigsten Strömungen der Einzelhilfediskussion der achtziger Jahre bieten.

Methodenkritik

Walter Hollsteins Argumentation (1973), zusammengefaßt von Anton Amann (Amann 1983, 76f.):

„Fünf Hypothesenfelder, die Sozialarbeit jeweils auf eine besondere Dimension ihrer gesellschaftlichen Funktion hin beschreiben: Sozialarbeit als:
a) Reproduktionsagentur
b) Sozialisationsagentur
c) Kompensationsagentur
d) Oppressionsagentur
e) Disziplinierungsagentur

Die thematischen Hauptlinien der einzelnen Hypothesen stellen sich ... folgendermaßen dar:

Reproduktion: „Sozialarbeit" kümmert sich – wie die Konsum- und Kulturindustrie – um die Reproduktion der Ware Arbeitskraft; insbesondere um jene Lohnarbeiter, die als Arbeitskräfte untauglich zu werden drohen. Damit pflegt sie eine industrielle Reservearmee.
Sozialisation: „Sozialarbeit" reproduziert die schon gültigen Normen und Werte in der sozial-therapeutisch geleiteten Vermittlung, übt Kontrolle (wie andere staatliche Institutionen), psychologisiert und subjektiviert die Probleme durch persönliche Schuldzuschreibung und fördert damit Wohlverhalten statt Wohlbefinden.
Kompensation: „Sozialarbeit" gleicht gesellschaftlich bedingte Mängel individuell aus, sie verdeckt Widersprüche der kapitalistischen Gesellschaft, gleicht die durch private Aneignung im öffentlichen Sektor bedingten Mängel aus und zeigt sich darin, ‚als das schlechte Gewissen einer schlechten Gesellschaft'.
Oppression: „Sozialarbeit" schützt die Gesellschaft durch Administrierung und Fragmentierung abweichenden Verhaltens, durch Evidenthalten von ‚sozialen Fällen', verschleiert systembedingte Mißstände durch Trost (materiell/ideell), fördert das bestehende Wertsystem durch Ignorieren der systembedingten Mißstände, verhindert Solidarisierung der Klienten und deren Aufklärung, versöhnt Abweichler mit dem System im Wege über die Einzelhilfe und ist kodifizierte Angst des bestehenden Systems vor seiner Veränderung.
Disziplinierung: „Sozialarbeit" paßt Klienten an ebenso wie Nicht-Klienten (durch abschreckendes Beispiel), sie kaserniert und schafft Angst vor Kasernierung und ‚pflegt durch ihre Aktivität das Feindbild, das sich die in-group von der out-group macht'. (Amann 1983, 76 f.)

Wolf Rainer Wendt (1992, 45ff.): „Life Management"

„Die soziale Berufstätigkeit kommt gewöhnlich bei Schwächen, Defiziten, Ausfällen, Konflikten in der Lebensführung von Einzelpersonen und Familien, in der Erziehung, in der Versorgung und im sozialen Zusammenleben zum Zuge. Die ständige Beschäftigung mit Versagenszuständen und Unvermögen ruiniert auf die Dauer nicht nur die (geistigen, psychischen und physischen) Kapazitäten der Helfer, sie läßt auch die Stärken und die Lösungsstrategien der zu unterstützenden Menschen außer acht, knüpft jedenfalls zu wenig an ihnen an. Bei den diversen therapeutischen Vorgehensweisen kommen die den

Klienten eigenen Fähigkeiten und Techniken der Lebens- und Problembewältigung nur dann zur Geltung, wenn sie in das vorgefertigte Raster der Diagnose und in das entsprechende Handlungsmuster passen. Ein Unterstützungsmanagement setzt dagegen am life management jedes einzelnen und von uns allen an.

Die Dominanz des Psychologischen, an die wir uns in der Sozialen Arbeit gewöhnt haben, verhindert selbst bei einem systemischen, den ganzen Zusammenhang einer Situation und eines Prozesses berücksichtigenden Verfahren ein der Alltagspraxis der Menschen angemessenes professionelles Vorgehen. Die materiellen Gegebenheiten – Arbeits- und Wohnverhältnisse, die finanzielle Situation, physische Aspekte des Zurechtkommens – werden mehr oder minder getrennt von der psychosozialen Befindlichkeit wahrgenommen und an den Rand des Bedenkens und Behandelns abgedrängt. Bestenfalls wird eine ‚Zweigleisigkeit' empfohlen, wobei die ‚äußere'und die ‚innere' Problematik parallel angegangen werden soll ... Die Dichotomie und die Trennung von Prozeßebenen (hier lebenspraktischer Rat, dort ‚Beziehung') aber bleiben bestehen. Wer tut das in seinen eigenen Angelegenheiten?

Die Komplexität der Problematik in Familien und im individuellen Fall ist gewachsen; dabei hat auch die Verwicklung ‚äußerer' Lebensumstände und ‚innerer' Verarbeitungsschwierigkeiten zugenommen. Die Bewältigung des Alltags stellt immer mehr und auch höhere Anforderungen. Zumal bei Menschen, deren jeweilige Ausgangsposition schwierig und deren Belastbarkeit herabgesetzt ist. Für und mit ‚Multiproblemfamilien' oder vielseitig unterstützungsbedürftigen Personen Rat zu finden, nötigt allein schon vom Ablauf des Beratens und Unterstützens her zu einer anderen Organisation und Methode als sie bei Menschen mit einem definitiven (ab- und ausgrenzbaren) Problem oder Konflikt angebracht sein mochte. Wir wissen heute viel weniger als früher, ob bei Erziehungsschwierigkeiten eine Heimunterbringung angebracht ist (und haben mehr Alternativen zu berücksichtigen), was ein Süchtiger oder ein Nichtseßhafter braucht und wie sich Pflege angemessen gestalten läßt – und wir können das nicht einfach und sicher diagnostizieren bzw. aus einer Diagnose herleiten.

Nicht minder komplex wie die Probleme sind die Hilfsmöglichkeiten geworden, viele davon nicht leicht erreichbar und erst bei richtiger Kombination wirksam. Um Ressourcen, die an einem Ort oder in einem Stadtteil bei verschiedenen Diensten, Einrichtungen und Trägern, nach bestimmten Rechtsnormen, formell oder informell für soziale Unterstützung vorhanden oder fallweise erschließbar sind, für Klienten – einzelne oder Gruppen – nutzbar zu machen, bedarf es einer Menge Kenntnisse und operativen Geschicks. Bekanntlich wird die Verknüpfung von formellen und informellen Unterstützungsmöglichkeiten untereinander und mit dem Bedarf von Klienten seit einer Weile unter dem Begriff der Vernetzung diskutiert (und einem ökologischen Handlungsverständnis zugeordnet). Wie sich Vernetzung bewerkstelligen läßt, ist eine methodische, eine Management-Frage. ...

Menschen haben einzeln oder in Gruppen hauszuhalten – mit ihren eigenen Mitteln und Kräften, in ihren sozialen Beziehungen, mit ihren Vorstellungen und Intentionen, mit ihrer Zeit. Soziale Unterstützung trägt zur Haushaltung, zur Lebensbewältigung, zur Lebensführung von Menschen bei. Und die Unterstützung erfolgt ihrerseits in und als Teil von größeren Haushalten (kommunaler und staatlicher Sozialpolitik insbesondere), worin sich wieder ein sorgsamer Umgang mit Mitteln und dem Personal empfiehlt. Wenn wir fortan von Unterstützungsmanagement reden, bewegen wir uns zwischen dem selbständigen ‚Lebensmanagement' von Personen und dem Sozialmanagement in der Meso- und Makroorganisation des Gemeinwesens, in dem auf die eine oder andere Weise Wohlfahrt hergestellt werden soll."

3. Grundlagen der Individualhilfe

Die Individualhilfe ist eine der drei klassischen Arbeitsformen der Sozialarbeit. Die Entwicklung, die sie in der über hundertjährigen Geschichte der Sozialarbeit durchlaufen hat, habe ich in den beiden vorangehenden Kapiteln skizziert. Ich habe mich dabei bemüht, sowohl auf die tradierungswürdigen methodischen Anregungen, als auch auf die Schwachstellen hinzuweisen. Massive Methodenkritik (z. B. an der sogenannten Therapeutisierung) ist ja immer wieder geübt worden. In den folgenden Kapiteln will ich unter Verwendung der Befunde aus dem historischen Rückblick eine Fortschreibung der Arbeitsform „Individualhilfe" vornehmen und begründen sowie das reichhaltige Handlungsrepertoire überblicksmäßig darstellen. Dazu sind – im Rahmen der gebotenen Kürze – zunächst die theoretischen Bezüge und das Konzept von Sozialarbeit (als Praxis) darzustellen, das die Grundlage für eine moderne Individualhilfe bildet, die erkennbar aus Kritik gelernt hat, ohne deshalb ihre Erfahrungen zu vergessen. Im Abschnitt 3.1. stelle ich einige Zugänge zu einem Menschenbild der Sozialen Fallarbeit vor und umreiße damit einen Rahmen für das methodische Selbstverständnis. Im Abschnitt 3.2. sind es im speziellen die Begriffe Lebenswelt und Alltag, deren Bedeutung für die Individualhilfe dargestellt werden soll. Der Abschnitt 3.3. skizziert die gesellschaftlichen Handlungsbedingungen und deren Einfluß auf die Gestaltung professionell methodischen Vorgehens, und schließlich leite ich im Abschnitt 3.4. die allgemeinen handlungsleitenden Prinzipien der Individualhilfe ab, die eine Richtschnur zur Beurteilung auch je eigener konkreter Praxis abgeben können. Übersicht

3.1. Das Menschenbild der Individualhilfe

Sozialarbeit als Praxis – wie sie hier konzeptionell verstanden und der Arbeitsform Individualhilfe zugrundegelegt wird – hat die Bearbeitung und Lösung von sozialen Problemen, die Bewältigung schwieriger Lebenslagen zum Gegenstand. In der Diskussion zu einer Sozialarbeitswissenschaft gab es in den letzten Jahren Bemühungen, einen Gegenstand zu definieren, der diese Wissenschaft von anderen Wissenschaften unterscheidet, der den Fokus ihrer Forschungstätigkeit, ihrer Theoriebildung ausmacht. In der Diskussion kristallisierte sich als häufigster Vorschlag heraus, „Soziale Probleme und ihre Lösung" als den Gegenstand der Sozialarbeitswissenschaft zu betrachten (Engelke 1992; Haupert 1995; Staub-Bernasconi 1994). So wurde zusammengefaßt, was nach Ansicht der AutorInnen das gemeinsame Thema auch der Praxis der Profession ausmacht. Doch wir wollen hier und jetzt nicht in die Diskussion zur Sozialarbeitswissenschaft einsteigen. Aus dem Blickwinkel der professionellen Praxis wäre hier noch anzumerken, daß für sie der Fallbezug typisch ist: Sozialarbeiter haben es mit sozialen Problemen in der Regel nicht allgemein, sondern in der je konkreten Ausprägung des Falles zu tun. Sie beschäftigen sich nicht primär mit der Armut, der Obdachlosigkeit, der Kindesmißhandlung, sondern mit der Situation von Menschen, die arm sind und/ oder obdachlos, die mißhandelt wurden oder mißhandeln. Ein „Fall", der schon deutlich gemacht haben sollte, was das für die Praxis und für deren reflektierende und/oder verallgemeinernde Bearbeitung heißen könnte, steht am Beginn dieses Buches. Einige Autorinnen und Autoren betonen den Fallbezug besonders (Gildemeister 1995; Haupert 1994; B. Müller 1993a) – wenn sie auch nicht immer das gleiche unter „Fall" verstehen – und weisen darauf hin, daß sich viele Fragen anders stellen, wenn man sie am Beispiel von Fällen abhandelt: So relativ leicht es sein mag, über die Problematik von großen Gesundheitsorganisationen allgemein oder über „den" Alkoholismus zu referieren, so schwierig und komplex wird es, wenn man den Lebenslauf bzw. Fallverlauf einer Person verfolgt, die, aufgewachsen in einer problematischen Familie, konfrontiert mit frühen Zumutungen einer autoritären Fürsorge und eines gegen „Minderleister" rigiden Arbeitsmarktes zu legalen Suchtmitteln greift, sich dann wieder davon zu lösen versucht, doch noch Arbeit findet, usw. – was sind hier Schlüsselstellen der Biographie des Betroffenen, was ist „das" Problem, was ist alles an der Problemkonstruktion beteiligt? Sind diese Fragen überhaupt eindeutig zu beantworten?

Bearbeitung sozialer Probleme

Fallbezug

Was ist eigentlich ein „Fall" für die Individualhilfe? Ist ein Mensch ein Fall? Die klassische Antwort der Sozialarbeit lautet: Der Fall ist die Person in der Situation; oder auch, weniger präzise und mit einem leicht verschobenen Akzent: die Person in ihrer Umwelt (person in environment). Folgerichtig müssen Konzeptionen und methodische Strategien der einigermaßen anspruchsvollen Anforderung gerecht

Person in Situation

Umwelt

werden, sowohl die Person, als auch die Situation/Umwelt, und schließlich die Beziehung zwischen Person und Umwelt zu berücksichtigen. Besonders interessant sind für die Sozialarbeit daher Modelle, die eben dieses Verhältnis von Menschen zu ihrer gesellschaftlichen Umwelt abbilden und damit adäquate Hilfestellungen für das Verständnis dessen geben, was man als Fall vor sich hat. Vorerst möchte ich es bei dieser Falldefinition belassen. Im nächsten Kapitel werde ich auf ein stärker selbstreflexives Verständnis eingehen, das den Sozialarbeiter und das Setting in das Fallverständnis einbezieht.

Gesellschaftliche Bedingungen

Zuerst möchte ich aber zu begründen versuchen, weshalb der Terminus „Person in Situation" mir für die Soziale Arbeit genauer und brauchbarer erscheint, als „Person in ihrer Umwelt". Die Umwelt-Metapher verweist darauf, daß Menschen nie allein, daß sie gesellschaftliche Wesen sind. Sie leben in einer gesellschaftlich geformten, von der Menschheit gemachten Welt. In Städten, Dörfern, Landschaften, die durch menschliche Arbeit so geworden sind, wie sie sich der Person nun darbieten. Mit Werkzeugen, Geräten, die zu bestimmten Zwecken erfunden und gebaut wurden. Die Häuser und Straßen, die Werkzeuge und Kulturlandschaften sprechen von menschlichen Zwecken und gesellschaftlichen Verhältnissen. Ein großer Teil der modernen gegenständlichen Welt ist von Menschen irgendwann geformt worden. Doch nicht nur das. Auch vieles, was wir in unserem Alltagsverständnis den Individuen zurechnen, beziehen diese aus einem ihnen von der menschlichen Gesellschaft bereitgestellten Fundus, zum Beispiel die Sprache. Nicht nur die Wörter, sondern auch die Bedeutungen, Begründungen, Lösungen, Weltsichten, Werte, Lebenspläne, Ziele und Zwecke entstammen dem gesellschaftlichen Fundus. Des weiteren besteht die Umwelt von Personen unzweifelhaft aus anderen Personen, die sich in der gleichen oder einer benachbarten gegenständlichen und gesellschaftlichen Welt bewegen, darin kommunizieren und handeln. Jede Person findet eine gegebene Umwelt vor, muß mit ihr fertig werden, sich in ihr bewegen lernen, gestaltet diese Welt ein Stück weit für sich und andere mit, allerdings immer nur in den Formen, die die soziale Welt bereitstellt.

Wir werden auf dieses Bild aktiver und autonomer Personen, die von ihrer gesellschaftlich geformten Umwelt abhängig und in ihren Möglichkeiten mitbestimmt sind, noch zurückgreifen. Es ist kein einfaches Bild, sondern eines, das auf ständige Wechselbeziehungen verweist. Wir werden es benötigen, um zu erklären, was mit Lebensweltorientierung gemeint sein kann, und wir werden es zur Abgrenzung gegen allzu einseitige und einfache Sichten von Menschen, der Gesellschaft, von sozialen Problemen und den Problemen der Klienten brauchen.

Doch zuerst zur alternativen Beschreibung dessen, woraus sich für die Individualhilfe ein „Fall" konstituiert. Der andere Vorschlag lautet, es gehe um die „Person in der Situation" (Perlman 1969). Die vielfältigen Beziehungen zwischen Menschen und ihrer Umwelt können wir bei dieser Definition als vorausgesetzt annehmen. „Situation" verweist aber stärker auf die gegenwärtige Herausforderung für die Menschen – in unserem Fall für den Klienten. Die Situation umfaßt seinen Platz in der Welt, die Bedingungen, die ihm eben jetzt gegeben sind, die er zum Teil selbst geschaffen hat. Situationen strukturieren die Handlungsmöglichkeiten für die Person vor. Es lassen sich „typische" Situationen beschreiben, die eine eigene ihnen zugrundeliegende Logik und Dynamik entwickeln, wie zum Beispiel die Trennung von einem langjährigen Partner, hohe Verschuldung bei niedrigem Einkommen, fortgeschrittene Alkoholabhängigkeit. Auf Wissensbestände über typische Situationen und darüber, wie Menschen es schaffen, mit solchen Situationen fertig zu werden, kann Sozialarbeit zurückgreifen.

Bei beiden Varianten (Person in Umwelt; Person in Situation) wird deutlich, daß wir es mit einem Verhältnis zu tun haben, mit zwei miteinander verbundenen Seiten eines Prozesses. Es ist schwer, ein solches Verhältnis auf den Begriff zu bringen. Unserem Alltagsverstand – und vielfach auch wissenschaftlichem Denken – liegt es näher, sich auf ein Objekt des Interesses zu konzentrieren und sich die Welt anhand einfacher Ursache-Wirkungs-Annahmen zu erklären. Die Eigensinnigkeit der Person oder die Widerständigkeit der sozialen Umwelt fällt dabei wahlweise unter den Tisch. So konzentrierten sich manche Ansätze des social Casework psychologisierend ganz auf die Person, vor allem jene, die sich eng an psychotherapeutische Techniken wie die Psychoanalyse oder die Gesprächstherapie nach Rogers anlehnten. Die das Soziale und Politische betonende Kritik am Casework (siehe die Ausführungen S. 47 ff.) wiederum verabsolutierte den Blick auf die gesellschaftliche Welt. Heute entsteht bei manchen methodischen Konzepten, die sich ganz auf typische Situationen ausrichten, bisweilen der Eindruck, daß die betroffenen Menschen nur mehr als „Fall von ..." (Schulden, Mißhandlung, Pflegebedürftigkeit usw.) wahrgenommen werden.

Für die Soziale Arbeit, vor allem für die Individualhilfe, sind jene theoretischen Ansätze und Sichtweisen besonders interessant, die das Verhältnis und Wechselspiel zwischen autonomen Personen und ihrer Umwelt in den Blick nehmen. Die Wissenschaften vom Menschen haben brauchbare theoretische Modelle geliefert, die auch für die Sozialarbeitstheorie und -methodik rezipiert wurden. Ich möchte hier einige ohne Anspruch auf Vollständigkeit nennen:

Autonomie – Umwelt

Inzwischen zwar weitgehend wieder in Vergessenheit geraten, in den 80er-Jahren aber vieldiskutiert, war die „Kritische Psychologie" nach Klaus Holzkamp (1983), für die Sozialarbeit aufgearbeitet von Karl-Heinz Braun (1989). Sie versuchte das Mensch- (soziale) Umwelt-Verhältnis mit den Begriffen „Handlungsmöglichkeiten" und „Handlungsfähigkeit" zu beschreiben. Jede Situation, jede Lebenslage eröffnet dem Individuum bestimmte Möglichkeiten zu handeln, während sie sehr viele andere Möglichkeiten ausschließt. Hier finden wir die oben genannte „Situation" als Gegenstand sozialarbeiterischen Interesses wieder. Die Fähigkeit der Individuen, die in der Situation gegebenen Handlungsmöglichkeiten wahrzunehmen, können dann noch einmal durch intrapersonale Gründe eingeschränkt sein: Fehlende Fertigkeiten, Angst, mangelnde Kenntnisse usw. Der Vorteil dieses Denkmodells liegt auf der Hand: Verwendet man es, so verliert man keine Seite aus dem Blick: Die Handlungsbedingungen setzende Situation, in der der Klient agiert, die Person des Klienten selbst, und seine Verantwortung für das, was er tut.

Das Modell der Kritischen Psychologie macht die dialektische Einheit von sozialen Umweltbedingungen und individuellen Faktoren ebenso sichtbar, wie die Freiheit der Menschen zur Wahl zwischen verschiedenen vorgegebenen Optionen, ihre Eigenverantwortung dafür, was sie mit und in ihrer Lebenssituation machen. Wählt man die Individualhilfe als Arbeitsform, so hat man ein Handlungsrepertoire zur Verfügung, mit dem sowohl die gesellschaftliche Umwelt des Klienten (über die Feldarbeit), als auch der Klient selbst (Beratung) beeinflußt werden kann. Die Entscheidungen allerdings, die muß der Klient selbst treffen. Ziel der Fallarbeit ist es, die Optionen (Handlungsmöglichkeiten) des Klienten zu vergrößern.

Und noch einen Hinweis gibt die Holzkampsche Schule: Um eine konkrete Lebenssituation zu erschließen, muß man sich mit dem Klienten auseinandersetzen, seine Sichtweise kennenlernen. Glaubt der Sozial-

arbeiter immer schon von vornherein zu wissen, was für den Betroffenen gut ist, agiert und entscheidet er „für“ den Klienten, so vergrößert das dessen Abhängigkeit. Seine Handlungsfähigkeit wird weiter eingeschränkt statt erweitert. Also: die ethische Forderung nach Respekt vor dem Klienten (siehe dazu auch die Ausführungen S. 278 ff.) und seiner maximalen Einbeziehung in den Prozeß ist so betrachtet auch ein methodisches Muß. Oder noch einmal andersrum gesagt: Es empfiehlt sich, alles zu tun, was die Möglichkeiten des Klienten vergrößert, eigene informierte Entscheidungen über sich und sein Leben zu treffen. Diesem Grundsatz und seinen methodischen Konsequenzen und Konkretisierungen werden die Leserin und der Leser in den folgenden Kapiteln noch mehrfach begegnen.
Wie die oben genannten Autoren bezieht sich auch Wolfgang Jantzen (1996) auf Klassiker der sogenannten kulturhistorischen Schule der russischen (sowjetischen) Psychologie, nämlich auf Alexej Leontjew (1982), Lew S. Wygotski (1985) und Alexander R. Lurija (1991). Jantzen, bemüht um die Diagnostik bei psychisch kranken und behinderten Menschen und um deren adäquate Unterstützung, versteht „Behinderung“ als Isolation: Für das Individuum mit einem „Defekt“ besteht eine radikal veränderte soziale Entwicklungssituation. Seine Behinderung verweist auf eine „Arbeitskraft mangelnder Güte“ bzw. auf „soziale Unvernunft“. Die Chancen der Teilhabe sinken dadurch. Gleichzeitig damit, daß der Kontakt zur Welt labil und chancenärmer wird, wird auch die Aufrechterhaltung des eigenen Selbst prekär. Was als Symptom erscheint, kann eine adäquate Reaktion auf die Probleme sein, die sich dem Menschen stellen. Auch Jantzen plädiert für einen verstehenden, dialogischen Zugang zum Klienten. Er postuliert die grundsätzliche Lern- und Entwicklungsfähigkeit des Menschen. Ziele der Betreuung und Aufgaben des Klienten müßten in der „Zone der nächsten Entwicklung“ liegen, da sonst der Klient oder die Patientin durch Überforderung oder durch Unterforderung wieder in Isolation getrieben werde. Interventionen und Entwicklungshilfen müßten so gesetzt werden, daß sie an bereits entwickelte Fähigkeiten unmittelbar anschließen. Die Sichtweise, obwohl sie radikal für einen verstehenden Zugang zum Individuum plädiert, ermöglicht allerdings auch die Entwicklung von mannigfachen Ansprüchen an die soziale Umwelt. Die Zentralbegriffe Isolation und Teilhabe rücken die soziale Integration in den Mittelpunkt des Interesses. Der Ansatz, auch wenn er von Jantzen speziell für die Arbeit mit körperlich und/oder geistig behin-

derten Menschen ausgearbeitet wurde, scheint für die Sozialarbeit insgesamt hilfreich zu sein.

Interaktionistisches Modell

Für einen verstehenden Zugang zu den Prozessen der Lebensgestaltung bietet auch das interaktionistische Modell eine interessante Hilfe (siehe Abbildung 7). Es stellt den Prozeßcharakter des Handelns dar und verweist darauf, daß zu einem Verstehen der „Person in der Situation" die Kenntnis der Bedingungen gehört, der Handlungen, dessen, was sich die Person dazu denkt (Sinnkonstruktion), und der Folgen (wie die Handlungen die künftigen Handlungsbedingungen mitkonstituieren). Auch dieses Prozeßmodell erschließt die Erkenntnis, daß eine bloße Beschreibung von sogenannten Eigenschaften einer Person oder einer Situation zu kurz greift, ein zu statisches Bild ist.

Abbildung 7: Interaktionistisches Modell

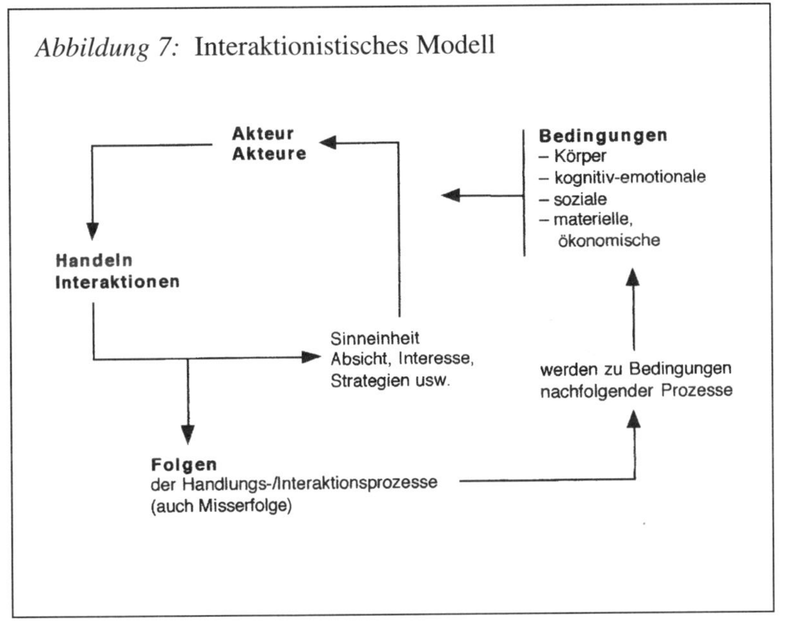

Bekannter und weiter verbreitet sind heute systemtheoretische Ansätze. Über deren Rezeption in der Sozialarbeit wurde bereits im vorigen Kapitel berichtet. Ihre Meriten liegen dort, wo sie Metaphern für Zusammenhänge zwischen Person und Umwelt liefern, unter anderem auch in der Thematisierung dessen, wie Sozialarbeiterinnen schon durch ihr Eintreten in den Alltag der Betroffenen Bedingungen verändern. Die systemische Interventionstheorie (z. B. Willke 1987) kommt – wenn auch auf anderen Wegen – zu ähnlichen Ergebnissen und Strategien, wie sie das Casework für die Sozialarbeit bereits Jahrzehnte früher entwickelt hat. Die entwickelte Systemtheorie unterscheidet zwischen sozialen Systemen, die aus Kommunikation bestehen (nicht aus Personen!), und personalen Systemen. Personen sind für soziale Systeme Umwelt, und umgekehrt. Beide Systemebenen sind aufeinander angewiesen: Kein soziales System ohne Personen, keine Personen ohne sozialem System. Niklas Luhmann (1987, 289 ff.) spricht von „interpenetrierenden Systemen“. So abstrakt diese Betrachtungsweise auf den ersten Blick erscheinen mag – in unserem anschaulichen Alltagsdenken scheint uns ja plausibel, daß soziale Systeme wie Familien und Organisationen aus Menschen bestehen – so produktiv kann sie sein: Sie gemahnt daran, daß Personen zwar an sozialen Systemen teilnehmen, nicht aber in ihnen aufgehen. Sie sind noch in eine Reihe von anderen Systemen eingebunden, haben ein Leben außerhalb der Familie, der Organisation, sind „eigensinnig“. Für die Sozialarbeit scheint mir der Schluß daraus zu sein, daß es ihr nicht nur um das Funktionieren von sozialen Systemen gehen kann, sondern daß die Individuen für eine Menschenrechtsprofession die zentrale Referenz bleiben sollten. So verstanden verweist auch die Systemtheorie auf die Notwendigkeit des Individualisierens sowie auf die Aufgabe, einen verstehenden Zugang zu den Weltsichten der KlientInnen zu finden. Oder, um es mit Helmut Willke zu sagen: „Die Beobachtung von Differenzen als grundlegendes Charakteristikum mentaler Prozesse (ein Axiom der Systemtheorie; P. P.) läßt sich generalisieren zu der Vorstellung, daß Verstehen der Nachvollzug systemadäquater Differenzierungen ist.“ (Willke 1994, 97 f.; Hervorhebung im Original). Ganz offensichtlich also geht es hier nicht nur um ein Verständnis dessen, was mit Personen geschieht, sondern um ein Verstehen als Nachvollzug von Denkprozessen, von Konstruktionsleistungen des anderen. In diesem Buch werde ich noch mehrfach auf Bilder aus der Systemtheorie zurückkommen.

Moderne systemische Ansätze, basierend auf einer Theorie der geschlossenen Systeme, beschränken sich nicht mehr auf die Behandlung des sozialen Systems Familie. Mit Hilfe des Konstruktivismus nach Humberto Maturana und Francisco Varela (1987; Maturana 1994) als erkenntniskritischer Theorie (siehe dazu die Ausführungen

S. 148 ff.) haben sie ein kritisches Verständnis von Beratung und Intervention entwickelt, das ein Augenmerk auf das Setting legt und die Selbstbeobachtung nahelegt. Es räumt mit der Illusion auf, daß der Helfer das Klientensystem objektiv betrachten oder direkt beeinflussen könnte. „Jedes System tanzt nur nach seiner eigenen Melodie“: Eine systemtheoretische Metapher für die alte Erkenntnis des Casework, daß die entscheidenden Veränderungen nur der Klient selbst bewerkstelligen kann und daß es im Unterstützungsprozeß darum geht, die „Melodie“ des Klienten zu finden.

Die Systemtheorie legt ein Fallverständnis nahe, das sich vom oben beschriebenen unterscheidet: Der Beobachter bzw. der Berater steht nicht außerhalb des Falles, sondern er, sein Instrumentarium und seine Form der Annäherung an den Klienten und seine Situation sind selbst Teil der Fallkonstruktion, müssen mitreflektiert und in die Fallbeschreibung einbezogen werden.

Mit einer unkritischen Verwendung verkürzt verstandener systemtheoretischer Modelle sind m. E. allerdings auch Gefahren verbunden. Begeistert davon, dem alleinigen Blick auf „Persönlichkeitseigenschaften“ oder dem vermeintlichen Zwang zu biographischer Ursachenforschung für aktuelle Probleme der Klienten entronnen zu sein, setzen manche Kollegen Techniken aus dem Zauberkasten der Familientherapie mit übertriebener Methodengläubigkeit ein. Die Wünsche und Bedürfnisse der einzelnen treten gegenüber der Beeinflussung des „Systems“ in den Hintergrund. Der Sozialarbeiter entledigt sich eines artikulations- und kritikfähigen Vertragspartners, indem er Äußerungen einzelner nur mehr und ausschließlich in ihrer Bedeutung für das soziale System Familie interpretiert und den Sachinhalt beiseiteschiebt. Die Möglichkeit zu einer solchen Immunisierungsstrategie findet sich auch bei anderen therapeutischen Ansätzen, z. B. bei der Psychoanalyse: Die Theorie bietet ein komplettes Inventar von Deutungen. Diese Deutungen können vom Therapeuten oder Berater so benutzt werden, als wüßte er nun, was die Klienten „eigentlich“ sagen. Seine Kompetenz sieht er darin, daß er besser weiß, was sein Klient sagen will, als der Klient selbst. Der Klient wird nicht als mögliches Korrektiv der Deutungsvorschläge des Therapeuten akzeptiert, sein Widerstand gegen die Deutungen des Beraters werden als Widerstand gegen Selbsterkenntnis interpretiert (anhand von Fallgeschichten ausführlich beschrieben in Hemminger/Becker 1991). Der professionelle „Helfer“ entscheidet wieder einmal allein, wie in den dunkelsten Zeiten einer schwarzen Sozialarbeit, wer Hilfe braucht, was Hilfe ist, und was für die Betroffenen gut ist (den Begriff „schwarze Sozialarbeit" verwende ich hier in Analogie zur „schwarzen Pädagogik", einer Pädagogik der Zurichtung durch Strafe, des Brechens der Persönlichkeit der Educandi).

Die Chancen und Gefahren systemtheoretischer Modelle in der Sozialarbeit sind von Heino Hollstein-Brinkmann (1993) und Hans-Ulrich Pfeifer-Schaupp (1993) differenziert eingeschätzt worden.

Das Interesse am konkreten Alltag der Menschen, an den Schwierigkeiten und Möglichkeiten, ihn zu bewältigen, war immer schon Gegenstand sowohl wissenschaftlicher Analyse und Theoriebildung (Soziale Arbeit als Wissenschaft) als auch der Entwicklung von Handlungskonzepten und -methoden (Soziale Arbeit als Praxis) – von Mary Richmond bis heute. Das Anliegen, als Grundlage und Orientierung für Hilfeangebote tragfähige Handlungskonzepte und -methoden auf solider Wissensgrundlage zu erarbeiten, hat sich vielen grundlegenden Gesichtspunkten zu stellen: dem Verhältnis des einzelnen Menschen („Menschenbild") zur Gesellschaft (Gesellschaftstheorie), der Frage nach der „Formbarkeit" menschlichen Verhaltens (Lern-/Entwicklungstheorie) und nach den Gestaltungsmöglichkeiten gesellschaftlicher Bedingungen des individuellen Lebens, dem Aspekt von Freiheit und Verantwortung des Individuums (Subjekt, Person), der Frage von Schuld, dem Gesichtspunkt „menschliche Bedürfnisse" u.v. a. m. Die Beantwortung dieser Fragen erfolgt(e) in der sozialarbeiterischen Alltagspraxis vielfach pragmatisch, unter dem Druck der gegebenen Rahmenbedingungen, durch mehr oder weniger bewußte und begründete Setzungen usw. Eine professionell gestaltete und fachlich solide Arbeitsform wie die Individualhilfe muß sich auf eine begründete und plausibel gemachte Handlungskonzeption und -methodik von Sozialarbeit stützen können, die sich diesen Fragen stellt und Antworten entwickelt.

Die verschiedene „Schulen" der Sozialarbeit greifen auf sehr unterschiedliche Vorstellungen vom Menschen, deren Bedürfnissen, den Lebensansprüchen, den Lebensbedingungen usw. zurück. Es ist auch fraglich, ob für die professionelle Arbeit tatsächlich nur ein einziges Menschenbild passend ist. Menschen mit den verschiedensten Weltanschauungen betreiben Sozialarbeit, finden Lösungen für ihre und mit ihren Klienten: Gläubige, Atheisten, Sozialisten, Liberale.

Menschenbild

Ich schlage vor, Menschen als „biopsychosoziale" Wesen zu verstehen, die sich aktiv unter ihnen vorgegebenen biologischen und sozialen Voraussetzungen in die Welt hinein entwickeln. Sie gestalten unter den ihnen zuerst einmal vorgegebenen Bedingungen ihr eigenes Leben und beeinflussen damit auch ihre Umwelt. Sie können sich den sozialen Ort und die soziale Zeit, in den bzw. in die sie gestellt werden, nicht aussuchen; doch gestalten sie ihre Welt von ihrer Geburt an selbst mit. Sie begreifen sie in Formen, die kulturell weitgehend vorgegeben sind, so wie ihre Handlungsmöglichkeiten auch einem kulturellen Fundus entstammen, der ihnen mehr oder weniger zugänglich ist. Menschen entwickeln mehrere „Teilpersönlichkeiten" für verschieden strukturierte charakteristische Situationen, in denen sie ihre Ziele verfolgen. Dieses „Selbstmanagement in Rollen" ist eine spezifisch menschliche Fähigkeit: Wir als Menschen können uns bei dem, was wir tun, beobachten. Zumindest im nachhinein ist es uns möglich, eine distanzierte Haltung zu dem einzunehmen, was wir getan haben: Ihm Sinn verleihen, es bereuen, darüber lachen. Die Selbstreflexivität bringt die Teilpersönlichkeiten oder Rolleninterpretationen wieder zusammen, macht z. B. aus der Lehrerin/Mutter/Ehefrau/Wohnungsmieterin/Tennisspielerin/Tochter/Schwester/Tante/Autofahrerin doch eine (und nur eine) Gesamtpersönlichkeit (Balog 1990). Die Fähigkeit, einen inneren Dialog zu führen, ist die Voraussetzung für Ambivalenz, für ein widersprüchliches Nebeneinander von positiven und negativen Gefühlen, Wünschen und Ängsten zu ein und demselben Objekt.

Die angesprochene innere Widersprüchlichkeit (Ambivalenz) interessiert in der Individualhilfe ganz besonders. Daß Menschen mehrdimensionale Persönlichkeiten sind, schafft erst die Möglichkeit für aktivierende Arbeit. Außenseitertum und Wille zur Integration; Resignation und Aufbegehren; Sich-in-sein-Schicksal-fügen und Gestaltungs- und Veränderungswille; Opfer und Täter sind in einer Person zumindest potentiell vorhanden. Die autonome, vorwärtstreibende Seite der Ambivalenz kann vom Fallarbeiter angesprochen und unterstützt werden. Das macht Veränderungsarbeit mit Menschen möglich, ohne den Anspruch zu erheben, Menschen „verbessern" zu müssen.

Manche Sozialarbeitskonzeptionen stützen sich eher auf eine den Menschen (Individuum, Subjekt, Person) und sein Verhalten betonende Sicht (Konstruktion), andere akzentuieren stärker die gesellschaftlichen Lebensbedingungen. Entsprechen die erstgenannten Grundlagen eher Handlungskonzepten und Methodiken, wie wir sie von der

Einzelfallarbeit (und auch den psychologisch-therapeutischen Handlungsprogrammen) kennen, so begründen die eher gesellschaftstheoretisch ansetzenden Konzepte gemeinwesenorientierte Arbeitsformen.

Vermittelnde Position

Gegenüber Sozialarbeitskonzeptionen, die den Blick vorrangig auf das menschliche Individuum oder aber auf die gesellschaftlichen Lebensbedingungen richten, wird im folgenden auf einen Ansatz zurückgegriffen, der Einseitigkeiten zu überwinden versucht und eine vermittelnde Sicht einnimmt: Mit dieser Konzeption wird die Umwelt immer auch als Teil der Menschen verstanden. Menschen eignen sich im Laufe ihrer Entwicklung aus dem an ihrem sozialen Ort und zu ihrer sozialen Zeit vorhandenen kulturellen Fundus die Sprache, die Bilder, die Kenntnisse und Fähigkeiten an, mit denen sie sich in der Welt bewegen und sich ihre Welt erklären können (Sozialisation, Enkulturation). Auch wenn den Menschen die gesellschaftlichen Rahmenbedingungen und die Lebenslagen vorgegeben sind (ökonomische und materielle Bedingungen) und ihr jeweiliges Denken und Handeln bestimmen, sie sind immer auch Produkte ihrer eigenen Lebenstätigkeit, wie etwa am Beispiel der selbst eingerichteten Wohnung oder der geschaffenen Beziehungen im familialen oder freundschaftlichen Umfeld gezeigt werden kann. Eine klare Trennlinie zwischen dem Menschen und seiner Umwelt läßt sich also nicht oder nur schwerlich ziehen, da beide Seiten ineinander verflochten sind. Die Individualhilfe, so verstanden, ist Arbeit mit dem Klienten an seiner Lebenssituation.

3.2. Lebenswelt und Alltag

Die hier genannten theoretischen Zugänge haben die Thematisierung der Wechselwirkung von Mensch und sozialer Umwelt gemeinsam und erweisen sich dadurch als nützlich für die Soziale Arbeit, im speziellen für die Individualhilfe. Sie sind aber noch zu allgemein, reichen nicht aus, um eine Gegenstandsbestimmung der Sozialen Arbeit als Praxis, speziell der Individualhilfe, zu finden. Dazu ist ein weiterer Schritt nötig, nämlich die Eingrenzung des Bereiches menschlichen und sozialen Lebens, für den sich Sozialarbeit als zuständig erklärt. Autorinnen und Autoren, die Plädoyers für lebensweltorientierte Sozialarbeit halten, konzentrieren ihr Interesse auf den Alltag. Bei

Hans Thiersch (z. B. 1992b) steht Alltagsorientierung stets neben der Lebensweltorientierung.

Alltags-/ Lebenswelt-orientierung

Ein soziales Problem (zum Begriff „Problem" in der Fallarbeit siehe auch die Ausführungen S. 105 ff.) konstituiert sich aus Faktoren von beiden „Seiten": situative und gesellschaftliche Verhältnisse, die bestimmte Lebens- und Bewußtseinslagen für Menschen bereitstellen und damit auch individuelle oder kollektive Notlagen schaffen, und Individuen, die sich im Laufe ihrer Biographie oder aufgrund aktueller Umstände in diesen Notlagen „verfangen", wobei das, was subjektiv als Notlage empfunden wird, noch einmal abhängig ist vom sozialen Ort, der sozialen Zeit und der subjektiven Bewertung; eine heute in Mitteleuropa als kaum mehr menschenwürdig empfundene Behausung wäre beispielsweise vor einigen Jahrhunderten als Luxus empfunden worden bzw. würde in anderen Kulturkreisen und Gesellschaften als befriedigend gelten. Nicht genug, daß handelnde Menschen der Gesellschaft als ihrer Lebenswelt, ihrem „Biotop" gegenüberstehen und ihr angehören, sie tun dies mit sich, mit ihrem Körper. Der Körper als biologische Plattform ist Ausdrucksmittel, Werkzeug, der ständige Aufenthaltsort der Persönlichkeit. Menschen müssen ein Verhältnis zu ihrer Körperlichkeit finden, ein Verhältnis zu ihrer Gesellschaftlichkeit. Der Körper hat einen eigenen Rhythmus und folgt einer eigenen, nicht vollständig durch das Bewußtsein steuerbaren Logik. Besonders schmerzlich wird das bewußt, wenn er nicht mehr klaglos funktioniert; wer beispielsweise unter schweren endogenen Depressionen leidet oder gehbehindert ist, versucht immer auch – bei allen therapeutischen oder rehabilitativen Bemühungen zur Beseitigung der Beeinträchtigung –, unter den Bedingungen dieser Krankheit bzw. Behinderung seinen Alltag zu arrangieren („coping"). Der Klient agiert in seinen sozialen Bezügen, in und mit seinem Körper. Er ist nicht seine Familie, er ist nicht sein Körper und nicht seine Krankheit.

Strategie des Dialogs

Diese Sichtweise ermöglicht dem Caseworker eine respektvoll-interessierte Haltung zum Klienten: Er ist eine Person, die mit einer schwierigen Situation umzugehen versucht. Als Sozialarbeiter kenne ich vorerst weder diese Situation, noch die Überlegungen der darin navigierenden Person. Direkte Ratschläge kann man da offensichtlich nicht geben. Es geht vorerst um eine Strategie des Dialogs mit dem Akteur, um überhaupt erfahren zu können, vor welchen Hindernissen er als Person steht und welche Bewältigungsversuche er bereits unternommen hat.

So besehen wäre das, was eine Sozialarbeitskonzeption anbieten müßte, weniger eine (ohnehin nicht herstellbare) vollständige Landkarte der Psyche und/oder der Gesellschaft, sondern Regeln für den Dialog mit Menschen in schwierigen Lebenslagen und eine Methodik und Ethik der Einmischung in fremder Leute Angelegenheiten. Dazu gehört die Einsicht, daß Menschen sich vorerst einmal selbst zu helfen versuchen. Sie entwickeln unter ihren jeweiligen Lebensbedingungen zum einen Erklärungs- und Deutungsmuster, um sich handlungsfähig zu halten, zum anderen eine Fülle von Verhaltensweisen und Handlungsstrategien, mit denen sie beispielsweise auch unter erschwerten Umständen ihr Leben aufrechtzuerhalten suchen. Die Menschen bedienen sich zu ihrer Lebensorganisation der Kenntnisse und Strategien, die sie im Zuge ihrer Sozialisation erlernt haben, und sie besorgen sich – je nach Lage der Dinge – Unterstützung in ihrem Lebensumfeld. Diese direkt oder indirekt greifbaren Unterstützungsmöglichkeiten werden als Ressourcen bezeichnet:

Ressourcen

(a) Zu nennen sind zum einen die in den Alltag eingebetteten lebensweltlichen „Netzwerke", auf die bei Bedarf zurückgegriffen werden kann und die je nach gegebenen Möglichkeiten (Mobilität, persönliche Beziehungen, soziale Lage usw.) mehr oder weniger dicht geknüpft und leistungsfähig sind. Die Struktur der lebensweltlichen Ressourcen, ihrer Möglichkeiten und der Chancen ihrer Nutzung wird von der Netzwerkforschung untersucht (Keupp/Röhrle 1987; Gerhardter 1998). Solche Netzwerke sollten, abseits der Idealisierung zwischenmenschlicher Hilfe, auch in ihren Abhängigkeit schaffenden und einengenden Aspekten erkannt werden. Die lebensweltlichen Ressourcen werden beispielsweise durch „informelle" oder „natürliche HelferInnen" repräsentiert, wie etwa durch die Nachbarin, die fallweise auf die Kinder aufpaßt; durch Verwandte, die einen gebrechlichen Mann regelmäßig besuchen und bestimmte Besorgungen für ihn erledigen; durch die Friseurin, die sich die neuesten Eheprobleme anhört und etwas Trost spendet. Sie bilden eine Ressource zur Bewältigung einer Fülle von Lebensproblemen, wie auch die familiären anderen. Eine trennscharfe Unterscheidung zwischen Problemsystem und Ressourcensystem ist dabei kaum jemals möglich. Die lebensweltlich anderen, vor allem die Personen, die mit dem Klienten in multiplexer Beziehung verbunden sind, sind Teil des Problems und Teil der Lösung.

Multiplex werden in der Netzwerktheorie „... diffuse, sich mehrfach durchdringende, intensive und dauerhafte Beziehungen genannt. Sie sind in sich wenig differenziert; Verknüpfungen nach außen werden nicht aktiv gesucht ... Aus multiplexen Beziehungen kann erheblicher sozialer Druck und normative Kontrolle erwachsen, vor allem, wenn keine Alternativen im Beziehungspotential bestehen". (Gerhardter 1998, 54). Uniplexe Beziehungen hingegen „... sind vielfältige, voneinander unabhängige soziale Beziehungen, die für die jeweiligen Personen im Extremfall nur eine spezifische Funktion erfüllen ... Bei der Bewältigung von Belastungen weisen uniplexe Netzwerke eine Besonderheit auf: die Stärke schwacher Bindungen, die sich gerade daraus ergibt, daß im Falle von Krisen, Krankheiten usw. Belastungen sich auf mehrere Personen verteilen, Informationen von verschiedenen Seiten eingeholt werden können und damit ein größeres Repertoire an Verhaltensalternativen zur Verfügung steht". (ebd.)

(b) Neben diesen lebensweltlichen sind vor allem in diesem Jahrhundert gesellschaftliche Ressourcen aufgebaut worden, etwa die über staatliche Bürokratien vermittelten Sozialleistungen (Arbeitslosen-, Kranken- und Rentenversicherung; Fürsorge wie etwa die Sozialhilfe usw.). Diese Ressourcen und Sozialleistungen haben die persönliche Abhängigkeit des einzelnen von lebensweltlicher Unterstützung reduziert. Sie werden in Form von Geld-, Sach- oder Dienstleistungen erbracht, beispielsweise durch „formelle Helfer", wie etwa die Sozialarbeiter, die erst dann in Aktion bzw. in die Lebenswelt von Menschen eintreten, wenn sich ein entsprechender Anlaß ergibt (siehe Bellermann 1990). Die Helfer werden für diese Tätigkeit von der Gesellschaft ausgebildet und angestellt. Die functional school (siehe die Ausführungen S. 35 f.) hatte diesen Aspekt betont. Die sozialpolitische Verortung der Sozialarbeit zwischen staatlicher Intervention und demokratischer Selbstorganisation wird erst mit der Diskussion um eine Entwicklung der Zivilgesellschaft, gemeinschaftlichen Engagements und des Kommunitarismus in den letzten Jahren ausgiebiger reflektiert (Bauer 1993; Honneth 1993; Effinger/Luthe 1993; Effinger 1998).

Die hier skizzierte Konzeption von Sozialarbeit sieht ihre genuinen Aufgaben in der Unterstützung von Menschen in schwierigen Lebenslagen bei der Bewältigung des Alltags, in der Optimierung lebensweltlicher und formeller Netzwerke, in der Herstellung von Kontakten zu Ressourcen und in der Aktivierung eigener Ressourcen der Betroffenen. Sie muß dazu wohl oder übel von den vorfindlichen individuellen und gesellschaftlichen Gegebenheiten ausgehen.

Zur Verbesserung der Lage von Menschen kann an verschiedenen Orten des komplexen Bedingungsgefüges ihrer Lebenssituation angesetzt werden. Von der Beeinflussung der körperlichen Konstitution durch die präventive und kurative Medizin bis hin zur Gestaltung gesellschaftlicher Rahmenbedingungen durch sozial- und wirtschaftspolitische Maßnahmen. Auch die Sozialarbeit verfügt im praktischen Vollzug über vielfältige Handlungskonzepte und -methodiken mit unterschiedlichen Schwerpunktsetzungen (Gemeinwesenarbeit, Cliquenarbeit, Gruppenarbeit, Case-Management usw.). Eine davon ist die hier vorgelegte lebensweltbezogene Individualhilfe. Die Grenzen zwischen den verschiedenen Arbeitsformen sind bei weitem nicht so klar, wie es auf den ersten Blick scheinen mag. Wie die Gemeinwesenarbeit zu individuellen Entwicklungsprozessen beiträgt und sie mitunter auch direkt individualisierend unterstützt, diffundiert der Arbeitsbereich der Fallarbeit in das lebensweltliche Umfeld der Klienten und hat so Auswirkungen auf familiäre und lokale Netzwerke (argumentiert bei Edler 1997).

Die Individualhilfe ist keine Heilslehre. Sie soll hier nicht gegen andere Arbeitsformen als die einzig richtige oder sinnvolle ausgespielt werden. Gleichwohl verfügt sie über spezifische Gesichtspunkte, die in anderen Arbeitsformen, wenn überhaupt, nur peripher in Betracht gezogen werden und die im folgenden zu einer methodischen Vorgehensweise ausgestaltet werden: Die Individualhilfe kümmert sich um die Schnittstellen zwischen Individuen und ihrer Umwelt, um die unmittelbare Lebenswelt dieser Menschen und um das Agieren von Menschen in ihr, um die Bewußtseinsformen, mit denen die Menschen ihr Handeln leiten und begründen – jeweils unter Bedingungen, die von diesen Menschen subjektiv als schwierig empfunden werden. Dabei läßt sie sich auf die Sichtweise des einzelnen Betroffenen ein wie keine andere professionelle Herangehensweise.

Sichtweise des einzelnen Betroffenen

Die Bandbreite der Interventions- und Hilfemöglichkeiten der Individualhilfe reicht von der Unterstützung bei der subjektiven Verarbeitung schwieriger Situationen bis zu Versuchen, das Lebensfeld von Menschen neu zu arrangieren und es dadurch für sie „belebbarer“ zu machen. Die Individualhilfe geht von den einzelnen Menschen in ihrer Lebenssituation aus und ist in diesem Sinne dem je einzelnen Klienten verantwortlich; sie sollte m. E. diese Verantwortung auch dort suchen, wo ein oberflächlich betrachtet leichterer Weg möglich wäre, zum Beispiel bei Pflichtklientschaft. Diese konkrete Verantwortung und das Beharren auf den Kontakt zur Person, zum Individuum unterscheidet diese Arbeitsform von anderen. Nimmt die Gemeinwesenarbeit ihren Gegenstand von außen, von den lebensweltlichen Bedingungen in den Blick und gelangt auf diesem Weg zu den Problemen, Bedürfnissen und Bewältigungsstrategien der im Gemeinwesen lebenden Menschen, so geht die Individualhilfe vom konkreten und einzelnen Menschen aus und richtet von daher ihren Blick auf dessen schwieriges Lebensfeld. Der ständige Bezug auf diese höchst individuellen Bedingungen eines Menschen ist ein Kennzeichen der Individualhilfe und muß von den Sozialarbeitern in der Fallführung immer wieder gewährleistet, stets neu hergestellt werden.

Lebenswelt

Soziale Einzelhilfe hat ihren „Sitz im Leben" dort, wo Menschen ihr Leben (re-)produzieren, im Alltag. Schon die „friendly visitors" beschäftigten sich mit dem Alltag der Armen. Inzwischen ist die Lebenswelt des Alltags, ihre Struktur, ist der Alltag selbst zum Gegenstand sozialwissenschaftlichen Interesses geworden. Der Lebensweltbegriff selbst geht auf den Philosophen Edmund Husserl (1977) zurück und wurde von Alfred Schütz (1960; 1972) aufgegriffen und zu einer genauen Analyse der Struktur des lebensweltlichen Wissensvorrats und jener Welt des Alltags ausgebaut, an der der Mensch in „unausweichlicher, regelmäßiger Wiederkehr teilnimmt", in die er über Vermittlung seines Leibes eingreifen und die er verändern kann (Schütz/Luckmann 1984, 25). Der Alltag ist gekennzeichnet von routinierter Lebensbewältigung, für die in der Regel das lebensweltspezifische Handlungsrepertoire ausreicht, um die sich stellenden Aufgaben bewältigen zu können. Menschen produzieren ihren Alltag und bewältigen ihn dadurch. Der Alltag ist rhythmisiert, bestimmt von kurzen (Tagesrhythmen) über längere (Wochen-, Monats-, Jahresrhythmen) bis zu ganz langen Rhythmen (Lebenskreis, Generationenwechsel). Selbst seltene Vorkommnisse wie Geburt, Hochzeit, Todesfall, Feiertage in der Familie oder Bekanntschaft können mit der Hilfe von Routinen und Ritualen bewältigt und in den Alltag integriert werden. Der Alltag ist die „gewöhnliche" menschliche Existenzform. Alltag kann anstrengend sein und gefährlich, er kann karg und von Entbehrungen gekennzeichnet oder aber von Wohlstand und Sicherheit geprägt sein. Menschen bauen auch unter neuen, unbekannten und fremdartigen Umständen oder in prekären Lebenssituationen rasch Formen alltäglicher Lebensbewältigung auf. Sie finden Rhythmen, Rituale, finden sich zurecht, bilden Gemeinschaftsstrukturen. Sie reagieren damit auf die Bedingungen, unter denen sie nun ihr Leben organisieren müssen, und entwickeln Arrangements für das Zusammenleben mit den Menschen in ihrem Umfeld. Das gegebene Lebensfeld eröffnet dabei oder befördert bestimmte Möglichkeiten, macht andere zunichte oder erschwert sie.

Für die Sozialarbeit wurden der Lebensweltbegriff und die Analyse des Alltags vor allem von Hans Thiersch (1978 ff.; siehe auch die Dokumentation 3, S. 91 f.) aufgegriffen und zu einem Programm umgestaltet, das die Aufgabe betont, die Betroffenen als Experten ihrer Lebensrealität wahrzunehmen, an ihren Wissensvorrat anzuknüpfen, die Asymmetrie des Verhältnisses von Professionellen und Betroffenen tendenziell zu mildern, indem Lernprozesse als beiderseitige begriffen werden. Verfahren der Sinnrekonstruktion wie die Hermeneutik (Kraimer 1994; Haupert 1995) werden als Instrumentarium zur Erschließung des sinnhaften Aufbaus der Lebenswelt empfohlen. Die Sozialarbeit und hier vor allem die Individualhilfe versteht sich als Unterstützung zur Rekonstruktion selbstbestimmter Lebenspraxis der Betroffenen.

Dieser Anspruch erfordert eine besondere Professionalität der Fallarbeiterin. Sie ist als Expertin in einer professionellen Welt verankert und muß den verstehenden Zugang zur Lebenswelt der Klienten suchen. Frank Nestmann hat 1982 die Anforderungen an lebensweltorientierte Beratung programmatisch formuliert (siehe die Dokumentation 3, S. 91 f.).

Die lebensweltbezogene Individualhilfe befaßt sich also zentral mit dem je konkreten (Alltags-)Leben von Menschen in schwierigen Lebenssituationen. Sie versucht, mit der Lebensbewältigung durch Unterstützung dort anzufangen, wo die Klientin jeweils steht. Die Perspektive der Individualhilfe ist der Blickpunkt „Person in Situation". Ihr Anliegen und Ziel ist, „… Menschen primär in den Schwierigkeiten zu helfen, die sie mit sich selbst und für sich selbst haben, nicht aber in denen, die andere mit ihnen haben" (Thiersch 1992, 24). Um Mißverständnissen vorzubeugen: Daß andere Schwierigkeiten mit einem Menschen haben, kann natürlich dazu führen, daß jener Schwierigkeiten mit sich selbst und für sich selbst hat. Benannt ist hier also ein Aufmerksamkeitsfokus, nicht eine Grundannahme über die vermeintliche „Ursache" von Schwierigkeiten und Problemen.

3.3. Individualhilfe im gesellschaftlich-politischen Kontext

Sozialarbeit als berufliches Handeln steht zwischen öffentlichen Auftraggebern und Adressaten. Die überwiegende Mehrzahl der Sozialarbeiterinnen und Sozialarbeiter ist bei einem öffentlichen oder einem freien Träger, der öffentliche Aufgaben wahrnimmt, angestellt. Bezahlt werden die Kosten für diese Dienstleistungen direkt oder indirekt aus Budgetmitteln der öffentlichen Hand, aus Versicherungsleistungen und über Pflegesätze. Die Konsumentinnen dieser Leistungen, die Adressaten der Sozialarbeit, bezahlen – wenn überhaupt – nur einen Teil der Leistungen, die sie in Anspruch nehmen. Sozialarbeit ist damit einerseits dem gesellschaftlichen Auftraggeber verpflichtet. Andererseits setzt sie sich gegenüber den gesellschaftlichen Vorgaben und dem Unterstützungs- und Hilfeangebot anwaltlich für die einzelnen KlientInnen und für eine Verbesserung ihrer Lebensbedingungen ein. Dieser Sachverhalt wird in der Sozialarbeit als das Problem des doppelten Mandats thematisiert.

„Doppeltes Mandat“

Diese Ausgangsvoraussetzung ist auch für die Individualhilfe prägend. Sie läuft einerseits Gefahr, sich völlig den Zielsetzungen und Vorgaben der Gesellschaft oder des sozialarbeiterischen Hilfesystems zu unterwerfen, ausgrenzende oder verständnislose Politiken vor Ort zu exekutieren. Das Recht ist abstrakt und allgemeingültig formuliert. Andererseits fordern die im Rahmen der Professionalisierung formulierten fachlichen und ethischen Standards (und der je individuelle Berufsethos vieler Kolleginnen und Kollegen) die Beachtung der Ansprüche der Klientinnen gegenüber der Gesellschaft auf Integration und ein individualisierendes Eingehen auf sie (National Association of Social Work 1996). Diese Spannung und Differenz zwischen den Vorgaben der Gesellschaft und des Hilfesystems auf der einen und den nach den Standards der Sozialarbeit zu sichernden Ansprüchen der Klientinnen auf der anderen Seite kann (und muß) mit der methodischen Kompetenz der Individualhilfe bearbeitet werden: Die beschriebene Ambivalenz drückt sich in der Haltung des Fallarbeiters zu seinem Klienten aus, dem er sich verstehend und akzeptierend annähert, dem gegenüber er aber auch die gesellschaftlichen Normen repräsentiert. Die Fallbearbeitung kann streckenweise den Charakter eines Verhandlungsprozesses annehmen, in dem Kompromisse zwischen der Autonomie, den Ansprüchen des Klienten und den Normen und Zumutungen der gesellschaftlichen Umwelt gesucht werden. Jener

Ambivalenz

Verhandlungsprozeß ist die Explizierung der Ambivalenz, in der der Klient selbst steht: Seine Autonomie, seine Handlungsmöglichkeiten wachsen mit der Integration in die Gesellschaft, gleichzeitig ist Integration ohne Anpassung und Anstrengung nicht zu haben.
Im Verhältnis Mensch/Bürger/Gesellschaft/Staat ist zur Durchsetzung von Normen und zur Kontrolle ihrer Einhaltung ein vielgestaltiges System eingerichtet, von dem hier nur die Polizei und die Justiz genannt seien. Sozialarbeit und ihre anwaltliche oder unterstützende Tätigkeit bilden nicht generell eine Alternative zu diesen repressiven Institutionen. Vielleicht vermag sie sogar erst dadurch entsprechend ihrem Selbstverständnis und fachlichen Anspruch tätig zu werden, daß es die anderen Institutionen gibt, die die Repression (Kontrolle, Sanktionen) gegen Normverletzungen und Auffälligkeiten übernehmen. In diesem Sinne kann man Sozialarbeit als eine von mehreren Formen betrachten, mit denen die Gesellschaft und der Staat auf Normverletzungen und Abweichungen, soziale Probleme usw. reagieren: „Die Normalitätsrichter sind überall anzutreffen. Wir leben in der Gesellschaft des Richter-Professors, des Richter-Arztes, des Richter-Pädagogen, des Richter-Sozialarbeiters; sie alle arbeiten für das Reich des Normativen; ihm unterwirft ein jeder an dem Platz, an dem er steht, den Körper, die Gesten, die Verhaltensweisen, die Fähigkeiten, die Leistungen." (Foucault 1992, 392 f.)
Die Nähe und Zuordnung der Sozialarbeit zu den gesellschaftlichen oder staatlichen Akteuren ergibt sich – neben dem beschriebenen Tatbestand des „doppelten Mandats" – auch aus einem weiteren guten Grund: In ihrem Selbstverständnis vertritt die Sozialarbeit wertorientierte Positionen, wie etwa die Respektierung demokratischer Entscheidungen, Toleranz und Pluralität der Meinungen, Gewaltfreiheit in den gesellschaftlichen Beziehungen, Unterstützung für die Schwachen (siehe dazu die Ausführungen S. 276 ff.). Diese Wertorientierungen sind mit den Wertsystemen mancher Klienten nicht oder nur teilweise kompatibel, wohl aber Teil eines gesellschaftlichen Konsenses. Auf Klienten wirkt die Tätigkeit von Sozialarbeitern – unabhängig von deren subjektivem Willen – deshalb auch (oder: auch deshalb) als Repräsentanz der gesellschaftlich-staatlichen Ordnung und wird entsprechend als Kontrolle empfunden. Diese andere Seite der Hilfe und Unterstützung durch Sozialarbeit verschärft die „gemischten Gefühle" der Klienten vor allem, aber nicht nur dort, wo sie mit behördlicher Sozialarbeit konfrontiert sind.

Die Spannungen, Ambivalenzen und Widersprüche der Sozialarbeit in ihrem Verhältnis zur Macht kennzeichnen auch die Individualhilfe und beeinflussen die Beziehung zwischen Fallarbeiter und Klient, bringen Autorität und Mißtrauen, Angst und Unterwerfung auch in das Verhältnis von Helferin und Betroffenem. Letztlich bleibt als Möglichkeit, sich der Ambivalenz bewußt zu sein, sie verantwortungsbewußt und maßvoll auszugestalten und sie nötigenfalls auch in der Fallarbeit zu thematisieren. Zu den gesellschaftlich-staatlichen Akteuren gezählt zu werden und an den Insignien der Macht teilzuhaben kann im übrigen auch mal nützlich sein für die Organisation von Hilfe und Unterstützung.

Stigmatisierung

Abschließend sei noch auf einen weiteren Sachverhalt hingewiesen, der die Sozialarbeit ganz generell, die Individualhilfe aber besonders betrifft. Wie im obigen Foucault-Zitat angedeutet, sind Sozialarbeiter auch Richter über die Normalität von Bürgerinnen und Bürgern. Die Stigmatisierung (Stigma = Zeichen) der Adressaten von Sozialarbeit kann sich als unerwünschter Nebeneffekt des Tätigwerdens von Sozialarbeitern einstellen. Diese „Nebenwirkung" kann den Erfolg der integrierend gedachten Arbeit behindern oder gar verhindern. An sozialen Etikettierungsprozessen sind Sozialarbeiter nicht nur durch ihr schlichtes Tätigwerden beteiligt. In ihrer gutachterlichen Funktion laufen sie Gefahr, dauerhafte Stigmatisierungen und Ausgrenzungsprozesse zu befördern. Mit professioneller Sorgfalt und Aufmerksamkeit können Stigmatisierung und Ausgrenzungsprozesse als Nebeneffekt sozialarbeiterischer Intervention zwar selten völlig verhindert, aber doch in Grenzen gehalten werden (siehe dazu die Ausführungen S. 225 ff.)

3.4. Handlungsleitende Prinzipien der Individualhilfe

Die handlungsleitenden Prinzipien sind:

(a) *Individualisierung:* Das Individualisieren als Arbeitsprinzip der Fallarbeit leitet sich aus der Erkenntnis ab, daß der Einzelfall stets reicher, komplexer ist, als „typische" Situationen, als die allgemeine Beschreibung möglicher schwieriger Lebenslagen. Die individuellen Lebenswelten und Biographien tragen zwar stets auch allgemeine Züge, sind aber durch individuelle Spezifika gekennzeichnet. Folgerichtig können auch die Wege zur Lösung von Problemen sehr unterschiedlich sein. Die Unterscheidung zwischen Allgemeinem und Besonderem kann erst nach Studium des Einzelfalls getroffen werden. Es ist eine Unterscheidung, die das individuell Beeinflußbare von den nicht direkt beeinflußbaren Rahmenbedingungen des Problems und der Lösung analytisch zu trennen versucht. Das Prinzip des Individualisierens ist ein Erbe der Casework-Tradition, wir haben es bereits im Kapitel 3 (S. 67 ff.) kennengelernt. Es bedeutet gerade nicht, die Ursachen und Lösungsmöglichkeiten der anstehenden Probleme nur in den Menschen, den Klienten, zu suchen. Einmalig und einmalig komplex sind nicht nur die Personen, sondern auch die Lebenssituationen, in denen sie stehen. Das Individualisieren ist also eine Entscheidung für die Arbeit am einzelnen „Fall", damit eine notwendige und wesentliche Bestimmung der Sozialen Einzelhilfe. Es findet seine Begründung zum einen in der Struktur der zu bearbeitenden Wirklichkeit (siehe dazu auch ergänzend den Abschnitt über das „Problem" im Folgekapitel), zum anderen in einer methodisch-ethischen Argumentation, wie sie exemplarisch Felix Biestek (1970) entwickelte: Der Klient hat ein Bedürfnis, als Mensch und Individuum ernst genommen zu werden, hat Anrecht darauf, daß sein Schicksal als besonderes, einmaliges beachtet und behandelt wird. Dies ist Voraussetzung für seine Kooperation und die mögliche Aktivierung seiner eigenen Kräfte zur Problemlösung.

(b) *Ganzheitlichkeit:* Wenn sich die Fallarbeit auf die Komplexität des Einzelfalls einläßt, wenn sie bereit ist, sich um die Schwierigkeiten der Klienten mit ihrem Alltag auseinanderzusetzen, so muß sie auch offen sein für die möglichen Aspekte der Situation und kann nicht vorentschieden haben, worum es gehen darf und worum nicht. Die Rede von der Ganzheitlichkeit ist zwar irreführend, weil eine Sicht auf das Ganze nie wirklich möglich ist oder wiederum eine radikale Vereinfachung („Komplexitätsreduktion") erforderte. Vielleicht wäre die damit gemeinte Haltung besser mit Offenheit umschrieben. Die Einlösung dieses Anspruchs erfordert allerdings die bewußte Einnahme verschiedener Perspektiven auf die Personen und ihre Lebenssituation, um die je individuelle komplexe Wirklichkeit konkreter fallbezogener Problemstellungen aufschlüsseln zu können. Burkhard Müller (1993a) schreibt von einer „multiperspektivischen Fallarbeit".

(c) *Hilfe zur Selbsthilfe:* Auch hier haben wir es mit einem alten Prinzip der Sozialarbeit zu tun, das allerdings im Lichte der oben dargestellten theoretischen Bezüge nicht mehr als willkürlich gesetzt, sondern als notwendig argumentiert werden kann. Die Autonomie der Klienten, ihre Selbstbestimmung im Alltag, wird nur dann erweitert werden, wenn sie sich die Lösungen und den Erfolg selbst zurechnen, wenn sie neue Problemlösungsmodelle in ihr Alltagswissen übernehmen können. Noch schärfer spitzt die Theorie der geschlossenen Systeme diese Frage zu: Wenn ein System (auch: psychisches System / Bewußtsein) nur nach seiner eigenen Melodie tanzt, nur auf Basis eigener Operationen agieren kann, so sind von außen grundsätzlich zwar Anstöße, aber nicht wirkliche Veränderungen möglich.

In der Praxis bereitet die Umsetzung dieses Prinzips allerdings immer wieder Schwierigkeiten. Einerseits versuchen Klienten, Verantwortung auf die sozialen Dienste bzw. die Sozialarbeiter abzuschieben, weil sie das Vertrauen in ihre eigenen Fähigkeiten verloren haben; andererseits gelingt es Fallarbeitern nicht immer, das Engagement für ihre Klienten nicht in eine Abhängigkeit produzierende Befürsorgung einmünden zu lassen. Wir werden uns im Kapitel über die Gestaltung des Unterstützungsprozesses (S. 163 ff.) noch mit dieser Frage befassen müssen. Zusammenfassend kann man das Prinzip der „Hilfe zur Selbsthilfe" noch um einen Grad allgemeiner formulieren: Ziel der Individualhilfe ist es, sich in jedem bearbeiteten Fall möglichst überflüssig zu machen.

Anregungen zur Diskussion, Fragen

(1) Diskutieren Sie, ob, wenn der Alltag der Menschen im Zentrum der Sozialarbeit steht, nicht der „Alltagsverstand" ein besserer Wegweiser als Wissenschaft und Methodik wäre.
(2) Wie würden Sie selbst das Menschenbild der Fallarbeit beschreiben?
(3) Diskutieren Sie, wieweit es berechtigt ist, den Grundsatz des „Individualisierens" zum Beispiel auf einen Klienten anzuwenden, der eben erst Opfer einer Kündigungswelle geworden ist?
(4) Widerspricht der Grundsatz „Hilfe zur Selbsthilfe" nicht dem Recht der Menschen auf Unterstützung durch die Gemeinschaft in Notlagen?

(Fortsetzung S. 90)

(5) Versuchen Sie die Begriffe „Lebenswelt", „Lebensfeld", „System", „Isolation – Integration", „Handlungsbedingungen – Handlungsmöglichkeiten" auf eine Ihnen bekannte Fallsituation anzuwenden.

Literatur zur Vertiefung

Puhl, Ria (Hrsg.): Sozialarbeitswissenschaft. Neue Chancen für theoriegeleitete Soziale Arbeit. Weinheim und München. Der Band faßt Positionen zur Diskussion um eine Sozialarbeitswissenschaft zusammen, damit auch verschiedene Annäherungen an die Frage nach dem Gegenstand der Sozialarbeit und wie er zu fassen und zu erforschen sei.
Thiersch, Hans: Lebensweltorientierte Soziale Arbeit. Aufgaben der Praxis im sozialen Wandel. Weinheim und München. Empfehlenswert für jene, die sich mit Lebensweltorientierung in der Sozialarbeit näher befassen wollen.
Zu den einzelnen Ansätzen fanden sich Literaturhinweise bereits im Kapitel. Eine Sammlung von Beiträgen zu den in diesem Kapitel angeschnittenen Themen bietet *Pantuĉek, Peter / Vyslouzil, Monika* (Hrsg.): Theorie und Praxis lebensweltorientierter Sozialarbeit. St. Pölten.

Lebenswelt- und Alltagsorientierung

Ernst v. Kardorff und Wolfgang Stark: Lebenswelt

„Lebenswelt bezeichnet die Gesamtheit der individuellen und kollektiven Deutungsmuster und Relevanzhorizonte der materiellen, sozialen und psychischen Lebenslage. In der Biographie der einzelnen wie in ihrer Lebenswelt findet sich das kulturelle Kapital (Bourdieu 1983), aus dessen Fundus Sinndeutungen erzeugt und Handlungsperspektiven entworfen werden. Wie der Begriff kulturelles Kapital bereits anzeigt, handelt es sich um ein historisches Produkt, das einzelne wie soziale Gruppen besitzen und das sich mit der Zeit vermehrt und verändert. Darin verknüpfen sich angesammelte Wissensbestände mit neuen Erfahrungen, die als Grundlage für die Deutung der eigenen Lebenswirklichkeit dienen. Die Lebenswelt als kognitive Repräsentation individueller Lebensgeschichte(n) wie kollektiver Erfahrungen ist nicht für alle Gesellschaftsmitglieder identisch. Es finden sich vielmehr klassen-, gruppen-, regionen- generations-, geschlechts-, bildungs- und berufsspezifisch differente Lebenswelten. ... Lebenswelt läßt sich schließlich auch als Ergebnis subjektiv unterschiedlicher Aneignungs- und Verarbeitungsformen des jeweiligen Lebensfeldes begreifen.

Beim Lebensfeld handelt es sich um die objektiven Lebensbedingungen (Infrastruktur, Arbeitsmöglichkeiten, Wohnbedingungen, Bildungschancen, verfügbares Einkommen und Vermögen usw.), an denen sich die menschliche Praxis abarbeitet und die im Prozeß der Aneignung wiederum in Grenzen mitgestaltet, interaktiv hergestellt und modifiziert werden." (Kardorff/Stark 1989, 169)

Hans Thiersch: Verunsicherung des Alltags

„– Die rational technologisch orientierten Strukturen lassen sich nicht einfach als Gegenwelt zum Alltag verstehen; Alltag ist immer schon vergesellschaftet. Das Konzept z. B. der Lebenslage macht deutlich, wie sehr heutige Lebensverhältnisse sozialpolitisch und institutionell geprägt sind; die Medien bestimmen Alltagserfahrungen ebenso wie die neuen Formen hochrationaler und auch alternativer Technologien.

– Routinisierte und verläßliche Traditionen im Alltag werden brüchig. Die Mobilität der Arbeit und des Wohnens sprengen geprägte Lebensverhältnisse; Entwicklungen im Konsum- und Arbeitsbereich verlangen Fähigkeiten zur flexiblen Offenheit ebenso wie die neuen Lebensformen und Deutungsmuster für Freizeit, Familie und Politik.

– Mit der Brüchigkeit und Öffnung tradierter Alltagsmuster verlieren Rollenmuster, aber auch Lebensstrukturen in bezug auf Zeit und Raum ihre Legitimation; symbolische Ordnungskonzepte verblassen ebenso wie Tabus in bezug auf das, was gesehen, beredet und verschwiegen wird. Damit aber wird der nackte Rohstoff Wirklichkeit zum Gegenstand der Lebensbewältigung im Alltag.

– In der durch die Pluralisierung von Lebenslagen und die Individualisierung der Lebensführung charakterisierbaren Situation wird es für einzelne und Gruppen in neuer Weise notwendig, sich zu orientieren, sich die Verhältnisse zu gestalten, sich in Optionen auszuweisen und zu entscheiden; der Mensch – so sagt man – wird zum Regisseur seines Lebens.

Diese neuen Erfahrungen im schwieriger werdenden Alltag führen zur Umwertung von Alltag. Das, was Alltag konstituiert, wird problematisch. In seiner Orientierung an der Eigensinnigkeit von Erfahrung und Verläßlichkeit erscheint Alltag gleichsam ausgehöhlt und zersetzt. Die heutige Rede vom Alltag ist auch Indiz seiner Bedrohung, seiner Krise.... Ich möchte im Folgenden davon ausgehen, daß Alltag heute ein gleichsam doppelbödiges Konzept meint:

- bestimmt durch das Interesse an der Pragmatik des Überschaubaren und Selbstverständlichen, und
- bestimmt auch durch die Brüche in ihm und die Anstrengungen in ihnen verläßlich und pragmatisch zu Rande zu kommen.

Wenn aber im heutigen Alltag das Selbstverständliche nicht selbstverständlich ist, muß es immer auch ausgehandelt werden. Alltagshandeln heute ist auch Notwendigkeit und Anstrengung der Vermittlung, ist auch Inszenierung von Alltäglichkeit, ist auch reflektiertes Alltagshandeln." (Thiersch 1992, 44 f.)

Frank Nestmann: Alltagsnahe professionelle Beratung

Vielfach wird die Aktivierung von ‚echter' Alltagsberatung einhergehen mit oder anknüpfen an eine professionelle Beratung von Menschen, die sich nicht in gegebenen oder neugeschaffenen sozialen Bezügen über ihre Probleme und Schwierigkeiten auseinandersetzen können ... Ich will ... grundlegende Anforderungen an den professiollen Berater zusammenfassend umreißen.
Eine Hauptaufgabe des professionellen Beraters sehe ich in der kontinuierlichen „Erforschung" der Institution, in der seine Arbeit eingebunden ist, nach Freiräumen sowie internen Widersprüchen, die er in seiner Beratungsarbeit für eine größtmögliche Annäherung an die Strukturen von Alltagsberatung ausnutzen kann. Das heißt z. B., wieweit ist eine Offenheit für unterschiedlichste Problemzugänge zu realisieren, wieweit sind Expertentum und damit verbundene Konsequenzen (wie Definitionsmacht usw.) abzubauen und Mitbestimmung, Gleichberechtigung der Ratsucher und damit Reversibilität von Beratung zu verwirklichen? Wieweit ist aktuelle Krisenberatung mit gemeinsamer sozialer Aktion zur Ursachenbekämpfung verknüpfbar usw. Dieses Untersuchen und Ausnützen von Handlungs- und Gestaltungsspielräumen gilt vor allem auch für die professionellen Berater, die in ihrer Berufsrolle zusätzlich auf Leistungen der Kontrolle, Verwaltung, Gewährung usw. verpflichtet sind (Seibert 1978).
Eine weitere Hauptaufgabe liegt in der Realisierung von Beratung als durchgängig gemeinsamer Prozeß aller Beteiligten von der „Diagnose" des Problems (objektiver Problemlage und subjektiver Sichtweisen) über die Entwicklung von Veränderungsstrategien, die Einleitung und Durchführung von individueller, zwischenmenschlicher, sozialer, ökonomischer usw. Veränderung, die Untersuchung des Beratungserfolgs hinsichtlich persönlicher, gesellschaftlicher Bedürfnisse und Interessen und die relative Stabilisierung von befriedigenden Zuständen bezüglich des Verhaltens und der Verhältnisse. Ständige Reflexion und Selbstreflexion im Beratungsprozeß, gegenseitige Kritik und Selbstkritik als Voraussetzungen für themenzentrierte und zielbezogene Zusammenarbeit sind vom professionellen Berater einzuführen und anzuleiten. Hierbei sehe ich die primäre Orientierung der Beratungstätigkeit an den Bedürfnissen und Forderungen der Ratsuchenden und an der Komplexität der belastenden Probleme und Problembedingungen ...

Welche Kenntnisse und was für ein Wissen, welche Fähigkeiten und Kompetenzen muß der professionelle psychosoziale Berater im Rahmen dieser alltagsorientierten Beratungskonzeption besitzen oder entwickeln, um die sich ihm stellenden Aufgaben angehen und bewältigen zu können? Da auch in diesem Zusammenhang die Ableitung von Kompetenzanforderungen aus der bisherigen Arbeitsfeldcharakterisierung und dem dargestellten Aufgabenkatalog oft direkt möglich ist, möchte ich mich auf die m. E. wichtigsten Qualifikationen beschränken, wobei diese auf weit grundlegenderen Ebenen zu definieren sind als die üblichen „Beratungstechniken".

1. Kenntnis der Lebenswelt der Betroffenen

Beratungsvoraussetzung ist die intensive Kenntnis und möglichst sinnliche Erfahrung der Lebenswelt, des Alltags der Ratsuchenden. Der Berater muß mit den Wohnverhältnissen, den Arbeitsplatzstrukturen und den Freizeitaktivitäten der Betroffenen vertraut sein und diese möglichst selbst als solche und in ihrer Wirkung auf körperliche, geistige, seelische Verfassung erfahren haben oder erfahren. Mindestanforderungen sind die Vertrautheit mit den Ausprägungen und Konsequenzen ähnlicher Berufstätigkeiten wie die des Ratsucherklientels (also z. B. 8 Stunden Büro/Fabrik/Ladentätigkeit), ähnlicher Wohnverhältnisse (Mietwohnung) usw. Unabdingbar ist die Erarbeitung allgemeiner „soziostruktureller und sozialepidemiologischer Kenntnisse" (Keupp/v. Kardorff o. Jg.: 12) sowie die Untersuchung von konkreter materieller Lage, Lebensgeschichte, Ausbildungsformen, kulturellem Umfeld der Betroffenen usw. Er muß die spezifischen Verkehrsformen in Subkulturen (z. B. Rocker, Freaks, usw.) kennenlernen und kennen, wenn er mit diesen arbeitet oder diese zur Selbstberatung aktivieren will. Unbedingt notwendig ist eine genaue Kenntnis des konkreten Lebensraums und der dort existierenden bzw. nicht (mehr) existierenden Bezüge sowie der möglichen Anknüpfungspunkte zu deren (Wieder)Herstellung. Der Berater muß dieses soziostrukturelle Wissen auf einer abstrakten Ebene besitzen, aber auch die Fähigkeit erworben haben, spezifische Informationen und Kenntnisse über konkrete Verhältnisse zu beschaffen, zu erarbeiten.
Vor allem in der Beratungsarbeit mit besonderen Problemgruppen (z. B. bei Tablettenabhängigen usw.) aber auch allgemein ist im Konzept der Annäherung an Alltagsberatung die genaue Kenntnis des Problemfeldes und sogar direkte eigene Erfahrung mit den anstehenden Schwierigkeiten eher hilfreich und nicht wie in verbreiteter therapeutischer „Distanzideologie" als störend anzusehen. Wer selbst gleiche oder ähnliche Probleme erfahren hat, kann dem akut desorientierten Ratsuchenden eher Orientierungshilfen bezüglich Problemstruktur, Bedingungen und Bearbeitung in der Beratung bieten als ein Berater, der nur auf „Einfühlungsvermögen" angewiesen ist.

2. Bewußtsein über die Komplexität von Problemen

Der Berater muß sich der Komplexität von Problemstrukturen und Bedingungen bewußt sein und fähig sein, dieser Komplexität entsprechend zu handeln. Das erfordert zum einen die Fähigkeit, mit dem Ratsuchenden Probleme und Bedingungen auf ihre Bestandteile, Widersprüche und Brüche hin zu analysieren, wechselseitige Abhängigkeiten herauszuarbeiten, sich auf spezifische Aspekte zu konzentrieren und trotzdem das Ganze im Blick halten. In der Zusammenarbeit mit dem Ratsucher muß der Berater die Eingrenzung der aktuellen Krise, die Differenzierung der Begleit- und Entstehungsumstände und ihrer

Interrelationen vorantreiben können, bevor er den Ratsucher in der Entwicklung und Verwirklichung von objektiv fortschrittlichen und subjektiv bewältigbaren Lösungsstrategien unterstützen können muß. Er muß fähig sein, Soforthilfe zu leisten, die nur ein erster Schritt eines notwendigen Beratungsprozesses ist, und andererseits Rückschläge als notwendige Schritte auf dem Weg zum Erfolg und als Rückmeldung über möglicherweise falsches Vorgehen erkennen, akzeptieren und vermitteln können.
Zum zweiten muß der Berater sowohl auf lebenspraktisch materieller als auch auf zwischenmenschlich persönlicher, psychologischer und sozialer Seite fähig sein, beratend Hilfsquellen zu erschließen. Er muß nicht „alles selbst machen" und sich als perfekter Generalist zeigen, sondern kann durchaus bei Beibehaltung der Mitverantwortlichkeit andere ‚Berater' mit anderen Feld- und Problemerfahrungen zu Rate ziehen.

3. Wissen über psychosoziale Versorgungsnetze

Hierzu muß der Berater ein allgemeines und spezifisches Wissen über das System und die Regelhaftigkeit psychosozialer Versorgungsnetze besitzen. Der professionelle Berater muß im Zusammenhang mit der Beschaffung jeglicher Art von Hilfe wissen, wo und wie diese zu beschaffen ist, bzw. wo er die notwendigen Information erhält. Dazu gehört eine genaue Kenntnis von Abrechnungsrichtlinien, Versicherungswesen, Finanzierung, Trägerorganisation, Gesetzen und Verordnungen in potentiellen Problembereichen. Notwendig ist eine umfassende allgemeine Kenntnis der relevanten Institutionen und Organisationen der Sozialverwaltung und Sozialarbeit, bis hin zu möglichst konkreten Informationen über intra- und interinstitutionelle Kommunikations-, Entscheidungs- und Hierarchiebeziehungen. Er muß wissen, inwieweit die Notwendigkeit besteht, diese im Vorgehen zu berücksichtigen oder die Gelegenheit gegeben ist, bestehende Verbindungen, Umgehungen, Lücken usw. positiv für die Beratung und den Betroffenen zu nutzen. Diese Wissensbestände und Erfahrungen von professionellen Beratern sind deshalb besonders wichtig, weil sie sowohl im Zusammenhang mit der Aktivierung und Unterstützung von Selbsthilfe, als auch in der Bestimmungs- und Gestaltungsmöglichkeit der eigenen alltagsnahen professionellen Arbeit, als auch bei der Funktion als Institutionsberater (z. B. bei Organisationsplanung und Veränderung im Zuge einer ‚anderen' psychosozialen Versorgung) eine entscheidende Rolle spielen. Daß das Wissen um existierende alternative Versorgungs- und Selbsthilfeinitiativen Grundvoraussetzung für eine alltagsorientierte Beratungsarbeit ist, versteht sich beinahe von selbst.

4. Kenntnis unterschiedlicher Vorgehensweisen

Die Kenntnis der Sicht- und spezifischen Vorgehensweisen unterschiedlicher sozialwissenschaftlicher Fachdisziplinen ist eine weitere, vor allem im Rahmen multiprofessioneller und interdisziplinärer Beratungsinstitutionskonzepte unabdingbare Vorraussetzung. Von der unterschiedlichen Interpretation und methodischen Bearbeitung gleicher Probleme bis zur gegenseitigen Erfahrung, dem direkten Miterleben und der Diskussion verschiedener konkreter Arbeitsabläufe scheinen mir hier Ansätze, Motivation zur Teamarbeit und Einsicht in ihre Notwendigkeit ebenso zu erreichen wie ein sicher notwendiges Maß gegenseitiger Anerkennung für eine Interdisziplinarität, die Ratsucher und Probleme nicht in einer Institution zerstückelt.
Ein eng hiermit verbundener Kompetenzbereich des Beraters liegt noch in der (vornehm-

lich theoretischen) Auseinandersetzung mit den unterschiedlichen Interventionskonzepten der verschiedenen Disziplinen. So müssen auch die auf dem Psychomarkt feilgebotenen Klassiker und Neuschöpfungen auf ihre Qualitäten hin befragt werden: Was leisten sie?; wo werden bestimmte Problemkonstellationen richtig beschrieben, analysiert und bearbeitet?; welche Strategien der Intervention sind hilfreich und bieten Perspektiven umfassender und grundlegender Problembewältigung?; aber auch: wo liegen ihre Fehler?; wo isolieren sie ein Leid und einen Leidenden aus ihren Bezügen?; wo werfen sie Betroffene auf sich selbst zurück oder ersetzen ein Übel durch das nächste?
Das Herausarbeiten der spezifischen Leistungen dieser Konzepte (z. B. Therapien, Methoden der Sozialarbeit und Sozialpädagogik usw.) für die Erkennung und Überarbeitung der Bezüge von subjektivem Leid und objektiver Realität in ihrer Widersprüchlichkeit und deren Widerspiegelung im Denken, Fühlen und Handeln der Betroffenen, bietet eine Grundlage für die reflektiert-planvolle multimethodische Ausrichtung eines alltagsnahen Beraters.

5. Fähigkeit zur Selbstreflexion

Die Fähigkeit zu offener Selbstkritik und Selbstreflexion, zur Erhaltung von Handlungssicherheit trotz Hinterfragen der eigenen Rolle und der gewählten inhaltlich methodischen Vorgehensweise, zur „Selbstwahrnehmung im Umgang mit den Betroffenen" (Zaumseil 1978: 35), zur Aufgabe von Unfehlbarkeitsanforderungen an sich selbst, ist ein weiteres Kompetenzfeld, dem große Bedeutung zugemessen werden muß. Auf jeden Fall gehört zu diesem Komplex auch die Fähigkeit, eigene Bedürfnisse und Interessen zu erkennen und zur Sprache zu bringen, sie in der Beratungsinteraktion mit den Interessen der Ratsuchenden zu vermitteln (z. B. auch eine längerfristige intensive Beratungsarbeit bei mangelnder Sympathie abzulehnen).
An den Aspekt der Postreflexion eng geknüpft sehe ich die „Sensibilität . . ., Lösungen anderer wahrzunehmen, sie ernstzunehmen, zu bestärken, Feedback zu geben" (1978: 54), die Bereitschaft, von anderen Professionen, aber tauch von ‚echten' Alltagsberatern zu lernen, sowie auf persönliche Beratungshilfen zu verzichten oder diese anderen zu überlassen, ohne die eigene professionelle Existenz dadurch angekratzt zu sehen.

6. Unterschiedliche Sprachebenen beherrschen

Unter „mit Leuten reden können" faßt Wolff (1978: 164) die „wichtigste außenbezogene Herstellungskompetenz", „nämlich, sich auf Sprachebenen und Rationalitätsvorstellungen der verschiedenen Umweltbereiche einlassen bzw. sich strategisch auf sie beziehen zu können". Er bezieht diese Kompetenz sowohl auf „Kenntnisse darüber, wie man mit Behörden spricht, was deren Relevanzgesichtspunkte und Rationalitätskriterien sind, wen man anzusprechen hat . . ." (Wolff 1978: 164), als auch und vor allem auf die Fähigkeit „mit den Betroffenen ins Gespräch zu kommen bzw. die strukturellen Widersprüche und Restriktionen ihrer Lebenssituationen zum Sprechen zu bringen", (1978: 164) und „welche Fragen man zu stellen in der Lage ist". Grundlegend hierfür ist die Fähigkeit zur Flexibilität im Eingehen auf objektive Notwendigkeiten der Problemsituation, wie auf subjektive Bedürfnisse und auf Entwicklungen im Beratungsprozeß.
Keupp/v. Kardorff (o. J.) beschreiben ähnliches mit der Basiskompetenz der „Fähigkeit zum spontanen und unverkrampften Aufbauen und Durchführen beratender Interaktionen" (o. J.: 14).

Das bisher skizzierte Anforderungs- und Kompetenzprofil an Beratertätigkeiten im Rahmen einer neu zu strukturierenden gemeindenahen psychosozialen Versorgung muß zwangsläufig unvollständig und vorläufig geraten. Eine differenzierte psychosoziale Beratungskonzeption mit ausgefeilter theoretischer Basis, Strategie und Methodenvorstellung ist nur aus der theoretisch angeleiteten Beratungspraxis heraus weiterzuentwickeln. Die von mir umrissene Ausgangs- und Zielperspektive ‚Alltagsberatung' weist einer Erforschung und Erkennung von Aufgaben und Kompetenzen psychosozialer Berater möglicherweise die Richtung (Nestmann 1982, S. 61 ff.).

4. Grundbegriffe

Übersicht

Im vorangegangenen Kapitel stellte ich Theoriebezüge her und skizzierte die Konzeption einer lebensweltorientierten Individualhilfe vorerst noch recht allgemein. Im nun folgenden Kapitel werde ich einige zentrale Begriffe der Individualhilfe diskutieren. Ist der Begriff Klient in der Sozialen Arbeit sinnvoll, was sind die Voraussetzungen, unter denen wir jemanden als Klienten bezeichnen können? Dies sind die Fragen, die in Abschnitt 4.1. gestellt werden. Das Lebensfeld wird im Abschnitt 4.2. als Aktionsraum sowohl des Klienten als auch der Individualhilfe beschrieben. Schließlich stelle ich im Abschnitt 4.3. dar, daß die Organisation, für die der Sozialarbeiter tätig ist, nicht nur Auftraggeberin, sondern auch ein Werkzeug der Individualhilfe ist. Ein zentraler Begriff der Fallarbeit ist das „Problem". Ein Verständnis für die Differenz zwischen der Bedeutung in der alltagssprachlichen und der fachsprachlichen Verwendung versuche ich im Abschnitt 4.4. zu entwickeln. Ähnliches gilt für den „Fall". Bei aller scheinbaren Klarheit erweist sich auch dieser Begriff als komplex (Abschnitt 4.5.). Sodann werden mit „Beratung", „Alltagsrekonstruktion" und „Alltagsbegleitung" drei verschiedene Intensitäten der Individualhilfe vorgestellt (Abschnitt 4.6.). Schließlich gehe ich der Frage nach der Freiwilligkeit im Beratungs- und Unterstützungsprozeß nach (4.7.).

4.1. Klienten

Die Klientin, der Klient, sind das Gegenüber des Sozialarbeiters. Sie sind der wichtigste Faktor in der Individualhilfe, um sie geht es, zu ihrem Nutzen findet die Veranstaltung statt. Der Klient ist Empfänger einer Dienstleistung, Nachfrager nach Informationen und Unterstützung. Ohne Klienten keine Sozialarbeit.
Der Begriff „Klient" ist schillernd und in der Fachdiskussion nicht unumstritten. Bisweilen wird er deswegen durch andere Termini ersetzt, z. B. „Betroffene", oder „Adressaten". Das dem Lateinischen entlehnte Wort bedeutete ursprünglich „der Schutzbefohlene", womit im antiken Rom Bürger mit geringen Rechten bezeichnet wurden, die einem Patrizier zu Dienst verpflichtet waren. Jener hatte allerdings

umgekehrt auch eine Fürsorgepflicht gegenüber seinem „Klienten". Heute ist der Ausdruck mit anderer semantischer Akzentuierung geläufig für die Auftraggeber bzw. Kunden freiberuflich tätiger Personen. Rechtsanwälte haben Klienten, wie man weiß. Die Verwendung des Begriffs in der Sozialarbeit schließt an das Anwalt-Klient-Verhältnis an. Es schwingt die Asymmetrie der Beziehung mit, wie auch die Vertragsbasis und die Verpflichtung des Professionellen auf die wohlverstandenen Interessen seines Kunden. Die relative Klarheit der Beziehung zwischen Anwalt und – zahlungskräftigem – Klienten fehlt allerdings der Sozialarbeiter-Klient-Beziehung häufig. Die Rechte der Klienten der Sozialarbeit sind diffuser, der Vertrag mit dem Professionellen ist nicht immer explizit und nicht immer sehr freiwillig geschlossen. Die Klientel der Sozialarbeit ist allerdings auch selten zahlungskräftig. Klientenrechte werden in diesem Buch mehrfach angesprochen (zusammenfassend S. 278 ff.).

Begriffsklärung

Eine eindeutige Klärung des Klientenbegriffs steht in der Sozialarbeit immer noch aus. Es ist keineswegs klar, wer unter welchen Voraussetzungen und ab wann Klient des Sozialarbeiters ist. Zur Illustration ein Beispiel:

Die Direktorin einer Schule macht die Schulsozialarbeiterin auf einen hyperaktiven Schüler aufmerksam. Die Sozialarbeiterin spricht daraufhin mit dem Klassenlehrer über dessen Schwierigkeiten, trotz der ständigen auffälligen und nervenden Aktionen des Schülers so etwas wie Unterricht zustande zu bringen. Sie empfiehlt eine Kontaktaufnahme zu den Eltern und erklärt sich bereit, beim nächsten Elterngespräch dabeizusein, zu moderieren. Sie berichtet der Direktorin von der Vereinbarung. Das Kind hat die Sozialarbeiterin noch gar nicht gesehen. Ein Angebot des Klassenlehrers, es aus der Klasse zu holen, damit sie es sehen und sprechen könne, lehnte die Kollegin ab.

Wer ist hier Klient und ab wann? Die Direktorin? Der Klassenlehrer? Das Kind, um das es ja schließlich zu gehen scheint? Die Eltern? Oder das „System Schule", das „System Familie"?

Allen Pincus und Anne Minahan etwa bezeichneten in ihrem „methodenintegrativen Ansatz" jene Personen als Klienten, mit denen eine explizite Arbeitsübereinkunft abgeschlossen werden kann (Pincus/Minahan 1980a, 1980b); bis zum Abschluß eines Arbeitsvertrags gelten sie als potentielle Klienten. Diese Personen müssen nicht immer die Hauptbetroffenen einer als problematisch definierten Situation sein. In unserem Beispiel könnte also der Klassenlehrer Klient werden.

Wenn Sie spontan auf den Schüler bzw. dessen Familie als Klienten getippt haben, sind Sie der Sichtweise der Individualhilfe näher. Meines Erachtens macht es Sinn, den Klienten-Begriff auf die Hauptbetroffenen, also jene Person anzuwenden, „um die es eigentlich geht". Und spontan finden Sie und finde ich, daß es um die Person geht, die von Desintegration bedroht ist.
Unter Desintegration ist hier ein Prozeß der Isolation oder des Isoliert-Werdens verstanden, des sukzessiven Ausschlusses eines Menschen, seiner Marginalisierung. Mit Sozialarbeit soll dem Ausschluß entgegengewirkt werden. Die Direktorin in unserem Beispiel ist nicht bedroht, der Klassenlehrer hat zwar gewisse Schwierigkeiten, aber seine Probleme sind nur eingeschränkt Thema der Bearbeitung, nämlich soweit sie für den Schüler relevant sind. Dieser scheint in Gefahr zu sein, denn er wird als „Störung" benannt.
Die Sozialarbeiterin betrachtet also in der geschilderten Situation den Schüler als ihren „Schützling". Klient ist er allerdings noch nicht. Dazu müßte mit ihm erst Kontakt aufgenommen werden, um ihm die Möglichkeit zu geben, auf den Prozeß Einfluß zu nehmen. Der Schüler ist also vorerst potentieller Klient. Auf seine Interessen wird man von Beginn an Bedacht nehmen müssen, und ganz allgemein heißt das, daß Ausschließungsprozesse möglichst verhindert werden sollen. Den Mitbetroffenen – in unserem Beispiel also zunächst dem Klassenlehrer – bei der Bewältigung seiner Schwierigkeiten mit dem Schüler zu helfen, kann ein guter Schritt zur Vermeidung von Ausgrenzung sein. Die Rolle der Sozialarbeiterin gegenüber dem Lehrer wird die einer kollegialen Beraterin bzw. Konsulentin sein. Alternativ zu der soeben vorgeschlagenen Aufschlüsselung schlägt Peter Lüssi (1992, 106 f.) vor, in einem solchen Fall von Sozialarbeit ohne Klient zu sprechen.
Aus dem Status eines Klienten ergeben sich gegenüber dem Sozialarbeiter bzw. dem sozialen Dienst (Einrichtung, Maßnahme) Rechte. Da die Beziehung Sozialarbeiter – Klient asymmetrisch ist, sind in der professionellen Ethik eine Reihe von Pflichten des Sozialarbeiters und Rechte des Klienten formuliert, die ihn vor Schaden und Übervorteilung schützen sollen (siehe dazu genauer die Ausführungen S. 286 ff.). Klient zu sein bzw. als Klient Sozialer Arbeit bezeichnet zu werden, kann aber auch unerfreuliche soziale Konsequenzen haben. Sich selbst einzugestehen, nun „Fall" für eine Sozialeinrichtung zu sein, ist für viele Menschen eine nur schwierig zu bewältigende Zäsur im Selbstkonzept. Klient der Sozialen Arbeit zu werden und zu sein, heißt für

Rechte

viele, sich dort wiederzufinden, wo sie nie hinkommen wollten. So mancher Mensch, der nun selbst professionelle Hilfe in Anspruch nehmen muß, hat vielleicht sogar bisher in jenen, die dies taten, Lebensuntüchtige oder Schmarotzer gesehen. Die Individualhilfe muß mit diesen Hindernissen rechnen, mit einer Selbstentwertung („Selbststigmatisierung") der Betroffenen.
Eine unerwünschte Nebenwirkung sozialarbeiterischer Beschäftigung mit Menschen ist die „Klientifizierung" als Prozeß der sozialen Isolierung und Stigmatisierung Betroffener (Kardorff 1986; siehe auch die Dokumentation 4, S. 118 f.). Hier ist die Paradoxie angesprochen, daß jemand dadurch, daß er als „Fall für" das Jugendamt, Sozialamt usw. gilt, zwar einerseits Zugang zu Hilfe erhält, andererseits aber abgestempelt, eben stigmatisiert, wird. Diese Abstempelung befestigt vorerst einmal den sozialen Ausschluß und erschwert Integration.
Auch wenn es überflüssig scheinen mag, das gesondert zu betonen, sei hier noch einmal festgehalten, daß die Klientinnen in der Individualhilfe das selbstverständliche Recht haben, respektvoll behandelt zu werden, passende Unterstützung und Hilfe zu erhalten, daß ihre Entscheidungsmöglichkeiten und ihre Selbständigkeit durch die Hilfe erweitert werden und daß ihnen maximale Beteiligung am Veränderungsprozeß ermöglicht wird. Nur so kann garantiert werden, daß der Nutzen für die Betroffenen den möglichen Schaden durch die Klientifizierung überwiegt.

4.2. Lebensfeld

Unter dem Begriff „Lebensfeld" von KlientInnen wird die objektiv vorhandene soziale Welt verstanden, innerhalb derer sie ihren Alltag organisieren (müssen). Dazu gehören die für sie relevanten Personen und Institutionen, die materiellen Bedingungen ihrer Existenz, wie Einkommen, Wohnung usw., sowie die dort herrschenden immateriellen Bedingungen: Regeln, Denkmuster und Verhaltensstile, kulturelle Standards.
Was unterscheidet nun das Lebensfeld von der Lebenswelt? Ich differenziere hier zwischen den beiden Begriffen, da „Lebenswelt" sich immer auch auf die Konstruktion im Kopf der Person bezieht. Als Lebenswelt verstehe ich hier die Welt, wie sie für den einzelnen erscheint und wie er sie sich konstruiert. Sie ist immer eine subjektive

Welt. Mit Lebensfeld hingegen ist der soziale Nahraum des Subjekts gemeint, die Bedingungen, wie sie ihm jetzt vorausgesetzt sind, vorerst einmal unabhängig davon, wie er sie sieht. In diesem Buch werde ich dann, wenn die Sichtweise und Subjektivität einer Person, meist des Klienten, mitgemeint ist, von Lebenswelt sprechen. Wenn hingegen „nur" von der Welt (dem sozialen Raum) um ihn die Rede sein soll, nennen wir sie Lebensfeld.

Aktionsräume

Die jeweils gegebene Position des Klienten im Lebensfeld einschließlich der inhärenten Logik, der Möglichkeitsräume nennen wir „Situation". Mit dem Lebensfeld und den situativen Ausprägungen sind den KlientInnen die Aktionsräume vorgegeben. Für die Individualhilfe sind diese gleichermaßen wie die Personen selbst Gegenstand des Interesses und – im Rahmen der Feldarbeit – Handlungsraum für sozialarbeiterische Interventionen. Der Sozialarbeiter nimmt auch in der Individualhilfe nicht nur auf den Klienten, sondern auch auf das Lebensfeld Einfluß. Dessen Strukturen zu kennen, Feldkompetenz zu besitzen, ist eine Voraussetzung für erfolgreiche Soziale Arbeit. Und wie bereits das Erscheinen des Sozialarbeiters in der Lebenswelt des Klienten die Situation verändert, so ist bereits der erste Auftritt des Individualhelfers im Lebensfeld eine Intervention (siehe genauer die Ausführungen zur Feldarbeit S. 225 ff.).

4.3. Soziale Organisation, Sozialer Dienst

Sozialarbeit wird i. d. R. von Organisationen angeboten – im deutschsprachigen Raum ist freiberufliche Sozialarbeit eine sehr seltene Ausnahme. Die Sozialen NPOs (Nicht-Profitorientierte Organisationen) erfüllen nicht nur die Rolle der Geldbeschaffung für Sozialarbeit. Sie organisieren im Auftrag der Gesellschaft, des Staates oder der Spender die soziale Tätigkeit. Damit bringen sie gesellschaftliche Ziele und Werte zum Ausdruck. Wie die Justiz ein Ausdruck der Rechtsstaatlichkeit ist oder zumindest sein sollte, verkörpern soziale Organisationen die sozialen Werte.

Für die Individualhilfe bieten die institutionellen und organisatorischen Rahmenbedingungen die Möglichkeiten zum professionellen Handeln und stellen die materiellen und immateriellen Ressourcen für das Klientel zur Verfügung. Unter den materiellen Ressourcen werden Geld- und Sach- sowie soziale Dienstleistungen subsumiert, als immaterielle Ressourcen gelten zum Beispiel die Kenntnisse des ausgebildeten Personals; die Kontakte und Kontaktmöglichkeiten, Einfluß und Einflußmöglichkeiten, die durch die Institution gegeben sind; Orientierungswissen („gewußt wo"), Rechtswissen, Prestige der Einrichtung usw. Sie können als „soziales Kapital" zusammengefaßt werden (Bourdieu 1983), das über die Institution dem Sozialarbeiter für die Arbeit mit dem Klienten zugänglich ist.

Die Organisation bietet also den Rahmen, formuliert die Ziele, sichert Autorität, gibt Rückhalt und macht Ressourcen zugänglich. Gleichzeitig sichert sie durch ihre Bekanntheit, daß potentielle Klienten den Weg zur Sozialarbeit finden. Das Image des jeweiligen Sozialen Dienstes in der Zielgruppe bestimmt weitgehend, wie (und ob überhaupt) Nachfrager den Sozialarbeitern am Beginn des Unterstützungsprozesses, vor allem beim Erstkontakt, gegenübertreten und welche Hoffnungen und/oder Befürchtungen sie hegen. In den Institutionen und Organisationen der Sozialen Dienste sehen und erfahren Menschen nicht nur ein mögliches Hilfe- und Unterstützungsangebot. Diese Organisationen sind für sie auch Repräsentanten gesellschaftlicher Verhaltensstandards, Normen, Werte. Was wir als das doppelte Mandat des Sozialarbeiters beschrieben haben (siehe die Ausführungen S. 85), und auch als Widerspruch zwischen Hilfe und Kontrolle, kehrt hier wieder als Ambivalenz des Bildes, das Menschen von sozialen Organisationen haben.

Wenn nun die Soziale NPO ein Werkzeug der Individualhilfe ist, wie wir hier behaupten, dann gibt es natürlich auch Möglichkeiten, dieses Werkzeug zu schärfen und präziser zu machen. Die Sozial-Management-Debatte arbeitet sich an diesem Ziel ab (z. B. Schwarz 1994, oder sehr kompakt Kühn 1995).

Die Vermittlung der gesellschaftlichen Standards und der Hilfen an die Klienten ist günstigenfalls nur die eine Seite der Tätigkeit sozialer Organisationen. Sie können und sollen auch in der umgekehrten Richtung als Medien fungieren, indem sie Informationen über die Lebensbedingungen und Bedürfnisse von Klienten und Klientengruppen in die gesellschaftlichen Wahrnehmungs- und Entscheidungsprozesse einspeisen: Den Anliegen benachteiligter und gehandicapter Bevölkerungsgruppen Öffentlichkeit verschaffen, Wissen über Nöte, Bedürfnisse und Rechte sowie über erforderliche Maßnahmen in das politische System tragen. Auch in diesem Sinne lassen sich die sozialen Dienste als ein Werkzeug der Sozialarbeit verstehen.

Organisation der Unterstützung

Organisationen entwickeln eine Eigenlogik. Wir alle kennen die oft beklagten Nachteile bürokratischer Organisation. Das Wissen über die Lebenswelten ihrer Klienten, die Nähe zu den Kunden der sozialen Organisation, kommt nicht von selbst, sondern muß erarbeitet werden. Wenn wir hier von lebensweltorientierter Sozialarbeit sprechen, so gibt es dafür einige organisatorische Voraussetzungen:

(a) Niedrigschwelligkeit (möglichst leichter Zugang von Nachfragern zu den Angeboten)
(b) Lebensweltnähe (örtliche und zeitliche Anpassung an die Alltagsstruktur der Zielgruppe)
(c) Offenheit (Bereitschaft, von der Zielgruppe, vom Klientel zu lernen)
(d) Klarheit (bei der Darstellung der Ziele, Möglichkeiten und Angebote)
(e) Verläßlichkeit (eine Kultur des selbstverständlichen Einhaltens von Abmachungen und Versprechungen)
(f) Und, wie Jona Rosenfeld (1996) bei einem Vortrag in Berlin ergänzte: Erfolgreich sind unter anderem jene Einrichtungen, die keine Geheimnisse vor ihren Klienten haben. Womit wir über die Organisation wieder bei Methodik und Ethik gelandet wären.

Über die Sozialen Organisationen inszeniert sich Sozialarbeit in der Gesellschaft, gestaltet sie ihr Angebot und ihre Annäherung an die Klienten. Die Selbstinszenierung der Organisation entscheidet über die Zugangsbedingungen für die potentiellen Klienten. Vor allem die lebensweltorientierte Sozialarbeit schenkt dieser Ausgestaltung des Auftretens der Organisation große Aufmerksamkeit (für die Jugendhilfe z. B. ausbuchstabiert von Hans Thiersch 1992). Man kann die Grundregel als Inszenierung von Niedrigschwelligkeit bezeichnen. Niedrigschwellig sind Einrichtungen, deren Nutzung dem Klienten leicht gemacht wird, bei denen ihnen der Zugang durch möglichst wenig Barrieren (schwierige Erreichbarkeit, strenge oder enge Aufnahmekriterien, Spezialisierung, lange Wartezeiten usw.) erschwert werden.
Die Sozialarbeit mit ihrer Flexibilität in der Gestaltung von Settings hat viele Möglichkeiten und bereits gute Erfahrungen mit dieser institutionellen Annäherung an die Klienten. Hier sei zum Beispiel auf Streetwork verwiesen, eine Form nachgehender und niedrigschwelliger Arbeit, die ein bemerkenswertes methodisches Konzept für die

Annäherung an die Welt der potentiellen KlientInnen entwickelt hat (siehe dazu Fellöcker/Bernardis 1998, Hincziza 1998).

Respektvolle Kommunikation

Selbst traditionelle und für ihre bürokratische Einbindung verschriene Institutionen wie das Jugendamt bzw. der ASD sind schon sehr nahe an den Lebenswelten der Klientinnen. Flächendeckend vorhanden, in manchen Fällen unumgehbar, mit einem (für Klienten nicht nur bedrohlichen, sondern auch attraktiven) Einflußpotential ausgestattet, haben sie einige hervorragende Voraussetzungen für lebensweltnahe und wirkungsvolle Sozialarbeit, die relativ leicht weiterentwickelt werden könnten: Durch Außenstellen an leicht zugänglichen Orten (z.B. Einkaufszentren); durch Serviceorientierung und weiteren Abbau stigmatisierender Elemente; durch den Ausbau einer respektvollen Kommunikation mit den KlientInnen als BürgerInnen; durch Maßnahmen, um Kindern den Zugang zu Hilfe zu erleichtern; durch aktive Kommunikation mit der Öffentlichkeit – um nur einige Maßnahmen zu nennen. Die Selbstinszenierung der Sozialarbeiterinnen beinhaltet dann wesentlich zwei Formen: Offenheit für Kontakte durch Präsenz im Feld und leichte Erreichbarkeit einerseits, Umstieg auf klare und geschützte (nicht-öffentliche, störungsfreie, konzentrierte) Beratungsinszenierungen andererseits.

Lebensweltorientierung legt also eine Überprüfung des institutionellen Settings nahe. Auch dieses wird die nötige Balance zwischen Nähe und Distanz finden müssen: Nicht unglaubwürdig anbiedernd, aber leicht erreichbar und nutzbar, wenn nötig. Klienten müssen derzeit auch in Sozialeinrichtungen noch immer in entwürdigend häßlichen Warteräumen unnötig lange warten, werden bloß weitergeschickt, es werden ihnen die einfachsten Kontroll- und Konsumentenrechte vorenthalten. Sozialarbeit sollte versuchen, die Klientinnen vor solchen institutionell organisierten Unterwerfungsritualen zu bewahren.

Oder, noch einmal anders formuliert: Lebenswelt- und Klientenorientierung als Haltung, die Respekt vor und Auseinandersetzung mit den Welten und Sichten des Klientels zu kultivieren versucht, ist folgerichtig bestrebt, den institutionellen Kontext der Sozialarbeit (den Habitus, das Auftreten der Institution) so zu gestalten, daß dieser Respekt sichtbar wird.

4.4. Das Problem

Soziale Probleme

„Soziale Probleme“ haben viele Namen und man kann ihre Entstehung, ihr Erscheinungsbild, ihre Funktion und ihre mögliche Lösung unter verschiedenen theoretischen Gesichtspunkten betrachten und erklären (siehe dazu ausführlich Sidler 1989). Es kommen dabei jeweils zwei Seiten in den Blick: die objektive Seite der realen Ungleichheit, Armut, Abhängigkeit usw., aber auch die andere Seite der gesellschaftlichen Wahrnehmung und Definition von Problemen: Was wird warum als Problem wahrgenommen, dann wie bezeichnet und erklärt. Alltagstheorien und wissenschaftliche Gesellschaftstheorien, aber auch Ideologien bieten Erklärungsmuster und entwickeln mehr oder weniger illusionäre Vorschläge zur möglichst endgültigen Lösung und/oder Vermeidung sozialer Probleme. Der Sozialarbeit werden manche soziale Probleme zugeordnet, ihre Zuständigkeit dafür behauptet. Silvia Staub-Bernasconi (1994) versucht sie zu klassifizieren in Ausstattungsprobleme, Austauschprobleme, Machtprobleme und Werteprobleme.
Ich möchte hier einen pragmatischen Zugang vorschlagen: Für die Individualhilfe soll das als Problem bezeichnet werden, was Beteiligten als Problem erscheint und sie als solches definieren. Probleme für die Soziale Arbeit sind Probleme der Alltagsorganisation, der Lebensführung von Menschen. Wenn ihr Alltag die Alltäglichkeit verliert, er nicht mehr mit dem Wissensvorrat (Schütz/Luckmann 1984) zu bewältigen ist, der ihnen zur Verfügung steht oder in ihrem lebensweltlichen Umfeld leicht zu besorgen ist, dann haben wir es mit einem für die Individualhilfe relevanten Problem zu tun:

Schwierige Alltags-organisation

(a) Eine Lebenssituation behält für eine Person ihren Alltagscharakter, solange die Lösung anstehender Aufgaben mittels der zur Verfügung stehenden Routinen (noch) möglich ist. Es sind vorerst einmal die Betroffenen selbst, die erkennen, daß ihnen ihr Alltag „entgleitet“, daß nichts mehr gelingt oder sie „nicht mehr ein und aus wissen“. Wenn die Lösungsversuche Mißerfolge produzieren, zerfällt für den Menschen (bzw. für sein Bewußtsein oder sein „psychisches System“) der Alltagscharakter der Lebenssituation. In diesem Sinne ist die Alltäglichkeit, das „Unproblematische“ einer Situation, wesentlich eine Frage der individuellen Wahrnehmung und Situationseinschätzung, die anhand lebensweltlich (und damit auch gesellschaftlich-historisch-

kulturell) und biografisch zur Verfügung stehender Normalitätsvorstellungen und Situationsdefinitionen geleistet wird.
(b) Andererseits ist die Alltäglichkeit aber auch eine Konvention zwischen dem Individuum und anderen Menschen aus dessen Lebenswelt, eine (manchmal stillschweigende) Abmachung darüber, was unter den gegebenen Umständen als routiniert und routinisierbar, als „normal“ erachtet wird. Hiebei geht es also auch um die Bereitschaft und Fähigkeit der lebensweltlichen anderen, bestimmte Integrationsleistungen zu erbringen (z. B. einen geistig Behinderten in ihrer Umgebung zu „ertragen“).
(c) Alltag im Sinne von problemloser Bewältigung und Normalität ist aber auch abhängig von gesellschaftlichen Setzungen. Normalitätsdefinitionen bzw. Definitionen von tolerierbarem oder nicht-tolerierbarem Verhalten bzw. gesellschaftlich tolerierbaren oder nicht-tolerierbaren Lebenslagen werden von Machtträgern vorgegeben. Macht ist hier im Sinne von Niklas Luhmann (1988, 19ff.) als gesellschaftliches Medium zur Selektion von Handlungsalternativen gemeint. Bestimmte Lebenslagen oder Verhaltensweisen können dabei ein prinzipielles Einschreiten bei öffentlichem Bekanntwerden verlangen (z. B. grobe Kindesmißhandlung). Andere Lebenslagen hingegen gelten möglicherweise zwar als unerwünscht, sind aber bestenfalls Anlaß für gesellschaftliche Intervention, wenn Betroffene selbst sie als prekär definieren (z. B. Prostitution). Letztere stellen daher grundsätzlich akzeptierte Alltagsvarianten dar, deren mangelnde soziale Wertschätzung für die Betroffenen zusätzliche subjektive Schwierigkeiten bringen kann (zum gesellschaftlichen Definitions- und Thematisierungsprozeß sozialer Probleme siehe Sidler 1989).

Gesellschaftliche Instanzen können als prekär definieren und damit im Rahmen ihrer Befugnisse zum Ziel ihrer Interventionen machen:

(a) betroffene Individuen, worauf mit folgenden Interventionsformen reagiert wird: individualisierte Strafformen mit dem Ziel der „Besserung“; Therapien; Einzelfallsozialarbeit u. ä. (Foucault 1992),
(b) den Alltag von Individuen, Einfluß genommen wird auf den Ort (Gefängnisse, Heime), Struktur (Familientherapie, Scheidung) materielle Ausstattung (Sozialhilfe, Wohngeld), sonstige Ausstattung.
(c) die „important others“, die ebenfalls beeinflußt werden können (z. B. Erziehungsberatung)

(d) gewisse Individualitätsformen („der Kriminelle") durch Ächtung und durch Strafsysteme,
(e) abstrakt definierte Lebenslagen („Obdachlosigkeit", „Drogenabhängigkeit"), worauf Interventionen auf der Ebene der Sozialpolitik (aber teilweise auch wie bei beim vorigen Typus des Strafrechts) entwickelt wurden.

Die je einzelnen Individuen erstellen ihre eigene Prekaritäts- oder Normalitätsdefinition gewissermaßen in einem inneren Dialog zwischen „Ich", der gewählten „Individualitätsform" (als internalisiertem gesellschaftlichem Möglichkeitstypus), und ihrem erlebten Alltag (Lebensvollzügen, Handlungsanforderungen) unter Zuhilfenahme von Typisierungen und Problemlösungsstrategien. Der sich ankündigende Wechsel von einer Individualitätsform zu einer anderen (z. B. Gymnasiast zu Lehrling, Arbeiterin zu Frühpensionistin) kann dabei positiv bewertet oder schlicht akzeptiert, aber auch als bedrohlich abgelehnt werden.
Die verschiedenen Möglichkeiten, wer (zuerst) eine soziale Situation oder Lebenslage als problematisch definieren kann, lassen sich auch verstehen als verschiedene Anlässe für die Soziale Arbeit, mit Personen und/oder Problemen befaßt zu werden. Diese unterschiedlichen Anlässe wiederum stellen für die Individualhilfe verschiedene Ausgangssituationen mit je spezifischen Anforderungen an ihre Ausgestaltung dar, worauf im nächsten Abschnitt näher einzugehen sein wird.
Auch Nachbarn, Familienangehörige, Insitutionen, die mit den Betroffenen zu tun haben, können den Eindruck haben, daß „nichts mehr paßt", daß es mit den Betroffenen Schwierigkeiten gibt, mit ihnen „bergab geht" oder daß anscheinend etwas passiert, was wichtigen gesellschaftlichen Normen widerspricht (z. B. Mißhandlung). Auch sie können als erste das Problem definieren: Es ist immer eine Irritation des Alltags, des normalen Verlaufs des (Zusammen-)Lebens.
Lebenslagen

Natürlich kann nicht übersehen werden, daß es gesellschaftlich benachteiligte Orte bzw. Lebenslagen gibt, in denen Menschen unter den jetzigen gesellschaftlichen Bedingungen besonders leicht und oft mit ihrer Lebensorganisation in Schwierigkeiten kommen (Arbeitslosigkeit, Armut, bestimmte körperliche und psychische Beeinträchtigungen usw.). Für unsere Aufgabe der individualisierten Unterstützung ist aber vor allem die individuelle, konkrete Seite der Alltagsbewältigung interessant.

Im Sinne einer alltags- und lebensweltorientierten Sozialen Arbeit heißt bei einem Alkoholkranken das Problem nicht Alkoholsucht, sondern: Wie kann der Klient unter den Bedingungen seiner Alkoholabhängigkeit und der gegebenen Lebenssituation sein Leben so organisieren, daß es möglichst wieder Alltagscharakter gewinnt, d.h. von ihm weitgehend selbstbestimmt und selbstverantwortlich geführt werden kann? Sie erkennen, daß eine solche Problemformulierung nicht notwendigerweise auf Alkoholabstinenz als Ziel verweist, dieses Ziel aber auch nicht von vornherein ausschließt. Analog kann dieses Muster auf andere Arbeitsbereiche der Individualhilfe angewendet werden.

Wenn wir pragmatisch die subjektive Seite betont haben und ein individualhilferelevantes Problem dort sehen, wo es als solches formuliert wird, müssen wir auch darauf verweisen, daß wir es eben vorerst nur mit Problemdefinitionen zu tun haben, mit Versuchen, zu beschreiben, worum es gehen könnte. Diese Versuche sind notwendig wieder subjektiv. Von ein und demselben Sachverhalt, ein und der selben Lebenssituation, können sehr verschiedene Beschreibungen existieren. Der Hauptbetroffene sieht seine Situation anders als die Angehörigen, diese wieder anders als ein Jurist oder ein Arzt, als die Beamten des Sozialamtes, und diese wieder anders als der Sozialarbeiter. Individualhilfe ist auch Arbeit an den Problembeschreibungen: in einem Verhandlungsprozeß, diskursiv, unterstützen die Sozialarbeiter die Entwicklung von nicht-ausgrenzenden Beschreibungen, von solchen, die eine Perspektive der Integration und Veralltäglichung bieten. Problembeschreibungen fördern, die eine Veränderungsperspektive bieten, auch das ist Teil des Methodeninventars (siehe dazu z. B. die Techniken des „Normalisierens“ S. 201 f. und des „Reframing“ S. 205 f.).

4.5. Der Fall

Im Lexikon der schillernden Begriffe darf der „Fall“ nicht fehlen. Vorerst scheint das Wort vordergründig evident zu sein: Jeder glaubt zu wissen, wovon man spricht, wenn man von einem „Fall“ spricht. Die jahrelange Auseinandersetzung mit ersten, in Informationspraktika erstellten Fallberichten von Sozialarbeitstudentinnen und -Studenten läßt mich vermuten, daß im vorerst noch alltagssprachlichen Verständnis der Fall als die Einheit von Klient und Problem gesehen wird. Die Berichte enthalten in der Regel eine Beschreibung der Person, ihrer Biographie, des derzeit aktuellen Problems und eine Prognose.

Für den reflektierten Einsatz professioneller Hilfe scheint mir dies aber noch unzureichend zu sein. Dazu eine Vorüberlegung: „Fall" kann sinnvollerweise nicht bloß ein anderes Wort für „Klient" sein. Das wäre offensichtlich nicht stimmig und weckt unerfreuliche Assoziationen: Wer will schon als Fall wahrgenommen werden, wer will den Vorwurf auf sich sitzen lassen, jemanden „nur" als Fall wahrzunehmen. Burkhart Müller (1993a) spielt mit dem Wort und weist auf seine verschiedenen Bezüge hin. Etwas kann ein „Fall von ..." sein, d. h. das konkrete Vorkommen von etwas Typischem, bereits vorweg typisierten, z. B. ein Fall von Arbeitslosigkeit, Multipler Sklerose, Trennungsstreit usw. Ich kann es (die Situation) aber auch unter dem Aspekt betrachten, daß es ein „Fall für ..." einen Sozialarbeiter oder eine Institution ist. Mit dieser zweiten Deutung will ich mich nun befassen.

Fall von/ Fall für

„Fall" wäre dann ein Wort für die Situation, vor der und in der der Sozialarbeiter steht, die er bearbeiten muß. Die Situation hat einen Aufforderungscharakter für den Sozialarbeiter. Er kann in ihr nicht nicht handeln, denn auch das Nichtstun kann ihm als Entscheidung zugerechnet werden, muß er gegebenenfalls vor sich und anderen rechtfertigen. Diese Situation ist relativ klar abgegrenzt zu anderen Situationen, mit denen er zu tun hat. In der Regel wird er „Fall für Fall" abarbeiten. Im Fall erscheint der Sozialarbeiter als Akteur.

Wenn wir nun zu unserem Beispiel der ersten Fallberichte zurückkehren, dann scheinen sie aus dieser Perspektive gar keine Fallberichte mehr zu sein. Sie lassen nämlich den Blick auf den Sozialarbeiter, der den Fall erst zum Fall macht, vermissen. Definiert man den Fall als die Handlungssituation des Sozialarbeiters, müßte eine Fallbeschreibung also folgende Elemente enthalten:

(a) den institutionellen Kontext, in dem der Sozialarbeiter agiert,
(b) eine Beschreibung, warum (auf wessen Veranlassung) der Sozialarbeiter mit der Situation konfrontiert ist bzw. wer zuerst was als Problem definiert hat,
(c) die Eckdaten der beteiligten Personen des Klienten selbst und der wichtigen anderen,
(d) die bekannte Vorgeschichte,

(e) den bisherigen Verlauf des Einzelhilfeprozesses, das Setting, die Vereinbarungen mit dem Klienten,
(f) die Entwicklung der Situation des Klienten seit der Zusammenarbeit mit dem Sozialarbeiter,
(g) die derzeit anstehenden Fragen, Themen, Probleme für den Klienten,
(h) die derzeit anstehenden Fragen, Themen, Probleme für den Sozialarbeiter,
(i) Ausblick in die Zukunft: mögliche Entwicklungen, Chancen, Risiken.

Nun wird nicht jeder Fallbericht alle diese Elemente enthalten, weil so manches als bekannt vorausgesetzt wird (z. B. der institutionelle Kontext) oder im Zusammenhang mit dem Zweck des Fallberichts relativ bedeutungslos erscheint (z. B. der Anlaß der Befassung bei einem Bericht, der etwas Geld für den Klienten bei einer caritativen Organisation locker machen soll). Ich habe damit aber ein Verständnis des „Falles“ skizziert, das nicht mehr den Klienten mit dem „Fall“ gleichsetzt, sondern selbstbeobachtend und selbstreflexiv den Sozialarbeiter einbezieht.

4.6. Die drei Intensitäten der Fallarbeit

Ich habe oben das Ziel der Individualhilfe ganz allgemein als „Alltag wiederherstellen“ definiert, somit ist nach den Einstiegsbedingungen (definiertes Problem) auch ein Zeitpunkt für den Ausstieg benannt. Wenn für die Klienten das Leben wieder funktioniert, wieder Alltagscharakter angenommen hat, ist es Zeit für den Professionellen, den Prozeß abzuschließen. So bescheiden das Ziel klingen mag, so ist diese Markierung doch folgenreich, sollte entlastend für die Experten und für die Klienten wirken. Dem Schutz der Klienten dient sie, weil sie eine Kolonialisierung ihres Lebensraumes durch die Experten ausschließt. Die Experten schützt sie vor einer unendlichen Verstrickung in die Fälle.
Die Entscheidung darüber, wann das Ziel erreicht ist, können der Klient treffen oder der Sozialarbeiter, sie werden sich darüber verständigen, aber nicht immer in Form eines Gesprächs. Viele Klienten ziehen es zum Beispiel vor, einfach nicht mehr vorzusprechen und ver-

zichten auf einen formellen Abschluß des Betreuungsprozesses. Wenn wir uns daran erinnern, daß soziale Probleme auch vom gesellschaftlichen Umfeld eines Klienten definiert werden können, so folgt daraus, daß jene Instanzen, die einen Unterstützungsprozeß veranlassen können, auch für seine Fortsetzung oder Wiederaufnahme sorgen können. In Fällen von Pflichtklientschaft liegt es nicht im Ermessen des Klienten, wann der Einzelhilfeprozeß endet. Selbst der Sozialarbeiter kann nicht frei über das Ende z. B. einer Betreuung im Rahmen der Bewährungshilfe entscheiden. Das lebensweltliche Umfeld des Klienten und die interessierten gesellschaftlichen Institutionen (im Falle der Bewährungshilfe die Justiz) beeinflussen also nicht nur den Klienten, sondern auch den Unterstützungsprozeß selbst und treffen Entscheidungen über dessen mögliches Ende. Wir werden uns in der Folge mit der Frage der „Freiwilligkeit" unter diesen Bedingungen noch auseinandersetzen müssen.

Intensitäten der Unterstützung

Vorerst möchte ich aber eine weitere Differenzierung einführen. Es handelt sich um die verschiedenen Intensitäten des Engagements der Sozialarbeiterin, ihrer Interventionen im Fall:

(a) Beratung: die Sozialarbeiterin agiert nur in der direkten Interaktion mit der Klientin. Sie hält Distanz zu deren Lebensfeld und setzt dort keine Interventionen;
(b) Alltagsrekonstruktion: die Sozialarbeiterin greift vorübergehend in die Lebenswelt der Klientinnen mit dem Ziel ein, die Bedingungen für eine gelingende Alltagsbewältigung zu verbessern;
(c) Alltagsbegleitung: der Sozialarbeiter agiert für längere Zeit im Lebensfeld der Klienten, ohne unmittelbar eine Perspektive für den Rückzug oder das Ende der Hilfe und Unterstützung zu haben.

Beratung

Ad (a): Beratung ist selbstverständlicher Bestandteil jedes Individualhilfeprozesses. Das beratende Gespräch sollte den Klienten bei seinen Versuchen unterstützen, seine Situation mittels eigener Aktivitäten zu ordnen bzw. erträglicher zu gestalten. Beratung allein ist die gelindeste Form der Intervention, da der Sozialarbeiter im Lebensfeld der Klienten nicht sichtbar wird. Es bleibt dem Klienten überlassen, welche Informationen über den Unterstützungsprozeß er an sein Umfeld weitergibt. Mögliche Erfolge kann er sich selbst zurechnen (siehe Abbildung 8, S. 112).

Abbildung 8: Beratung

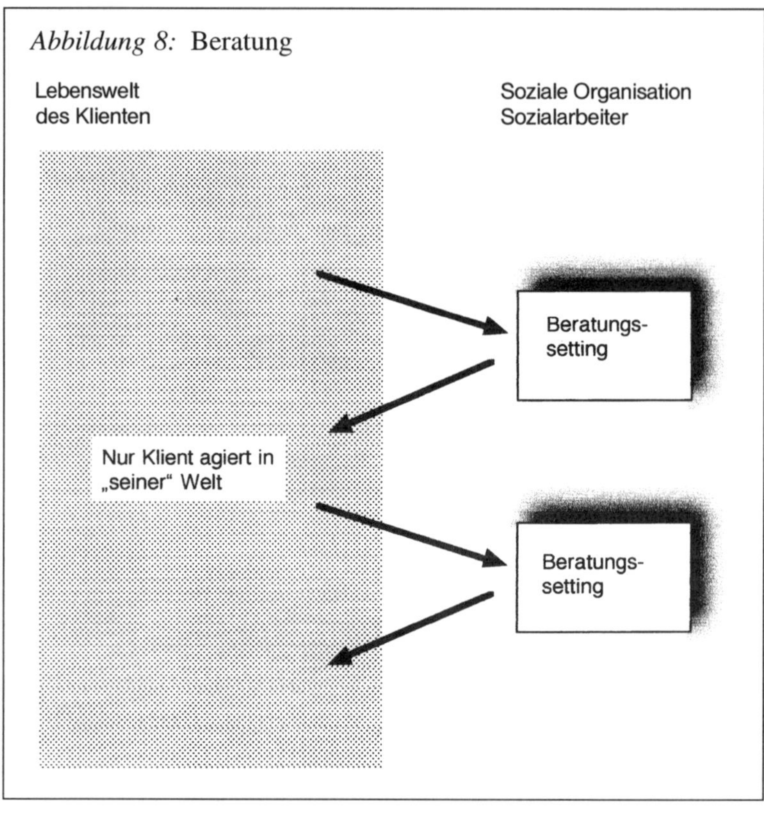

Alltagsrekonstruktion

Ad (b): Rekonstruktionsarbeit nenne ich jene für die soziale Einzelhilfe charakteristische Form des Unterstützungsprozesses, in der professionelle Interventionen im Feld gesetzt werden. Der Sozialarbeiter bleibt nicht abstinent, sondern tritt als Akteur auf, wird im Umfeld des Klienten sichtbar. Die Interventionen können von der Beantragung einer Sozialhilfeleistung bis zu ausführlichen Gesprächen oder Verhandlungen mit Verwandten oder anderen Institutionen gehen (zur Vielfalt der Interventionsmöglichkeiten im Feld siehe die Ausführungen S. 256 ff.). Die Rekonstruktionsarbeit zielt auf eine Reparatur oder Veränderung der Umweltbedingungen für den Klienten. Währenddessen läuft der Beratungsprozeß weiter. Die Sitzungen sind gleichzeitig ein Steuerungsgremium für den Veränderungsprozeß, sie dienen der gemeinsamen Planung, Kontrolle und Evaluation der Aktionen von Sozialarbeiter und Klient im Feld. Ist die Veränderung erfolgreich abgeschlossen oder zumindest initiiert, kann sich der Sozialarbeiter wieder zurückziehen. Er war bloß vorübergehend Gast in der Lebenswelt des Klienten (siehe Abbildung 9).

Abbildung 9: Alltagsrekonstruktion

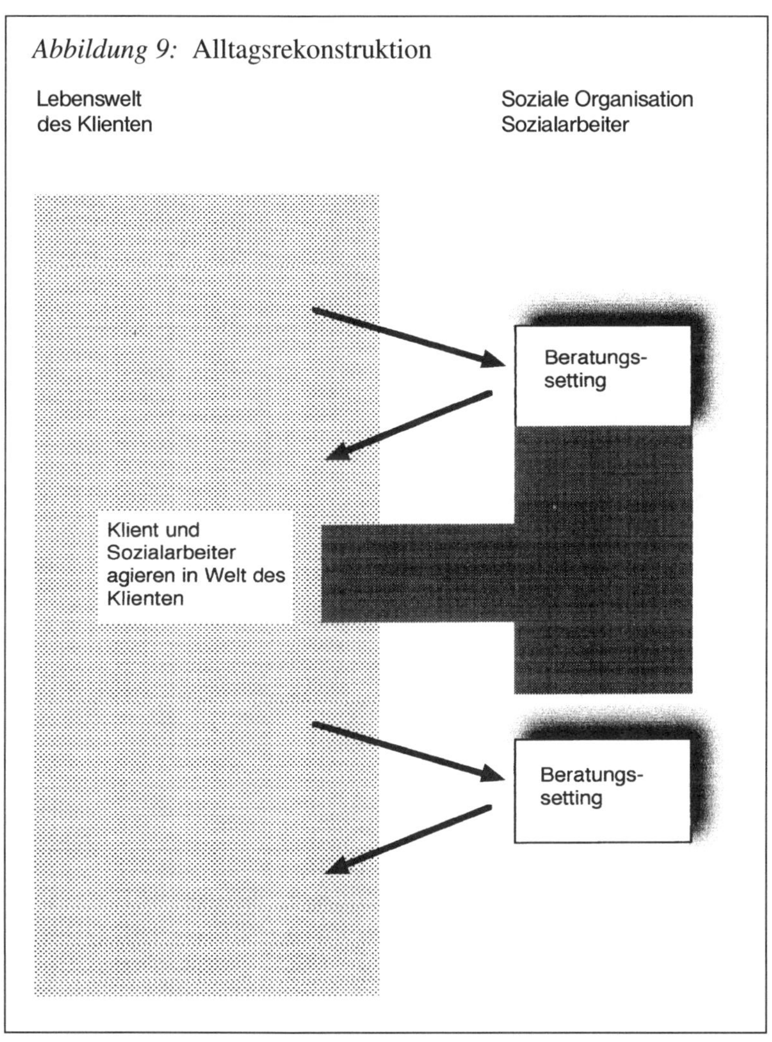

Ad (c): Unter bestimmten Bedingungen benötigen Klienten dauerhafte Unterstützung durch soziale Fallarbeit. Sie müssen ihr Leben unter besonders schwierigen Umständen gestalten, die nicht kurz- oder mittelfristig veränderbar sind und die sie überfordern oder gefährden. Ein längerfristig angelegter Unterstützungsprozeß kann ihnen aber eventuell ermöglichen, ein relativ selbstbestimmtes Leben zu führen. Charakteristisch für diese Form der Arbeit sind: Regelmäßige Präsenz des Fallarbeiters im Feld, keine oder nur eine vage Aussicht auf Rückzug. Der Fallarbeiter wird dauerhaft Teil der Lebenswelt des Klienten, erhält die Rolle eines „künstlichen Verwandten". Das Ausmaß der Präsenz kann je nach Fall sehr unterschiedlich sein. Sachwalterschaft muß aufgrund der genannten Kriterien als Form der Alltagsbegleitung gesehen werden, hat eine zwar wichtige, aber oft niederfrequente Präsenz im Feld. Die Alltagsbegleitung von Psychiatriepatienten hingegen kann sehr intensiv sein (siehe Weigand 1991) und ganz im Wortsinn eine Begleitung durch weite Strecken des Alltags umfassen (siehe Abbildung 10).

4.7. Freiwilligkeit

Ich habe bereits angedeutet, daß Individualhilfe nicht immer unter Bedingungen der Freiwilligkeit begonnen wird, sondern daß es auch Formen der Pflichtklientschaft gibt. Die Ausführungen über die Problemdefinition weisen darauf hin, daß es nicht nur juristische Gründe gibt, die zu nicht ganz selbstbestimmten Kontakten von Klienten zu Sozialarbeitern führen.

Ganz allgemein gedacht bietet Freiwilligkeit sicher günstige Voraussetzungen für Unterstützungsarbeit. Die Chance auf eine kooperative Beziehung zwischen Klient und Sozialarbeiter ist günstig, die eigene Entscheidung des Betroffenen, Hilfe in Anspruch zu nehmen, läßt auf einen bereits vorhandenen Veränderungswillen hoffen. Außerdem entspricht die Vorstellung von einem nachfragenden Klienten einem demokratischen Idealbild: Der freie Bürger als selbstbewußter Kunde und Konsument einer professionellen Dienstleistung, nicht als Opfer staatlicher Befürsorgung. Die Voraussetzungen für die Realisierung des dialogischen Prinzips, nämlich der Etablierung einer temporären Ich-Du-Beziehung zweier gleichberechtigter Subjekte (Buber 1992, 271 ff.), scheinen gegeben.

Abbildung 10: Alltagsbegleitung

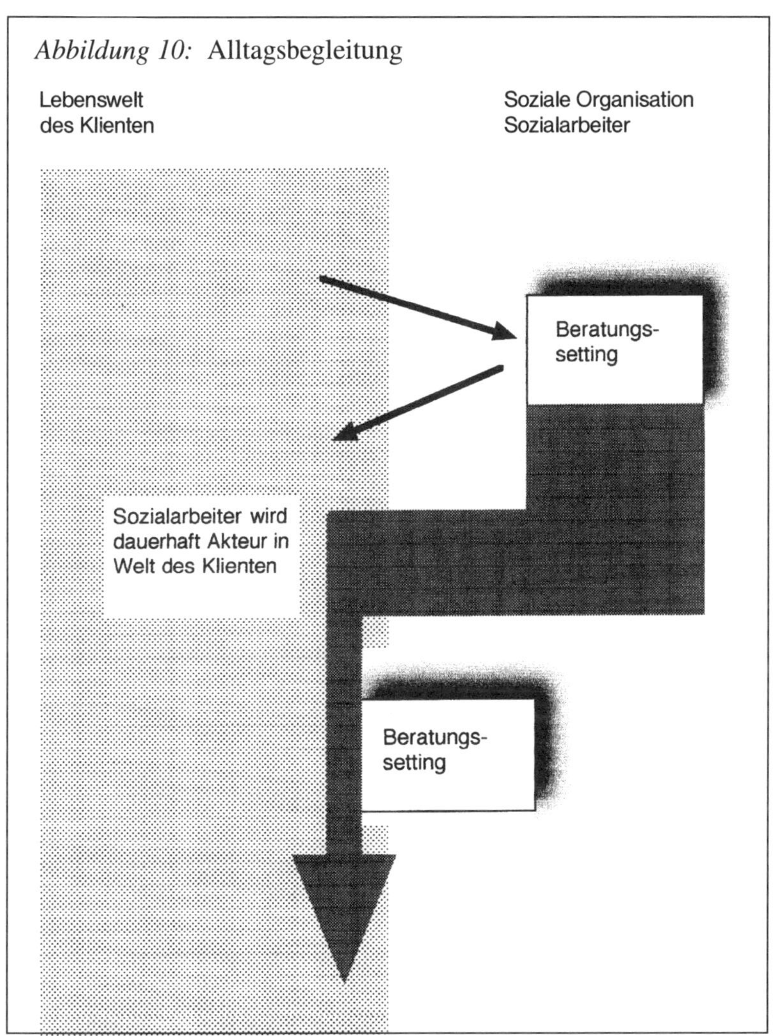

Einschränkend ist allerdings festzustellen, daß die Freiwilligkeit im Kontext der Einzelfallhilfe immer nur eine relative sein kann. Die Klientin, die einen Sozialen Dienst aufsucht, macht dies nicht ohne Not. Sie steht unter irgendeiner Form von Druck, sonst machte ihre Nachfrage ja gar keinen Sinn. Weiters bedeutet die Kontaktaufnahme

auf Basis einer Entscheidung des Klienten noch keineswegs, daß er weiß, worauf er sich einläßt, und er hat (oder kennt) möglicherweise auch gar keine Alternativen. Die vermeintliche Freiwilligkeit entsteht in einer Notlage der Betroffenen. Sie entscheiden sich zwar selbst zur Kontaktaufnahme mit der Sozialarbeit, zweifelsohne wäre es ihnen in der Regel aber lieber, dies nicht tun zu müssen. Zugespitzt gesagt: Der Zwang ist der Kontaktaufnahme vorgelagert, liegt in der aktuellen Lebenssituation. Die (mehr oder weniger) freiwillige Inanspruchnahme der Beratung schafft also zwar eine nicht ungünstige Ausgangssituation, in der Folge wird die selbstbestimmte Mitarbeit des Klienten allerdings immer wieder erst herzustellen, um sie zu werben sein.
In all den anderen Fällen, in denen Sozialarbeit aufgrund gesetzlicher Verpflichtungen, ihres gesellschaftlichen Auftrags oder der Intervention von lebensweltlich anderen mit Klienten in Kontakt tritt, ist das von Dritten definierte Problem der Anlaß für die „Fallwerdung". Die Kooperation des Hauptbetroffenen, des potentiellen Klienten, mag zwar noch nicht oder jedenfalls noch nicht freiwillig gegeben sein, es spricht aber viel dafür, sie als Ziel anzustreben.
Die Kolleginnen und Kollegen einer Kriseneinrichtung für Kinder und Jugendliche formulierten das für sich und ihre Arbeit so: Freiwilligkeit ist nicht eine Voraussetzung, die gegeben oder nicht gegeben ist. An der Freiwilligkeit des Kontakts und der Veränderung muß man arbeiten, um sie muß man beständig werben.

Anregungen zur Diskussion, Fragen

(1) Diskutieren Sie die Vor- und Nachteile des Klienten-Status (unter Einbeziehung der Argumente von Kardorff aus den Materialien).
(2) Versuchen Sie zu begründen, weshalb man die Institutionen als Werkzeuge der Individualhilfe bezeichnen kann.
(3) Beschreiben Sie einen Ihnen bekannten „Fall". Versuchen Sie dabei das skizzierte selbstreflexive Fallverständnis anzuwenden und finden Sie heraus, wer in diesem Fall was als Problem definiert.
(4) Diskutieren Sie die Bedeutung der Freiwilligkeit in der Einzelfallarbeit und stellen Sie Überlegungen an, wie Klienten vor Ver-

(Fortsetzung S. 117)

letzungen ihres Rechts auf Selbstbestimmung und persönliche Integrität unter den Bedingungen nicht-freiwilliger Betreuung geschützt werden könnten.

Literatur zur Vertiefung

Natürlich liegt es nahe, am Ende eines Kapitels über Grundbegriffe für weiteres Nachschlagen Fachlexika zu empfehlen, in denen Artikel zu den zentralen Begriffen des Fachs enthalten sind. Für die Sozialarbeit ist das in erster Linie das vom *Deutschen Verein für öffentliche und private Fürsorge* herausgegebene Fachlexikon der Sozialen Arbeit.
Darüber hinaus sind für eine nähere Auseinandersetzung mit dem „Klienten"-Begriff die Ausführungen *Ernst von Kardorffs* unter dem Stichwort „Klienten" in dem von Günter Rexilius und Sigurd Grubitzsch herausgegebenen Sammelband „Psychologie", Göttingen, interessant, im Kontrast dazu sicher auch *Peter Lüssis* „Systemische Sozialarbeit". Bern.
Die verschiedenen Aspekte des Begriffspaares „Soziale Probleme" beschreibt Nikolaus Sidler in seinem Buch „Am Rande leben – Abweichen – Arm sein". Freiburg. Für ein näheres Verständnis des Lebensweltbegriffs bleibt der Rückgriff auf den Klassiker unersetzbar: *Alfred Schütz und Thomas Luckmann:* Strukturen der Lebenswelt. Frankfurt am Main.

Von der Konstruktion des Falls

Kritik an Problemkonstruktion und Klientifizierung: Ernst von Kardorff

Bei der im folgenden verwendeten, auf Konzepte des Symbolischen Interaktionismus (Goffman 1972; d. Verf.) und der Ethnomethodologie (Garfinkel 1967; Bergmann 1988; d. Verf.) zurückgehenden, Vorstellung von der „gesellschaftlichen Konstruktion" sozialer Probleme muß unter praktischen Gesichtspunkten immer im Blick gehalten werden, daß die Definitions- und Sanktionsmacht auf seiten der Institution und des Professionellen liegen, auch wenn sich – in mikroanalytischer Perspektive – der „Klient" in der konkreten Interaktion mit dem Professionellen kleine Spielräume und Distanzen, Überlebensmöglichkeiten und Nischen im Goffmanschen Sinne schaffen und erhalten kann.

Vom Problem zum individuellen Fall

Bei dieser häufig kritisierten Strategie ... werden die vielfältigen Aspekte einer krisenhaften Lebenslage in einen für die Behörde in einer Akte faßbaren, durch die Interventionen eines Sozialpädagogen konkretisierbaren, von Kostenträgern und Politik nachprüfbaren „Fall" verwandelt und damit zu einem Teil begehbarer sozialer Wirklichkeit, der dem „Klienten" als neues Merkmal seiner Biographie verobjektiviert entgegentritt ... Die institutionelle Praxis generiert ihre eigene, mit eigenen Ressourcen bearbeitbare „Sozialepidemiologie" ..., die sich im Ergebnis für die Klienten als Strategie des „blaming the victim" erweist, weil das, was an den Umständen als nicht veränderungsfähig oder -bedürftig erscheint, dem einzelnen, seiner Familie, seinem sozialen Netz – oftmals mit moralisierendem Unterton – als selbstverschuldet zugeschrieben und zur „Selbsthilfe" aufgegeben wird. ...

Der defizitäre Klient

In den alltäglichen Diskursen von Praktikern, in Aktenvermerken und nicht zuletzt in der wissenschaftlichen Literatur werden die im Alltag der klientifizierten, psychiatrisierten und „verkrankten" Subjekte (Hellerich 1985) beobachteten „fatalen Strategien" der Lebensbewältigung psychisch und sozial verelendeter Menschen oft nicht als Resultat, sondern als Ursache der hilfebedürftigen Lebenslage genommen und in verdinglichter Form zu Persönlichkeitsmerkmalen der Individuen vernatürlicht ..." (v. Kardorff 1988, S. 306).

Banalität und Komplexität: Peter Lüssi

Die sozialen Sachverhalte, mit denen es der Sozialarbeiter zu tun hat, sind in ihrer Grundstruktur etwas Banales: etwas Gewöhnliches, Alltägliches, das jedermann kennt, weil eben jeder Mensch ein soziales Wesen ist. Das Problematische dieser sozialen Sachverhalte mag freilich außerordentlich, zuweilen spektakulär sein, aber die sozialarbeiterische Problemlösung strebt regelmäßig einen Zustand an, der möglichst nahe beim sozial Durchschnittlichen, also Banalen liegt. Obschon das zu erreichen in vielen Fällen sehr schwierig ist, macht doch das Resultat der sozialarbeiterischen Tätigkeit in der Regel wenig Eindruck ...
Solche Geringschätzung der sozialarbeiterischen Problemlösungsleistung ist nur möglich, weil Außenstehende die Komplexität sozialer Probleme meist weit unterschätzen.

Soziale Phänomene sind zwar banal, aber in aller Regel hochkomplex. Leicht täuscht die Banalität über die Komplexität hinweg, und erst wer sich konkret mit den Problembeteiligten befaßt und tatsächlich versucht, eine positive Veränderung der Situation zustande zu bringen, realisiert, wieviel an Personen und Institutionen, an Seelischem, Materiellem, Rechtlichem, an persönlichen Beziehungen, sozialen Verhaltensmustern und öffentlichen Interessen in einem sozialen Sachverhalt auf vielfältige Weise zu einem schwierig durchschaubaren und noch schwieriger zu beeinflussenden Komplex verknüpft ist.

Die meisten Handlungen des Sozialarbeiters erscheinen zwar als einfach und gewöhnlich, als ebenso banal wie das Problemlösungsresultat – doch das sind sie bloß in der äußeren Form. (...) Effektiv aber muß der Sozialarbeiter seine einfach erscheinenden Handlungen im Hinblick auf die Komplexität der Problemsituation sorgfältig reflektieren und klug steuern, und so ist eine sozialarbeiterische Handlung, die von außen als banal erscheint, z. B. ein Ratschlag an einen Problembeteiligten oder eine finanzielle Unterstützung, als Resultat differenzierter Überlegungen, als Teil einer langfristigen Problemlösungsstrategie oder als Auslöser vielfältiger Reaktionen im Problemsystem in Tat und Wahrheit ausgesprochen komplex. (Lüssi 1992, 137 f.)

Teil 2
Methodik

5. Einstieg in den Individualhilfe-Prozeß, Diagnose und Interpretation

Übersicht In diesem Kapitel wenden wir uns dem Prozeß der Fallbearbeitung selbst zu. Zuerst beschreibe ich die verschiedenen Möglichkeiten der Eröffnung und die methodischen Konsequenzen, die die differenten Zugänge für die weitere Arbeit mit den Klienten haben (Abschnitt 5.1.). Das Intake als Eröffnungsphase der Fallarbeit und die Kurzberatung sind Gegenstand des nächsten Abschnitts (Abschnitt 5.2.). Die erste ausführliche Konfrontation mit dem Klienten im Intake erfordert die Beschäftigung mit den Fragen des Erkennens und Verstehens, die hier im Abschnitt 5.3. behandelt werden. Ich stelle den dialogischen Zugang vor, der m. E. für die Fallarbeit konstitutiv sein sollte. Der Abschnitt 5.4. schließlich bietet einige Raster der Differenzierung, die hilfreich sein können, indem sie der Beraterin aufgefächerte Interpretationsmöglichkeiten zur Verfügung stellen. M. E. ist eine intensivere Auseinandersetzung mit dem Aspekt des Verstehens und der „Interpretation" deshalb bedeutend, weil es gilt, der Beliebigkeit und einer wissenschaftlich verbrämten vorurteilsbehafteten Deutungspraxis entgegenzuwirken und zu einer methodisch reflektierten und dialogischen Form von Verstehen und Interpretation zu gelangen. Hierzu können die Hermeneutik, der Konstruktivismus und die Kommunikationstheorie mit ihren Befunden bzw. Orientierungsmöglichkeiten hilfreich sein. Im Dokumentationsteil dieses Kapitels stelle ich Empfehlungen von Harro Dietrich Kähler zur Gestaltung von Erstgesprächen vor.

5.1. Formen der Kontaktaufnahme, Vorgespräch

Klienten kommen auf verschiedensten Wegen zu ihren Sozialarbeitern – und Sozialarbeiter zu ihren Klienten. Je nachdem, wer zuerst ein „soziales Problem" (siehe dazu die Ausführungen S. 150 ff.) definiert, ergeben sich direkte oder indirekte Zugänge. Die Wege sind manchmal lang und verschlungen, die Annäherung kann dem Sozialarbeiter bereits beträchtliche methodische Fertigkeiten abverlangen, man denke nur an die Aufbauphase eines Straßensozialarbeit-Projekts. Ich werde dieser Annäherung und der ersten Phase des Aufbaus einer Beziehung zwischen Sozialarbeiter und Klient viel Aufmerksamkeit widmen, da zu diesem Zeitpunkt bereits weitreichende Vorentscheidungen über die Struktur der Beziehung, über die Chancen wirkungsvoller Unterstützungsarbeit getroffen werden. Und zwar nicht nur für die Arbeit mit diesem Klienten, sondern auch für andere: Die Annäherung an Klienten, an ihr lebensweltliches Umfeld, sowie der Empfang, den man Menschen mit Schwierigkeiten bereitet, beeinflussen das Image, das Sozialarbeit im „Milieu", im sozialen Umfeld hat. Der Respekt vor den Menschen, vor den potentiellen Klienten und den Klienten, vor Angehörigen, Nachbarn, anderen „important others" in der Startphase eines Unterstützungsprozesses kann den Boden für eine gedeihliche Kooperation bereiten.

Intake

Wir beginnen daher in unserer Beschreibung des Beratungs- und Unterstützungsprozesses nicht beim ersten ausführlichen Gespräch („Intake"), sondern schon vorher: Bei den Vorüberlegungen der Klienten, den ersten Kontakten und beim Schaffen der Voraussetzungen für ein erfolgreiches Erstgespräch.

5.1.1. Vorüberlegungen der Nachfrager

„Primärklient"

Zwei Gründe können maßgeblich sein, daß sich jemand die Kontaktaufnahme mit einem Sozialarbeiter (bzw. mit einer sozialen Einrichtung) überlegt: entweder eigene Probleme, mit denen man allein nicht so gut fertig zu werden glaubt, oder vermeintliche Probleme anderer, mit denen man zumindest als irritierter Zuseher konfrontiert ist.

Bekanntlich gibt es eine Vielzahl von Schwierigkeiten, bei denen Menschen nie auf die Idee kämen, Sozialarbeiter oder soziale Einrichtungen zu kontaktieren. Wer sich den Arm gebrochen hat, wird einen Arzt aufsuchen. Wer meint, Rechtsansprüche durchsetzen zu können, wird einen Rechtsanwalt kontaktieren. Wurde in die Wohnung eingebrochen, sind Polizei und in der Folge die Versicherungsgesellschaft die professionellen Problemlöser. Soziale Einrichtungen bzw. die Sozialarbeit kommen als Ansprechpartner dann ins Spiel, wenn das Problem als ein soziales identifiziert wird, bzw. wenn das vermutete Angebot der Sozialeinrichtung auf die eigene Bedürfnislage zu passen scheint. Dieses „Passen" zur Bedürfnislage der möglichen Nachfrager ist bereits das erste Qualitätsmerkmal, die erste Leistung einer Sozialeinrichtung und der in ihr arbeitenden Fachkräfte. Es ist eine Qualität, an der gearbeitet werden kann:

(a) Durch klare Darstellung des eigenen Angebots in der Öffentlichkeit, vor allem in der Teilöffentlichkeit der Zielgruppe;
(b) durch respektvollen Umgang mit den Klienten;
(c) durch Achtung vor den Rechten der Nutzer; durch passende Unterstützung;
(d) durch kooperatives Auftreten gegenüber anderen Institutionen im Gemeinwesen.

So etwas spricht sich herum, die Einrichtung wird weiterempfohlen, die Menschen haben klarere Vorstellungen, bei welchen Problemen sie hier Hilfe bekommen können, sie wenden sich von vornherein offener und früher an die Sozialarbeiter – was sparsame und dabei erfolgreichere Unterstützung ermöglicht und zudem die Arbeit auch für die Profis befriedigender macht.
Die Person, die mit der Institution zuerst den Kontakt aufnimmt, wird Primärklient genannt (Kähler 1991, 59; Kasakos 1980, 47). Sie repräsentiert vorerst den Fall, ohne daß dadurch bereits klar wäre, wer der Klient werden wird.

5.1.2. Anfrage durch die/den Hauptbetroffenen

Die Abbildung 11 zeigt den Weg von dem Zeitpunkt, an dem jemand seine Lebenssituation als problematisch definiert, bis zur Kontaktaufnahme mit der Sozialen Institution.

Hauptbetroffener

Mit der telefonischen oder persönlichen Anfrage versuchen die Hauptbetroffenen, die potentiellen Klienten, herauszufinden, ob der Soziale Dienst bzw. die SozialarbeiterInnen in der Lage und bereit sind, ihnen bei der Bewältigung ihrer Probleme zu helfen. Zwei Aspekte sind mit dieser Kontaktaufnahme zumeist verbunden: Zum einen geben die Nachfrager in der Regel bereits eine Problemdeutung aus ihrer Sicht, zum anderen fragen sie nach einer direkten, unmittelbaren Beratung oder nach einem Termin für eine weiterreichende Hilfestellung.
Je nach Lage der Dinge kann in bestimmten Fällen bereits im Rahmen dieses Kontakts eine Kurzberatung erfolgen (siehe die Ausführungen S. 134ff.) und die weitere Arbeit sich gegebenenfalls erübrigen. Besonders gilt das, wenn die Fragestellung klar ist und durch verhältnismäßig einfache Informationen beantwortet werden kann.

Abbildung 11: Direkter Auftrag

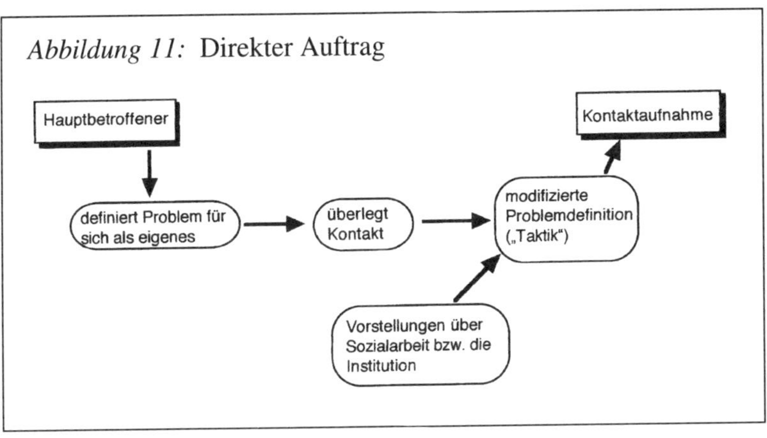

In der Regel klären die Gesprächspartner aber bei der ersten Kontaktaufnahme zunächst die Bereitschaft und die Möglichkeiten des Sozialen Dienstes bzw. der Sozialarbeiterinnen, sich mit der Problemstellung des Nachfragers auseinanderzusetzen. Zu diesem Zweck bespricht der Sozialarbeiter mit den Hauptbetroffenen die Lage so weit, daß er (und der potentielle Klient) einschätzen kann, ob die Angebote der Einrichtung zu den Problemen der Nachfrager „passen". Die Möglichkeiten der Institution sollten dabei verständlich und umfassend dargelegt werden, damit der Nutzer eine erste informierte Entscheidung (siehe dazu auch die Ausführungen S. 280 ff.) treffen kann. Im Falle, daß eine Weiterarbeit erfolgversprechend erscheint, wird mit dem Nachfrager eine Terminvereinbarung für die Erarbeitung des weiteren Arrangements getroffen. Kundennähe, Klientenorientierung oder Qualitätsmanagement legen nahe, das Erstgespräch sehr rasch anzubieten, um potentiellen Klienten nicht zusätzlich durch lange Wartezeiten auf die Abklärung Schwierigkeiten zu bereiten und um ihnen die Bereitschaft zu signalisieren, ihnen zu helfen. Ein Buch über Familienhilfe hat diese Haltung in seinem Titel zusammengefaßt: „Klar helfen wir Ihnen! Wann sollen wir kommen?" (Hargens 1997). Im Fall der Individualhilfe wird das zumeist heißen: „Klar werde ich versuchen, Ihnen zu helfen. Wann können Sie kommen?"

Ist beim Erstkontakt absehbar, daß die Nachfragerin bei einer falschen Einrichtung gelandet ist bzw. das Angebot der Organisation nicht zu ihren Bedürfnissen paßt, sollte die Sozialarbeiterin ihr zumindest eine Kurzberatung darüber anbieten, wo die Nachfragerin adäquate Informationen oder Unterstützung bekommen kann.

5.1.3. Anfrage bzw. Meldung durch mittelbar Betroffene

Mittelbar Betroffene

Die Anfrage nach Beratung oder Hilfe bzw. die Meldung eines „Problemfalls“ kann auch von Personen aus der lebensweltlichen Umgebung von Hauptbetroffenen, von „Meldern“ kommen (siehe Abbildung 12). In diesen Fällen wird das Vorgespräch wegen einiger zusätzlicher klärungsbedürftiger Gesichtspunkte vielfach ausführlicher sein müssen:

(a) Daß jemand ein Problem oder einen Problemfall meldet, kann darauf hindeuten, daß sein eigener Alltag durch die Probleme, die ein anderer hat oder macht, erheblich gestört ist. Der Melder selbst, obwohl er nicht unmittelbar bedroht ist, sucht und benötigt Unterstützung von außen. Man denke z. B. an Angehörige psychisch Kranker oder an Eltern von schwierigen Kindern. Die erste Problemdefinition, die die Anfragerin liefert, das präsentierte Problem, verweist auf einen Dritten. Wie auch sonst bei präsentierten Problemen (dazu weitere Ausführungen S. 130 ff.) empfiehlt es sich für die Beraterin, sich das einmal ruhig anzuhören. Im Anschluß daran sollte der Melder jedoch dazu ermutigt werden, seine Schwierigkeiten mit der vorgegebenen und von ihm geschilderten Situation zu formulieren (z. B. durch State-

Abbildung 12: Indirekter Auftrag

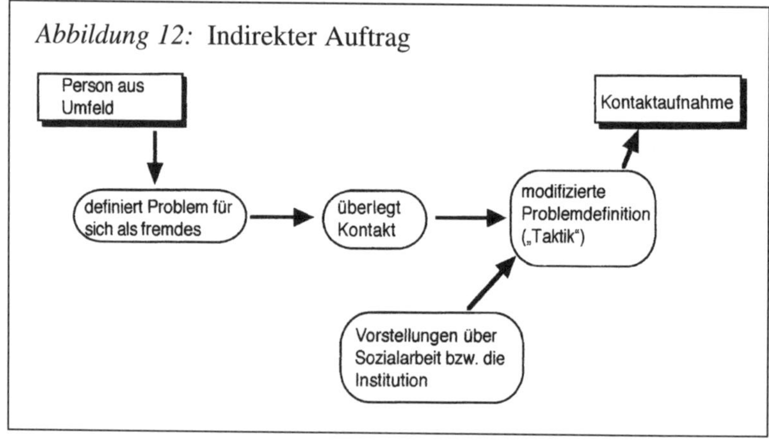

ments wie „das muß auch für Sie eine schwierige Situation sein"). Die Primärklientin wird wie eine Klientin ermutigt, ihre persönliche Stellung zur Situation zu beschreiben. Das so neuformulierte Problem (als Problem der Primärklientin) kann dann als Ausgangspunkt für die weitere Bearbeitung genommen werden. Ein Beispiel:

Eine Frau spricht bei einer Beratungsstelle vor und schildert die ihrer Meinung nach problematische Situation ihres (erwachsenen) Sohnes, der arbeitslos ist und seine Wohnung verloren habe. Der Sozialarbeiter beharrt auf der Frage, was ihr dabei Sorgen mache. Zuerst beruft sie sich ganz allgemein darauf, daß eine Mutter sich eben Sorgen um ihren Sohn mache. Man solle doch etwas mit dem Sohn tun und ihm helfen. Der Berater beharrt darauf, daß sie wohl selbst auch in einer schwierigen Lage sei, da sie sonst nicht gekommen wäre. Tatsächlich bekennt die Primärklientin nun, daß ihr Sohn nun bei ihr einziehen wolle, sie sich dadurch überfordert fühlt und ihre noch junge Beziehung zu ihrem neuen Lebensgefährten gefährdet sieht. So wurde klar, daß die vorsprechende Frau selbst Unterstützung benötigt. Sie wird zur Klientin, obwohl sie vorerst nur über einen Dritten berichtet hatte.

(b) Die Meldung eines Problems oder Problemfalls durch den Primärklienten kann auch in der Absicht erfolgen, eine Störung des eigenen Alltags zu beseitigen, „Ruhe haben zu wollen", und dafür den Sozialen Dienst oder die Sozialarbeiter als Verbündete zu gewinnen. Sie können sich auch mitmenschlich verantwortlich fühlen und für den Betroffenen Ressourcen aktivieren wollen. In solchen Fällen sind es nicht sie selbst, die direkte Unterstützung benötigen. Trotzdem empfiehlt es sich, sie und ihren Zugang zum von ihnen definierten Problem zuerst zu thematisieren. Als Faustregel: Ein Problem sollte vorerst dort bearbeitet werden, wo es formuliert wurde. Entsprechende methodische Hinweise finden sich reichlich in der Literatur (als Beispiel: Kähler 1991, 59 ff.). Der Versuch der Primärklienten, den Sozialarbeiter mit Hilfe für einen Dritten zu beauftragen, ist jedenfalls hochproblematisch. Selbst im Fall einer gemeldeten Krise ist es nur in Ausnahmefällen sinnvoll, aufgrund der Meldung eines Dritten Kontakt zum vermeintlichen Hauptbetroffenen aufzunehmen (Sonneck 1995, 37 f.). Sinnvoller ist es schon, den Melder selbst dabei zu beraten, wie er mit der von ihm beschriebenen Situation umgehen kann und welche Lösungsschritte er selbst setzen könnte. Ein wichtiger könnte sein, den Betroffenen dazu zu bewegen, selbst einen geeigneten Sozialen Dienst zu kontaktieren.
Harro Dietrich Kähler (1991, 61) verweist auch auf die Gefahr, sich in

der Erstgesprächsituation mit dem Melder zu verbünden, mit ihm über einen abwesenden Dritten zu sprechen, dessen Situation „sachlich" zu analysieren und weitere Schritte zu überlegen. Dafür fehlt allerdings jede Basis: Der Sozialarbeiter kennt die Situation nur vom Hörensagen, der Betroffene hat keine Möglichkeit, seine Sicht der Dinge einzubringen. Es sollte sich von selbst verstehen, daß ein Berater seriöserweise nicht einen abwesenden Dritten zum „Beratungsobjekt" machen dürfte, auch wenn der Primärklient sich genau das erwartet/erhofft hatte.

Hinter der bisweilen oberflächlich distanzierten Darstellung der Situation eines Betroffenen durch den Primärklienten/Melder steht nicht selten massive eigene Betroffenheit. Auch dann, wenn sie nicht auf den ersten Blick sichtbar ist, lohnt es sich, bei der Beratung immer wieder auf diese mögliche schwierige Situation des Primärklienten hinzuweisen, auf Äußerungen von Belastung zu hören und auf sie einzugehen.

In Übungen mit Sozialarbeitsstudenten fiel mir auf, daß viele dazu neigten, die eigene weitere Vorgehensweise danach zu wählen, ob ihnen die Motive des Primärklienten lauter oder unlauter erscheinen (ähnliche Beobachtungen dokumentiert bei Kähler 1991, 61 f.). Nach diesem Kriterium wurde dann auch die Qualität der erhaltenen Informationen beurteilt. Nun ist wohl nicht völlig zu vermeiden, daß solche Kriterien bei der Beurteilung der Glaubwürdigkeit mehr oder weniger bewußt immer eine Rolle spielen werden, nichtsdestotrotz sollte man sie als professioneller Berater zu kontrollieren versuchen. Auch unsympathische Menschen können Recht haben und in Schwierigkeiten sein; jemand, der moralisch vermeintlich minderwertige Motive hat (z. B. nur „seine Ruhe haben will" oder „dieses Gesindel nicht mag"), kann eine echte Kindesmißhandlung anzeigen.

Unter bestimmten Bedingungen und in manchen Einrichtungen können Sozialarbeiter allerdings verpflichtet sein, nach einer Meldung („Anzeige") die Betroffenen aufzusuchen, mit ihnen Kontakt aufzunehmen und die Situation vor Ort abzuklären und einzuschätzen (z. B. Anzeigen wegen Kindesmißhandlung).

Manche Melder drängen darauf, daß sie erfahren, was mit der von ihnen gelieferten Information weiter geschieht, und wollen auch die Ergebnisse von Erhebungen der Sozialarbeiter erfahren. Sozialarbeiterinnen können demgegenüber auf die Autonomie des Dienstes verweisen. Eine (spätere) Entscheidung über Aktivitäten der Institution

wird erst nach Auswertung der Information getroffen. Melderinnen selbst haben – sofern sie nicht unmittelbar davon tangiert sind – im übrigen keinen Anspruch, in die weitere Informationsbeschaffung und Entscheidung der Sozialarbeiterinnen einbezogen zu werden. Dem steht nämlich in der Regel das Recht der Klienten auf Schutz ihrer Privatsphäre gegenüber. Manchmal kann es jedoch sinnvoll sein, die Melder als auch für den Klienten wichtige lebensweltlich Andere zu betreuen und im Rahmen der Feldarbeit in die Fallbearbeitung einzubeziehen.
Bei der Problembeschreibung durch die Melder ist von Beraterseite zu bedenken, daß die Einschätzung der Lebenslagen anderer aus Mangel an Informationen, wegen der Dominanz eigener Interessen, aufgrund von Vorurteilen oder aus anderen Gründen falsch oder einseitig sein kann. Die Erzählungen der Melder sind also zweifelsohne interessant, ihr Blick auf die Situation auch wichtig für die Betroffenen (potentiellen Klienten). Der Sozialarbeiter erfährt durch den Melder, wie der Hauptbetroffene auf den Melder (als Teil seiner Umwelt) wirkt. Nichtsdestotrotz bleibt eine gewisse Vorsicht gegenüber der präsentierten Geschichte, die erst nach einer Überprüfung, der Ergänzung durch eigene Wahrnehmung und die Sichtweise des Betroffenen selbst eine hinreichende Datenbasis für sozialarbeiterisches Vorgehen sein kann. Mit ihrer Erzählung offenbaren die Melder vor allem ihre eigene Situation.
Scheint die Störung des Melders im Vordergrund zu stehen, empfiehlt es sich, ihm in Form der Kurzberatung Informationen und Hilfen zu geben, die ihn beruhigen und die von ihm beobachteten Ereignisse besser einschätzen lassen. Auch hier wird je nach Sachlage zu entscheiden sein, ob der Hauptbetroffene Unterstützung benötigt und wenn es so scheint, wie am besten mit ihm Kontakt aufgenommen werden kann: Mit Vermittlung des Melders oder direkt.

(c) Wenn Melderinnen nicht nur ein Problem oder einen Problemfall beschreiben, sondern zugleich als natürliche Helferinnen in Frage kommen, also als wichtige Personen („important others") im Lebensfeld der Klienten, die zwar vielleicht zur Problemkonstitution beigetragen haben, aber auch aktiv an der Lösung des Problems mitwirken könnten, kann man bei der ersten Kontaktaufnahme bereits erste Schritte zu ihrer Einbindung in die Problemlösung setzen. Eine solche Mitwirkung oder Übernahme von Verantwortung durch den Melder kann beispielsweise darin bestehen, den Hauptbetroffenen dazu zu bewegen, selbst einen sozialen Dienst oder eine Sozialarbeiterin aufzusuchen, was in der Regel bessere Voraussetzungen für die Weiterarbeit bringt. Übernehmen Melderinnen in diesem Sinne ein Stück Verantwortung, so kann man sie als temporäre ehrenamtliche Mitarbeiterinnen ansehen und behandeln: Das bedeutet eine Absprache über die Vorgangsweise, unterstützende Beratung, und ein Recht der Melder auf zumindest soviel Information, daß sie einschätzen können, ob ihre Bemühungen sinnvoll waren und ob sich an ihrer eigenen Situation etwas ändern wird.

5.2. Intake und Kurzberatung

Das Intake ist die erste systematische Beratung und Bestandsaufnahme der Problemsituation. Unter Umständen erfolgt das bereits bei der ersten Kontaktaufnahme, es kann dafür aber auch ein separater Termin vereinbart werden. Das Intake dient

Ziele (a) zur Gewinnung einer ersten Problemdefinition, auf deren Basis die weitere Arbeit arrangiert werden kann;
(b) zum Aufbau des Klient-Sozialarbeiter-Interaktionssystems;
(c) zur Definition der Beziehung zwischen Sozialarbeiter und Klient.

Gespräche zwischen Sozialarbeiter und Klient beginnen nicht voraussetzungslos. Sie haben einen Vorlauf und eine Vorgeschichte – auf beiden Seiten:

(a) Auf seiten der Sozialarbeiterin zählt hierzu das Vorverständnis (dazu siehe die Ausführungen S. 144), ein Amalgam aus persönlichen und beruflichen Orientierungen, aus Fach- und Alltagswissen, aus Erfahrungen mit (vermeintlichen) „Fällen wie diesen", aus Erwartungshaltungen und Reflexen situativer Voraussetzungen (z. B. Zeitdruck).
(b) Die Vorgeschichte beim Klienten beinhaltet nicht nur die Problemgeschichte als solche, sondern auch die Geschichte der bisherigen Auseinandersetzungen mit ihr, der bisher unternommenen Lösungsversuche einschließlich der Überlegungen und schließlichen Entscheidung, Unterstützung von außen nachzufragen.

Die Klienten bereiten sich vor der Kontaktaufnahme in irgendeiner Form auf das Gespräch mit der Sozialarbeiterin vor, sei es, daß sie sich um Informationen über die Sozialarbeiterin und deren institutionellen Kontext bemühen, daß sie ihr (vermeintliches) Vorwissen aktivieren, oder sei es, daß sie sich eine Gesprächsstrategie zurechtlegen, von der sie meinen, daß sie ihr Anliegen besonders effektvoll zur Geltung bringen. Sie entscheiden sich beispielsweise dafür, mit Vorsicht oder Vorbehalt in ein noch relativ unverfängliches Thema einzusteigen. Die Frage oder das vorerst beschriebene Anliegen nennt man „präsentiertes Problem“ (presented problem). Daneben kann auch noch ein weiteres oder können mehrere weitere Probleme bestehen, die der Klient vorerst noch nicht thematisiert. Diese nennt man „verdeckte Probleme“ (covert problem).

Präsentierte/ Verdeckte Probleme

Ein so vorsichtiges Verhalten der Klienten sollte keineswegs als mangelnde Offenheit oder Unehrlichkeit verstanden werden, sondern als Ausdruck eines intakten Alltagsverstandes. Auch Klienten, die aufgrund ihrer Schwierigkeiten professionelle Hilfe in Anspruch nehmen müssen, haben das Recht, sich vorerst vorsichtig hinter einer Maske bedeckt und den Rückzug offen zu halten. Sie steigen schließlich in ein „Spiel“ ein, bei dem es für sie um sehr viel gehen kann, sie kennen den Sozialarbeiter noch nicht und wissen noch nicht, ob sie ihm trauen sollen. Folgende Gründe können KlientInnen bewegen, das Problem, das sie am meisten bewegt, vorerst nicht anzusprechen:

(a) Die Klientinnen vermögen erst nach einer gewissen Zeit, wenn in ihrer Beziehung zu den Sozialarbeiterinnen eine gewisse Vertrautheit und Sicherheit geschaffen ist, heiklere Probleme anzusprechen, ihre Deckung zu verlassen und sich „verletzbar zu machen“ (Taktik). Beispiel: Eine Frau wendet sich wegen ihrer hohen Schulden an die Beratungsstelle, verschweigt allerdings zunächst ihre Eheprobleme. Sie hofft vorerst, über die Besserung ihrer finanziellen Situation und die Linderung des Drucks der Gläubiger auch eine Entlastung ihrer Partnerbeziehung zu erreichen. Gelingt dies nicht, kann sie ja immer noch auch ihre Eheprobleme thematisieren.

(b) Die Klienten sehen oder finden im Gespräch in ihren Augen keine günstige Gelegenheit, ein anderes Problem so anzusprechen, daß ihnen ein Verstehen und eine adäquate Behandlung durch die Sozialarbeiterin gesichert erscheint (fehlende Gelegenheit). Beispiel: Ein Klient präsentiert seine (nach dem Konkurs der Firma, bei der er beschäftigt war) derzeit mißliche finanzielle Lage als Problem, auf das der Sozialarbeiter auch engagiert einsteigt, indem er Unterstützungen

zu organisieren versucht. Der Klient bleibt aber seltsam zurückhaltend, denn ihn bedrückt noch etwas anderes: die bevorstehendeTrennung von seiner Frau, die ihn sehr belastet und an seinem Selbstwertgefühl zehrt. Er findet bei den auf die materiellen Umstände konzentrierten Fragen des Sozialarbeiters allerdings keinen Einstieg, um das Thema einzufädeln.
(c) Es fehlt dem Klienten an „passenden" Vokabeln für eine Thematisierung des Problems (Sprachlosigkeit). Beispiel: Eine Frau wird von diffusen Zukunftsängsten geplagt, da sie sich in den letzten Jahrzehnten voll auf ihre nun erwachsen werdenden Kinder konzentriert hatte. Nun, wo diese erwachsen werden, fühlt sie sich bedroht, weil sie von ihren Kindern „verlassen" wird. Sie findet für diese Angst keine Sprache. In der Beratungssituation präsentiert sie vermeintliche Erziehungsschwierigkeiten als Thema.
(d) Der problematische Sachverhalt ist gesellschaftlich mit Sanktionen belegt (Tabu, Abweichung/Abnormität) oder wird vom Klienten persönlich als abweichend angesehen (Scham). Wie soll zum Beispiel ein Mann, der seine Tochter sexuell mißbraucht hat, dies einem Sozialarbeiter sagen und erklären?
(e) Das Problem ist dem Klienten selbst (noch) nicht bewußt. Beispiel: Ein Mann will/kann nicht zur Kenntnis nehmen, daß seine Ehe endgültig zerbrochen ist, sondern meint, daß seine Frau von anderen gezwungen werde, ihm fern zu bleiben.

Es kann in bestimmten Fällen durchaus legitim sein, im Zuge der Beratung solche verdeckten Probleme nicht offenzulegen, sondern sie verdeckt zu lassen, obwohl der Sozialarbeiter eine Ahnung hat, daß es neben den besprochenen Schwierigkeiten noch weitere Probleme geben müsse. Bemühungen von Sozialarbeitern, die Klienten und alle ihre Probleme völlig erfassen zu wollen, sind nicht angebracht und können von Klienten als entwürdigend empfunden werden. Sucht der Berater durch inquisitorisches „Nachbohren" Klienten zu Geständnissen zu zwingen, „da gebe es noch etwas", begibt er sich in die Gefahr, den Kontakt zum Klienten zu verlieren und nicht einmal die bereits auf dem Tisch liegenden Aufgaben bearbeiten zu können. Sozialarbeiterische Gesprächsführung sollte nicht Geständnisse erzwingen. Sie ist kein Verhör.
Besonders problematisch wird es dort, wo sich ein solches „Nachbohren" mit einem Erklären-Wollen von (vermeintlichen) Symptomen auf

der Grundlage vereinfachter/vereinfachender oder fragmentarischer (meist psychologischer) Theoriestücke verbindet; etwa wenn ein Kind einnäßt und der Sozialarbeiter aus diesem Sachverhalt den Rückschluß zieht, daß das Kind kein Wunschkind gewesen sein könne und jetzt zuwenig Liebe und Zuwendung erfahre. So vorgehende Sozialarbeiter konstruieren ein Symptom und holen aus ihrem Theoriefundus eine dazu passende Diagnose oder Interpretation mit entsprechenden Konsequenzen; dabei ignorieren sie jedoch, daß Symptome für Klienten durchaus sinnvolle Verhaltensweisen sein können. Symptome sind auch stets vieldeutig, ihr spezifischer Sinn erschließt sich erst aus der genauen Kenntnis der Bedingungen, unter denen sie aufgebaut werden.

Tun Sozialarbeiterinnen so, als wüßten sie (immer schon) genau, welches die „eigentlichen" Probleme der Klientinnen sind, und legen sie den Klientinnen nahe, sie müßten zur Lösung diese Deutung nur noch übernehmen, dann wird einem vertrauensvollen Gesprächs- und Kooperationsklima die Grundlage entzogen, und Klientinnen fühlen sich zurecht nicht mehr ernstgenommen.

Beim Aufbau des Klient-Sozialarbeiter-Interaktionssystems (Intake) ist es daher sinnvoll, daß der Sozialarbeiter das präsentierte Problem zunächst einmal ernstnimmt und als Ausgangspunkt seiner Beratung akzeptiert. Beim Ergründen der Rahmenbedingungen und Umstände (Kontext) des präsentierten Problems lassen sich möglicherweise Zusammenhänge zu anderen, eventuell verdeckten, Problemen auffinden und herstellen. Deren Bearbeitung bedarf aber wiederum – wie beim präsentierten Problem – der Bereitschaft der Klientinnen und kann/sollte deshalb auch erst nach und nach erfolgen.

Die Sozialarbeiterin kann allerdings in Erwägung ziehen, der Bereitschaft der Klientin etwas nachzuhelfen, wenn ohne die Bearbeitung eines bisher unangesprochenen Problems keine weitere Zusammenarbeit oder Entwicklung mehr möglich ist. Die sinnvolle Bearbeitung des präsentierten Problems könnte in manchen Fällen gefährdet sein, wenn keine breitere Thematisierung gelingt; ein Beispiel:

Frau K. sucht bei einem Sozialarbeiter um Unterstützung für einen Sozialhilfeantrag nach. Ihr Mann verfügt zwar über ein Einkommen, von dem sie aber „nichts sieht". Einen Unterhaltsantrag zu stellen traut sie sich nicht, da dies zu Auseinandersetzungen mit ihrem Mann führen würde. Offensichtlich will sie eine – allerdings nur kurzzeitig mögliche – Unterstützung, um an ihrer Lebenssituation nichts grundsätzlich ändern zu müssen. Diese ihre Strategie

wird sie – so ist bereits beim Intake erkennbar – in noch größere Schwierigkeiten führen, da sie spätestens nach einem Monat vom Sozialamt ohne Unterhaltsantrag kein Geld mehr bekommt, wenn sie keine Unterhaltsklage gegen ihren Ehemann eingebracht hat. Wenn sie versuchen sollte, ihre Konfliktvermeidungsstrategie danach noch eine Zeit lang fortzusetzen, indem sie karitative Organisationen und Verwandte oder Bekannte „anzapft", wird diese Strategie auch nicht lange tragfähig sein und danach blieben ihr zur Beschaffung ihres Lebensunterhalts nur mehr illegale Wege übrig. Es ist sogar davon auszugehen, daß sich ihre momentane Situation dann durch Schulden sogar noch verschlechtert haben wird.
Im Interesse der Klientin läßt der Sozialarbeiter die Zukunftfragen nicht unbehandelt. Er weist in einer späteren Phase des Erstgesprächs darauf hin, daß eine kurzfristige Hilfeleistung nur dann Sinn ergibt, wenn sie in der weiteren Entwicklung mit der Bearbeitung des Beziehungskonflikts mit ihrem Ehemann verknüpft werden kann.

Dieses Beispiel zeigt, daß bei näherer Betrachtung bereits die Problembeschreibung der Ausgangssituation den Anschluß an weitere Dimensionen und Zusammenhänge öffnet und zudem Perspektiven für Lösungen nahelegt. Sowohl der Klient als auch der Sozialarbeiter kann solche Neuthematisierungen bzw. erweiterte Thematisierungen einführen. Die Erweiterung der Problemdefinition durch die professionellen Helfer hat aber nur dann eine Chance auf ernsthafte Bearbeitung, wenn sie „anschlußfähig" ist, also von den Klienten zumindest akzeptiert werden kann. Es kommt auf das richtige Maß von Konfrontation und Anschlußfähigkeit bzw. Paßgenauigkeit an (siehe dazu auch die Ausführungen S. 137f.).

Vorläufige Problemdefinition

Im Intake wird mit den Klienten eine vorläufige gemeinsame Problemdefinition erarbeitet, die selbst bereits Teil der Problembearbeitung ist und die Grundlage bzw. den Ausgangspunkt für den weiteren Prozeß bildet. Oft ist am Beginn des Erstgesprächs keineswegs klar, ob es als Intake nur der Beginn eines Individualhilfeprozesses oder aber Anfang und Ende dieses Prozesses in einem, also eine Kurzberatung ist. Diese Unterscheidung kann dann immer erst retrospektiv erfolgen. Von der Grundstruktur sind daher das Intake und die Kurzberatung identisch (siehe dazu die Abbildung 13; ähnliche Ablaufschemata finden sich z. B. bei Dewe u. a. 1993, 110; eine sehr praxisnahe „Checkliste" bei Simmen 1990, 23).
Dieses einfache Grundmuster zeigt, daß sich ausgehend von einer geduldigen Bearbeitung der Ausgangsfrage der Klienten ein Beratungsprozeß entwickeln kann, der weitere Themen umfaßt. Damit das

Abbildung 13: Ablaufschema einer Kurzberatung

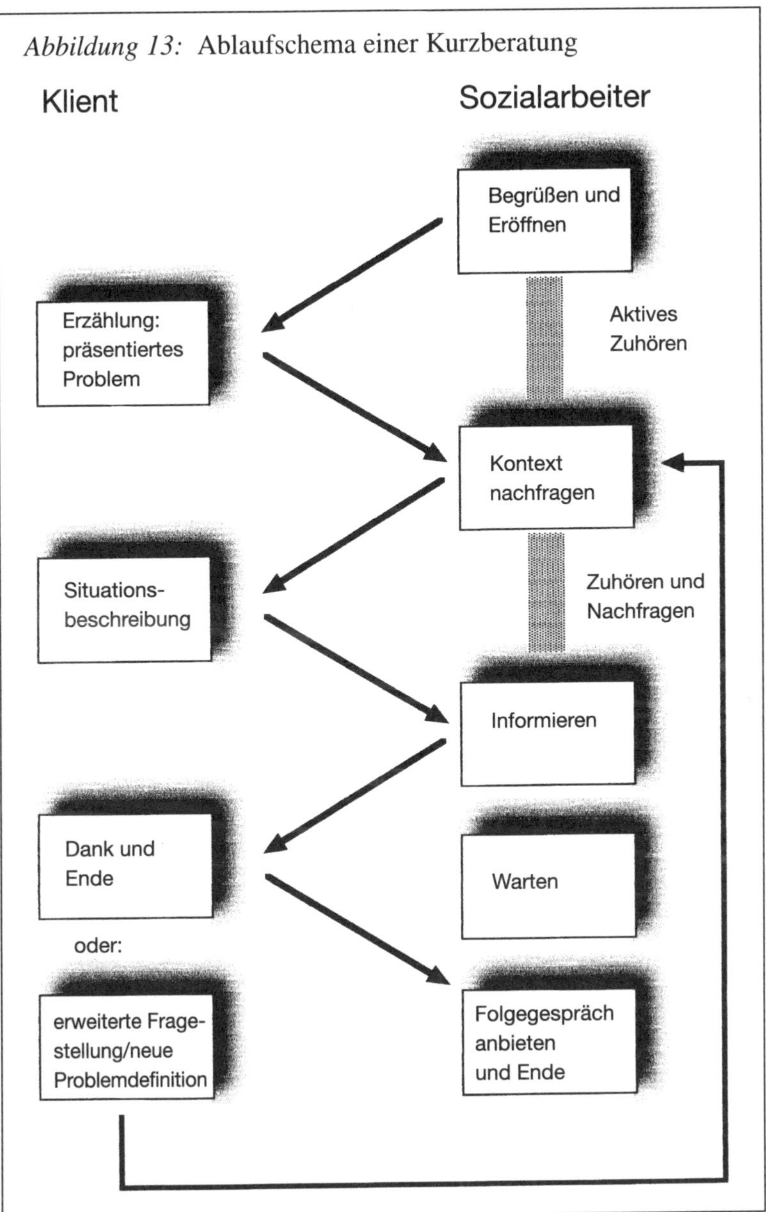

möglich werden kann, ist die Geduld, das Wartenkönnen des Beraters mehr gefragt, als seine detektivischen oder interpretatorischen Fähigkeiten. Auch bei Kurzberatungen können zum Abschluß Folgeberatungen angeboten werden: sofort anschließend, an einem neuen Termin oder zu einem unbestimmten Zeitpunkt ohne Terminvereinbarung.
Viele Berufsanfängerinnen fühlen sich im Gespräch unter Druck, weil sie allzufrüh bereits eine „Diagnose" erstellen wollen bzw. sich gezwungen sehen, eine „Lösung" anzubieten. Ich halte es daher für wichtig, zu betonen, daß es darum vorerst nicht geht. Im Gegenteil: Es ist höchst unwahrscheinlich, daß der Sozialarbeiter die Lebensprobleme des Klienten lösen kann. Es ist auch unwahrscheinlich, daß er sie richtig diagnostiziert, vor allem in einem Erstgespräch. Wenn jemand die Probleme des Klienten löst, so ist der Klient das selbst, mit seinen eigenen Mitteln. Ein gutes Erstgespräch bietet also einen Einstieg in das Reden über problematischen Alltag, vielleicht auch die eine oder andere bedeutsame Information über rechtliche und soziale Rahmenbedingungen. Das Erstgespräch ist eine erste vorsichtige Annäherung an die Situation des Klienten – nicht mehr, aber auch nicht weniger.

5.3. Dialogische Situationsdiagnostik

Für einen Klienten ist der Verlust der Bewältigbarkeit seines Alltags der Anlaß für die Intervention der Individualhilfe. Daraus ergibt sich für die Diagnose, daß ihr Gegenstand die Lebenssituation des Klienten sein wird. Diese setzt sich aus dem lebensweltlichen Umfeld (Personen, Rahmenbedingungen usw.) und den intrapersönlichen Bedingungen zusammen („geronnene" Biografie, Wahrnehmungsstrukturen, Fähigkeiten, Handicaps usw.). Wie oben bereits dargestellt (siehe die Ausführungen S. 67 ff.), handelt es sich bei der Lebenswelt und bei der (Nicht-)Bewältigung des Alltags um einen höchst komplexen Gegenstand und i. d. R. um sogenannte schlecht strukturierte Probleme.
Einige Autoren weisen auf die hochkomplexe Struktur der Handlungssituationen hin, mit denen Sozialarbeiter (und wohl auch Klienten) konfrontiert sind (Kähler 1991, 167 f.; Lüssi 1992, 135 ff.; siehe dazu auch die Ausführungen S. 170 ff.). Diese Handlungssituationen sind

(a) komplex: viele wichtige Faktoren sind beteiligt und beeinflussen sich gegenseitig;
(b) dynamisch: die Situation verändert und entwickelt sich ständig auch ohne Zutun des Klienten bzw. des Sozialarbeiters;
(c) intransparent: nicht alle Einflußgrößen sind bekannt, nicht alle Zusammenhänge und Wechselwirkungen können bekannt sein.

Komplexe Handlungssituationen

Handlungssituationen eines solchen Typus sind von Dietrich Dörner (1992) untersucht worden. Er fand typische Fehler, die Menschen machen, wenn sie mit komplexen Handlungssituationen konfrontiert sind: Sie flüchten in Nebensächlichkeiten; befassen sich mit den Themen, mit denen sie sich auskennen, anstatt mit denen, die für die Betroffenen wichtig sind; handeln zu früh; überprüfen einmal angenommene Hypothesen nicht mehr …
Der Gegenstand der Fallarbeit scheint auch durch noch so professionelle Recherchen nicht vollständig erfaßbar, weder kurz- noch langfristig. Die Illusion, einmal alle nötigen Informationen über einen Fall haben zu können und dann als Experte zu wissen, was „wirklich" das Problem/die Lösung ist, kann man also getrost zu Grabe tragen.
Wichtigster Bestandteil in den professionellen Deutungs- und Verstehensbemühungen sind die Sichtweisen und Vorstellungen des Klienten selbst, die Antwort auf die Frage, wie er selbst seine Lebenswelt und seine Strategien der Lebensbewältigung sieht. Die Diagnose in der Sozialarbeit verlangt deshalb eine dialogische und pragmatische Vorgehensweise. Sie geht von der vorläufigen Problemdefinition der KlientInnen aus und arbeitet sich je nach Problemkonstellation und Auftrag „nach vorne". Diagnosen sollten stets als vorläufige aufgefaßt werden und keine Persönlichkeitsdiagnosen sein, also nicht aus Zuschreibungen von „Eigenschaften" bestehen. Sie sollen den Blick auf die Stellung der Person in der Situation richten.

Pragmatisches Vorgehen

Die Dialogorientierung der Individualhilfe bedeutet eine Abkehr von der dem medizinischen Paradigma verhafteten methodischen Vorgehensweise (siehe die Ausführungen S. 50 ff.). Die Überwindung des medizinischen Paradigmas bzw. der Defizitorientierung, die tendenziell eine Degradierung der KlientInnen zu Objekten sozialarbeiterischer Intervention zur Folge hatten, impliziert, daß die Erhebung von Daten und von Interpretation als prinzipiell unabgeschlossener diskursiver Prozeß und kooperative Leistung von Sozialarbeiterin und Klientin anzusehen ist. Dieser gemeinsame Diagnoseprozeß kann durchaus

auch konfliktreich verlaufen, weshalb die Aufrechterhaltung des Aushandlungsprozesses als Grundlage der Beratungsbeziehung einige Mühe kosten kann.
Diagnosen sind in der Individualhilfe also stets vorläufig und unvollständig und müssen sich der Kritik durch die Klienten aussetzen. Sie sind nur in dem Maß wirklich weiterführend, wie die Klienten mit ihrer Hilfe ihre Welt „in den Griff bekommen", denn ihre eigenen Sichtweisen sind als wesentlicher Bestandteil ihrer (als schwierig empfundenen) Lebenssituation und (Nicht-)Bewältigung notwendiger Ausgangspunkt ihrer Problemlösungsaktivitäten. Nur der gemeinsam mit den Klienten vorgenommene Deutungsprozeß ermöglicht es den Sozialarbeitern, Arbeitshypothesen zu gewinnen, auf deren Grundlage sie eine Verbesserung der Lebenssituation versuchen können.

Diagnose, Anamnese

Auf eine ausführliche Anamnese und eine darauf fußende Diagnose zu Beginn einer Betreuung, wie sie für das klassische Casework charakteristisch war, wird heute in der Regel verzichtet. Anamnese-Daten werden nur erhoben, soweit sie für die gegebene Problemstellung bzw. die nächste Unterstützung relevant scheinen. Die Individualhilfe verlangt keine umfassende Erhebung von Daten als „Vorlauf" der Beratung. Die Datensammlung ergibt sich gewissermaßen erst im Laufe der (und im Falle einer) längeren Betreuung als Ergebnis der (Zusammen-) Arbeit mit den KlientInnen. Die einzelnen Anamneseschritte (vorläufige Problemdefinitionen) gehen damit mit den Datenerhebungen Hand in Hand. Ihre Reichweite hängt vom zu behandelnden Problem und von der Bereitschaft der KlientInnen ab, sich darauf einzulassen. Durch das Konstrukt der gesammelten Daten hindurch muß der Blick immer auf die konkrete Lebenswelt der Klienten gerichtet sein.
Mindestens ebenso bedeutsam wie die vermeintlich „großen" Befunde über frühkindliche Erlebnisse und biographische Erfahrungen sind jene auf den ersten Blick unwichtig scheinenden Begebenheiten, etwa wie ein kürzlich von seiner Frau verlassener Mann, der bisher nie für sich selbst sorgen mußte, sein Essen zubereitet oder ob (und wie) ein Jugendlicher morgens von alleine aufsteht.
Geht ein Sozialarbeiter bei der Datenerhebung von der präsentierten Problemstellung aus und nimmt die Deutungen gemeinsam mit dem Klienten vor, bleiben die Kommunikation und deren Ablauflogik für den Betroffenen durchschaubar. Die Klienten können so die Deutungen der Sozialarbeiter ihrer je eigenen Deutung gegenüberstellen und darüber in einen Dialog eintreten. Es ist gar nicht unbedingt wün-

schenswert, daß die Klienten die Deutungsvorschläge der Sozialarbeiter übernehmen. Im Gegenteil: Hilfreich für die weitere Arbeit ist vielmehr, wenn Sozialarbeiter und Klienten über die vorläufige Deutung in einen Prozeß des Ver- und Aushandelns eintreten, an dessen Ende als Ergebnis eine vorläufige Arbeitshypothese steht oder stehen kann, die wiederum die Basis für die Entwicklung von Handlungsstrategien bildet (Dewe u. a. 1993, 18 f.: „Professionalität als dialogische Praxis").

Arbeitshypothese

Die Erarbeitung einer gemeinsamen (kompromißfähigen) Arbeitshypothese ist erforderlich, weil ohne sie eine weitere Zusammenarbeit schwierig sein wird. „Gemeinsam" ist die Problemdefinition (Arbeitshypothese, Deutung) dann, wenn sie innerhalb des Klient-Sozialarbeiter-Interaktionssystems so ausgehandelt wurde, das heißt, beide Seiten können darüber hinaus ihre eigenen Deutungen durchaus beibehalten (siehe Abbildung 14, S. 140).

Neben der gegenwarts- und alltagsbezogenen Dimension der kooperativen Diagnose muß auch die historisch-persönliche, die biografische Dimension erwähnt werden. Menschen sind schließlich geschichtliche Wesen, sowohl Schöpfer als auch Produkte ihrer Biografie. Die Klienten selbst bringen in die Klient-Sozialarbeiter-Interaktion Geschichten ein, Erzählungen über (Teilaspekte) ihre(r) Biografie. Es kann – vor allem bei Individualhilfeprozessen, die sich zu einer intensiveren mittelfristigen Zusammenarbeit entwickeln – sinnvoll sein, die Rekonstruktion der Biografie als gemeinsame Arbeit von Klient und Sozialarbeiter einzuplanen. Die Wiedererzählung von Vergangenem hat dabei gar nicht den Zweck, die vermeintlichen Ursachen für die aktuellen Probleme aufzuspüren. Die erzählende Rekonstruktion ist vielmehr eine aktive Leistung des Klienten, die ihm hilft, sich als Person verständlich zu machen:

> „Eines ist die Wahrheit, ein anderes, wie sich mit der Wahrheit leben läßt: für jene ist – kognitiv – das Wissen, für dieses sind – vital – die Geschichten da. Denn das Wissen hat es mit Wahrheit und Irrtum zu tun, die Geschichten mit Glück und Unglück: Ihr Pensum ist nicht die Wahrheit, sondern der modus vivendi mit der Wahrheit." (Marquard, zit. nach Böhme 1992, 426)

So gesehen steht die Arbeit mit biografischen Daten (und Geschichten) jeweils zwischen der Rekonstruktion der „Wahrheit" und der Hilfe zur subjektiven Verarbeitung des Vergangenen, zwischen der „objektiven" Biografie (der Wirkungsgeschichte und dem rekonstruierbar

Abbildung 14: Entwicklung von Arbeitshypothesen

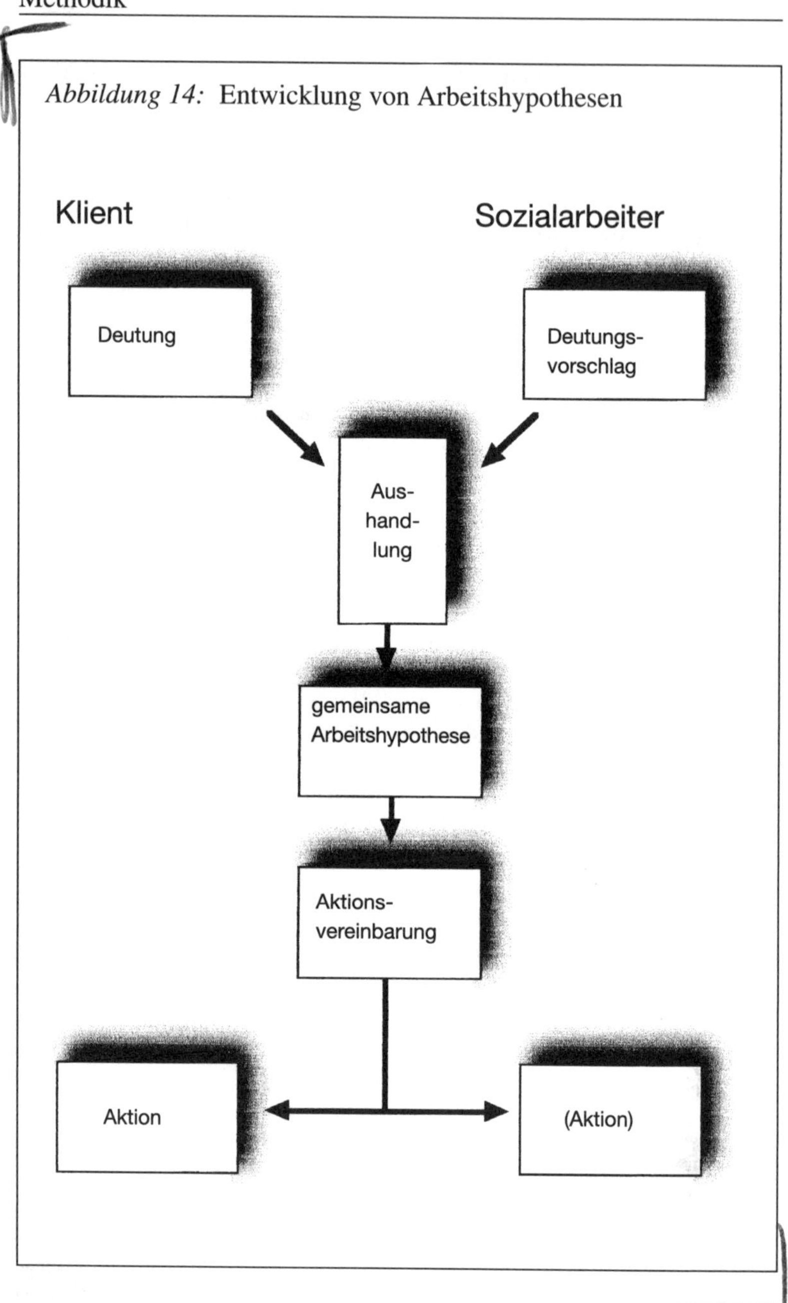

tatsächlich Vorgefallenen) einerseits und der subjektiven Biografie (den Sedimenten in der Person, den Bedeutungen, den Geschichten) andererseits. Die Dekonstruktion von Erzählungen der Klientinnen, die Umdeutung – das „Reframing"– kann ein Mittel sein, um neue Denk- und Handlungsmöglichkeiten zu erschließen. Aber auch das Verorten von Geschichten in der Geschichte, das gemeinsame Herstellen von Ordnung im Rückblick auf die Biografie kann nützlich sein. Der biografische Zeitbalken (siehe Abbildung 17, S. 157) stellt ein Hilfsmittel für dieses Ordnen und Verstehen biografischer Zusammenhänge und Gleichzeitigkeiten dar. Die Ordnungsleistung ist unverzichtbar, weil die Geschichten im Gedächtnis der Klienten „nebeneinanderliegen", assoziativ abgerufen werden, und der zeitliche Zusammenhang erst wieder rekonstruiert werden muß.

Reframing

5.3.1. Grundlagen des Verstehens

Beschäftigen sich Sozialarbeiterinnen mit Personen (Klienten) und den Situationen, in denen sie sich befinden, so sollte sie nicht nur die oberflächliche Anordnung der Fakten, der Personen und ihrer Umgebung interessieren. Psychische Systeme und soziale Systeme arbeiten mit „Sinn", mit Bedeutungen (Luhmann 1984). Um beobachtete Handlungen einschätzen und „sinnvoll" auf sie reagieren zu können, ist es nötig zu erschließen, in welchem Bedeutungskontext sie erfolgen. Dieses Verstehen, genauer: Fremdverstehen, ermöglicht zu erkennen, welchen Sinn ein alter Ego einem Faktum, einer Situation usw. verleiht (zum Thema „Verstehen und Wissen im Alltag" siehe Hitzler 1993; ein Auszug aus diesem Text findet sich in der Dokumentation). Als „Interpretation" bezeichne ich den Versuch, den Sinn, den ein Faktum oder eine Situation in einem Bezugssystem für eine Person (Klient) machen könnte, zu deuten. Ich werde zuerst auf die Hermeneutik als Verstehenslehre eingehen, um anschließend den Konstruktivismus als Bestandteil der Systemtheorie auf seine Nützlichkeit für Verstehen im Kontext der Individualhilfe zu untersuchen.

Interpretation

Die Diagnostik in der Sozialen Arbeit kommt ohne Interpretation und Verstehen, also ohne Sinnrekonstruktion, nicht aus. Beides sind elementare alltägliche Operationen. „Der Mensch ist im Alltag so intensiv damit beschäftigt, unentwegt zu verstehen, daß er sich mit dem Verstehen selber nicht beschäftigen kann." (Hitzler 1993, 224). Für die Diagnostik in der Fallarbeit sollte man sich aber die Beschäftigung mit dem Verstehen nicht ersparen. Schließlich stellt es eine zentrale Operation in der Individualhilfe dar, die es mit Personen und Situationen zu tun hat, bei denen das Verstehen eben nicht problemlos und umstandslos funktioniert. Das Brüchigwerden des Alltags äußert sich für die Klienten unter anderem im Zusammenbruch des selbstverständlichen Verstehens des Alltags. Das Klientel ist dem Sozialarbeiter fremd, weil es aus einer anderen Tradition, einem anderen sozialen Umfeld als der Sozialarbeiter kommt und daher andere Formen der Beschreibung verwendet. Insofern benötigt die Individualhilfe ein differenziertes „Verständnis des Verstehens". Die damit zusammenhängenden Grundfragen und -probleme zu erforschen, ist Aufgabe und Anliegen der Hermeneutik, einer Teildisziplin der Philosophie und der Sprachwissenschaft. Deshalb greife ich im folgenden auf einschlägige Befunde und Ansätze der Hermeneutik zurück (weiterführende Informationen zur Hermeneutik als sozialwissenschaftlicher Herangehensweise siehe z. B. Soeffner 1989; zur Therapie als „Ort" der Hermeneutik siehe Petzold 1992; der Klassiker einer dialogisch orientierten Hermeneutik ist Gadamer 1975).

Hermeneutik

Die dialogische Hermeneutik begreift den Verstehensprozeß als einen der Übersetzung. Menschen sprechen verschieden aufgrund ihrer unterschiedlichen Geschichte, Erfahrungen, des differierenden sozialen Umfelds, unterschiedlicher Blickpunkte auf die Situation, den Gegenstand. Der Verstehensprozeß ist dann ein Lesen des Textes (sowohl „Lesen" als auch „Text" hier in einem sehr weiten Sinne verstanden), den ein anderer produziert, und ein Übersetzen in meine Sprache. Das Verstehen als dialogischer Prozeß ermöglicht das Nachfragen, die Verständigung mit dem anderen über eine Sache. Das Ergebnis einer solchen Konversation wäre eine neue, dritte, Position, die sich vom Vorverständnis beider Gesprächspartner unterscheidet. Die Übereinkunft über ein gemeinsames Verständnis der Sache (Situation) ist nicht notwendigerweise „besser" als die individuellen Sichtweisen in dem Sinne, daß sie näher einer wie auch immer verstandenen „Wahrheit" wäre. Sie ermöglicht allerdings Verständigung und kooperatives Handeln. Die Übereinkunft als Ergebnis des dialogischen Verstehensprozesses kann auch die Feststellung des Dissenses enthalten (we agree to disagree), eine nicht so seltene Form, die trotzdem den Horizont der Kooperation eröffnet (Turney 1997, 118).

Um Klienten bei einer erfolgreicheren Bewältigung ihres Alltags durch Individualhilfe zu unterstützen, ist für die Sozialarbeiterin

zunächst wichtig, einen Zugang zur Beschreibung zu bekommen, zu den „Ursachenkarten“ (Weick 1995), die der Klient für seine Orientierung heranzieht. Es ist ein Versuch, nachzuvollziehen, wie Klienten ihre Wirklichkeit, ihre Bedingungen und Handlungsweisen sehen und deuten (Klienten als Autoren). Diesen Verstehensprozeß professionell zu gestalten heißt, (a) die Äußerungen der Klienten in ihrem Kontext und Sinn zu ergründen (SozialarbeiterInnen als InterpretInnen); (b) die eigenen Verstehensvoraussetzungen zu reflektieren (und gegebenenfalls zu relativieren).
Versteht man die Selbstdarstellung von Klientinnen als Texte in dem eben dargestellten Sinne, dann stellt sich die Frage nach dem Verhältnis von Texten und „Wirklichkeit“:

Text und „Wirklichkeit“

(a) Jeder Text stellt eine von einer Person abgegebene Interpretation (Deutung) der „Wirklichkeit“ dar, die sie von ihrem Standpunkt aus und zu einem bestimmten Zweck vornimmt. Ein Text ist nie die „Wirklichkeit“ selbst und auch nie mit ihr deckungsgleich, sondern immer schon eine vermittelte Wirklichkeit, eine Reaktion darauf.
(b) Ein Text ist nicht die Interpretation einer beliebigen, sondern jener Wirklichkeit, die sich dem Autor des Textes darstellt. Ein solcher Text ist dabei gleichzeitig Teil der Lebenswelt des Autors; man kann vom Verstehenshorizont des Autors sprechen.

Verstehens-horizont

Der Verstehenshorizont einer Person (eines Klienten) wird bestimmt durch

(a) den sozialen Ort des Autors, also durch seine Herkunft, die bedeutenden Personen seiner Umgebung, die Art und Weise, in der er sein Leben organisiert und seinen Lebensunterhalt verdient usw.;
(b) die in der individuellen Biografie (Sozialisation) des Autors angeeigneten Erfahrungen, Interpretationsmuster und Alltagstheorien, also durch die Vorstellungen darüber, was sozial „erwünscht“ ist, was die für ihn relevanten Menschen, Organisationen/Institutionen und Verhältnisse erwarten oder einfordern.

Der Verstehenshorizont von Klienten resultiert also nicht nur aus ihrer eigenen vergangenen und aktuellen Lebenswelt, sondern generiert sich auch aus dem gesamten Inventar von Deutungsmustern, die gesellschaftlich oder in den für die Person relevanten sozialen Gruppen vorherrschen.
Sowohl bei den Erstkontakten wie auch bei der anschließenden

Zusammenarbeit werden die Sozialarbeiter mit in solchen Verstehenshorizonten entstandenen Texten von Klienten konfrontiert. Dabei erfolgt das Verstehen dieser Texte durch den Sozialarbeiter in einer ähnlichen Weise: Auch er greift bei seinen Interpretationen auf Verstehenshorizonte zurück bzw. bringt ein Vorverständnis von dem mit, was die ihm dargebotenen Texte des Klienten bedeuten (können). Zu diesem Vorverständnis sind unter anderen zu zählen: wissenschaftliche Theorien, vorgefertigte Erklärungsmuster für beobachtbare Verhaltensweisen, Konzepte der Sozialarbeit, berufliche Erfahrungen, Vorstellungen über die Wirkungen bestimmter Milieus usw. Allerdings sind diese Erklärungs- und Deutungsmuster allgemeiner Natur, das heißt, sie entbehren noch der Konkretion, der Anwendung auf die besondere Gestalt der je konkreten vorfindlichen Gegebenheiten des einzelnen Klienten.

Vorverständnis

Sowohl der Modus der Verstehensversuche als auch der Verstehenshorizont von Sozialarbeiter und Klient weisen Ähnlichkeiten auf. In der Regel agieren beide Personen in der gleichen Kultur, greifen also auf die gleiche Sprache und den gleichen Fundus an Erklärungsmustern zurück. Auch die Sozialarbeiter bedienen sich nicht nur aus dem Arsenal der wissenschaftlichen Erklärungsmodelle, sondern verwenden zusätzlich Deutungen des Alltagsverstandes. Der Verstehenshorizont der Sozialarbeiter weist also Überschneidungen mit dem Verstehenshorizont der Klientinnen auf. Er hat jedoch eine im Vergleich zu der des Klienten verschobene Perspektive, die es dem Berater überhaupt erst ermöglicht, originelle und wirksame Interpretationsbeiträge zu leisten. Ohne die Überschneidungen wäre die Kommunikation gar nicht möglich, ohne die verschobene Perspektive wäre sie nicht sinnvoll. Für eine angemessene Interpretation von Texten – angemessen im Sinne einer adäquaten Deutung des Verhältnisses von Text und Kontext und der Möglichkeit des Aufbaus einer sinnvollen Kommunikation – stehen den Sozialarbeitern zu Beginn einer Zusammenarbeit die dafür nötigen Kontextinformationen zumeist noch nicht zur Verfügung, – ein Beispiel:

Eine Klientin geht vor Gericht und reicht dort die Scheidung ein. Aus dieser Information allein läßt sich für Sozialarbeiter noch nicht erschließen, in welchem Sinnzusammenhang diese Handlung steht und wie sie zu deuten wäre. Das Vorwissen des Sozialarbeiters kann zwar Deutungsmöglichkeiten vorgeben: daß die Klientin nun endgültig eine Trennung von ihrem Mann anstrebt; daß sie damit ihren Mann unter Druck setzen und ihm Zugeständnisse abringen will; daß sie die Scheidung aus steuerlichen Gründen nur formal anstrebt, die Lebensgemeinschaft aber aufrechterhalten will; daß sie mit der Scheidung die Voraussetzung für eine Unterstützung durch das Sozialamt schaffen will; daß sie sich damit vormachen will, etwas gegen ihre schlechte Lage zu unternehmen, obwohl sie weiterhin bei ihrem Mann bleibt, der sich ständig gegen ihre Interessen verhält.

Das professionelle Vorwissen von Sozialarbeitern besteht zum guten Teil aus einem Wissen über mögliche, nicht aber über sichere Zusammenhänge. Es bietet keine Gewißheit. Es ist unspezifisch, noch allgemein, und erfordert zu seiner Nutzbarmachung im Einzelfall eine intensive Beschäftigung und Kommunikation mit den Klienten. Die sozialarbeiterische Beratungsstrategie versucht daher die Klienten zu ermutigen, ihre Deutungen, ihre Sicht der Dinge kundzutun. Die Klienten sind im gemeinsamen Forschungsprojekt Fallbearbeitung Experten. Sie können und sollen bei der Beschreibung und Deutung ihrer eigenen Lebenswelt von den Sozialarbeitern begleitet und unterstützt werden. Die Lebenswelt der Klienten wird im Zuge des Individualhilfeprozesses soweit erforscht, wie es für die ausgehandelten Aufträge relevant erscheint.

Da die Klienten immer auch mit den Fragestellungen und Deutungen der Sozialarbeiter konfrontiert werden, ergeben sich für sie daraus Möglichkeiten für andere Blickwinkel und An- und Einsichten in ihre Lebenswelt. So kann es das Deutungs- und Handlungsrepertoire der Klientinnen beispielsweise entscheidend erweitern, wenn sie die Verhaltensweisen relevanter dritter Personen einmal anders interpretiert bekommen, als sie selbst es gewohnheitsmäßig tun; bzw. können sie ihre Handlungsstrategien verbessern, wenn sie in der Beratung erfahren, welchen Regeln, Normen und Deutungsmustern die Spruchpraxis von Gerichten oder die Entscheidungspraxis des Sozialamts folgt. Die Irritationen der bisherigen Sichten und Gewißheiten, das Kennenlernen neuer und anderer Deutungen, kann Klienten zu einer realitätsgerechteren oder – bescheidener formuliert – zu einer anderen/neuen Wahrnehmung und vielleicht auch zu einer erfolgsträchtigeren Bewältigungsstrategie verhelfen.

Folgen wir dem bisher vorgestellten Konzept von Einzelfallarbeit, so wird klar sein, daß sich die entscheidenden Prozesse im Kopf und im Lebensfeld der Klientinnen abspielen. Die Verstehensbemühungen der Sozialarbeiterin kann man dementsprechend als Versuche betrachten, Anschluß an diese Prozesse zu finden, um Interventionen setzen zu können, die weder zerstörerisch noch wirkungslos sind. Ohne Anschluß, ohne Verständnis, sind nur diese beiden Typen von Intervention wahrscheinlich. Die professionelle Gestaltung der Beratung erfordert daher die ständige Überprüfung und Modifizierung des eigenen Vorverständnisses im Zuge der Zusammenarbeit mit den Klienten. Im Interesse eines Prozesses verständiger Kommunikation wird die Beraterin sich gegenüber dem eigenen Vorverständnis kritisch verhalten und die Annäherung an den Fall als einen Vorgang des Lernens begreifen müssen.

Relevanzstrukturen

Zu klären sind in diesem Zusammenhang unter anderem die in der Lebenswelt der Klienten geltenden Relevanzstrukturen. Ein Beispiel:

Ein Sozialarbeiter erachtet es im Falle einer Klientin, in deren Familie ein Kind nachts einnäßt, zunächst als vordringlich, das Bettnässen des Kindes zu beheben. Daß der Sozialarbeiter seine Aufmerksamkeit vor allem diesem Symptom schenkt, hängt damit zusammen, daß er schon viel über die Thematik gehört hat und ihm ein theoretisches Erklärungsmuster bzw. ein Therapievorschlag zur Verfügung steht. In der Familie bzw. im Text der Klientin spielt dieses Symptom aber eine untergeordnete Rolle. Als der Sozialarbeiter diese unterschiedlichen Relevanzen bemerkt, verfolgt er seine Linie nicht weiter, denn eine fortgesetzte Thematisierung dieses Symptoms hätte das Problem in das Zentrum der Aufmerksamkeit rücken und es möglicherweise verschärfen können, während anderes, für die Klientin wichtigeres, in den Hintergrund gerückt wäre.

Wie dieses Beispiel zeigt, ermöglicht erst das Herausfiltern der Relevanzstrukturen, die den von Klienten präsentierten Texten inhärent sind, die Entwicklung paßgenauer und anschlußfähiger Bearbeitungsprogramme.

Die hier vorgeschlagene Vorgehensweise, die Klienten als Experten ihrer eigenen Lebenswelt anzusehen, ohne deshalb ihre Texte unhinterfragt zu übernehmen, könnte am Beispiel einer Kurzberatung wie folgt aussehen:

Frau K. fragt in der Beratungsstelle an, ob es möglich sei, auch bei Aufrechterhaltung der Ehe das alleinige Sorgerecht für das Kind zu beantragen. Die Anfrage wird von der zuständigen Sozialarbeiterin zunächst so interpretiert, daß Frau K. wahrscheinlich nicht aus bloß „akademischem" Interesse fragt, sondern die Absicht hat, einen solchen Antrag zu stellen. Sie fragt daher nach, weshalb sie das tun möchte.

Frau K. erklärt dieses Ansinnen damit, daß sie sich mit ihrem Mann zerstritten habe und daß sie es ihm mit der Einwilligung zur Scheidung, die er ihr vorgeschlagen habe, nicht „zu leicht machen" wolle. Auch die Lebensgemeinschaft mit ihm wolle sie nicht aufgelöst haben.
Die der Sozialarbeiterin vorliegenden Informationen über die relevanten Aspekte der Lebenswelt bzw. der Probleme der Klientin reichen zwar nicht aus, um die Gesamtsituation einschätzen zu können, sie sind aber hinreichend, um in einem ersten Schritt die von der Klientin gestellte Eingangsfrage beantworten zu können: Bei Aufrechterhaltung eines gemeinsamen Haushalts ist das Anliegen der Klientin rechtlich nur sehr schwer durchsetzbar.
Des weiteren reichen die Informationen dafür aus, um weitere Fragen stellen zu können. Zum Beispiel jene, ob die von der Klientin vorgeschlagene Lösung für den vorliegenden Beziehungskonflikt sinnvoll ist; aus ihren Äußerungen scheint hervorzugehen, daß sie das Kind als Mittel für einen anderen, eigenen Zweck benutzen will. Auf Basis dieser Überlegung kann die Sozialarbeiterin der Klientin anbieten, die in Frage stehenden Probleme weiter zu bearbeiten. Die Entscheidung darüber wird sie jedoch der Klientin überlassen müssen; denn ob es sich bei der entsprechenden Äußerung der Klientin „nur so um eine Idee gehandelt hat" oder ob sie mit Unterstützung durch die Sozialarbeiterin nach Lösungen ihres Problems suchen will, muß sie aufgrund der Einschätzung ihrer Situation und des Nutzens einer weiteren Zusammenarbeit selbst entscheiden.

Interpretationen stellen die Voraussetzung für das Verstehen dar. Mit der Interpretation versucht der Betrachter dem Betrachteten einen Sinn zu geben, es sich selbst zu erklären. Die Wirklichkeit der Klienten begegnet dem Sozialarbeiter immer schon als vor-interpretierte Wirklichkeit: Als eine von Menschen wahrgenommene und von ihnen beschriebene, erzählte und damit bereits in einen Sinnzusammenhang gestellte und gedeutete Wirklichkeit. Mit ihren eigenen Interpretationen haben die Klienten bereits einen Versuch des Verstehens ihrer Welt, ihrer Situation unternommen.
Kommunikation zwischen Menschen ist nie eindeutig. Sie erfordert die aktive Leistung nicht nur dessen, der sich äußert, sondern auch eine Konstruktions-Leistung des Empfängers. Die Äußerungen und Verhaltensweisen von Menschen können stets auf mehrere Weisen wahrgenommen und interpretiert werden. Der „Empfänger" bestimmt mit, wie er etwas verstehen will.

5.3.2. Hinweise der Erkenntnistheorie

Es gibt gute Gründe, die gegen allzuviel Selbstgewißheit bei der Einschätzung von dem, was man sieht oder zu sehen und hören meint, sprechen. Während der Alltagsverstand möglichst rasch eine und nur eine Deutung dessen, was man wahrnimmt, sucht, erfordert der reflektierte professionelle Verstand eine größere Vorsicht und mehr bewußte Selbstreflexion bei der Interpretation der Daten.

Falsifikation

Ich will zuerst eine der einfachsten und brauchbarsten (Vorsichts-) Regeln vorstellen. Sie wurde von Karl Popper, dem großen Vertreter des kritischen Rationalismus, formuliert und nennt sich „Falsifikationsregel". Sie besagt nicht mehr und nicht weniger, als daß eine Theorie, will sie Geltung beanspruchen, so gebaut sein muß, daß sie auch widerlegt, also „falsifiziert" werden kann (Popper 1996, 25 ff.). In unserem Kontext heißt das: Der Berater muß der Wirklichkeit (dem Klienten, seinem Umfeld) eine Chance geben, ihm zu zeigen, daß er sich in seiner Einschätzung geirrt hat.

Nehmen wir als Beispiel den Fall einer Jugendlichen:

Die Jugendliche beschwert sich bei der Sozialarbeiterin über ihre Eltern, die sie ihrer Meinung nach stark einengen, im Vergleich zu ihrem Bruder ungerecht behandeln und das alles noch durch nach außen hin verständnisvolles und liberales Gehabe kaschieren. Die Jugendliche ist der Beraterin sympathisch, wirkt glaubwürdig. Die Situation erinnert sie womöglich auch noch an ihre eigene Situation als Jugendliche – und so entscheidet sie sich für folgende Theorie: Die jugendliche Primärklientin wird von ihren scheinliberalen Eltern unterdrückt und braucht Unterstützung, um den ihr gebührenden Freiraum für ihre Entwicklung zu gewinnen zu können. Nimmt man das Poppersche Kriterium zum Maßstab, müßte man nun fragen, woran man wohl erkennen könnte, daß man mit seiner (bzw. die Sozialarbeiterin im Beispiel mit ihrer) Einschätzung falsch liegt. Popper empfiehlt, nicht nur nach Bestätigungen zu suchen, sondern auch nach Widersprüchen zu meiner Annahme, nach einer möglichen Widerlegung. Wir werden diese Empfehlung für die „Wahrheitssuche" in der Fallarbeit übernehmen, weil sie gute Wirkungen hat: Sie unterstützt die Reflexion und richtet sich gegen vermeintliche Gewißheiten; sie richtet sich gegen die Verfestigung von schnellen und Vor-Urteilen; sie gibt dem Klienten eine Chance gegen den ersten raschen Blick. In unserem Beispiel: Haben die Eltern noch eine Chance, ihr Verhalten verständlich zu machen? Und sollte ihnen das gelingen, hat dann die Tochter noch eine Chance, daß auch ihre Sichtweise berücksichtigt und akzeptiert wird?

Konstruktivismus

Die Poppersche Formel geht noch von der Existenz einer Wirklichkeit aus, die unabhängig von der Wahrnehmung der Akteure existiert. Noch um einen Schritt radikaler hat der Konstruktivismus aufbauend auf die Studien der chilenischen Biologen Humberto Maturana und Francisco Varela (1987; Maturana 1994) Einfluß auf die Sozialwissenschaften und auf die Praxis der angewandten Sozialwissenschaften (Organisationsberatung, Therapie, Sozialarbeit) gewonnen. Er ging dabei eine Verbindung mit der modernen Systemtheorie nach Niklas Luhmann (1987) ein. Der Konstruktivismus hält es für sinnlos, von einer beobachterunabhängigen Wirklichkeit zu sprechen, weil diese eben nicht direkt zugänglich sei. Es sei stets ein Beobachter, der etwas wahrnimmt, und die Wahrnehmung erfolge grundsätzlich mit den Mitteln und nach den Regeln des Beobachters. Der Beobachter (bzw. das Beobachtungsinstrumentarium des Beobachters) entscheidet, was er wahrnimmt. Oder andersrum: Sage mir, wie und womit Du beobachtest, und ich kann Dir sagen, was Du sehen wirst.

Der Konstruktivismus als erkenntniskritische Theorie lenkt den Blick also darauf, wie Beobachter beobachten, mit welchen Instrumenten sie das tun. Es sind (von einer anderen Position aus, mit einem anderen Instrumentarium an Begriffen usw.) immer auch andere Beschreibungen möglich, die ebenso „wahr“ oder „falsch“ sind. Prinzipiell ist es möglich, die Komplexität der vorgefundenen Welt auf verschiedene Art und Weise zu reduzieren. Es kommt darauf an, wo der Beobachter eine Unterscheidung einführt und welche er einführt. Die Art der Beschreibung bestimmt nicht nur, was in den Blick gerät und was ausgeblendet bleibt, sie konstruiert auch selbst eine soziale Realität.

Eine „einzig richtige“ Interpretation kann es also nicht geben, sie wäre immer eine dogmatische Fiktion. Bedauerlicher Weise unterlaufen aber auch Sozialarbeitern solche dogmatischen Interpretationen und wird den Klienten keine faire Chance gegeben, dazu wirkungsvoll Stellung zu nehmen, kurz: (schlechte) Berater und Therapeuten unterschieben Klienten Deutungen als Tatsachenfeststellungen – und jene müssen sich den Interpretationen der Helfer unterwerfen, um weiter Unterstützung zu bekommen (anhand einer ausführlichen und leidvollen – psychotherapeutischen – Fallgeschichte dargestellt bei Hemminger/Becker 1991).

„Interpretation“ bzw. „Interpretieren“ ist so verstanden also das Auffinden eines möglichen Zusammenhangs oder einer potentiellen Bedeutung von Handlungen im Kontext der Lebenswelt. Aus pragmatischen Gründen werden im Prozeß der Fallbearbeitung jene Interpretationen als Ausgangspunkt genommen, mit denen eine Weiterarbeit möglich erscheint.

5.4. Interpretationsmöglichkeiten

Zur Interpretation von Äußerungen bzw. von Verhaltensweisen eignen sich entsprechende Befunde, Theorien oder Modelle aus der Sozialen Arbeit und aus ihren Hilfswissenschaften. Vor allem die Soziologie und die Psychologie bieten in ihren Wissensbeständen einen breiten Fundus von Interpretationsmöglichkeiten zur Erschließung des möglichen „Sinns" oder der „Bedeutung" von Klienten-Texten. Doch diese sind mit der nötigen Vorsicht und keinesfalls in direkter Übertragung anzuwenden, beschreiben sie doch jeweils nur gewisse mögliche Aspekte der zu interpretierenden Texte, während sie andere Aspekte ausblenden. Um die in den Verständigungsprozeß mit den Klienten einbringen zu können, müssen die Interpretationsmöglichkeiten in die Sprache der jeweiligen Klienten übersetzt werden.
So empfiehlt es sich, in der Individualhilfe gemäß dem Marxschen Postulat, „vom Abstrakten zum Konkreten aufzusteigen" zu arbeiten. Die theoretischen, vorgefertigten Deutungsmöglichkeiten sind abstrakt und relativ einfach, sie sind nie so reich und vielfältig wie das Konkrete des Falls. Die Erklärungsmodelle aus den Hilfswissenschaften der Sozialarbeit (Psychologie, Soziologie usw.) können helfen, richtige Fragen zu stellen, sie können im Fall aber nicht die Antworten geben, weil die Wirklichkeit stets facettenreicher ist als die Theorie. Einige der zu durchschreitenden Ebenen stelle ich im folgenden vor. Die Zusammenstellung ist exemplarisch und grob verkürzt und verarbeitet Elemente der Semiotik, der Kommunikations- und der Handlungstheorie:

Vier Interpretationsmöglichkeiten

(1) Produktiver und kommunikativer Inhalt von Handlungen: Handlungen, Äußerungen und Verhaltensweisen von Menschen haben einen kommunikativen und einen gegenständlich-produktiven Sinn, das heißt: Menschen wollen jemandem etwas mitteilen oder sie wollen etwas erzeugen, reparieren, ordnen, arrangieren (im Sinne von Arbeit). Manche, ja viele Handlungen, haben sowohl einen gegenständlich-produktiven als auch einen kommunikativen Sinn.
Ich gehe hier vom intendierten Sinn aus, also davon, was der Handelnde mit seiner Handlung beabsichtigt. Der intendierte Sinn ist zu unterscheiden vom wahrgenommenen Sinn, also vom Sinn, den ein Beobachter einer beobachteten Handlung zuschreibt. Grundsätzlich kann von einem Beobachter jede Handlung als Kommunikation interpre-

tiert werden, unabhängig davon, ob sie vom Handelnden auch so „gemeint" war. Der berühmte Watzlawick'sche Satz „Man kann nicht nicht kommunizieren" spielt auf diesen Fakt an.
Nehmen wir als Beispiel einen Klienten, der zu einem vereinbarten Termin mit Verspätung erscheint, und spielen wir verschiedene mögliche Deutungen durch:

Der kommunikative Anteil (also der Anteil der beabsichtigten Mitteilung) kann gering sein (Variante a): Die Verspätung kam durch ein unerwartetes Ereignis (z. B. Stau) zustande, sie kann dem Klienten sogar sehr peinlich sein.
Der kommunikative Anteil ist gering (Variante b): Der Klient hatte ein wenig Angst vor der fälligen Sitzung, so verzettelte er sich bei den Vorbereitungen und Vorüberlegungen und kam deshalb zu spät.
Der kommunikative Anteil ist hoch (Variante c): Der Klient ist mit dem bisherigen Verlauf der Beratung nicht zufrieden, da er seine Unzufriedenheit aber nicht offen thematisieren will, wählt er den Weg des Zuspätkommens.
Der Klient kommt bewußt deshalb zu spät, weil er damit dem Sozialarbeiter zeigen will, für wie unnötig er diese Sitzung hält (Variante d).
Eine Reaktion des Sozialarbeiters, die sofort offensiv auf die Variante (d) reagiert, könnte also ziemlich danebenliegen. Nehmen wir an, real trifft (a) zu, so könnte der Vorwurf des Sozialarbeiters, der Klient sei bewußt zu spät gekommen („Ich habe den Eindruck, Sie nehmen diese Besprechungen nicht ernst") die weitere Zusammenarbeit nennenswert erschweren. Im Bewußtsein, daß auch andere Interpretationen möglich sind, empfiehlt sich daher eine vorsichtigere Reaktion, die dem Klienten die Möglichkeit gibt, seine Sicht darzulegen („Es ist gut, daß Sie doch noch gekommen sind. Ist Ihnen etwas dazwischengekommen, oder waren Sie nicht so sicher, ob die heutige Sitzung für Sie nützlich sein kann?").

(2) Hindernisse und mögliche Störungen des richtigen Verstehens einer Botschaft: Es ist der Aufbau der Kommunikation selbst, den ein professioneller Helfer kennen muß, um gegebenenfalls „richtig" interpretieren zu können. Das Senden und Empfangen von Mitteilungen ist ein mehrstufiger und fehleranfälliger Prozeß. Eine verstehende Herangehensweise wird gegenüber dem scheinbar Offensichtlichen und Klaren skeptisch und kritisch sein müssen und den Weg zurückverfolgen, den die Botschaft vom Sender bis zur Interpretation durch den Empfänger genommen hat (siehe Abbildung 15, S. 152). Die Semiotik als Wissenschaft von den Zeichen befaßt sich damit, wie Zeichen konstruiert und decodiert werden, also mit einem Teilbereich des Problemkomplexes der Konstruktion und Kommunikation von „Sinn".

Abbildung 15: Kommunikation

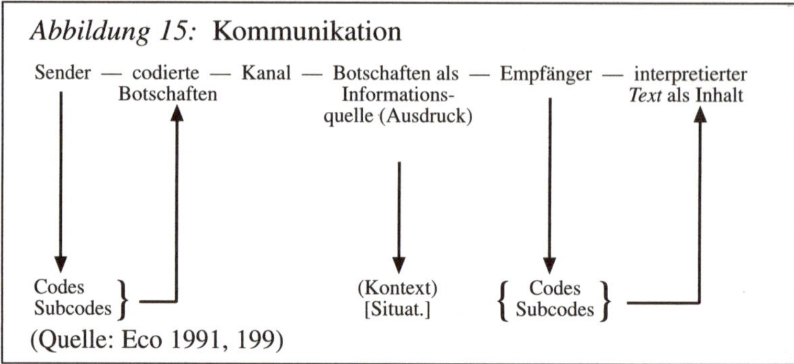

(Quelle: Eco 1991, 199)

(3) Vier Mitteilungsebenen: Jede kommunikative Handlung beinhaltet nicht nur eine Aussage, sondern immer mehrere Mitteilungen zugleich. In einer sehr praxisorientierten Weiterentwicklung des „Axioms", daß jede Kommunikation einen Inhalts- und einen Beziehungsaspekt habe (Watzlawick u. a. 1969), treten vier Aspekte einer Nachricht zu Tage (Schulz von Thun 1981):

(a) ein bestimmter Sachinhalt,
(b) eine Aufforderung,
(c) eine Selbstoffenbarung,
(d) eine Beziehungsdefinition.

Das Nebeneinander und die Gleichzeitigkeit dieser Mitteilungsebenen in einer kommunikativen Handlung werden in folgendem Beispiel deutlich:

Herr K., Alkoholiker, der von sich aus eine Beratungsstelle aufgesucht hatte, um finanzielle Unterstützung zu erlangen, erklärte der Sozialarbeiterin in der dritten Sitzung, er komme nun wieder allein zurecht und werde daher fortan die Beratung nicht mehr aufsuchen. Der Sachinhalt seiner Aussage ist klar: Für ihn sei nun wieder „Alltag" hergestellt (a). Auch die darinliegende Aufforderung scheint deutlich: „Lassen Sie mich jetzt in Ruhe, ich will keine weiteren Fragen hören!" (b). Der Aspekt der Selbstoffenbarung: „Ich bin einer, der es selber schafft." (c). Folgenreich für den weiteren Prozeß der Individualhilfe ist die damit ausgedrückte Beziehungsdefinition: „Ich kann Ihnen mitteilen, wann ich diese Beziehung wieder beenden will, und Sie haben das zu akzeptieren."(d). Diese letzte Botschaft ist aber noch nicht ganz klar. Bleibt Herr K. zum Beispiel gleichzeitig sitzen und hört sich an, was die Sozialarbeiterin dazu zu sagen hat, dann ist damit auch ausgedrückt: „Ich mache zwar den Vor-

schlag, daß wir die Beziehung abbrechen sollten, das gilt aber erst, wenn Sie dem auch zustimmen."
Eine kommunikative Handlung enthält also (potentiell) Mitteilungen auf mehreren Ebenen. Der Empfänger kann sich aussuchen, auf welchen Aspekt der Botschaft er reagiert. Zu beachten ist auch die Gewichtung der einzelnen Mitteilungen; so wird beispielsweise die Kommunikation um so schwieriger, je stärker Beziehungsbotschaften die mitgeteilten Sachinhalte überlagern.
In unserem Beispiel kann die Sozialarbeiterin explizit auf einen der vier genannten Aspekte der Mitteilung („Ich komme wieder allein zurecht") reagieren: „Es freut mich zu hören, daß Sie meine Hilfe nicht mehr benötigen" (a); „Schade, ich hätte da noch einige Fragen gehabt ..." (b); „Sie haben die Schwierigkeiten der letzten Zeit wirklich gut bewältigt!" (c); oder schließlich: „So einfach kommen Sie mir nicht davon, wir müssen noch einen Kontrolltermin ..." (d). Nicht jeder der vier Aspekte der Mitteilung muß vom Sender bewußt gesetzt gewesen sein.

(4) Interpretationsebenen: In den (diagnostischen) Deutungsversuchen geht es darum, zu „verstehen", warum Menschen eine Handlung vornehmen bzw. was sich dadurch ändert, daß eine Handlung vorgenommen wurde. Welche (subjektive) Funktionalität und welchen Sinn hat die Handlung für die Person. Die folgenden möglichen Sinnebenen helfen dabei, eine solche Interpretation vorzunehmen:

(a) Sie ist, was sie ist (Ebene 1): Eine Handlung kann einfach das sein, was sie ist. Ihr Sinn läßt sich in ihr selbst finden, ohne daß eine darüber hinausgehende Bedeutung vorliegt. Diese Sinnebene ist die nächstliegende. Sozialarbeiter sollten deshalb zuallererst diese Ebene in Betracht ziehen, und sich vor interpretatorischem Übereifer hüten; wer beispielsweise krank ist, kann wirklich bloß krank sein; wer müde ist, ist nicht gleich depressiv und will auch nicht immer seine Abneigung gegen den Gesprächspartner ausdrücken usw.
(b) Sie ist, was aus ihr folgt (Ebene 2): Eine Handlung kann – bewußt oder unbewußt – vorgenommen werden, weil die Folgen dieser Handlung, vor allem die unmittelbar kalkulierten Effekte oder auch die „Nebenwirkungen", Sinn machen; wer beispielsweise müde wird, kann sich damit aus einer aktuell unerfreulichen Situation verabschieden; wer in einer anderen Stadt eine Arbeit annimmt, kann – ohne dies direkt begründen zu müssen sich mehr von seiner Familie entfernen usw.
(c) Sie ist, was sie bedeutet (Ebene 3): Handlungen lassen sich nach ihrem Symbolgehalt interpretieren, sie können ein Zeichen für etwas

anderes sein, für das „eigentlich Gemeinte"; wer beispielsweise ohne einen vordergründig einsichtigen Grund eine Vereinbarung nicht einhält, kann damit seine Unabhängigkeit ausdrücken; wer sich ständig zwanghaft die Hände wäscht, kann sich unbewußt von seinen eigenen „schmutzigen" Triebwünschen befreien wollen.
An dem folgenden (vereinfachten) Beispiel sollen die oben (S. 150 ff.) beschriebenen Möglichkeiten des Interpetierens noch einmal deutlich gemacht werden:

Herr K. betrügt seine Frau; diese Handlung kann folgendermaßen gedeutet werden:

(a) Die Handlung ist eine „produktiv-gegenständliche" Handlung: Es geht dem Mann allein um das sexuelle Erlebnis. Sie enthält keine versteckte Botschaft an seine Frau und soll nichts weiteres signalisieren.
(b) Die Handlung ist eine Mischform, hat also sowohl einen produktiven wie auch einen kommunikativen Sinn: Er hat ein Interesse am erotischen Erlebnis und an der ihn interessierenden Frau und will zugleich eine „Botschaft" an seine Ehefrau vermitteln.
(c) Die Handlung hat einen überwiegend kommunikativen Sinn: Die Botschaft an seine Ehefrau ist der Hauptzweck des Verhaltens des Mannes; d. h. das erotische Erlebnis ist für sich genommen gar nicht wichtig.

Wird diese Handlung als eine kommunikative wahrgenommen, dann enthält sie grundsätzlich folgende vier mögliche Mitteilungen des Ehemannes (an seine Frau):

(a) Sachinhalt: „Ich habe auch mit einer anderen Frau eine erotische Beziehung."
(b) Aufforderung: „Kümmere Dich mehr um mich!"
(c) Selbstoffenbarung: „Ich kann auch andere Frauen ‚erobern'."
(d) Beziehungsdefinition: „Ich bin nicht verpflichtet, Dir treu zu sein. Unsere Beziehung ist nicht mehr die jüngste, sie steht für mich zur Disposition."

Die Bedeutung und subjektive Sinnhaftigkeit der Handlung von Herrn K. kann auf den drei Interpretationsebenen folgendermaßen beschrieben werden:

(a) Ebene 1: Der Seitensprung steht für sich selbst. Die Frau war für ihn attraktiv, er begehrte sie, hatte die Gelegenheit und nützte sie.
(b) Ebene 2: Die auf den Vorfall folgende Auseinandersetzung mit seiner Frau kalkulierte er als gewünschten Effekt ein, da er nicht den Mut gehabt hätte, mit ihr direkt über die seiner Meinung nach „ausgekühlte" Beziehung zu sprechen, oder da er damit an seiner Frau eine „alte Rechnung begleichen" wollte (Rache).
(c) Ebene 3: Mit dem Seitensprung verfolgte Herr K. eine andere Absicht, nämlich sein angeknackstes männliches Selbstbewußtsein aufzubessern. Da

er älter und sich seiner Attraktivität nicht mehr so sicher war, wollte (konnte) er durch die „Eroberung“ sich – und möglicherweise anderen – zeigen, daß er noch begehrt wird und selbstbewußt sein kann.

Natürlich sind auch noch andere Interpretationen des Beispiels möglich. Die Nützlichkeit der oben skizzierten Interpretationsmöglichkeiten im Sinne eines Leitfadens für das Ausarbeiten von „Bedeutungsmöglichkeiten“ sollte an dem (nur mäßig ernstgemeinten) Beispiel jedoch deutlich geworden sein.

5.5. Hilfsmittel zur Strukturierung

In der Folge will ich noch zwei Instrumente vorstellen, die eine strukturierte Bestandsaufnahme der Situation der Klienten erleichtern. Beide Methoden können in einer ausführlicheren Gesprächssequenz in Kooperation mit dem Klienten angewendet werden. Die gemeinsame Erstellung bietet bereits mannigfache Anknüpfungspunkte für das Gespräch.

5.5.1. Netzwerkkarte

Mit Hilfe der Netzwerkkarte wird versucht, die Komplexität der Netzwerkbeziehungen von Klienten durch einfache Systematisierung bewußt zu machen und Ansätze zu Veränderungen zu finden.
Als erster Schritt ist zu überlegen, zu welchen Sektoren sich die Personen zusammenfassen lassen, mit denen KlientInnen aktuell verbunden sind. Sodann wird das persönliche Netzwerk in Form einer Netzwerkkarte grafisch dargestellt. Dabei sollten Personen, die sich gegenseitig kennen, nebeneinander plaziert werden, damit auch innere Strukturen sichtbar werden. Für die Auswertung bewährt es sich, diese Karte mehrfach zu kopieren.
Die Auswertung beinhaltet die Analyse nach mehreren Gesichtspunkten:

(a) Wie stark ist das Netzwerk segmentiert: Kennen sich viele Personen untereinander, oder sind die Segmente weitgehend voneinander abgeschnitten? Wäre stärkere Verbindung überhaupt sinnvoll (stärkere Verbindungen bedeuten auch stärkere soziale Kontrolle)?
(b) Wer nimmt wichtige Kommunikationsrollen („Gatekeeper“) ein und kontrolliert den Informationsfluß zu einem Sektor? Wer bildet die „Zentrale“ und steht im Mittelpunkt vieler Kommunikationslinien?

(c) Welche Veränderungen in dem Netzwerk haben sich in den letzten Jahren ergeben, und wie steht die/der KlientIn dazu?
(d) Welche Unterstützung erwartet die/der KlientIn von Netzwerk, bzw. welche würde sie/er selber geben?
(e) Wo sind im Netzwerk relevante Abhängigkeiten (in materieller, sozialer, emotionaler Hinsicht)? Woraus resultieren sie, und lassen sie sich ändern?
(f) Welche Beziehungen müssen intensiviert werden und wie? Welche Beziehungen sollen reduziert werden, und was hat das für Folgen?

Als sinnvoll hat sich erwiesen, die Antworten auf diese Fragen auch schriftlich zu fixieren, um später Veränderungen feststellen zu können (siehe Abbildung 16; Straus 1990, 509 f.).

Abbildung 16: Netzwerkkarte für Michael

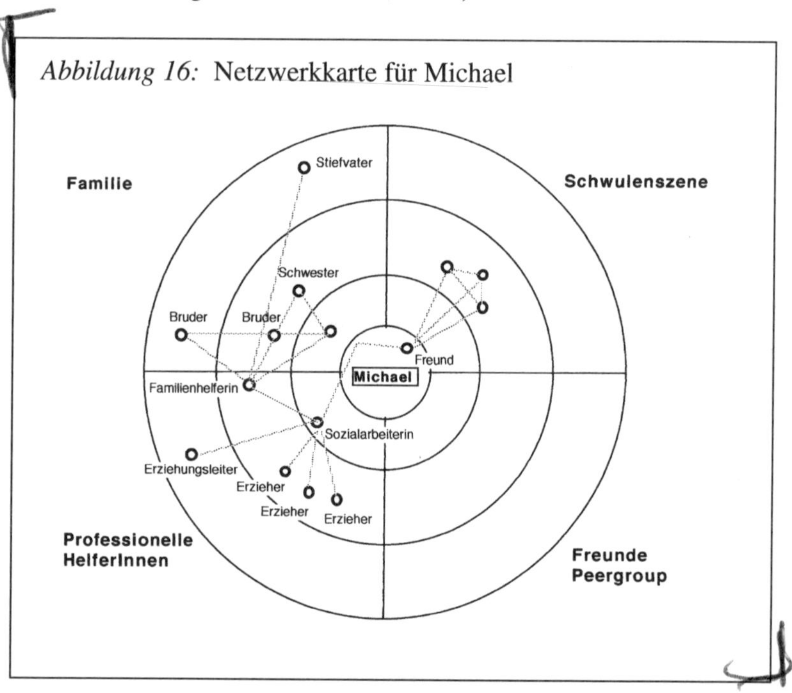

In der Abbildung wird erkennbar, daß die professionellen Helfer und die Familie ein dichtes Geflecht an Kommunikation darstellen, das vor allem seit dem Abbruch des Zugangs von Michael zu seiner Familie nur mehr über seine Individualhelferin als „Gate-keeper“ zugänglich ist. Gleichzeitig fällt das völlige Fehlen der sonst in seinem Alter so wichtigen Gruppe der Gleichaltrigen auf (Die Heiminsassen wären eventuell noch am äußersten Rand in Form von Konfliktbeziehungen aufzuzeichnen gewesen).

5.5.2. Biografischer Zeitbalken

Eine Aufnahme der wichtigsten biografischen Daten von Klienten ist bei den meisten Betreuungen, die über eine Kurzberatung hinausgehen, sinnvoll und geboten. Ein Hilfsmittel hierfür, das Überblick bringt und Zusammenhänge anschaulicher darstellt, ist der „biografische Zeitbalken“. Diese Darstellungsform kann die oft sehr ungeordneten Erzählungen von Klienten strukturieren helfen und erleichtert die Konzentration auf die wichtigen Zusammenhänge bzw. die Präzisierung der Erzählungen (siehe Abbildung 17, S. 158).

Anregungen zur Diskussion, Fragen

(1) Beschreiben Sie, wie die verschiedenen Ausgangsbedingungen und Zugänge eine verschiedene Handhabung der Eingangsphase des Individualhilfeprozesses erfordern.
(2) Beschreiben Sie Gemeinsamkeiten und Unterschiede von Kurzberatung und Intake.
(3) Diskutieren Sie, ob es eine Regel dafür geben könnte, wieviele Informationen man zu einer brauchbaren Einschätzung einer Fallsituation benötigt und an welchen Anzeichen man erkennen könnte, daß der eigene Informationsstand vorerst ausreichend ist.
(4) Erklären Sie die hermeneutische und die systemtheoretische Herangehensweise, versuchen Sie Unterschiede und Gemeinsamkeiten zu benennen.
(5) Diskutieren Sie die Hinweise von Kähler zur Gestaltung von Erstgesprächen, insbesondere die skeptische Haltung zum Erteilen von Ratschlägen.

Abbildung 17: Biografischer Zeitbalken

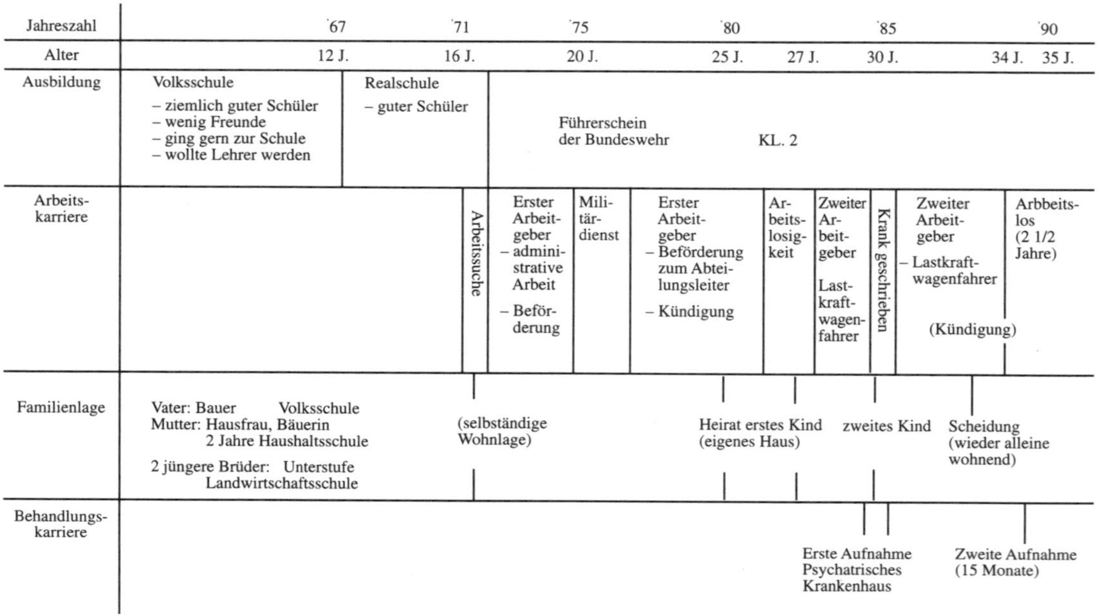

Jahreszahl	'67	'71	'75	'80	'85	'90					
Alter	12 J.	16 J.	20 J.	25 J.	27 J.	30 J.	34 J.	35 J.			
Ausbildung	Volksschule – ziemlich guter Schüler – wenig Freunde – ging gern zur Schule – wollte Lehrer werden	Realschule – guter Schüler	Führerschein der Bundeswehr KL. 2								
Arbeitskarriere		Arbeitssuche	Erster Arbeitgeber – administrative Arbeit – Beförderung	Militärdienst	Erster Arbeitgeber – Beförderung zum Abteilungsleiter – Kündigung	Arbeitslosigkeit	Zweiter Arbeitgeber Lastkraftwagenfahrer	Krank geschrieben	Zweiter Arbeitgeber – Lastkraftwagenfahrer (Kündigung)	Arbbeitslos (2 1/2 Jahre)	
Familienlage	Vater: Bauer Volksschule Mutter: Hausfrau, Bäuerin 2 Jahre Haushaltsschule 2 jüngere Brüder: Unterstufe Landwirtschaftsschule	(selbständige Wohnlage)	Heirat erstes Kind (eigenes Haus)	zweites Kind	Scheidung (wieder alleine wohnend)						
Behandlungskarriere	Erste Aufnahme Psychatrisches Krankenhaus	Zweite Aufnahme (15 Monate)									

(Quelle: Zeelen 1985)

Literatur zur Vertiefung

Harro Dietrich Kähler: Erstgespräche in der sozialen Einzelhilfe. Freiburg/Breisgau. Der Autor geht auf Erstgespräche in den verschiedensten Arbeitsfeldern ein und bringt eine Fülle von dokumentierten Beispielen.

Wer vor englischsprachiger Literatur nicht zurückschreckt, findet bei *Sara F. Fine und Paul. H. Glassers* „The First Helping Interview. Engaging the Client and Building Trust“ eine ausgezeichnete und kompakte Einführung in die Kunst des Erstgesprächs in Sozialarbeit und Therapie.

Eine Einführung in die erkenntnistheoretische Haltung des Konstruktivismus findet sich in *Humberto Maturanas* Buch „Was ist Erkennen“. Obwohl es nicht auf spezifisch sozialarbeiterische Fragen Bezug nimmt, kann die Lektüre zur Entwicklung einer selbstkritischen Haltung Wesentliches beitragen.

Gesprächsgestaltung

Gestaltung von Erstgesprächen: Harro Dietrich Kähler

Immer dann, wenn nur punktuelle Aufgaben gelöst werden müssen, entfällt die Notwendigkeit, im Rahmen von Erstgesprächen die Arbeitsgrundlage durch Arbeitsbündnisse zu regeln. Dieser Gesichtspunkt muß im Hinblick auf die Vermeidung von Klientifizierung und aus arbeitsökonomischen Gesichtspunkten beachtet werden.
Alle weiteren Überlegungen beziehen sich auf Ausgangssituationen, für die Bestandsaufnahmen und Arbeitsbündnisse als Ziele der Erstgespräche in Frage kommen.

(a) „Helfen" in Erstgesprächen – abklären statt Rat geben: Dem naheliegenden Impuls der Sozialarbeiter nach direktem Helfen im Sinne des Rat-Gebens oder Belehrens, sobald erste Bruchstücke der Probleme sichtbar werden, muß standgehalten werden, um nicht falsche Hilfen zu geben. Erst wenn eine Gesamtübersicht über die belasteten und nicht belasteten Lebensbereiche, über die vorhandenen Probleme und Ressourcen beiden Gesprächspartner zugänglich ist, können Entscheidungen über Ziele und Wege fallen.
(b) „Helfen" in Erstgesprächen – Ausschluß nicht erfüllbarer Forderungen: Die Grenzen der Hilfemöglichkeiten der Sozialarbeiter dürfen aus den gemeinsamen Überlegungen nicht ausgeklammert werden, sondern müssen genauso wie die Situation des Klienten prinzipiell in alle Überlegungen einbezogen werden. Der Hilfebegriff in den Erstgesprächen orientiert sich damit an dem Bemühen einer gemeinsamen Klärung der Situation beider Gesprächspartner mit dem Ziel herauszufinden, ob und wie beide Situationen fruchtbar zusammengebracht werden können. So wie ein umfassender Einblick in die Lebenssituation des Klienten für den Sozialarbeiter wichtig ist, sollte der Klient eine Vorstellung von den Möglichkeiten und Grenzen der Hilfestellung des Sozialarbeiters im Rahmen seiner Dienststelle bekommen. Außerdem muß im Auge behalten werden, daß nicht immer und notwendigerweise berufliche Hilfe angezeigt ist – reflektiert Hilfe zu verweigern kann auch eine wichtige Reaktion auf die Analyse einer Bestandsaufnahme sein.
(c) Auswahl wichtiger Gesprächsgegenstände: Zur Identifikation derjenigen Zustandsräume im Leben der Klienten, die Gegenstand der Erstgespräche werden sollen, eignen sich in erster Linie solche Lebensbereiche, die mit Zeichen hoher emotionaler Betroffenheit von den Klienten angesprochen werden. Diese Gefühlssignale bei den Klienten ebenso wie die durch sie ausgelösten affektiven Reaktionen bei den Sozialarbeitern sollten als Leitsterne für die Auswahl wichtiger Themen dienen. Auftretende Probleme mangelnder Objektivierung sind nicht endgültig vermeidbar, Ansätze zum besseren Umgang mit ihnen sind aber vorhanden. In zweiter Linie können auf der kognitiven Ebene Entscheidungen über die Auswahl und Behandlung wichtiger Themen getroffen werden.
(d) Anteilnehmende Neugier als Voraussetzung für Erstgespräche: Immer dann, wenn ein Thema sich als wichtig herauskristallisiert hat, muß es darauf ankommen, es so intensiv anzugehen, daß zum einen die Sozialarbeiter sich ein möglichst zutreffendes Bild von der Situation der Klienten machen können (Erkenntnisfunktion), und daß zum anderen die Klienten die ihnen im Prinzip bekannte Situa-

tion vollständiger und systematischer betrachten können als sie es in ihren Alltagsgesprächen mit anderen oder mit sich selbst leisten können (Behandlungsfunktion). Die hierbei sinnvollen Techniken der Gesprächsführung sollten sich Sozialarbeiter durch entsprechende Lernmöglichkeiten zu Eigen machen. Barrieren, die anteilnehmende Neugier verhindern können, gilt es, sich bewußt zu machen.

(e) Umgang mit Wissen, Theorien, Erfahrungen – prüfen statt unterstellen: Bei den meisten Problembereichen ist damit zu rechnen, daß Sozialarbeiter Kenntnisse oder Erfahrungen in das Gespräch mitbringen. Insbesondere Kenntnisse über die sozialstrukturelle Verankerung der in individueller Erscheinung auftretenden Probleme sollten Teil der beruflichen Qualifikation sein. Eigene oder vermittelte Erfahrungen sowie Theoriewissen kommen unvermeidbar in Erstgesprächen zum Tragen. Dieser Wissensschatz birgt neben Chancen auch Gefahren: entscheidend ist der Umgang mit ihm. Wird er benutzt als Antwortquelle auf das, was bei den Klienten vorliegen könnte, verdeckt er den Blick für die einmalige Ausgestaltung der Lebenssituation bei dem jeweiligen Klienten und verhindert anteilnehmende Neugier. Wird er benutzt als Anreger für Fragen, die besonders wichtig sein könnten, kann er zu gezielter Neugier und zu anteilnehmendem Interesse beitragen. Dieser im Widerspruch zum Privatleben stehende Umgang mit vorhandenem Wissen stellt eine wichtige Voraussetzung für schöpferische Gespräche zwischen Sozialarbeitern und Klienten dar.

(f) Vergleiche zur Erhöhung des Ertrages der Bestandsaufnahme: Eine fruchtbare Quelle für die Erhellung der Gesamtsituation der Klienten stellen Möglichkeiten für Vergleiche dar. In erster Linie kommen dabei Vergleiche zwischen Zustandsräumen ohne zu solchen mit Belastungen sowie Zeitvergleiche in Frage. Sie sollten allerdings nicht schematisch abgefragt, sondern nur von Fall zu Fall angesprochen werden, wenn inhaltlich ein Erkenntnis- und/oder Behandlungsgewinn in Aussicht steht.

(g) Absprachen in Arbeitsbündnissen: Absprachen im Sinn von Arbeitsbündnissen sollten erst getroffen werden, wenn Klienten und Sozialarbeiter den Eindruck haben, einen ausreichenden Überblick über die vorhandenen wichtigen Probleme und Stärken erzielt zu haben, und der Sozialarbeiter eine berufliche Hilfe für notwendig hält. Die Arbeitsbündnisse sollten sich dann an den Überlegungen zum Case Management orientieren, insbesondere dann, wenn eine Vielzahl unterschiedlicher Probleme und Hilfequellen koordiniert werden müssen. Ziele sollten in eine Bearbeitungshierarchie gebracht werden, da selten alle Ziele gleichzeitig bearbeitet werden können.

(h) Dokumentieren als Arbeitshilfe: Die Ergebnisse der Erstgespräche müssen angesichts der Einbettung der meisten Arbeitsplätze von Sozialarbeitern in sozialbürokratische Strukturen häufig schriftlich festgehalten werden. Angesichts der Kontrollmöglichkeiten, die diese Aufzeichnungen bieten, wird diese Aufgabe meist eher widerwillig erfüllt. Unter der Perspektive der Bündnisvorbereitung lassen sich aber durchaus auch Chancen im Hinblick auf eine gemeinsame Dokumentation der vorhandenen Situation und der Entwicklung während der weiteren Zusammenarbeit vorstellen. Derartige Möglichkeiten zu entwickeln, erfordert angesichts des unterentwickelten Zustands in diesem Bereich die innovative Kreativität der Sozialarbeiter. Vorteile für Selbstevaluation und Praxisforschung schaffen hier vielleicht weitere Anreize, sich auf eine neue Art des Dokumentierens einzulassen.

(i) Zuständigkeit des Case Managements: Gestaltung von örtlichen und zeitlichen Rahmenbedingungen: Überlegungen bei der Entscheidung über die geeignete Zuständigkeit des Case Managements sind beim Zusammenwirken mehrerer Hilfequellen notwendig: häufig muß ein Sozialarbeiter als Koordinator fungieren, um getrennt arbeitende Hilfsquellen aufeinander abzustimmen. Die Wahl der geeigneten Räumlichkeit und eines geeigneten Zeitrahmens für Erstgespräche gehört ebenfalls zur erfolgversprechenden Gestaltung von Erstgesprächen. (Kähler 1991, 164 ff.)

6. Prozeßgestaltung

Nach der Darstellung der Eingangsphase von Unterstützungsprozessen in der Einzelhilfe wird es nun nötig, einen Blick auf den Prozeß als Ganzes zu werfen. Neben den konkreten Maßnahmen der Intervention, sei es in der Gesprächsführung oder im Feld, ist es die Beziehung zwischen Fallarbeiter und Klient selbst, die über Erfolg und Mißerfolg entscheidet und die nötigen Rahmenbedingungen schafft. Im Abschnitt 6.1. behandle ich einige grundlegende Aspekte der Rollengestaltung, um im folgenden Abschnitt 6.2. auf die Frage der Prozeßstrukturierung und Planung einzugehen. Die möglicherweise auftretenden Schwierigkeiten und emotionalen Aspekte der Beziehungsgestaltung sind Gegenstand der Abschnitte 6.3. und 6.4. („Probleme der Asymmetrie" und „Zwischenmenschliche Aspekte der Sozialarbeiter-Klient-Interaktion"). In gebotener Kürze beschäftigen sich die Abschnitte 6.5. mit Dokumentation und Evaluation – also Bewertung – der Fallarbeit und 6.6. mit Reflexion und Supervision als notwendige Bestandteile methodisch kontrollierter Unterstützungstätigkeit. Übersicht

6.1. Rollengestaltung und Grundstrukturen der Sozialarbeiter-Klient-Interaktion

In den bisherigen Kapiteln wurden bereits, wenn auch nur quasi nebenbei, einige Aspekte der Beziehungsgestaltung gestreift. Die Verantwortung für die Klarstellung, für die Definition der Beziehung („helfende Beziehung" bei Biestek 1970), liegt bei der Sozialarbeiterin. Die Rolle umfaßt mehrere Aspekte, mehrere Teilrollen. Die Rollen von Klientin und Sozialarbeiterin sind Lernende und Lehrerin, Patientin und Doktor, Untergeordnete und Autorität (Fine/Glasser 1996, 35f.). Die Beziehung zwischen Klientin und Sozialarbeiterin ist asymmetrisch, ist eine Beziehung, in der ein Macht- und Wissensgefälle festgestellt werden kann, und das ist auch gut so. Die Klientin hätte keinen Grund, sich mit der Sozialarbeiterin auseinanderzusetzen, wenn sie von ihr nicht Expertenschaft, Kompetenz und fachliche Autorität erwarten könnte. Andererseits erfordert ein erfolgreicher

Beratungs- und Unterstützungsprozeß Gegenseitigkeit, Gleichheit und geteilte Verantwortung (ebd.).
Die spezielle Form der Asymmetrie und gleichzeitiger „Wärme" einer Beziehung zwischen Sozialarbeiterin und Klientin beschreiben Sara F. Fine und Paul H. Glasser (1996, 35f.; Übersetzung P. P.):

> „Eine der Arten, wie der Praktiker seine Expertenschaft zeigen kann, ist, daß er Dinge sieht, wie der Klient sie alleine nicht sieht; oder daß er eine neue Interpretation für Dinge anbietet, die der Klient zu verstehen meint; oder daß er dem Klienten neue, relevante und nützliche Informationen gibt. Eines der nettesten Dinge, die eine Beraterin hören kann, ist: ‚So habe ich das noch nie gesehen'.
> Aber die Beraterin ist auch Expertin des Hilfsprozesses. Sie antwortet dem Klienten nicht, als wäre sie eine Nachbarin oder Freundin. Eher antwortet sie auf eine Art und Weise, die den Klienten dazu zwingt, anders zu denken darüber, was er sagt und wie er handelt – innerhalb und außerhalb der Beratungssituation. Obwohl die Beraterin freundlich und akzeptierend ist, unterstützt sie nicht immer die Ideen des Klienten oder sein Verhalten. Sie stellt vielleicht die Aktionen und Reaktionen des Klienten in Frage, fordert ihn heraus oder konfrontiert ihn. Die besondere Kompetenz der professionellen Beraterin oder Therapeutin ist es, das zu tun, während sie dem Klienten Respekt und Anerkennung zeigt."

Beratung, Aktion

Ein weiteres Merkmal des sozialarbeiterischen Unterstützungsprozesses ist der Wechsel von Beratung und Aktion. In einer Beratungsbeziehung ist es nur der Klient, der zwischen den Sitzungen in seinem Alltag agiert; bei der Alltagsrekonstruktion wechseln Beratungssitzungen mit Aktionen von Klientin und Sozialarbeiterin im Feld; bei der Alltagsbegleitung steht das Agieren im Feld im Vordergrund, die Beziehung Sozialarbeiterin-Klientin begibt sich sozusagen in den Alltag der Klientin. Die Eingriffe in die lebensweltlichen Zusammenhänge der Klientin im Rahmen der Alltagsrekonstruktion erfordern als notwendige Begleitmaßnahme einen größeren Koordinationsaufwand. Soll die Klientin die Kontrolle über ihr eigenes Leben behalten oder wiedergewinnen (was ja Ziel sozialarbeiterischer Interventionen ist), dann wäre es kontraproduktiv, wenn die Aktionen der Sozialarbeiterin von der Klientin nicht kontrolliert werden könnten. Die Sitzungen mit der Klientin wären also so auszugestalten, daß hier die volle Beteiligung der Klientin gewährleistet wird. Das bedeutet: Berichte über die Aktionen sowohl der Klientin als auch der Sozialarbeiterin im Feld, Nachbesprechung der neuen Informationen und der Folgen der Interventionen, Vorbesprechung der weiteren Interventionen. Nur so kann gewährleistet werden, daß die Klientin über alle Schritte informiert ist und den Prozeß als einen begreift, für den sie selbst Verantwortung trägt. Versteht man es nicht als „schöne Nebensache", sondern als zentralen Aspekt der Fallarbeit, den Klientinnen maximale Kontrolle über den Prozeß zu ermöglichen, so läßt sich dieser Anspruch auch nicht einfach mittels eines Hinweises auf die beschränkten Teilhabemöglichkeiten der Klienten beiseiteschieben oder einschränken (Meinhold 1973, 212 f.). Im Gegenteil: Der Versuch, die Prozesse der Fallarbeit so anzulegen, daß auch Klienten in einer schwierigen Ausgangssituation (unfreiwilliger Kontakt, Apathie, Behinderung …) sie kontrollieren und mitgestalten können, ist bereits der wichtigste Abschnitt der Fallarbeit. Unten (S. 225 ff.) im Zusammenhang mit meinen Ausführungen zu den Interventionen im Feld werde ich diesen Aspekt noch detaillierter diskutieren.

Haltung

Die Haltung des Sozialarbeiters zum Fall ist in der Individualhilfe-Literatur immer wieder Gegenstand der Beschreibung. In allgemeinen Worten versuchen die Klassiker der Methodenliteratur zu beschreiben, wie sich der Sozialarbeiter dem Fall und dem Klienten nähern sollte. Die Methodenkritik stellte diese zugegebenermaßen vagen Anweisungen in den Mittelpunkt zuweilen ironischer Darstellungen. Tatsächlich hat die helfende Beziehung in der Fallarbeit ein Problem, das z. B. therapeutische Beziehungen nicht in gleichem Ausmaß haben: Die größere thematische Offenheit, die große Variabilität von Settings und institutionellen Kontexten sowie das imposante Arsenal an Interventionsformen der Einzelfallhilfe verbieten die Anwendung von allzu standardisierten Abläufen. Die Institution muß also für ihr Klientel und ihren Aufgabenbereich die Arbeitsform konkretisieren, und in einem weiteren Schritt muß der Praktiker vor Ort, der mit dem je konkreten Fall konfrontiert ist, darüber entscheiden, wie er vorgeht, ob und welche Interventionen er im Feld setzt usw. Als allgemeine Richtschnur dienen für solche Konkretisierungen und fallbezogenen Entscheidungen die Prinzipien der Einzelfallhilfe. Gleichzeitig besteht aber das Bedürfnis nach einer Beschreibung der grundlegend wohlwollenden Haltung, die Sozialarbeiter ihren Klienten gegenüber einnehmen sollten und die nach den Berichten vieler Praktikerinnen und Praktiker des Casework Voraussetzung erfolgreicher Arbeit ist (siehe dazu auch Rosenfeld 1996). Burkhard Müller (1995, 175 ff.) spricht von „Liebe", Maria Loley von „Mitmenschlichkeit" (1996), Harro

Dietrich Kähler von „anteilnehmender Neugier" (1991). Ich habe (andere) Aspekte dieser Haltung mit „solidarischer Distanz" zu beschreiben versucht: Solidarisch im Sinne einer grundsätzlichen Parteinahme für den Klienten und eines Interesses am Klienten und seiner Welt, ohne die Fallarbeit weder interessant noch erfolgsträchtig sein dürfte; Distanz als notwendige, wenn auch nicht hinreichende Bedingung für gelingende Unterstützung, einzuhalten und herzustellen zum Schutze und zum Nutzen des Klienten.

Mehrere Autorinnen und Autoren weisen darauf hin, daß sich die Professionalität und Nützlichkeit von Beratung unter anderem gerade dadurch herstellt, daß der Berater keine, vor allem keine schnellen Ratschläge gibt. Sara F. Fine und Paul H. Glasser (1996, 65f.) argumentieren das damit, daß es darauf ankommt, dem Klienten zu ermöglichen, daß er sich selbst die richtigen Dinge sagt. Ich möchte diesen Gedankengang noch weiterführen und auf die Interventionen im Feld anwenden: Es ist auch kontraproduktiv, wenn Fallarbeiter mit unzureichend vorbereiteten und nicht mit den Betroffenen – „Problembeteiligten" würde das bei Lüssi heißen (1992, 95ff.) – abgeklärten eingreifenden Interventionen versuchen, das Lebensfeld der Klienten zu „reparieren". Ich nenne die dahinter steckende Vorstellung Maßnahmenorientierung: Die Sozialarbeiterin sieht sich unter Handlungsdruck und tut daher etwas. Zum Beispiel reagiert die Caseworkerin auf eine schwierige finanzielle Situation mit der Organisation finanzieller Unterstützung; auf die Erziehungsprobleme mit der Überweisung in eine psychologische Beratungsstelle; auf die Alkoholprobleme mit einer Überweisung zur Alkoholikerberatung; auf Partnerstreitigkeiten mit der Überweisung zu einer Familienberatungsstelle; auf Schulschwierigkeiten mit der Organisation von Nachhilfe; auf Überlastung der Mutter mit der Organisation eines Erholungsaufenthalts für die Kinder; auf den Verlust der Dokumente mit raschen Aktivitäten zur Wiederbeschaffung. Alle diese Maßnahmen können sinnvoll sein, aber ob sie es sind, muß erst geklärt werden – und sie sind es sicher nur, wenn gleichzeitig der Kontext besprochen wurde und die Klienten maximal in die Entscheidung über die Vorgangsweise eingebunden sind, sie möglichst selbst getroffen haben, über die Chancen und Gefahren unterrichtet sind, und wenn ihre Eigenaktivitäten dabei

Prozeß

angeregt werden. Der Prozeß ist also mindestens so wichtig wie der Inhalt.

Die scheinbare Klientenfreundlichkeit der Maßnahmenorientierung erweist sich bei Betrachtung des (möglichen, wahrscheinlichen) weiteren Verlaufs als Chimäre: Die Maßnahme, die dem Klienten fremd bleibt, weil es nicht seine, sondern die des Sozialarbeiters ist, macht ihn nicht stärker. Vielleicht bringt sie kurzfristige Besserung (oft nicht einmal das), aber sie verbessert nicht dauerhaft die Situation: Die einmalige Geldzuwendung verbessert nicht die Fähigkeit des Klienten, sein Geld sparsam zu gebrauchen oder seine Einkünfte zu erhöhen; die Überweisung zur Alkoholberatungsstelle erhöht nicht seine Motivation, „trocken" zu werden; die Nachhilfe bleibt unter den tristen familiären Bedingungen vielleicht wirkungslos. Gewonnen hat jedenfalls der Sozialarbeiter, der vor sich selbst und vor anderen nachweisen kann, „etwas getan" zu haben. Die Maßnahme „gehört" dem Sozialarbeiter, so wie ein Ratschlag dem Ratgeber „gehört": Er kann ihn sich selbst als Leistung zurechnen. Der Mißerfolg, der gehört dann dem Klienten, der mit dem Ratschlag nichts angefangen und die Maßnahme nicht genützt hat.

Zusammenfassend kann also gesagt werden, daß Unterstützungsprozesse dann hilfreich sein können, wenn die Klienten maximal in Entscheidungsprozesse einbezogen werden und wenn die Asymmetrie der Sozialarbeiterin-Klientin-Interaktion nicht dadurch verschärft wird, daß die Sozialarbeiterin so tut, als könnte sie wie ein deus ex machina die Verhältnisse allein durch ihr Eingreifen zum Guten wenden. Eine Haltung gegenüber der Welt der Klienten, die mit Demut oder Achtung beschrieben werden kann.

Die systemische Interventionstheorie, zumindest die aktuelle Theorie der geschlossenen Systeme, begründet die hier skizzierte Herangehensweise damit, daß ein System sich nur auf Basis eigener Prozesse verändern kann (Willke 1987). Interventionen wären dann so anzusetzen, daß jene Veränderung auf Basis eigener Prozesse möglich wird.

Das weit verbreitete Buch „Systemische Sozialarbeit" von Peter Lüssi (1992) gründet nicht auf dieser systemischen Interventionstheorie, sondern auf der (älteren und inzwischen für Anwendungen in den Sozialwissenschaften ungebräuchlicher gewordenen) Theorie der offenen Systeme, deren Epigonen bei den therapeutischen und sozialen Anwendungen zuweilen jenen grundlegenden Respekt vor der Autonomie von Menschen und sozialen Systemen vermissen lassen. So enthält m. E. auch Lüssis Konzept autoritäre Züge und befleißigt sich einer defizitorientierten Sichtweise. Lüssi spricht z. B. von „sozialdebilen" Klienten. Eine fachöffentliche Debatte über solche zweifelhaften Konzepte und Etikettierungen wäre m. E. dringend erforderlich.

Anstelle der Maßnahmenorientierung sollte eine Orientierung auf Verstehen, Informieren, Unterstützung von Eigenaktivitäten der Klienten und ihres Umfelds, Moderieren und Reflektieren dieser Bemühungen, treten. Im Kapitel 4 habe ich die Wiederherstellung von Alltag als Ziel des Unterstützungsprozesses genannt. Nun kann man präzisieren, was das Ziel für die Sozialarbeiterin ist: Das Herstellen von Bedingungen, unter denen Bemühungen der Klientin erfolgreich sein können, ihre Probleme zu lösen und in ihrem Leben wieder Alltäglichkeit zu gewinnen (Stark schlägt das Bild des „Mentors" bzw. der „Mentorin" vor: 1996, 179f.). Ob die Fallarbeit von der Sozialarbeiterin gut geleistet wurde, läßt sich also nicht direkt an der Lebenssituation der Klientin ablesen. Manche Klientinnen können trotz schlechter Unterstützung ihre Situation wieder unter Kontrolle bringen, andere schaffen es trotz guter Unterstützung nicht. Im Abschnitt über Selbstevaluation und Evaluation (6.5.) werde ich mich noch mit dieser Frage des Erfolgs beschäftigen.

Zeit

Wie jeder Prozeß, benötigt auch der Prozeß der Fallarbeit Zeit, um sich entwickeln zu können. Die Zeitstrukturen sind abhängig vom zu lösenden Problem. Während bei relativ klar abgegrenzten Fragestellungen, wie sie bei Kurzberatungen die Regel sind, der Prozeßverlauf mit dem Gesprächsverlauf zusammenfällt, benötigen Betreuungsbeziehungen bei komplexeren oder unklareren Fragestellungen längere Zeit. Es ist die Veränderung selbst, die diese Zeit braucht. Die nötigen Überlegungen und Aktionen des Klienten müssen heranreifen und dann ihre Wirkung entfalten können. Zeiten des Abwartens wechseln mit Zeiten der Aktion. In bestimmten Phasen des Prozesses ist dann wieder Schnelligkeit angesagt: Immer dann, wenn durch Abwarten nicht gewonnen werden kann, wenn Zeitablauf nur Verzögerung bedeuten würde.

Der Umgang mit dem Tempo, das Aufbringen der nötigen Geduld und die rasche Erledigung anstehender Aufgaben durch den Sozialarbeiter sind Teil des Kalküls der Unterstützung. Klienten sollen am Beispiel der Sozialarbeiter lernen können. Sie werden dabei unterstützt, sich selbst, wenn nötig, Zeit zu geben, aber auch rasch zu handeln. Durch die Schnelligkeit im richtigen Moment fördert der Sozialarbeiter das Vertrauen in seine Zuverlässigkeit und seine klientenfreundliche Haltung.

6.2. Prozessphasen und Prozessplanung

Phasenverlauf

Die Literatur ist uneinig darüber, ob der Fallbearbeitungsprozeß in einen Phasenverlauf gegliedert werden kann oder soll. So praktisch die Einteilung in eine Eingangsphase, Bearbeitungsphase und Abschlußphase zu sein scheint, sind die realen Betreuungsverläufe doch höchst unterschiedlich. René Simmen (1990, 56f.) verweist in Zusammenhang mit dem Coping-Prozeß darauf, daß sich die Erwartung eines Phasenverlaufs als Mythos erweise, von dem man sich befreien müsse. Vor allem meint er damit die Vorstellung, die Klienten würden mit ihrer Krankheit in einer erwartbaren Zeitspanne auf eine erwartbare Art und Weise leben lernen. Er verweist auf die sehr individuellen Verläufe des Coping-Prozesses und darauf, daß die Lösung keineswegs sicher ist.

Trotzdem wollen wir hier zwei Ablaufmodelle der Fallarbeit vorstellen. Das Case-Management (Wendt 1991, 39 f.; genauer führe ich dieses Modell auf S. 248 ff. aus) besticht durch einen klaren fünfphasigen Ablauf des Betreuungsprozesses:

(1) Assessment – die Informationssammlung und Bewertung
(2) Entwicklung eines Unterstützungsplans
(3) Vernetzung, Etablierung eines Hilfssystems
(4) Monitoring – Kontrolle des Verlaufs
(5) eventuell Reassessment.

Einer Phase der Diagnose folgt hier die Intervention als Aktion im Feld. Die Tätigkeit des Fallarbeiters ist offensichtlich nicht auf die Beratung beschränkt, sondern greift ordnend, arrangierend und vermittelnd in das lebensweltliche Umfeld des Klienten ein.

Maja Heiner (1995b) untersuchte eine Reihe von (durchwegs ähnlichen) Phasenmodellen, um schließlich für folgendes zu plädieren:

(1) Problemeingrenzung und -auswahl
(2) Informationssammlung und -auswertung
(3) Kontaktaufnahme und Interessenabklärung
(4) Aufbau und Beeinflussung von Aktionssystemen
(5) Unterstützung sozialer Austauschprozesse
(6) Auswertung und Rückkopplung der Ergebnisse
(7) Ablösung und Auflösung des Aktionssystems

Dieses Modell versteht sich als ablauflogisches, das eine Strukturierung der Arbeit vorschlägt. Unter „Kontaktaufnahme“ ist hier die Kontaktaufnahme mit Personen aus dem lebensweltlichen Umfeld zu verstehen, die in Aktionssysteme eingebunden werden können. Maja Heiner verweist darauf, daß die früheren Phasen eventuell mehrfach durchlaufen werden müssen, jedoch keine spätere vor einer früheren Phase kommen kann.
M. E. geht auch dieses Ablaufmodell noch zu sehr von der Annahme aus, daß die Probleme, mit denen es die Fallarbeit zu tun hat, relativ klar beschreibbar und benennbar sind und daß die Fallbearbeitung Ähnlichkeit mit der Abarbeitung eines Arbeitsauftrags hätte. Ich neige (wie z. B. Kähler 1991, 160 und Hollstein-Brinkmann 1992, 134 ff.) eher zu der Auffassung, daß es sich bei einem Großteil der Fallsituationen, in denen Sozialarbeiterinnen ihre Tätigkeit entfalten, um das handelt, was man als schlecht strukturierte („bösartige“) Probleme bezeichnen kann.
Gut strukturierte Probleme haben einige hilfreiche Eigenschaften: Man weiß, was das Problem ist; die Wege zur Lösung sind bekannt; diese Wege sind gangbar; man weiß, wie die Lösung aussieht; man erkennt, wenn man sein Ziel erreicht hat. Schlecht strukturierte Probleme finden sich in hochkomplexen dynamischen Welten und haben einige irritierende und unangenehme Eigenschaften:

(a) Es ist nicht eindeutig, was das Problem ist. Mehrere Beschreibungen sind möglich, die Problemdefinitionen sind vage und widersprüchlich.
(b) Die Lösungswege sind unbekannt, bzw. bestehen konkurrierende Lösungswege, alle mit einem schwer kalkulierbaren Risiko behaftet.
(c) Es ist unklar, wie die Lösung aussehen kann und woran zu erkennen wäre, daß die Lösung gelungen ist.
(d) Die Situation ändert sich laufend auch ohne Zutun des Problemlösers. Die „Wirkungen“ einer Aktion können nicht eindeutig identifiziert werden.

Zielvereinbarungen

Oder anders gesagt: Das Bild der Situation ändert sich laufend, daher sind bei Unterstützungsprozessen, die länger dauern (länger heißt hier bereits mehrere Sitzungen), einmal getroffene Zielvereinbarungen ständig zu überprüfen und zu modifizieren. Die Klienten als aktive Teilnehmer des Fallbearbeitungsprozesses bestimmen den Verlauf mit. Manchmal tun sie das durch „Verweigern“, sie halten sich nicht

oder nur wenig an Vereinbarungen oder brechen den Prozeß vorzeitig ab. Manche Betreuungen entwickeln sich krisenhaft. Das ganze Ausmaß der Schwierigkeiten der Klienten wird erst nach einigen Sitzungen sichtbar bzw. wird der vermeintlich erreichte Fortschritt durch Rückfälle, durch die Wirkung bisher nicht bearbeiteteter (und nicht bekannter) Problemfelder usw. scheinbar zunichte gemacht.
Unter solchen Bedingungen der Unklarheit und Unsicherheit wird Planung nicht überflüssig, aber sie muß anders aussehen als die Planung bei der Lösung einfacher und übersichtlicher, „gutartiger" Probleme. Nach der Eröffnungsphase, also nachdem klar geworden ist, daß es sich nicht nur um eine Kurzberatung, sondern um einen zumindest mittelfristigen Beratungs- oder Alltagsrekonstruktionsprozeß handelt, können Marksteine gesetzt werden, die für den Klienten und den Berater den Prozeß strukturieren und berechenbar machen. Vereinbarungen darüber, welche Probleme vorrangig bearbeitet werden sollen, in welchem Rhythmus die Besprechungen stattfinden sollen, und die Festsetzung eines Bilanztermins sind Elemente dieser Planung (siehe Abbildung 18, S. 172). Der Bilanztermin dient dazu, die Lebenssituation der Klientin zu resümieren; die Veränderungen seit Beginn des Unterstützungsprozesses zu untersuchen; die der Arbeit bisher zugrundeliegenden Annahmen, Problem- und Zieldefinitionen zu überprüfen, eventuell zu modifizieren oder auch ausdrücklich zu verwerfen; den Unterstützungsprozeß selbst zu thematisieren; sich mit dem Klienten über den weiteren Verlauf (eventuell auch die Beendigung) des Prozesses zu einigen.
Die Planung sollte selbstverständlich nicht nur im Kopf der Sozialarbeiterin stattfinden. Sie entfaltet ihre ordnende Wirkung erst dann völlig, wenn die Klientin an ihr beteiligt ist, z. B. auch über den unterschiedlichen Charakter einer normalen Beratungssitzung und eines Bilanztermins vorinformiert ist, sich darauf vorbereiten kann. Flexibilität kann man dadurch erreichen, daß Abweichungen von der Planung zwar möglich sind, aber grundsätzlich nicht stillschweigend stattfinden dürfen. Jede Abweichung bedarf einer Begründung und dann einer Bestätigung oder Nachjustierung des Plans.
Zielvereinbarungen mit den Klienten sind ein weiteres Planungsinstrument. In Kombination mit der Zeit- und Terminplanung bilden sie einen übersichtlichen Rahmen für den Prozeß. Wie jede gute Planung sollte auch die Prozeßplanung nicht darauf aufbauen, daß alles klaglos funktioniert. Friktionen, Komplikationen, Krisen und Rückschläge

Abbildung 18: Beratung planen

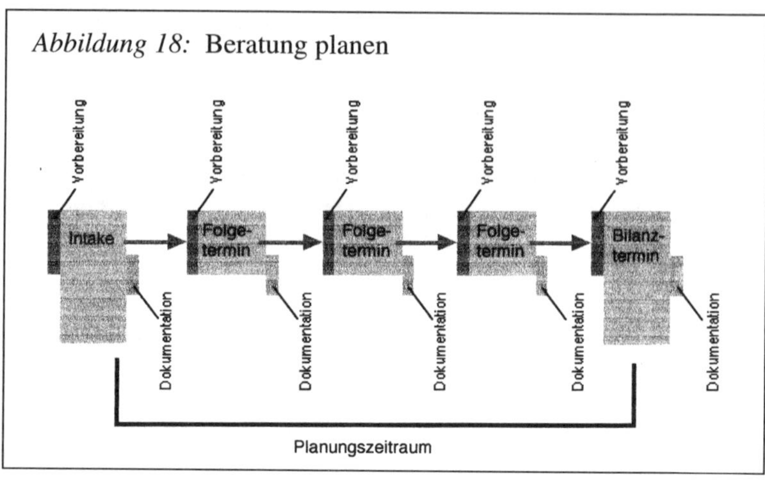

sind erwartbarer und oft notwendiger Bestandteil jeder Veränderung und Entwicklung. Um einer Entmutigung der Klienten bei Auftauchen der ersten größeren Schwierigkeiten vorzubeugen, sollte daher die Möglichkeit, ja Wahrscheinlichkeit von Rückschlägen vorbesprochen und in die Besprechung des Betreuungsablaufs einbezogen werden. Planung und Zielvereinbarungen sollten rückfalltolerant sein.
Bestimmte Settings und Institutionen, die mit einem relativ stark standardisierten Programm arbeiten (Schuldnerhilfe, Bewährungshilfe, der außergerichtliche Tatausgleich in Österreich u. ä.) entwickelten für ihren Bereich gültige spezifischere Modelle. Sie definierten das Setting genauer und geben die Form des Prozesses den Klienten weitgehend vor. Je klarer abgegrenzt die Aufgabenstellung ist, um so eher wird das möglich sein.

6.3. Probleme der Asymmetrie

In der Folge (in diesem und im nächsten Abschnitt) beschäftige ich mich mit speziellen Problemen des Unterstützungsprozesses in der Einzelhilfe. Die Einteilung in Probleme der Asymmetrie, also in mögliche Komplikationen, die durch die Ungleichheit von Fallarbeiterin und Klientin hervorgerufen werden, und solche, die durch den Einbruch von Charakteristika einer anderen zwischenmenschlichen Beziehung in den Prozeß hervorgerufen werden, ist in gewisser Weise anfechtbar und einige der Zuordnungen mögen willkürlich erscheinen. Trotzdem habe ich diese Unterscheidung gewählt, weil sie die richtige Balance der Beziehung zwischen Sozialarbeiterin und Klientin als Aufgabe in den Mittelpunkt stellt: Die Notwendigkeit der Herstellung und Verteidigung des Verhältnisses zwischen Unterstützerin (Mentorin) und Unterstützern als zwar asymmetrisches, aber reguliertes und begrenztes Machtverhältnis, das auf seine Auflösung zusteuert und, soll es unterstützend sein, weder in eine krasse Autoritätsbeziehung noch in eine symmetrische Freundschafts- oder Liebesbeziehung abgleiten darf.

Es ist vor allem das Verdienst der Psychoanalyse, auf die Beziehungsaspekte der Kooperation zwischen Sozialarbeiter/Therapeut einerseits und Patient/Klient andererseits aufmerksam gemacht und sie untersucht zu haben. Das Casework hat hier von tiefenpsychologischen Autoren viel gelernt. Die Versuche, die Fallarbeit auf eine stärker sachliche Basis zu stellen, sollten m. E. nicht dazu führen, diese Selbstreflexivität zu vergessen oder sie aufgrund ihrer „weichen" wissenschaftlichen Grundlage zu vergessen.

Die Asymmetrie der Sozialarbeiter-Klient-Beziehung ist einerseits Voraussetzung für ihr Gelingen, allerdings schafft sie auch eine schwierige Situation für die Entwicklung des Dialogs. Manchen Klienten fällt es nicht leicht, in einer solchen Beziehung ihre Autonomie zu wahren. Strukturell erinnert das Setting an die Beziehung zwischen Kind und Vater oder Mutter: Das Leben (oder zumindest relevante Aspekte des Lebens) des Klienten werden thematisiert, während der Lebenszusammenhang des Fallarbeiters unthematisiert bleibt. Die Beratungssituation hat zudem einige Anzeichen von Intimität: die relative Abgeschlossenheit gegen Störungen von außen; das Eingehen auf Gefühlsäußerungen des Klienten; die relative Nähe, in der der andere auch in seiner körperlichen Präsenz wahrgenommen wird; die wechselseitig aufeinander gerichtete Aufmerksamkeit. Der Klient ist dem Berater für die Dauer der Beratung verhältnismäßig stark ausgeliefert, jedenfalls stärker als bei den meisten anderen förmlichen Sozialkontakten; er muß sich bei selbstinitiierten Beratungskontakten als hilfsbedürftig darstellen, um die angestrebte Unterstützung zu bekommen. Bei fremd- oder sozialarbeiterinitiierten Kontakten ist er damit konfrontiert, daß der Berater ihn als hilfsbedürftig definiert.

(Gegen-) Übertragung

Klienten können dazu neigen, sich zu unterwerfen oder in dem als mächtiger fantasierten Gegenüber einen Feind zu erwarten, dem man mit ständigem Mißtrauen begegnen muß. Die Tiefenpsychologie hat mit dem Konzept der Übertragung versucht, dieses Bestreben auf den Begriff zu bringen. Sigmund Freud hatte die Übertragung als den Prozeß charakterisiert, in dem die Patienten Gefühle, die ursprünglich anderen Personen gegolten haben (z. B. dem Vater), in die Therapie einbringen und nun auf den Therapeuten richten (Zeller 1987, 64 ff.). Ganz allgemein kann man darunter die Gefühlsaspekte verstehen, mit denen die Klientinnen und Klienten die Beratungssituation konnotieren und die dieser Situation einen anderen Akzent geben, z. B. eben den einer Eltern-Kind-Beziehung. Die aus lebensgeschichtlich wichtigen früheren Erfahrungen auf die aktuelle Beziehung übertragenen Gefühle können auch zu einem entsprechenden Verhalten des Klienten in der Beratungsbeziehung führen, z. B. zu einem kindlichen Sich-gehen-Lassen, zu Trotz und Rebellion, zu überzogenen Forderungen an den Unterstützer, alle Probleme zu lösen.

Der Begriff der Gegenübertragung bezeichnet den prinzipiell ähnlichen Vorgang auf der Seite des Therapeuten/Beraters, also die emotional bedingten Abweichungen des Beraters von einer Beratungsstrategie. Auch hier begünstigt die besondere Form der Sozialarbeiterin-Klientin-Interaktion spezielle Gegenübertragungsformen. Die Geste des Helfens und der Wunsch nach Anerkennung der eigenen Leistungen für den Klienten kann eine patriarchale Ausgestaltung der Beziehung begünstigen auf eine regredierende Selbstinszenierung des Klienten treffen: Der sich immer hilfloser und gleichzeitig dankbar darstellende Klient trifft auf einen Sozialarbeiter, der sich darüber freut, gebraucht zu werden und daher die Unselbständigkeit des Klienten unbewußt unterstützt. Um Mißverständnissen vorzubeugen: Hier soll keineswegs Engagement denunziert werden. Das ist nur die Warnung vor einer Beziehungsfalle, in die vor allem Laien und Berufsanfänger gerne tappen.

Widerstand

Das Beziehungsspiel in der Diade „Sozialarbeiterin-Klientin" kennt noch eine Reihe anderer Varianten, die (nicht nur) unerfahrenen Fallarbeitern Schwierigkeiten bereiten können. Die verschiedensten Formen von Widerstand der Klienten können den Unterstützungsprozeß unterlaufen. In einer – manchmal realistischen, manchmal überzogenen – Angst des Klienten vor der Machtposition der Beraterin, aber auch vor den ungewissen Folgen einer Änderung seiner Lebenssitua-

tion sucht er zum Beispiel Ausflüchte, erzählt erfundene Geschichten, verschweigt wichtige Sachverhalte usw. Diese Verhaltensweisen können unterschiedliche Funktion haben. Manchmal wird sich der Klient selbst belügen, weil er die „ganze Wahrheit" nicht zu ertragen vermeint. Manchmal wird er aus taktischen Gründen die Wahrheit korrigieren, weil er glaubt, so leichter zu der von ihm gewünschten Unterstützung zu kommen. Für manche Klienten ist das Fabulieren bereits zu einer gewohnten Überlebensstrategie geworden, weil sie sich dadurch schwierigen Anforderungen im Alltag entziehen und Verbindlichkeit in Beziehungen vermeiden können.
Eine Beraterin sollte darauf vorbereitet sein, daß sie auch mit Klientinnen konfrontiert sein wird, die Rückzieher machen, Angst vor Veränderung haben, sich und andere belügen und vielleicht auch einmal aggressiv sind. Beratungsprofis lassen sich davon nicht aus der Ruhe bringen und nehmen vor allem diese Manöver der Klienten nicht als persönliche Angriffe wahr, sondern als deren Ausweichversuche. Oder gar, wie Steve de Shazer (1989) vorschlägt, als die Form der Kooperation, die den Klienten derzeit möglich ist.
Neben der Konfrontation (siehe dazu die Ausführungen S. 198) ist es auch möglich, die Täuschungsmanöver der Klienten vorerst zu ignorieren und nicht explizit auf sie einzugehen – vor allem wenn sie nicht die zentrale Agenda berühren, oder trotz der eigenen Zweifel die Erzählungen der Klienten als wahr anzunehmen und auf ihrer Grundlage weiterzuarbeiten („Nehmen wir an, es ist so, wie Sie sagen. Was hat das für Konsequenzen, was müssen Sie dann tun, wie könnten wir feststellen, ob Sie recht haben?"). Im letzteren Fall weicht man ihnen eben nicht aus und arbeitet auf eine sanfte Form der Konfrontation hin.

6.4. Zwischenmenschliche Aspekte der Sozialarbeiter-Klient-Interaktion

Die Asymmetrie der Sozialarbeiter-Klient-Interaktion kann auch eine Provokation sein. Sie steht im Widerspruch zur oft intimen Form des Settings, in dem der Sozialarbeiter dem Klienten sehr nahe kommt. Die persönliche Herausforderung, die ein Beratungsprozeß für viele Klienten darstellt, kann den Wunsch entstehen lassen, den Charakter der Beziehung zu verändern, den Sozialarbeiter als Berater zu „neutralisieren", indem er stärker in das eigene Leben eingebaut wird.

Wie bei allen näheren menschlichen Kontakten können auch in der Beratungsbeziehung erotische Komponenten entstehen. Die Wahrnehmung der körperlichen Präsenz des anderen kann Sympathie oder Antipathie, den Wunsch nach mehr Nähe auftauchen lassen. Außerdem regt die Beziehung die Fantasie Dritter an. Nicht selten verbinden Partner von Klienten oder auch lebensweltlich andere mit einer Unterstützungsbeziehung die Vorstellung von Intimität und sexuellen Komponenten. Sie sind vom Engagement des Klienten und des Sozialarbeiters irritiert.

Nähe, Distanz

Im Interesse der Bewahrung der heiklen Balance von Nähe und Distanz, die für gelingende Fallarbeit erforderlich ist, sind sexuelle Beziehungen zwischen Klient und Sozialarbeiter – in welcher geschlechtlichen Zusammensetzung auch immer – natürlich auszuschließen. In der Diskussion zum „Code of Ethics" der US-amerikanischen National Association of Social Work (1997) wurde betont, daß das ein Verbot ohne Ausnahmen sein sollte. Es sei wichtig, auch den Sozialarbeitern klar zu machen, daß sie Klienten nicht als mögliche Sexualpartner betrachten können, weil das negative Auswirkungen auch auf Unterstützungsbeziehungen hätte, in denen keine erotische Beziehung realisiert wird. Wolfgang Schmidbauer hat allerdings in seiner Untersuchung über sexuelle Beziehungen zwischen Therapeuten und Klienten (1997) die rigide Ablehnung relativiert und keine eindeutigen Beweise für die Schädlichkeit solcher Beziehungen für die Klienten gefunden. Moralisch problematisch scheint das Kippen einer professionellen Beziehung in eine erotische allemal – und die Aufrechterhaltung professioneller Regeln ist dann nicht mehr möglich. Die Folge kann einerseits die Neutralisierung des Beraters sein, der durch die Einbindung in ein privates Verhältnis in andere Formen der Loyalität gegenüber dem Klienten gezwungen wird und seine herausfordernde Distanz verliert. Andererseits besteht für den Klienten die Gefahr, in einer doppelten Abhängigkeit zu landen. Über „dual relationships", also Beziehungen, in denen Sozialarbeiter und Klient einander in zwei (oder mehreren) verschiedenen Rollen gegenüberstehen, wird unten (S. 276 ff.) im Zusammenhang mit den Ausführungen über Ethik noch zu sprechen sein.

Die Intimität der Sozialarbeiter-Klient-Interaktion und ihr Machtgefälle machen auch einen sorgfältigen und kontrollierten Einsatz von Berührungen erforderlich. Körperliche Berührungen können starke Emotionen hervorrufen. Sie sind im Unterstützungsprozeß keines-

wegs ausgeschlossen, schon das begrüßende Händeschütteln ist ja eine solche Berührung, sollten aber sparsam und mit Respekt vor der Integrität des Klienten eingesetzt werden (ausführlich untersucht bei Hunter/Struwe 1997).
Kontrovers wird auch das Mitleid diskutiert, ein Gefühl, das Motivation für Unterstützungsleistungen sein kann, andererseits aber den, der Mitleid hat, über den Bemitleideten erhebt und letzteren als Opfer und Hilfsbedürftigen erfaßt. Von Mitleid getragene Hilfsaktionen nehmen manchmal die Form der Almosengewährung an, sie zielen nicht auf die Ermächtigung des Hilfsempfängers, sondern auf die Bestätigung des Helfers als „gutem" Menschen.
Der laienhafte Umgang mit der Rolle der Unterstützerin ist durch eine mangelnde Trennung von persönlichen Gefühlen und professioneller Rolle gekennzeichnet. Mißerfolge und Widerstandshandlungen von Klienten können nicht als Verhaltensweisen erkannt werden, die sich auf den Veränderungsprozeß beziehen, sondern werden als persönliche Ablehnung, mitunter als beleidigend erfahren („Jetzt bemühe ich mich so um ihn und jetzt tut er mir das an ..."). Im schlimmsten Fall entziehen Helfer dem Klienten dann die Unterstützung („Er verdient es nicht, er hat mich so enttäuscht." oder: „Ich habe ihm so eine große Chance geboten, er hat sie nicht wahrgenommen!").

6.5. Dokumentation und Evaluation

Methodisch kontrollierte Fallbearbeitungen benötigen ein Mindestmaß an Dokumentation. Die Aufzeichnungen erfüllen mehrere Funktionen: Sie machen die wichtigsten Rahmendaten zugänglich; sie machen den Prozeß rekonstruierbar; sie bilden ein Gedächtnisgerüst für die Einschätzung des bisherigen Verlaufs; die Niederschrift ist eine Form der Reflexion; wenn die Übergabe des Falles an eine Kollegin oder einen Kollegen nötig ist, muß dieser nicht mehr wieder von vorne beginnen; die Aufzeichnungen können als Unterlage bei Fallbesprechungen dienen.

Elemente der Dokumentation

In den verschiedenen Institutionen sind sehr unterschiedliche Formen der Dokumentation üblich oder vorgeschrieben. Manche sind aktenförmig, in anderen Einrichtungen werden die Fallaufzeichnungen anonymisiert geführt. Die Aufzeichnungen sollten aber mindestens folgende Elemente beinhalten:

(a) Die Grunddaten des Klienten (Geburtsdatum/Alter, Qualifikation, Beruf, Quelle und Höhe des Einkommens, Adresse und Wohnsituation, wichtige Personen in seinem Umfeld, wichtige Rahmenbedingungen wie z. B. Krankheiten oder materielle Verpflichtungen).
(b) Termine der fallbezogenen Kontakte (Klientenkontakte und Kontakte mit lebensweltlichen anderen und Institutionen) und kurze Darstellung des Inhalts der Kontakte, eventuell in Stichworten.
(c) Alle mit dem Klienten oder Dritten getroffenen Vereinbarungen.
(d) Wurde ein Assessment oder ein Reassessment durchgeführt, also eine umfassendere Einschätzung der Situation des Klienten, so sollten die Ergebnisse dokumentiert sein.

Nur bei Kurzberatungen oder sehr kurzen Beratungsprozessen kann es sein, daß nicht einmal die Grunddaten des Klienten erhoben werden. Bei telefonischen Kurzberatungen mag nicht einmal der Name des Klienten bekannt sein. Die Dokumentation kann dann die Daten soweit bekannt enthalten bzw. kann der Fallarbeiter Schätzungen niederschreiben.
Das Niederschreiben fallbezogener Informationen und des Betreuungsverlaufs sollte m. E. als selbstverständlicher Teil einer professionellen Inszenierung verstanden werden. Das Verfertigen der Notizen nach einem Beratungsgespräch ist eine gute Gelegenheit, um sich den Gesprächsverlauf noch einmal zu vergegenwärtigen, ihn zu reflektieren und einzuschätzen. Das Zur-Hand-Nehmen der Dokumentation vor einem Folgegespräch erleichtert es, sich auf das neue Gespräch zu konzentrieren und sich die Situation präsent zu machen.
Darüber hinaus können die fallbezogenen Aufzeichnungen als Beratungsinstrument eingesetzt werden. Die meisten Klienten nehmen ohnehin an, daß die Sozialarbeiterin in irgendeiner Form Aufzeichnungen über sie führt. Macht die Beraterin die Aufzeichnungen zumindest auszugsweise der Klientin zugänglich, kann sie damit die Beteiligung am Prozeß erhöhen und die Auseinandersetzung mit der Klientin offener gestalten. Gute Gelegenheiten dafür sind z. B. das ausführliche Intake, wenn die Grunddaten aufgenommen werden. Das kann ganz offen geschehen, so daß die Klientin auch das Formular sieht und begutachten kann. Noch interessanter wird es, wenn anläßlich einer Bilanzsitzung die Aufzeichnungen mit der Klientin durchgegangen werden. Der freimütige Umgang mit der Dokumentation (oder zumindest Teilen davon) kann es wesentlich erleichtern, nicht

nur die Situation der Klientin, sondern auch den Unterstützungsprozeß selbst zum Thema einer gemeinsamen Bewertung zu machen.
Natürlich müssen von der Institution und von der einzelnen Sozialarbeiterin Vorkehrungen getroffen werden, daß die personenbezogenen Daten der Falldokumentation vertraulich behandelt werden, Dritten nicht zugänglich sind und nicht gegen die Klientin verwendet werden können (siehe dazu auch die Ausführungen S. 280 ff.).

Evaluation

Die in den Falldokumentationen verschriftlichen Daten der Betreuungsprozesse sind auch die Grundlage für Formen der Evaluation. Die Auswertung und Bewertung kann von der einzelnen Sozialarbeiterin, vom Team, von damit beauftragten Kolleginnen innerhalb der Organisation oder externen Evaluatorinnen durchgeführt werden. In allen diesen Fällen sind es verschriftlichte Protokolle und Daten, die herangezogen werden.
Einer Evaluation von Beratungs- und Unterstützungsprozessen stehen einige grundsätzliche Schwierigkeiten im Wege. Wie bereits oben beschrieben, sind die Wirkungen der Tätigkeit des Fallarbeiters kaum von den Ergebnissen der Interventionen anderer bzw. der Eigendynamik der Situation der Klienten zu trennen. Die Effekte der Beratungs- und Rekonstruktionsarbeit „verschwinden“ im Alltag der Betroffenen. Trotz dieses grundsätzlichen Problems der Erkennbarkeit sozialarbeiterischen Erfolgs gilt es allerdings, Kriterien zu suchen, die als Indikatoren für das Gelingen oder Mißlingen des Unterstützungsprozesses geeignet sind. Je nach Einrichtung und Arbeitsfeld werden es verschiedene Kennzahlen sein, die herangezogen werden können, sei es die Verbesserung der Wohnsituation oder der materiellen Situation der Klienten, sei es die Rückfallfreiheit, die gefundene Arbeit usw. Interessant werden diese Kennzahlen vor allem in ihrer Summe. So schwierig die Interpretation im Einzelfall sein mag, so sagt es doch etwas über die Gesamtsituation der Einrichtung aus, wenn sich solche wichtige Kennzahlen verändern. Auch dann müssen sie noch interpretiert werden: Wenn weniger Klienten auf einen Arbeitsplatz vermittelt werden können, kann dies Indikator sowohl für Probleme bei der Konzeption der Unterstützung als auch für eine verschlechterte Lage am Arbeitsmarkt sein.
Einer der wichtigsten Parameter der Evaluation scheint mir allerdings die Zufriedenheit der Klienten mit der Unterstützung, die ihnen gewährt wurde, zu sein. Jona Rosenfeld (1996) konstatiert, daß es ein Kennzeichen erfolgreicher Sozialer Institutionen sei, daß deren Klien-

ten auch finden, daß ihnen geholfen wurde. Das schlägt sich u. a. darin nieder, daß sie die Institution weiterempfehlen.
Maja Heiner (1988) hat eine Fülle von Varianten der Selbstevaluation dokumentiert. Deren Kern ist jeweils die systematische Aufzeichnung von Daten, deren Auswertung und Befragung daraufhin, was sie über die Angebote der Institution aussagen könnten. Die Selbstevaluation unterstützt das professionelle Selbstverständnis und kann zu einer bewußteren und wirkungsvolleren Gestaltung des Angebots beitragen.
Einzelfallbezogen kann man die Bilanzsitzungen als Formen einer kooperativen (also mit dem Klienten durchgeführten) Evaluation verstehen. Im Rückblick auf den Prozeß schätzt man dessen Stärken und Schwächen ein, zieht Konsequenzen aus diesen Einschätzungen und modifiziert die Vorgangsweise. Die Falldokumentation ist dafür die Datenbasis wie (meist standardisierte) Aufzeichnungen und Statistiken die Datenbasis für eine stellen-, team- oder institutionsbezogene Evaluation sind.

6.6. Reflexion und Supervision

Ich habe soeben die Falldokumentation und die (Selbst-)Evaluation als Formen von und Gelegenheiten zur Reflexion vorgestellt. Es dürfte schon bisher deutlich geworden sein, daß die Fallarbeit eine sehr komplexe Aufgabe darstellt, in die die Person in hohem Maße involviert ist, die die Kontrolle von Emotionen und das Im-Auge-Behalten von vielen verschiedenen Aspekten erfordert. Das ist auf einem professionellen Niveau nicht möglich, ohne systematisch zu reflektieren. Das Casework hat dafür eine Reihe von Instrumenten entwickelt, die hier zumindest erwähnt sein sollten:

Instrumente der Reflexion

(a) Individuelle Fallreflexion: Tunlichst im Zusammenhang mit der Erstellung der Dokumentation bzw. eines Berichtes überlegt die Sozialarbeiterin, wie der Zugang zum Fall war; wer welche Aufträge zu geben versuchte; welcher Auftrag ausgehandelt wurde; wie sich die Klientin präsentiert hat; wie sich die Sozialarbeiterin selbst in der Beratungssituation inszeniert hat; auf welche Schwierigkeiten sie dabei gestoßen ist; was wunschgemäß funktioniert hat; welche Friktionen es gegeben hat; wie sich ihre Haltung zur Klientin und die Haltung der Klientin zu ihr und zum Unterstützungsprozeß entwickelt hat;

ob Formen der Übertragung oder Gegenübertragung erkennbar waren usw. Die Selbstverständigung darüber, was geschehen ist und wie es vielleicht anders geschehen könnte, die Selbstbeobachtung bei der Fallbearbeitung ist die Basis für die weiteren, kooperativen Formen der Reflexion.

(b) Informelle Fallbesprechungen. In den meisten Teams ist die informelle Besprechung von Fällen „zwischendurch", in Pausen zum Beispiel, üblich. Dabei werden die Fallbearbeitungen nicht systematisch, sondern anekdotenhaft besprochen. Die informellen Besprechungen können von sehr unterschiedlicher Qualität sein. Manches Teamklima läßt nur ein „Ausschleimen" zu, ein Abladen von Frust, oder abwertende Gespräche über die Klienten. Beides ist kontraproduktiv, fördert Burn-Out und Streß und ist für die Reflexion, die gleichzeitig Selbstkritik und Selbstsicherheit fördern soll, nutzlos. In anderen Institutionen können auch die kurzen informellen und anekdotenhaften Besprechungen unterstützenden Charakter haben: sie bringen emotionale Unterstützung, und so manche scheinbar nur „hingeworfene" Bemerkung kann der fallbearbeitenden Kollegin Anstoß für eine neue Sichtweise sein. Das gute Teamklima fördert Professionalität und nützt letztlich den Klienten.

(c) Fallbesprechung im Team. In den meisten Teams haben Fallbesprechungen einen fixen Platz in der (i. d. R. wöchentlichen) Teamsitzung. Das Durcharbeiten von Fällen im Team verschafft den einzelnen die Sicherheit, in der Fallarbeit anerkannt zu sein und auf der Linie der Institution zu bleiben. Er setzt seine eigene Vorgangsweise der (hoffentlich helfenden) Kritik der Kolleginnen aus und gewinnt zumindest Bestätigung für seinen „Kurs" im vorgetragenen Fall. Wenn es gut geht, kann er durch die Kolleginnen andere Sichtweisen auf den Fall kennenlernen und gewinnt so ein differenzierteres Bild.

(d) Kollegiale Beratung. Im Gegensatz zur Fallbesprechung im Team kann kollegiale Beratung auch von Untergruppen durchgeführt werden. Es ist eine brauchbare Form der kollegialen Supervision, die sich kurzfristig organisieren läßt, z. B. wenn man rasch Unterstützung bei der Reflexion einer Fallsituation benötigt, weil man meint unter Druck zu stehen. Und das ist die Form: Eine Sozialarbeiterin ersucht zumindest zwei Kolleginnen, sie zu beraten. Sie erzählt die fragliche Fallgeschichte, nach ihrer Darstellung besteht die Möglichkeit für die Kolleginnen, noch Informationen abzufragen. In der zweiten Phase erhält die Fallbringerin Sprechverbot und soll nur zuhören. Ihre Kolleginnen

unterhalten sich miteinander über den ihnen präsentierten Fall, bringen ihre Überlegungen und Fantasien ein. Sie sprechen dabei nicht die Fallbringerin an. In der dritten Phase kann die Fallbringerin an ihre Beraterinnen Fragen stellen. Die kollegiale Beratung schließt mit dem Dank der Fallbringerin an ihre Beraterinnen. Es bleibt ihr überlassen, wie sie das Gehörte verwendet.
(e) Supervision. Im Supervisionskontext, vor allem in der Einzelsupervision, besteht die Möglichkeit, auch heiklere Fragen der Selbstinszenierung zu thematisieren und kooperativ zu reflektieren. Die Supervision dient der Besprechung und Optimierung der Gestaltung der professionellen Rolle. Emotionale Aspekte der Sozialarbeiter-Klient-Beziehung, Übertragung und Gegenübertragung, Unsicherheiten im Selbstverständnis, stagnierende oder sich bedrohlich entwickelnde Fallgeschichten – all das und noch mehr von dieser Art ist mögliches Thema für die Supervision, deren Gelingen von den Fähigkeiten der Supervisorin, aber auch von der Bereitschaft der Sozialarbeiterin abhängt, die möglicherweise brisanten Themen einzubringen.

Die Sozialarbeit war eine der Pionierprofessionen der Supervision. Einzelsupervision, zumindest in den ersten Berufsjahren, und laufend Teamsupervision sollten in allen Institutionen Standard sein.

Anregungen zur Diskussion, Fragen

(1) Diskutieren Sie anhand von Beispielen, ob ein Phasenverlauf des Unterstützungsprozesses erkennbar ist und wenn ja, ob dieser Verlauf auch verallgemeinert werden kann.
(2) Überprüfen Sie Ihre Motivation für das Erlernen der Fallarbeit und erklären Sie, ob Gefühle wie Mitleid und Helfen-wollen dabei eine Rolle spielen bzw. welche Motive Sie abseits dieser Gefühle für die Arbeit mit Menschen in schwierigen Lebenssituationen finden können.
(3) Formulieren Sie die Charakteristika der Rolle des Sozialarbeiters und des Unterstützungsprozesses in der Fallarbeit.
(4) Welche Möglichkeiten der Reflexion der Fallbearbeitung kennen Sie bzw. welche Erfahrungen haben Sie bereits mit Formen der Reflexion gemacht?

(Fortsetzung S. 183)

(5) In einem Beitrag zur Diskussion über das Verbot sexueller Beziehungen zu Klienten und ehemaligen Klienten führte ein Kollege, der in einem amerikanischen Landstädtchen arbeitet, ins Treffen, daß nahezu alle Stadtbewohner irgendwann Klienten sind oder waren oder in Beziehung zu Klienten stehen. Er müßte sich für ein zölibatäres Leben entscheiden. Diskutieren Sie das Verbot und dieses Argument.

Literatur zur Vertiefung

Ein Klassiker der Literatur zur Beziehungsgestaltung ist *Felix Biesteks* „Wesen und Grundsätze der helfenden Beziehung". Freiburg/Breisgau. Die Publikationen *Burkhard Müllers*, zum Beispiel „Außensicht – Innensicht" (Freiburg/Breisgau) bieten auch eine Fülle von prozeßorientierten Hinweisen. Einen analytischen Zugang bietet *Wilfried Gottschalch* mit seinem Band „Wahrnehmen, Verstehen, Helfen: Grundlagen psychosozialen Handelns". München. Die Persönlichkeit des Helfers selbst wird von *Wolfgang Schmidbauer* thematisiert: „Hilflose Helfer (Reinbek) kann eine Unterstützung bei der Überprüfung der eigenen Motivation sein. Die Rolle der Dokumentation und Evaluation wird ausführlich bei *Maja Heiner* in ihrem Buch „Selbstevaluation in der Sozialen Arbeit". (Freiburg/Breisgau) anhand vieler praktischer Beispiele abgehandelt.

7. Techniken der Gesprächsführung

Übersicht In diesem Kapitel stelle ich eine Reihe von Techniken vor, die in der Gesprächsführung mit den Klienten nützlich sein können. Die Gliederung in Gesprächsvorbereitung (7.1.), Techniken der Exploration (7.2.), der Konstruktion (7.3.), des Contractings (7.4.) und der Abschlußphase (7.5.) dient der besseren Orientierung und folgt den schematischen Darstellungen der Beratungsstruktur (siehe Abbildung 19 und Abbildung 20, S. 186). Die Gesprächstechniken habe ich jeweils den Abschnitten zugeordnet, für die sie am bedeutendsten sind. In der Praxis können sie aber auch in andere Phasen der Beratung eingesetzt werden, wenn es für den Beratungsverlauf sinnvoll erscheint. Am Ende dieses Kapitels stehen noch eine Reihe von Hinweisen und Überlegungen zur Gesprächstaktik, die nicht in das Korsett der „Techniken" paßten (7.6.). Diese abschließenden Hinweise sind ein Produkt zahlreicher reflektierender Gespräche mit Praktikerinnen und Praktikern. Ihre Erfahrungen und „Tricks" will ich hier zumindest ausschnittweise zur Verfügung stellen. Im Anhang findet sich eine Zusammenfassung des „Aktiven Zuhörens" und eine Liste von Beispielen sogenannten systemischen Fragens.

Die Auswahl der vorgestellten Techniken traf ich nach pragmatischen Gesichtspunkten. Es sollten jene Gesprächstechniken aufgenommen werden, die sich besonders für das Beratungsgespräch in der Individualhilfe eignen. Einige entstammen dem klassischen Fundus der Einzelfallhilfe, manche davon und einige andere werden auch in Publikationen über therapeutische Verfahren beschrieben.

Möglicherweise irritiert hier der Begriff „Technik". Tatsächlich handelt es sich in dem Sinn um Techniken, als es erlernbare und übbare Fertigkeiten sind. Bereits die Caseworkklassiker (z. B. Biestek 1970) wiesen allerdings darauf hin, daß gute Beratung nicht allein aus der Handhabung von Techniken besteht. Es kommt auch darauf an, den richtigen Gesprächsstil im geeigneten Moment einzusetzen, was sie als „Kunst" bezeichneten. Und noch mehr müssen die Techniken mit einer Haltung des Sozialarbeiters korrespondieren. Authentizität entscheidet auch über den Erfolg und die Glaubwürdigkeit des Beraters.

An den Beginn dieses Kapitels stelle ich zur Orientierung zwei Grafiken, die den Gesprächsaufbau bei einer vom Klienten initiierten oder

Abbildung 19: Beratungsstruktur bei Kontaktaufnahme durch Klienten oder Folgesitzung

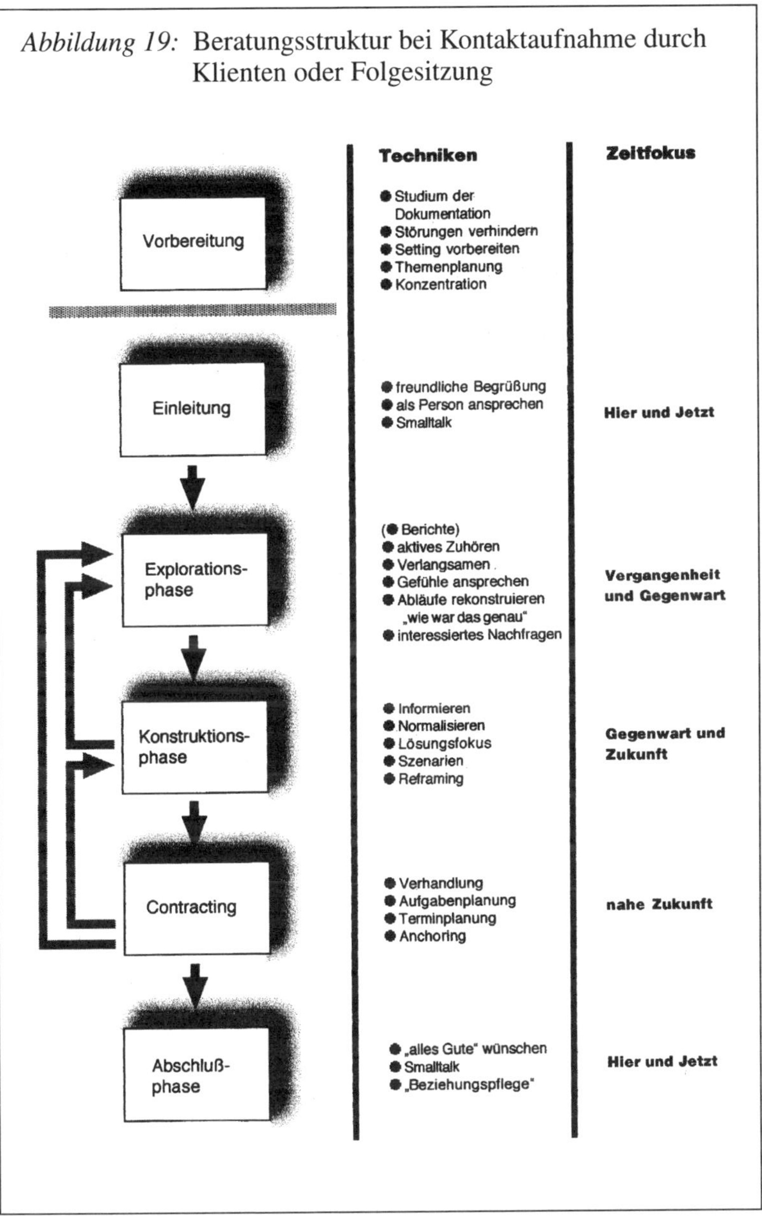

Abbildung 20: Beratungsstruktur bei Kontaktaufnahme durch Sozialarbeiter (z. B. nach Anzeige)

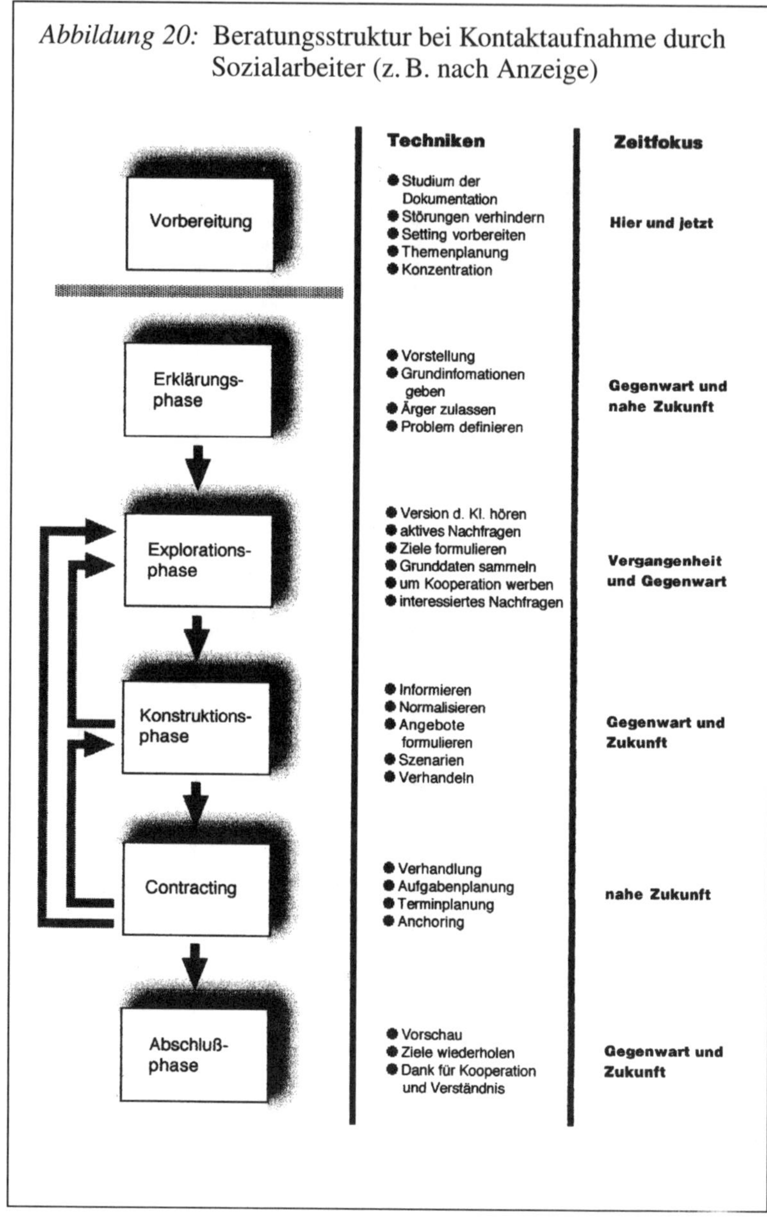

Folgesitzung (siehe Abbildung 19) und bei einer vom Sozialarbeiter initiierten Sitzung (siehe Abbildung 20) darstellen. Sie können sich bei der Lektüre des Kapitels immer wieder dieser Grafiken bedienen, um den Ort der verschiedenen Techniken im Gesprächsablauf einordnen zu können.

7.1. Gesprächsvorbereitung

Ein gutes Beratungsgespräch beginnt mit einer sorgfältigen Gesprächsvorbereitung. Klienten haben ein Recht darauf, daß sie nicht Opfer einer Fließbandabfertigung werden. Die Gesprächszeit gehört ihnen, der Berater soll mit seinen Gedanken konzentriert beim Fall sein und seine ganze Aufmerksamkeit dem Klienten und seinen Schwierigkeiten, Hoffnungen und Anliegen widmen können. Die Gesprächsvorbereitung dient der Absicherung dieser Voraussetzungen für ein gutes professionelles Gespräch. Die folgenden Hinweise sind auf ein „Heimspiel" zugeschnitten, also auf ein Beratungsgespräch in den Räumen der Institution. Bei Hausbesuchen oder bei Gesprächen im lebensweltlichen Umfeld der Klienten, in Lokalen oder auf der Straße bestehen geringere Möglichkeiten der Einflußnahme auf das Setting. Den Umständen entsprechend sollte aber trotzdem auf eine Beratungsatmosphäre gedrängt werden, die ein hohes Maß an Konzentration auf den Gesprächspartner ermöglicht.

Vorbereitungsschritte

Die folgenden Vorbereitungsschritte benötigen nicht viel Zeit. Sie sind in ein bis drei Minuten zu erledigen:

(a) Freimachen von den Gedanken an andere Arbeitsaufgaben: Abschließen von Überlegungen zu Gesprächen mit anderen Klientinnen oder Personen aus deren Umfeld. Den Schreibtisch oder den Besprechungstisch freimachen von nicht zum Fall gehörenden Unterlagen.
(b) Fallunterlagen einsehen: Nehmen Sie die Falldokumentation zur Hand und rufen Sie sich den bisherigen Verlauf der Betreuung in Erinnerung. Was wurde bei der letzten Sitzung vereinbart? Haben Sie selbst Aufgaben übernommen, welche, was war das Ergebnis? Welche Aufgaben hat die Klientin übernommen?
(c) Das Gespräch planen: Was müssen Sie dem Klienten mitteilen? Welche Themen sollten behandelt werden? Welche Informationen sollte die Klientin heute bekommen? Handelt es sich um ein Erstgespräch, ein Folgegespräch oder ein Bilanzgespräch?

(d) Störungen verhindern: Sorgen Sie dafür, daß Sie für die Gesprächsdauer ungestört sind. Legen Sie die Telefongespräche in das Büro oder zum Journaldienst. Teilen Sie Ihren Mitarbeitern mit, daß Sie nicht gestört werden sollen.
(e) Setting arrangieren: Achten Sie darauf, daß die richtige Zahl an Sesseln vorhanden ist, daß die Anordnung ein entspanntes und konzentriertes Gespräch ermöglicht. Legen Sie nötige Unterlagen bereit.
(f) Sich konzentrieren: Wenden Sie Techniken an, mit denen Sie Ihre Konzentration steigern können: Schließen Sie kurz die Augen und atmen Sie tief durch. Massieren Sie die Nasenwurzel, die Schläfen. Kennen Sie andere kleine Techniken, die Ihnen helfen, so nutzen Sie sie.

Nach diesen Schritten kann die Sozialarbeiterin die Klientin zum Gespräch bitten.

7.2. Techniken der Exploration

Erforschung der Situation

Die Exploration als erste Gesprächsphase dient der Erforschung der Situation, der Entwicklung einer Problemdefinition des Klienten und einer Problemsicht des Sozialarbeiters. In dieser Phase, die für die Berater in erster Linie eine des (auch aktiven) Zuhörens und Berichtens ist, würden frühzeitige Lösungsvorschläge den Prozeß behindern.

7.2.1. Den Beginn gestalten

Bei der Eröffnungssequenz einer Kommunikation entscheidet sich bereits, in welche Richtung das Gespräch gehen kann. Die Form der Begrüßung liefert eine erste Beziehungsdefinition und stellt die Rollen klar. Der Klient gewinnt einen ersten Eindruck, ob der Berater bereit ist, ihn zu respektieren. Der Sozialarbeiter kann Respekt ausdrücken, indem er aufsteht, dem Klienten entgegengeht, ihn bei der freundlichen Begrüßung ansieht.
Mußte der Klient warten oder sind bestimmte Rahmenbedingungen unfreundlich, ist eine Entschuldigung angebracht:

„Es tut mir leid, daß ich Sie etwas warten lassen mußte, aber jetzt stehe ich Ihnen ganz zur Verfügung"; „Ich hoffe, Sie haben sich durch unser düsteres Wartezimmer nicht irritieren lassen ..."; „Ich habe gehört, es gab ein Mißverständnis zwischen Ihnen und dem Kollegen im Journaldienst. Es tut mir leid, wenn Sie unfreundlich behandelt worden sind." Solche Äußerungen helfen eine ärgerliche Ausgangsstimmung zu beenden und signalisieren, daß der Berater aufmerksam wahrnimmt, wie es dem Klienten geht.

Klienten, zu denen bereits eine Beziehung besteht (Folgeberatungen), kann mit einigen Bemerkungen gezeigt werden, daß und wie man sie wahrnimmt:

„Sie sehen heute ja fast fröhlich aus"; „Es freut mich, daß Sie trotz dieses unfreundlichen Wetters gekommen sind"; „Sie haben sich eine neue Frisur machen lassen, die steht Ihnen gut!" Kurzer Smalltalk kann zu einer entspannteren Gesprächsatmosphäre beitragen und zeigt dem Klienten, daß man ihn auch als Person, nicht nur als „Fall" wahrnimmt.

Dann allerdings sollte rasch das Signal für den Beginn der eigentlichen Sitzung gegeben werden:

„Was führt Sie zu mir?"; „Was kann ich für Sie tun?" oder bei Folgegesprächen: „Seit unserem letzten Termin sind vierzehn Tage vergangenen. Was ist seither geschehen, hat sich verändert...?"; „Wir haben letztes Mal vereinbart ...".

7.2.2. Rahmenklärung vornehmen

Professionelle Gesprächsführung im Kontext der Individualhilfe unterscheidet sich von Alltagsgesprächen unter anderem auch dadurch, daß vieles, was bei Alltagsgesprächen unausgesprochen bleiben kann, hier besser explizit gemacht wird. Dadurch erhält der Betreuungsprozeß seinen von beiden Seiten bewußt beeinflußbaren Charakter, seine Kontrollierbarkeit und sein Profil. Was bloß nonverbal ausgedrückt wird, ist nicht zitierbar und nicht diskutierbar.

Explizieren

Zu Beginn eines Gesprächs, das nicht auf Initiative des Klienten zustandegekommen ist, sollten von der Sozialarbeiterin unbedingt die Rahmenbedingungen des Gesprächs geklärt werden: Was ist der Anlaß für die Kontaktaufnahme, was das Ziel, womit kann die Klientin rechnen. Also eine Besprechung des Auftragskontextes wie beim Erstgespräch.

Ist die Dauer des Gesprächs zeitlich begrenzt, so sollte das der Klient zeitgerecht erfahren. Weitere Rahmenbedingungen sollten dann zur Sprache gebracht werden, wenn Unklarheit darüber zu befürchten ist oder die Besprechung logisch ansteht: Dauer der Beziehung, Verschwiegenheit, Möglichkeiten und Grenzen der Unterstützung.

7.2.3. Aktiv zuhören, kleine Ermutigungen geben

Aktives Zuhören ist eine Form der Gesprächsführung, die die Klientin bei der Formulierung ihrer Schwierigkeiten unterstützt. Es ist eine hervorragende Technik in der Explorationsphase der Beratung. Viele Menschen finden schon diese unterstützende Form des Zuhörens als Hilfe. Beim aktiven Zuhören ist man auf die Erzählende und die Erzählung konzentriert. Die Beraterin verzichtet weitgehend darauf, selbst Meinungen zu äußern und völlig auf das Erteilen von Ratschlägen. Vielmehr gibt sie immer wieder zu erkennen, daß sie noch bei der Sache ist, daß sie der Erzählung folgt und daß sie versteht, worum es der Erzählerin geht. Nicken, „Mhms", kleine und kleinste nonverbale und/oder verbale Äußerungen der Aufmerksamkeit und des „Anschlußhabens" unterstützen die Entwicklung der Erzählung (siehe Weisbach 1990).

Langsamkeit

Die interessierte Gelassenheit der Zuhörerin ist eine gute Voraussetzung für erfolgreiches Zuhören. Die Erzählerin soll das Tempo bestimmen können. Klienten benötigen, um ihre Darstellung entwickeln zu können, auch Pausen, in denen die Erzählerin die nächsten Aussagen vorbereiten kann. Oft genug kommen nach längeren Pausen besonders wichtige Äußerungen. Die Zuhörerin kann also durch ihre Geduld, durch das Abwarten der Denkpausen der Klientin viel zum Gelingen des Gesprächs beitragen. Die Sozialarbeiter sollten ihre Geduld und ihre Zurückhaltung als Ausdruck des Respekts davor betrachten, daß die Klienten in einer für sie schwierigen und belasteten Situation sind, über deren Veröffentlichung sie sich selbst erst klar werden müssen.

Steuernde Eingriffe sind auch beim aktiven Zuhören möglich. Klienten, die weit vom Thema abschweifen, können wieder zum Thema geholt werden: „Sie wollten mir doch über ... erzählen." In der Explorationsphase stellen Klienten manchmal schon viele Fragen. Es ist nun noch nicht sinnvoll, diese Fragen zu beantworten. Zuerst muß ein differenzierter Überblick über die Situation und über die Problemdefinition und Problemsicht des Klienten gewonnen werden. Die Beraterin kann die Fragen des Klienten wie rhetorische Fragen behandeln, sie also nicht beantworten, sondern auf sie wartend oder mit einer Erzählaufforderung reagieren: Kl.: „Glauben Sie, daß ich mich besser von meinem Mann scheiden lasse?" ... Pause ... da Klientin nicht von selbst weiterspricht, sagt die Beraterin: „Sie haben da sicher schon viel hin und her überlegt ..."

7.2.4. Warten

Wie im vorigen Abschnitt angedeutet, ist das Warten eine nützliche Gesprächstechnik, die dem Klienten ermöglicht, seine Darstellung des Problems und seiner Lebenssituation zu entwickeln, auszudifferenzieren und Gesagtes auch wieder zu relativieren. Geben Sie dem Klienten und sich selbst Zeit.

7.2.5. Spiegeln

Die Technik des Spiegelns ist auch eine „altehrwürdige" Gesprächstechnik mit großer Tradition in der Sozialarbeit. Sie findet schon in der Gesprächstherapie nach Carl Rogers (1978) Verwendung. Beim Spiegeln wird die Botschaft des Klienten vom Berater wiederholt: Mit etwas anderen Worten, einem ähnlichen Tonfall und der abschließenden Frage, ob er richtig verstanden hat. Ein Beispiel:

Wiederholung

Klientin (leise): „Ich weiß überhaupt nicht, was ich machen soll. Es ist in der letzten Zeit alles schief gegangen. Seit mein Mann weg ist, gibt es nur mehr Schwierigkeiten mit dem Sohn, er hört nicht auf mich, er tut was er will. Ich weiß nicht, was ich noch machen soll."
Beraterin (ebenfalls eher leise): „Sie wollen also, daß Ihr Sohn wieder mehr auf Sie hört und sind bedrückt, weil sie keinen Weg sehen, ihn dazu zu bringen. Ist das richtig?"
Die Reaktion der Klientin zeigt, ob die Beraterin auf der richtigen Spur ist. Zustimmen (Kopfnicken, ein „Ja", oder sie spricht aufbauend weiter) bedeutet, daß die Beraterin diesen Teil der Problemdefinition verstanden hat und weitergehen bzw. nach genaueren Angaben über das bereits Gesagte fragen kann (siehe auch Walter/Peller 1995, 237ff.).

7.2.6. Interessierte Distanz zeigen

Ich möchte die professionelle Einstellung zu den Betroffenen als eine Haltung der solidarischen Distanz bezeichnen. Solidarisch, weil es ja auch das Ziel des Fallarbeiters ist, die Entwicklungsmöglichkeiten des Klienten zu erweitern, er also kein Interesse an einer weiteren Einschränkung der Handlungsfähigkeit der Klienten hat bzw. haben sollte; kritisch den Betroffenen gegenüber, da es kontraproduktiv wäre, die Klienten in den Illusionen, die sie sich über ihre Lebenswirklichkeit machen, zu bestärken; distanziert, um sich die Chance eines Außenblicks auf die Situation des Klienten offenzuhalten.

Solidarische Distanz

Das heißt nun nicht, daß gleich jede Äußerung der KlientInnen sofort überprüft werden muß oder jeder (vermeintlichen oder wirklichen) Mystifikation sofort zu entgegnen sei – eine solche Vorgangsweise würde schnell die Bereitschaft der Klienten, ihre Problemsituation zu besprechen, untergraben.
Festgehalten sei jedoch, daß es sich bei den Erzählungen der Klienten noch nicht um Tatsachenfeststellungen handelt, sondern um die Darstellung ihrer Sichtweise, die schon ihre Berechtigung haben mag, deshalb aber noch nicht „wahr“ ist. Dem Klienten gegenüber kann dies mit Floskeln wie den folgenden angedeutet werden: „Sie sind also der Ansicht, daß ...“, „Sie glauben also, daß ...“, „Sie ärgern sich also darüber, daß ...“, „Für Sie ist das also so, daß ...“.
Es kommt auf den Tonfall und die Haltung der Sozialarbeiterinnen an, ob diese Fragen bzw. Feststellungen als inquisitorisch oder als freundlich interessiert aufgefaßt werden. Es sollte durchklingen, daß ihnen eine Haltung zugrundeliegt, die die Klienten auch dort respektiert, wo sie sich selbst etwas vormachen, ohne daß der Berater deswegen alle ihre Mystifikationen teilt.

7.2.7. Gefühle ansprechen

Das Ansprechen von Gefühlen ermutigt Klienten, aus ihrer höchstpersönlichen Perspektive zu berichten. Es ist um so wirkungsvoller, je spezifischer es erfolgt. Also nicht: „Was fühlen Sie dabei?“ und schon gar nicht „Wie geht es Ihnen damit?“– also formelhaftes Nachfragen. Vielmehr ein Ansprechen, das gleichzeitig erkennen läßt, daß der Berater die Situation versteht oder zumindest die Bedeutung der Situation für den Klienten zu verstehen versucht: „Ich kann mir vorstellen, daß Sie ganz schön wütend wurden, als Sie so abgelehnt wurden.“ oder: „Manche Leute wären sehr verzweifelt, wenn ihre Hoffnung so enttäuscht wurde. Wie ist das bei Ihnen?“

Verständnis

Das genaue und sorgfältige Ansprechen von Gefühlen ermöglicht dem Klienten, seine Deutung, seine Ambivalenz zum Ausdruck zu bringen. Es zeigt ihm auch, daß das Interesse des Sozialarbeiters an ihm und seiner Situation nicht bloß ein oberflächliches ist.

7.2.8. Berichten

Bei Folgegesprächen berichtet die Sozialarbeiterin gegebenenfalls, was sie in der Sache seit der letzten Sitzung getan hat. Jedenfalls sollte der Bericht alle Informationen über Kontakte der Sozialarbeiterin im Lebensfeld der Klientin enthalten. Sie betreffen sie mehr oder weniger direkt und können Auswirkungen auf ihr Alltagssetting haben.

Vollständigkeit

Die Berichte bringen die Feldaktivitäten in das Klient-Sozialarbeiter-Interaktionssystem ein, machen sie für die Klientin kontrollierbar, nachvollziehbar, einschätzbar, beeinflußbar. An einen Bericht schließt also in der Regel eine Diskussion darüber an, was die neuen Informationen für die Klientin nun bedeuten. Ein Beispiel:

Die Sozialarbeiterin versuchte für eine Klientin einen Kühlschrank zu besorgen. Sie erzählt bei der nächsten Sitzung der Klientin von ihren Versuchen, vor allem vom erfolgreichen Gespräch mit der Caritas, die ein intaktes und relativ neues Gerät zu vergeben hat. Zuerst bespricht sie mit der Klientin den Abholungsmodus, dann thematisiert die Beraterin, wie sich nun die Haushaltsführung wieder verändern könnte. Die Klientin hatte in der vorigen Sitzung nämlich einiges an ihrem häuslichem Chaos dem Fehlen eines funktionierenden Kühlschranks zugeschrieben. So sorgt die Sozialarbeiterin durch die Aktion, den Bericht und die Nachbesprechung/Beratung, daß die Kühlschrankaktion nicht bloß eine Versorgungsmaßnahme ist. Mit der folgenden Beratungssequenz bindet sie die Aktion in die Klient-Sozialarbeiter-Interaktion ein und macht sie zu einem Bestandteil des Lösungsprozesses.

7.2.9. Nachfragetechniken anwenden

Die Erzählungen der Klienten, die sie von sich aus oder auf erzählungsanregende Interventionen produzieren, sind unverzichtbar für eine hermeneutisch orientierte Beratung und Fallbearbeitung. Sie haben allerdings auch einen Mangel. Die Erzählstruktur spitzt einerseits das Geschehen auf ein „Skandalon" zu, pointiert also die Informationen mit dem Zweck, dem Zuhörer die Haltung des Erzählers zu vermitteln (Rehbein 1980). Weiters sind die Erzählungen, vor allem bei Klienten, die unter psychischem Druck stehen, oft assoziativ aneinandergereiht und es fehlen wichtige Kontextinformationen, die eine Einschätzung des Stellenwerts der Erzählungen ermöglichen. Ein weiteres Problem ist, daß die Erzählungen dem Duktus der Situationseinschätzung folgen, die ja möglicherweise eben problematisch ist und zu der aktuell schwierigen Situation des Klienten geführt hat.

Ergänzen und Strukturieren

Als Übergang von der Problemdarstellung durch den Klienten zur gemeinsamen Konstruktion können verschiedene Nachfragetechniken eingesetzt werden. Sie lassen immer auch schon erkennen, wie der

Sozialarbeiter das Problem bzw. die Lösung zu konstruieren gedenkt, obwohl sie noch der Explorationsphase des Gesprächs zuzuordnen sind:

(a) Fragen zur zeitlichen Einordnung: „wann ist das geschehen?“; „wann zum letzten Mal?“; „seit wann ...“.
(b) Fragen zur Frequenz: „... kommt das oft vor?“; „... wie oft? Täglich? Oder seltener?“.
(c) Fragen nach dem Anlaß der Kontaktaufnahme: „Soweit ich verstanden habe, haben Sie dieses Problem schon länger – wieso haben Sie sich nun entschlossen, zu kommen?“.
(d) Fragen nach bisherigen Lösungsversuchen: „Sie haben vermutlich schon versucht, ... (konkret formulieren). Wie haben Sie das getan und welche Erfahrungen haben Sie dabei gemacht?“; „... haben Sie schon woanders Hilfe gesucht?“; „Hat Sie schon jemand anderer darauf angesprochen?“
(e) Fragen nach den Erwartungen: „Was denken Sie, daß ich für Sie tun kann?“; „Was müßte ich tun, damit Sie mit der Unterstützung zufrieden sind?“
(f) Fragen nach dem genauen Ablauf: „Was passiert genau, wenn Sie einen Streit haben?“
(g) Fragen nach Ausnahmen: „... ist es manchmal auch anders?“; „... gelingt es Ihnen manchmal, das anders zu machen?“; „Wie ist das dann genau?“
(h) Fragen nach dem Kontext: „... wer ist davon noch betroffen?“; „worauf wirkt sich das aus?“.
(i) Fragen nach Basisdaten: „... leben Sie allein?“; „Sind Sie berufstätig?“; ...
(k) Fragen nach dem sozialen Netz: „Haben Sie Verwandte/Freunde, die Ihnen helfen könnten?“; „zu wem können Sie gehen, wenn Sie Hilfe brauchen?“ usw.
(l) Verständnisfragen: „Ich habe das nicht ganz verstanden, könnten Sie es mir bitte erklären?“

Die Nachfragen helfen einerseits dem Berater, ein vollständigeres Bild der Situation zu bekommen, andererseits entlasten sie den Klienten vom Druck, nichts Wichtiges vergessen zu dürfen. Wenn Klienten von sich aus erzählen, wird die Technik des Nachfragens erst in einer späteren Phase der Exploration eingesetzt, also nachdem er seine Erstdarstellung des Problems gegeben hat. Fließt der Erzählstrom am Beginn der Beratung nur mäßig, können relativ offene Fragen die Selbstdarstellung des Klienten anregen.

7.2.10. Strukturierte Datensammlung vornehmen

Die Sozialarbeiterin kann durch systematische Datensammlung die Explorationsphase des Gesprächs noch stärker strukturieren. In vielen Einrichtungen gehört die Erhebung zumindest der wichtigsten anamnestischen Grunddaten der Klienten zu den Standards. Sie wird für die Dokumentation benötigt, liefert aber auch Informationen über den Kontext des aktuellen Hilfebedarfs. Die Daten werden nach einem vorliegenden Raster abgefragt und auch gleich in ein Formular eingetragen oder in den Computer eingegeben, stehen dann bei Folgegesprächen oder für die Fallreflexion zur Verfügung.
In der Regel steht die Datensammlung nicht am Beginn des Gesprächs. Davor sollte der Klient die Möglichkeit gehabt haben, seine Nachfrage zu erklären beziehungsweise sollte er vom Sozialarbeiter über den Grund der Kontaktaufnahme informiert worden sein, Zeit und Gelegenheit für eine Darstellung aus seiner Sicht der Dinge gehabt haben. Die strukturierte Datensammlung leitet dann zu einer systematischen Bearbeitung über.
Waren früher in manchen Einrichtungen ausführlichste Anamnesen, sind heute moderatere Formen gebräuchlich. Die Datensammlung ist Teil des Intakes (diese habe ich oben, S. 122 ff. genauer beschrieben), bei Folgegesprächen findet sie nur selten Anwendung. Sinnvoll kann es allerdings sein, sie bei einer Bilanzsitzung (Re-Assessment) zu wiederholen bzw. die beim Intake erhobenen Grunddaten zu überprüfen. Dadurch kann die Beraterin eine weitere Perspektive eröffnen und Bereiche (wieder) thematisieren, die vielleicht in der aktuellen Problembearbeitung untergegangen sind, so z. B. die Entwicklung der lebensweltlichen Netze, der Lebenslage, der finanziellen Situation.

Anamnese

7.2.11. Verlangsamen

Beratung braucht Zeit und ein genaues Hinsehen. Der Problemdruck, unter dem die Klienten stehen, veranlaßt sie jedoch gelegentlich, diesen Druck auf die Beraterin weiterzugeben. Die Klienten schlagen selbst schnell Lösungsvarianten vor, manchmal präsentieren sie Lösungen, bevor sie noch das Problem beschrieben haben; sie fragen den Berater nach Lösungen, drängen ihn zu frühzeitiger Aktivität oder wollen schnell abschließen: „Sagen Sie mir, was ich tun soll!"; „Soll ich mich jetzt Ihrer Meinung nach scheiden lassen oder nicht?"; „Sie können mir wahrscheinlich auch nicht helfen!"; „Na gut, es ist wahrscheinlich das Beste, das so zu machen. Das war's dann wohl."

Exploration verlängern

Diese und ähnliche Taktiken der Klientinnen und Klienten zielen auf die vorzeitige Beendigung der Exploration (also des gemeinsamen Forschungsprozesses, was eigentlich der Fall ist bzw. sein könnte) oder der Konstruktion (also der Erarbeitung einer tragfähigen gemeinsamen Problemdefinition und Zielformulierung). Ihnen kann man mit der Technik des Verlangsamens begegnen: „Glauben Sie, daß Sie das jetzt schon entscheiden müssen?"; „Ich habe noch nicht ganz verstanden, was Sie damit erreichen wollen."; „Sehen wir uns doch einmal an, was Sie tun könnten und was das für Folgen hätte."; „Sie müssen jetzt noch nichts entscheiden."; „Ich sehe, daß Sie eine rasche Lösung Ihres Problems wollen. Das ist nur zu verständlich."; „Ich bin mir noch nicht sicher, ob ich schon richtig verstanden habe, was Ihre Situation ist."

Solche und ähnliche Sätze können den Beratungsprozeß verlangsamen und Druck von der Beraterin nehmen. Die eine oder andere „Ehrenrunde" beim gesprächsweisen Umkreisen des Problems und der möglichen Lösungen können dazu beitragen, daß später die Unterstützung paßgenauer angeboten werden kann und die Klienten mit mehr Bewußtheit auf ihre Situation sehen.

Nicht jede Frage des Klienten muß sofort beantwortet werden. Auf eine Frage wie die obige („Soll ich mich jetzt Ihrer Meinung nach scheiden lassen oder nicht?") sind z. B. verschiedene (verlangsamende) Reaktionen möglich. Abwarten, bis der Klient von selbst weiterspricht, oder an Aussagen anknüpfen, die vor der Frage getätigt wurden, sind solche Möglichkeiten. Die Beraterin behandelt die Frage also als bloß rhetorische. Sie kann aber auch spiegeln („Sie sind sich noch sehr unsicher, wie Sie sich entscheiden sollen?") oder Gefühle ansprechen („Ich kann mir vorstellen, daß es Sie sehr belastet, vor dieser Entscheidung zu stehen!"), um die Exploration fortsetzen zu können.

7.2.12. Zusammenfassen

Sowohl eine Technik der Exploration als auch eine des Übergangs von der Exploration zur Konstruktion ist das Zusammenfassen dessen, was die Beraterin bisher gehört hat. Sie kann sowohl kleinere Teile der

Erzählungen des Klienten, als auch den von ihr identifizierten (verstandenen oder vermuteten) Gesamtzusammenhang der Erzählung in eigenen Worten resümieren. Die Zusammenfassung ist eine auch in Alltagsgesprächen verwendete Technik, wenn Menschen versuchen zu verstehen, was ihnen jemand anderer mitteilen will. Die Zusammenfassung ist offen, der Zusammenfassende stellt nicht fest („so war es!“), sondern vergewissert sich, ob er richtig verstanden hat („so habe ich es verstanden, habe ich richtig verstanden?“). Mit dem Resümee gibt der Berater dem Klienten die Möglichkeit der Korrektur, aber auch der Bestätigung. Resümee

7.3. Techniken der Konstruktion

In der Konstruktionsphase als zweiter Phase im Gesprächsverlauf kann die Beraterin aktiver werden, geht es doch darum, eine gemeinsame Problem- und Zieldefinition zu konstruieren.

7.3.1. Ordnen

Je drängender Schwierigkeiten für Klienten sind, um so schwerer fällt es ihnen, sie systematisch und geordnet, eins nach dem anderen, zu betrachten und Lösungen zu suchen. Professionelle Beraterinnen können ihnen dabei helfen, Überblick zu gewinnen, Drängendes von nicht so dringendem zu unterscheiden und sich handhabbare Veränderungsziele zu stellen. Nach der ersten noch relativ spontanen und meist assoziativ konstruierten Problemdarstellung des Klienten kann die Beraterin die Themen ordnen und mit dem Klienten eine Entscheidung über die Dringlichkeit treffen. Schon diese für die Klienten neue und übersichtlichere Darstellung ihrer Situation wird von vielen als hilfreich empfunden, kann für sich bereits eine ausreichende Intervention sein und Klienten Selbsthilfe ermöglichen (Kähler 1991, 98). Überblick

7.3.2. Lob

Sozialarbeiter können Klienten dafür loben, daß sie sich um eine Änderung bemühen, daß sie pünktlich gekommen sind, daß sie den Problemdruck aushalten, daß sie sich Sorgen machen, daß sie immer noch fröhlich sind, daß sie nicht aufgeben, daß sie nach einem Rückschlag wiederkommen.

Lob kann dem Klienten oder der Klientin helfen, wieder Mut zu gewinnen, selbst auch das Positive zu sehen und an die eigene Kraft zu glauben. Kolleginnen berichten, daß sie mit ehrlichem Lob stets gute Erfahrungen machen und daß ihnen die Suche nach etwas, wofür sie die Klienten loben können, auch hilft, schwierige Fälle nicht nur negativ zu sehen. Ein „Kompliment" zur richtigen Zeit kann also sowohl die Klientin als auch die Sozialarbeiterin motivieren: „Ich bewundere, daß Sie sich von dieser schwierigen Situation nicht unterkriegen lassen!"; „Ich finde es beachtlich, wie Sie bisher damit zu Rande gekommen sind!"; „Ich finde, daß Sie das sehr gut machen."

Komplimente

7.3.3. Konfrontieren

Beraterinnen können Klientinnen mit unangenehmen Themen, mit Aussagen, die sie selbst früher gemacht haben, mit den eigenen Eindrücken und Überlegungen, mit offensichtlichen Schwierigkeiten, mit Äußerungen lebensweltlich anderer bzw. mit den Folgen ihrer Handlungen konfrontieren. In jedem Fall geht es bei der Konfrontation darum, wichtige – aber meist auch unangenehme – Fakten zu besprechen. In gewissem Sinne kann man das Konfrontieren als Gegenpol zum Lob für die Klientinnen sehen.

Unangenehmes besprechen

Konfrontation ist für die Klienten unangenehm, es zwingt sie zu einer Auseinandersetzung mit Themen, die sie lieber beiseitegeschoben hätten. Konfrontation verleiht einem Gespräch oft eine gewisse „Schwere". Ein konfrontierender Gesprächsabschnitt erfordert sowohl von der Sozialarbeiterin als auch von der Klientin hohe Konzentration. Die Konfrontation kann allerdings auch entscheidende Fortschritte in der Problembearbeitung ermöglichen.

Bei der Arbeit mit Studentinnen und Studenten der Sozialarbeit fällt mir auf, daß viele vor Konfrontation zurückschrecken. Sie haben Angst, die gute Gesprächsbasis mit den Klienten zu verlieren bzw. den Klienten zu nahe zu treten. Diese Angst ist nicht ganz unbegründet, aber andererseits benötigen sogar suizidgefährdete Klienten die Konfrontation (Sonneck 1995, 108). Sie hilft ihnen, wenn sie Angst vor der Problembearbeitung haben – und sie verhindert, daß Beratungsprozesse in Oberflächlichkeit versanden.

Meist zielt Konfrontation keineswegs darauf, die Klienten zu einem Geständnis zu zwingen. Beratungsgespräche sollten keine Verhöre sein. Daher kann der Berater die Konfrontation mit einem Hilfeangebot verbinden. Beispiele:

„Es freut mich, daß Ihnen gelungen ist, eine Arbeit zu finden. Ich mache mir aber trotzdem noch Sorgen wegen Ihrer finanziellen Situation. Sie haben die Unterlagen über Ihre Schulden heute wieder nicht mitgebracht. Haben Sie zwischendurch einmal daran gedacht, sie zusammenzusuchen? ... Wollen Sie dazu doch etwas unternehmen? ... Welche Hilfe brauchen Sie von mir dazu?"
„Ich mache mir Sorgen um Ihr Kind, den Christian. Er sieht sehr krank aus, und ich denke, daß er dringend zum Arzt müßte. Sehen Sie das auch so, daß es Christian nicht gut geht? ... Ich mache mir aber fast noch mehr Sorgen darüber, daß Sie bisher nicht mit ihm zum Arzt gegangen sind. Wie haben Sie sich erklärt, daß Christian so mager und so blaß ist? ... Wie kann ich Ihnen helfen, daß Sie die Kraft finden, das Kind so zu betreuen, wie es das braucht?"

7.3.4. Informieren

Einfach und direkt: Dem Klienten die Informationen geben, die er erfragt oder benötigt. Nach der Klärung des Kontexts in der Exploration ist die Wahrscheinlichkeit größer, daß die Informationen paßgenau sind, also für den Klienten und seine konkrete Situation brauchbar, daß er sie richtig interpretieren und in sein Alltagswissen übernehmen kann. Sozialarbeiterische Beratung inkludiert bewährterweise Beratung über rechtliche, soziale, finanzielle Angelegenheiten und hilft den Klienten, sich in unserer unübersichtlich gewordenen Welt zu orientieren. Für den Klienten möglicherweise nützliche Informationen sollte die Beraterin großzügig und ohne Einschränkungen geben, und die Klientin kann sie nutzen oder auch nicht, oder sie zurückstellen für mögliche spätere Nutzung, ganz wie sie es für richtig hält und ohne Rechenschaft darüber ablegen zu müssen (Fine/Glasser 1996, 66). Informationen, die für die Klientin potentiell nützlich sind, sind nicht als Belohnung für Wohlverhalten geeignet, ihr Zurückhalten ist durch nichts gerechtfertigt. Klientinnen haben ein Recht auf die Nutzung des Fachwissens der Beraterin, unabhängig vom Grad oder der Form der Kooperation.

Informationen „gehören" dem Klienten

Nach der hinreichenden Klärung des Kontexts der Ausgangsfragen (siehe dazu auch die Ausführungen S. 130 ff.) sollten die Informationen nicht nur genau sein, sondern auch mögliche Schwierigkeiten oder Risiken bei ihrer Anwendung nicht verschweigen werden. Besser als falsch zu informieren (weil man sich einer Sache nicht völlig sicher ist), ist es allemal, dem Klienten gegenüber die eigene Unsicherheit einzugestehen und sich selbst vorerst kundig zu machen („Das kann ich selbst jetzt nicht so aus dem Stegreif beantworten, da muß ich erst nachfragen oder nachsehen"). Abgesehen vom geringeren Risiko, eine Fehlinformation zu geben, mindert eine solche Vorgangsweise das Vertrauen der Klienten gegenüber der Beraterin auch nicht. Klienten wissen, daß auch Expertinnen nicht allwissend sein können.

7.3.5. Erklären und Übersetzen

Klienten sind bei ihrer Suche nach Lösung der Alltagsprobleme mit verschiedenen Professionen und Institutionen, mit diversen Fachsprachen und Bearbeitungslogiken konfrontiert. Ihr Arzt, ihre Therapeutin, die Psychologin, der Lehrer des Kindes, der Beamte beim Sozialamt sprechen mit den Klienten manchmal unverständlich, manchmal zu wenig, sprechen in Fachsprachen oder aus ihrer Position heraus. Es bleibt den Betroffenen überlassen, das, was sie dort gehört oder erlebt haben, sich nun selbst zu erklären, in ihren Alltag zu integrieren, daraus Schlußfolgerungen zu ziehen. Sie konfrontieren ihre Sozialarbeiter mit dem, was sie bei anderen Experten erlebt und gehört haben oder bringen in die Beratung Schriftstücke mit, die sie erhalten haben. Ihre Frage dazu ist: Was bedeutet das, was bedeutet es für mich, wie kann ich das verstehen, wie kann und soll ich mich dazu verhalten.

Nach-besprechen

Die Fallarbeiterin leistet vielfach eine Übersetzungsarbeit. Sie transferiert die Bedeutung der fachsprachlichen Äußerungen anderer in die Alltagssprache der Klienten und ergänzt dies zuweilen mit Vorschlägen, wie sich die Klienten dazu verhalten können. Zwei Beispiele:

Ein Klient legt eine Vorladung zu einem Gerichtstermin vor. Der Sozialarbeiter erklärt, weshalb die Vorladung erfolgt (übersetzt die angeführte Paragraphennummer in einen Volltext) und rät, diesen Termin unbedingt wahrzunehmen, weil der Klient andernfalls zwangsweise vorgeführt werden könnte.
Die Mutter eines leicht behinderten Kindes kommt nach der Beratung durch eine Psychologin zur Sozialarbeiterin. Sie ist verunsichert, weil die Psychologin nach ihrem Empfinden sehr streng war und ihr die Schuld an den Schwierigkeiten des Kindes gegeben habe. Die Sozialarbeiterin weiß nun zwar nicht, was die Psychologin „wirklich" gesagt hat, aber sie weiß, daß eine optimistischere Haltung Voraussetzung für förderndes Verhalten der Mutter sein wird. Sie versucht ihr daher zu erklären, daß die Psychologin ihr sicher nicht die Schuld geben, sondern sie darauf hinweisen wollte, daß sie viel für ihr Kind tun könne.

7.3.6. Positives betonen

Ähnlich wie das Lob kann die bewußte Betonung positiver Aspekte die Motivation der Klienten fördern und sie zu weiteren Anstrengungen ermutigen. Der Sozialarbeiter fragt nach Situationen, in denen Klienten zurechtkommen, in denen sie sich gut fühlen, in denen das beklagte Problem nicht auftritt oder sie mit ihm gut fertigwerden. Diese „Ausnahmen" können sogar als Ausgangspunkte für die Konstruktion von Lösungen genommen werden (siehe Eberling/Hargens 1995; DeShazer 1989 und 1992).

Ausnahmen

7.3.7. Nahe Zukunft fokussieren

Alltagsorientierte sozialarbeiterische Gespräche kreisen darum, wie genau sich Probleme im Alltagsleben darstellen. Spricht man über Lösungen, so versucht man diese Lösungen so nahe wie möglich an den Alltag heranzubringen. Wichtig ist daher, wie genau der Klient was in der nächsten Zukunft (den nächsten Tagen) tut, welche Schwierigkeiten sich ihm dabei in den Weg stellen könnten, wie er denen begegnen will. „Fokus auf die nahe Zukunft" heißt: Genauigkeit, gewissenhaftes Vorbesprechen aller Lösungsschritte, Thematisieren von möglicherweise auftretenden Schwierigkeiten.

Genauigkeit

7.3.8. Normalisieren

Normalisieren ist eine Gesprächstechnik, die der Entlastung der Klienten dient. Was sie als hochindividuelles Unglück erleben, ist möglicherweise notwendiger Bestandteil einer bestimmten Situation, ihrer Lebenslage. Normalisieren hilft den Klienten, zu unterscheiden zwischen dem, was sie beeinflussen und verändern können, und dem, was sie aushalten, durchstehen müssen, womit sie zumindest vorübergehend zu leben lernen müssen (coping).

Coping

Normalisieren ist der Gegenpol zum Individualisieren, also zur Anerkennung der Einzigartigkeit der Situation, der Sichtweise und der Gefühle des Klienten. Beides sind nicht nur Gesprächstechniken, sondern auch Mittel zur Einschätzung und Bewertung der Situation. Beispiele für das Normalisieren:

(Nachdem eine Klientin ihre Zerrissenheit in einer Trennungsauseinandersetzung geschildert hat) „Ja, wenn man sich überlegt, sich von seinem Partner zu trennen, dann hat man diese starken Gefühle und kämpft oft lange mit sich."

(ein Klient schildert seine Angst vor einer notwendigen Auseinandersetzung mit seiner Mutter) „Ja, das ist ganz normal, daß Sie sich vor dieser Aussprache fürchten."
(eine Klientin berichtet, daß ihr Kind nach Besuchen bei seinem Vater stets verstört und unkonzentriert sei): „So sind Kinder nach Besuchstagen. Sie müssen erst langsam wieder zurückfinden."

7.3.9. Angebote formulieren

In dieser späteren Phase des Gesprächs – nachdem der Klient das Problem beschrieben und seine Erwartungen formuliert hat – kann die Beraterin dem Klienten Vorschläge machen, welche Unterstützungen möglich wären. Diese Vorschläge kann der Klient im Dialog mit der Beraterin überprüfen, in ihren Konsequenzen überlegen und so die Voraussetzung für eine gemeinsame Entscheidung über den Lösungsweg schaffen.
Die Angebote können den Fortgang der Fallarbeit selbst betreffen (regelmäßige Beratungskontakte, Aktivitäten der Sozialarbeiterin im Umfeld der Klientin), aber auch die Aktivierung weiterer Ressourcen (materielle Unterstützung, Einschaltung von Spezialisten). Die mögliche Nützlichkeit und Wirkung, wie auch die ebenso mögliche Nutzlosigkeit und die Nebenwirkungen verschiedener Angebote wären sinnvollerweise ausführlich mit dem Klienten zu besprechen, so daß er eine informierte Entscheidung (zu diesem Begriff siehe auch das Kapitel über Ethik) treffen kann.

Ressourcen

Mir scheint es wichtig zu betonen, daß soziale Fallarbeit zwar die Vermittlung von Ressourcen als bedeutendes Instrumentarium einschließt, sich darin aber keinesfalls erschöpfen sollte. Die Gefahren einer „Maßnahmenorientierung" sind evident: Beruhigt ist in erster Linie der Sozialarbeiter. Er hat auf ein Problem mit einer dokumentierbaren Maßnahme reagiert, offensichtlich also etwas getan. Das Mißerfolgsrisiko liegt so beim Klienten. Fehlgeschlagene Maßnahmen können dann mit Resignation („da ist nichts zu machen") oder mit massiveren Maßnahmen, eventuell auch gegen den Willen des Klienten, beantwortet werden. Wahrscheinlicher bei Fehlschlägen ist aber, daß das Angebot zum gegebenen Zeitpunkt nicht „paßgenau" war – nicht das, was der Klient brauchte, verstand, und für sich nutzen konnte. Der Fehlschlag eines Angebots scheint also eher darauf zu verweisen, daß der Dialog mit dem Klienten zu oberflächlich geführt worden war.

Der Maßnahmenorientierung kann man durch sorgfältiges Besprechen möglicher Lösungsversuche mit den Betroffenen entgehen. Lösungen, die noch so brillant aussehen, sind wertlos, wenn sie der Klient nicht annehmen kann. Man kann als Beraterin oder Berater dann vielleicht für die Inanspruchnahme eines Angebots durch den Klienten werben, wird aber sinnvollerweise vorerst andere Varianten erwägen.
Grundsätzlich sollten solche Angebote bevorzugt werden, die mehr Eigeninitiative und Beteiligung der Klienten ermöglichen, um zu betonen, daß es schließlich ihre Sache ist, um die es geht.

7.3.10. Indirekte Beratung vornehmen

Mit dieser Beratungsform kann die Beraterin Konfrontation umgehen: Sie spricht über einen Dritten, einen anderen Fall mit einem ähnlichen Problem und erzählt, was dort passiert ist und wie die beteiligten Personen mit dieser Situation umgegangen sind. Nicht selten initiieren die Klientinnen selbst diese Beratungsform: Sie schildern ihr Problem als das einer Freundin oder Bekannten. Das ermöglicht ihnen, sich nicht exponieren zu müssen. Sie können in der Beratungssituation Distanz zum Problem bewahren und müssen sich nicht für eigene Schritte verantworten. Nichtsdestotrotz nehmen sie konzentriert wahr, wie die Beraterin sich mit der Fragestellung auseinandersetzt. Sie können sich selbst entscheiden, welche der Überlegungen sie annehmen, zu ihren eigenen machen. Manche Beratungen laufen über einige Zeit ausschließlich in diesem Modus. Sowohl die Klientin als auch die Beraterin wissen, daß eigentlich die Situation der Klientin selbst das Thema ist, auf der Interaktionsebene beachten sie aber die stille Übereinkunft, das nicht auszusprechen.

Distanz inszenieren

So förderlich der Modus der indirekten Beratung für die Etablierung eines heiklen Themas sein kann, kann er doch auch seine Möglichkeiten erschöpfen und der Umstieg auf direktere Formen des Gesprächs wird (eventuell nach einigen Sitzungen) nötig. Die Beraterin kann diesen Umstieg anregen oder erleichtern: „Könnte es sein, daß Sie selbst in einer ähnlichen Situation sind?“ oder „Mir fällt auf, daß Sie sich mit dieser Situation sehr beschäftigen.“
Auch der Berater kann die Technik der indirekten Beratung in das Gespräch einführen. Dafür eignen sich Sätze wie: „Mir fällt die Geschichte einer Frau ein, die . . .“ oder „Ich möchte Ihnen eine Geschichte erzählen und ich möchte mir mit Ihnen dann ansehen, was daran

Ihrer Situation ähnlich und was anders ist ...". In diesem Fall ist der mehr oder weniger direkte Bezug zur Situation des Klienten offensichtlich und kann gleich ausdrücklich angesprochen werden. Trotzdem bleiben gewisse Vorteile des Modus erhalten, vor allem die Chance zur etwas distanzierteren Betrachtung.
Enno Schmitz (1989) verweist auf das Erzählen einer Geschichte als respektvolle Beratungsform:

„,Dazu fällt mir eine Geschichte ein', lautet die typische Einleitung des Erzählers, nachdem er sich angehört hat, was den ratsuchenden Hörer bewegt. Sein Rat hat weder den Charakter einer psychologischen oder soziologischen Erklärung, noch den eines praktischen Imperativs; anscheinend ist er noch nicht einmal auf die besondere Lebenssituation des Hörers bezogen. ... Dies ermöglicht es, daß der Ratsuchende sein ganz individuelles lebenspraktisches Problem als allgemeines Problem des Lebens verstehen kann. Die erzählte Geschichte bringt zum Ausdruck, wie man die Kummer und Leid schaffende Lebenssituation anders sehen kann und welche weiteren Handlungsmöglichkeiten offenstehen. Freilich, was er daraus für sein Leben macht, ist ausschließlich Sache des Hörers." (Schmitz u. a. 1989, 144)

7.3.11. Szenarientechniken anwenden

Szenarientechnik nenne ich eine auf die Zukunft orientierende Gesprächstechnik, die mögliche zukünftige Konstellationen, Szenen, Situationen, Anforderungen so konkret wie möglich vergegenwärtigt. Die Klientin kann im Gespräch und in Gedanken die Auswirkungen von Änderungen und/oder künftige schwierige Situationen vorwegnehmend erproben und so anstehende Entscheidungen vorbereiten.

Gedankenexperiment

Ein Szenario ist eine fiktive Situation, das Abbild einer möglichen Wirklichkeit. In einem gemeinsamem Gedankenexperiment kann die Beraterin mit dem Klienten durchspielen, was wäre wenn ... („Nehmen wir einmal an, Sie würden Ihrem Vater sagen, daß Sie die Absicht haben, auszuziehen. Wie würden Sie das machen? Was würde er darauf sagen? Wie würde sich dadurch die Situation verändern?")
Mit Hilfe der Szenarientechnik kann der Berater dem Klienten helfen, die möglichen Auswirkungen der Versuche, seine Lebenssituation zu beeinflussen, vorauszudenken und in der Gesprächssituation zu besprechen, gedanklich durchzuspielen. Der Dialog mit dem Sozialarbeiter oder der Sozialarbeiterin dient so als Probehandeln. Die zu erwartenden Schwierigkeiten und Verwicklungen, die sich ergeben-

den Anforderungen an den Klienten können vorweggenommen werden. Schwierige Situationen müssen vielleicht sogar mehrmals durchgespielt, durchbesprochen werden.
Die Szenarientechnik ermöglicht das Besprechen von Alternativszenarien: Was könnte passieren, wenn ich etwas anders mache oder wenn sich jemand doch anders als erwartet verhält. Die Szenarien geben dem Sozialarbeiter die Möglichkeit, dem Klienten Informationen zu geben, ohne diese besserwisserisch aufzudrängen und so Abwehr zu provozieren.
Beraterinnen und Berater können die Szenarientechnik auch anwenden, wenn Klienten nicht direkt darauf einsteigen und das aktive Mitüberlegen vorerst verweigern. In diesem Fall können sie das Szenario monologisch weiterspinnen. Die Klienten hören dann zu, beschäftigen sich dabei mit der Situation, bilden sich eine Meinung dazu bzw. entwickeln ihre eigenen Szenarien im Kopf. Auch wenn in der Gesprächssituation keine oder nur eine vage Rückmeldung von ihnen zu bekommen sein mag, ist das vom Berater entwickelte Bild nun ein Teil ihrer Gedankenwelt, eine Handlungsmöglichkeit, mit der sie sich beschäftigen können.

7.3.12. Reframing

Die Annahme, daß Klienten manchmal sich selbst keine oder wenig Hoffnung geben, daß das Problem (zumindest auch) darin liegen könnte, wie sie ihre Situation wahrnehmen und wie sie Erklärungen konstruieren, ermöglicht es, neue Sichtweisen einzuführen, die mehr oder neue Perspektiven eröffnen. Reframing ist eine Gesprächstechnik, in der die Beraterin den Kontext neu interpretiert, eine andere Sichtweise anbietet. Wie so manche der anderen Gesprächstechniken ist sie keine „Erfindung“ der Sozialen Arbeit oder der Psychotherapie, sondern findet sich auch in der lebensweltlichen Alltagsberatung. Ihren Namen bekam sie im Kontext systemischer Beratungsmodelle (siehe z. B. von Schlippe/Schweitzer 1996, 177 ff.).

Kontext neu interpretieren

Die Neukonstruktion der Beschreibung oder Bewertung betont dabei in der Regel die Chancen der Situation und versucht, die Trauer über das Vergangene in den Hintergrund treten zu lassen. In diesem Zusammenhang verweisen viele Autoren auf das chinesische Schriftzeichen für Krise, das aus zwei Teilen besteht: einem Zeichen für Gefahr und einem für Chance. Die augenblickliche Verzweiflung eines Menschen

kann ihn vorübergehend für die Chance blind machen, die Beratung soll die Chance wieder sichtbar machen.
Reframing bietet den Klienten eine andere, aussichtsreichere Perspektive auf seine Situation, erschließt ihnen wieder Handlungsmöglichkeiten. Einige Beispiele:

„Natürlich ist Ihr Schmerz über diese Trennung groß. Das muß wohl auch so sein, da Ihnen diese Beziehung viel bedeutet hat (Normalisieren). Vielleicht gibt sie Ihnen aber auch die Möglichkeit, sich selbst und anderen zu beweisen, daß Sie auf eigenen Beinen stehen können (Reframing)."
„Vielleicht hat es auch etwas Gutes, daß jetzt diese Klage eingebracht wurde. Sie könnte ein Anstoß sein, daß Sie Ihre Finanzen neu regeln und sich künftige schlimmere Schwierigkeiten ersparen."
„Sie haben gesagt, daß Sie immer mehr abmagern. Wann haben Sie sich entschlossen, nichts mehr zu essen? (Symptom dem Klienten als Entscheidung zurechnen)"

Wie andere Versuche der Umdeutung verliert auch das Reframing seine Wirksamkeit, wenn der Klient das Gefühl bekommt, seine Sorgen werden vom Berater nicht ernstgenommen. Vor der Anwendung dieser Technik der Problem- und Lösungskonstruktion sollte der Berater daher durch das Ansprechen von Gefühlen und durch aktives empathisches Zuhören den Klienten davon überzeugt haben, daß er seine Sicht der Dinge ernst nimmt, akzeptiert, sich auch der negativen Seiten der Situation bewußt ist.

7.3.13. Lösung fokussieren

Lösung statt Ursachenforschung

Während in der ersten Phase des Gesprächs oft die Schwierigkeiten und Probleme im Vordergrund stehen bzw. die aktuelle Alltagssituation der Klienten von verschiedenen Seiten betrachtet wird, ist es in einer späteren Phase nötig, den Blick auf mögliche Lösungen zu richten. Es ist zwar nicht alles lösbar, was von den Klienten als Belastung oder Schwierigkeit benannt wird, auf die veränderbaren Bedingungen sollte allerdings zuversichtlich Einfluß genommen werden.
In besonders prägnanter Form hat die sogenannte Kurzzeit-Therapie von Steve deShazer (übrigens ein Sozialarbeiter) und anderen (DeShazer 1989 und 1992, Eberling/Hargens 1995, Walter/Peller 1995) ein Gesprächsinstrumentarium entwickelt, das die Problemlösung anpeilt. Der Berater bringt dabei zum Ausdruck, daß er sicher ist, daß der Klient das Problem lösen wird. Unklar sei nur, wann das geschehen

werde. Sicher sei, daß es nicht leicht sei, das Problem zu lösen, Rückschläge seien zu erwarten. Die Aufmerksamkeit der Klienten wird auf das gelenkt, was schon funktioniert. Auf die Exploration der „Ursachen" für ein Problem wird weitgehend verzichtet. Die Klienten werden aufgefordert, mehr von dem zu tun, was schon bisher Ausnahmen von der Problemsituation bewirkte. Und wenn sich keine Ausnahmen finden, wird ihnen geraten, schlicht etwas anderes zu tun als bisher, sich dabei zu beobachten und es in der nächsten Sitzung mitzuteilen.
Wenn relativ klar abgegrenzte Problemdefinitionen existieren, scheint diese Technik ein interessanter und gangbarer Weg der Bearbeitung. Sowohl in der Arbeit mit einzelnen als auch mit Familien machten Kolleginnen und Kollegen sehr gute Erfahrungen damit, konsequenten und konkreten Optimismus zu verbreiten und gleichzeitig die Schwierigkeit des Weges zur Lösung zu betonen.

7.3.14. Verhandeln

Es mag seltsam erscheinen, das Verhandeln im Rahmen der Konstruktionsphase des Beratungsgesprächs als eigenständige Technik vorzustellen, scheint es doch viel besser zur Feldarbeit zu passen, als Mittel, um die Interessen der Klienten auch gegenüber relevanten Dritten zu wahren. M. E. hat das Verhandeln allerdings auch im Beratungsgespräch einen wichtigen Platz, ja ähneln viele Beratungsgespräche einer komplizierten, von beiden Seiten mit diplomatischem Geschick geführten Verhandlung.
Allen Pincus und Anne Minahan (1980a) weisen darauf hin, daß die Kooperationsbeziehungen zwischen Klienten und Sozialarbeitern keineswegs die Regel sind. Viel häufiger sind Verhandlungsbeziehungen, aber auch Konfliktbeziehungen kommen vor und können durchaus produktiv sein.
Worüber verhandelt die Sozialarbeiterin mit der Klientin? Zum Beispiel über die Problemdefinition. Die Sicht der Klientin und jene der Sozialarbeiterin können stark differieren, und es kann geschickter Verhandlungen bedürfen, um sich auf eine Arbeitshypothese zu einigen. Differenz besprechen
Der Sozialarbeiter kann Angebote zur Unterstützung an Bedingungen knüpfen (z. B. eine materielle Unterstützung nur dann gewähren, wenn der Klient Eigenaktivitäten setzt). Zur Aushandlung eines solchen „Geschäfts" bedarf es der Verhandlung.
Auf Verhandlungstechniken komme ich unten (S. 233 ff.) noch ge-

nauer zurück. Hier soll vorerst nur festgehalten werden, daß auch die Kommunikation zwischen Klient und Sozialarbeiter notgedrungen viel mit Verhandeln und Aushandeln zu tun hat, daß ein gelungener „Deal" mit dem Klienten die Fallbearbeitung weiterbringen kann.

7.4. Techniken des Contracting

Der Übergang von der Konstruktionsphase des Gesprächs, in der mit dem Klienten ausgehandelt wird, worum es jetzt geht, was nun „Sache ist", zum Contracting, also der Vereinbarung der weiteren Schritte, ist ebenso fließend, wie der zwischen der Explorations- und der Kon-
Vereinbaren struktionsphase. Einige der bereits vorgestellten Techniken bereiten das Contracting vor bzw. können bereits unmittelbar zu Vereinbarungen führen. In der Folge behandle ich einige Gesprächstechniken, die für die Vereinbarungsphase typisch sind bzw. für die Konkretisierung von während der Konstruktionsphase bereits erzielten Vereinbarungen geeignet sind.

7.4.1. Verhandeln

Das Verhandeln nenne ich hier nochmals, weil es die hervorstechende Charakteristik in dieser späten Gesprächsphase darstellt. Kann es in der Konstruktionsphase bereits angewendet werden, um sich mit dem Klienten darüber zu verständigen, worum es geht oder gehen könnte, macht Verhandeln doch das Wesen des Contracting aus. Kein Vertrag, keine Vereinbarung kommt ohne vorherige Verhandlung zustande, und sei sie noch so rasch erledigt. Erst die vorangehende Verhandlung unterscheidet den Kontrakt von einem Diktat: Der Vertrag benötigt die Zustimmung beider Partner und diese beiderseitige Zustimmung muß ausgehandelt werden.

Realistischerweise kann der Berater nur selten davon ausgehen, daß die Sichtweisen des Klienten und die eigenen, daß die Wünsche des Klienten und die Angebotspalette der Sozialeinrichtung völlig über-
Irritation ermöglicht Veränderung einstimmen. Erst die Differenz macht die Fallarbeit ja produktiv, kann das nötige Maß an Neuem, an Irritation einbringen, das für eine Veränderung stets nötig ist. Die Vereinbarung über die weitere Vorgangsweise kann so auch die Züge eines „Handels" zwischen Sozialarbeiter und Klient annehmen, eines Handels, der nur dann tragfähig sein wird,

wenn die Interessen des Klienten darin ebenso berücksichtigt werden, wie die Ressourcen und Möglichkeiten des lebensweltlichen Umfelds und der Sozialeinrichtung. Beispiele zur Verdeutlichung:

Mit der Jugendlichen in einer Kriseneinrichtung konnte vereinbart werden, daß sie sich einem Gespräch mit ihrer Mutter stellte. Als „Gegenleistung“ unterstützte die Sozialarbeiterin sie bei ihren Versuchen, wieder Kontakt mit ihrem Vater aufzunehmen.
Eine vom Klienten gewünschte Unterstützung bei der Schuldenregulierung sollte in Angriff genommen werden, wenn er nachweislich die aktuell ausständige Miete bezahlt hat und beim nächsten Termin die gesammelten Unterlagen geordnet mitbringt.
Eine Klientin, die wegen vermuteter Mißhandlung ihres Kindes kontaktiert wurde, war bereit, die Pflichtklientschaft zu akzeptieren, wenn ihr gleichzeitig Unterstützung bei der Ordnung ihrer desolaten Finanzen zugesagt wurde.

7.4.2. Aufgaben planen

auf Genauigkeit und Kontrolle achten

So konkret wie möglich sollten die weiteren Schritte geplant werden: Wer (Sozialarbeiterin oder Klient) wird wann was tun. Die Genauigkeit bei der Aufgabenplanung erhöht die Verbindlichkeit der Abmachungen, und je mehr bzw. je wichtigeres zu tun ist, um so eher sollte ein Kontrolltermin vereinbart werden.
Bei der Planung können auch schriftliche Hilfsmittel verwendet werden: Das Erstellen von „Merkzetteln“ oder „Checklisten“ kann dem Klienten vor allem dann seine nächsten Schritte erleichtern, wenn mehrere Dinge zu erledigen sind. Um einer Überlastung der Klienten vorzubeugen, die dann zu resignierender Inaktivität führen könnte, kann es sinnvoll sein, sich zu vergewissern, ob die getroffenen Vereinbarungen auch realistisch sind (etwa so: „Sie haben sich jetzt sehr viel vorgenommen. Ich bin mir nicht sicher, ob Sie das alles auch schaffen können.“) Kleinere, leichter zu bewältigende Schritte können für die Regelung der Angelegenheiten der Klientin mehr bringen, als solche, die eine übermäßige Kraftanstrengung erfordern. Ein möglicher Weg ist es auch, zwischen dem, was unbedingt getan werden sollte, und „Fleißaufgaben“ zu unterscheiden (zum Beispiel so: „Ich denke, daß der Weg zum Arbeitsamt momentan das Wichtigste ist. Das sollten Sie auf jeden Fall morgen erledigen, egal was passiert. Wenn Ihnen dann noch Zeit bleibt und Sie noch etwas für sich tun wollen, wäre es hilfreich, wenn Sie einen Besuch bei Ihrer Mutter machen, um zu sehen, ob Sie Ihnen vielleicht helfen kann. Aber das

sollten Sie nur tun, wenn Sie das andere erledigt haben und sich stark genug dafür fühlen.“)
Auch für die Sozialarbeiterin besteht die Gefahr, zuviele Aufgaben zu übernehmen. Im vorigen Kapitel habe ich bereits die Notwendigkeit angesprochen, die Aufgabenverteilung zwischen Klient und Sozialarbeiter sorgfältig zu gewichten und nicht ohne Notwendigkeit dem Klienten Aufgaben abzunehmen, die er selber erledigen kann. Eine weitere Gefahr liegt darin, daß sich die Sozialarbeiterin mit Aufgaben überlastet, die sie dann aus Zeitmangel nicht erledigen kann. Die Arbeits- und Zeitökonomie sollte also bei der Aufgabenplanung bedacht werden. Klientinnen können nur dann Vertrauen in die Möglichkeit der Lösung ihrer Schwierigkeiten bilden, wenn sie die Erfahrung machen, daß sie sich auf Ankündigungen der Sozialarbeiterin verlassen können.

7.4.3. Terminplanung vornehmen

Sowohl die zu erledigenden Aufgaben, die Aktionen der Sozialarbeiterin im Feld, als auch die nächsten Sitzungen können terminiert werden. Wurden Termine bereits in einer früheren Phase des Gesprächs oder der Kooperation mit dem Klienten vereinbart, sollte der Berater sie jetzt wiederholen, an sie erinnern und damit bestätigen, daß sie noch gelten. Vor allem der nächste Gesprächstermin sollte nochmals bestätigt werden. Damit ergibt sich die Gelegenheit, um auch kurz zu besprechen, um welche Themen es dann gehen wird.

Termine bestätigen

7.4.4. Resultate wiederholen

Ergebnisse bekräftigen

Die wichtigsten Ergebnisse des Gesprächs, vor allem die Vereinbarungen, kann der Sozialarbeiter noch einmal betont wiederholen, um sicherzugehen, daß beide Beteiligten das gleiche verstanden haben. Die Wiederholung verankert die Ergebnisse besser im Gedächtnis, macht sie prägnanter.

7.5. Abschlussphase

Die Abschlußphase ist in der Regel nur kurz, sie rundet das Gespräch ab. Es ist die Aufgabe des Sozialarbeiters, diese Phase zu gestalten und dann das Gespräch mit der Verabschiedung zu beenden.

7.5.1. Vorausschau

Ein vorausblickender Satz kann das Wesen der Vereinbarungen oder des Gesprächs noch einmal bündeln, etwa so: „Sie haben jetzt einige schwierige Tage vor sich. Ich hoffe, daß Ihnen das, was Sie sich vorgenommen haben, gelingen wird. Und daß auch ich erfolgreich sein werde bei meinem Gespräch mit dem Sozialamt."

Ausblick geben

7.5.2. Zusammenfassung

Mit einer kurzen Zusammenfassung des Gesprächs, seines Verlaufs und der wichtigsten Ergebnisse kann der Sozialarbeiter die Wirkung verstärken und betonen, was ihm besonders bedeutend erscheint. Hier ergibt sich auch die Gelegenheit, den Klienten zu fragen, ob man ihm helfen konnte bzw. wie er nun seine Chancen auf eine Verbesserung seiner Lage sieht.

Wichtiges betonen

7.5.3. Gute Wünsche

Vielleicht ist es „nur" Höflichkeit, aber Höflichkeit ist Ausdruck von Respekt, und sie verschafft auch dem Höflichen Achtung. Man sollte also nicht versäumen, den Klienten mit guten Wünschen für seine vor ihm liegenden Bemühungen zu verabschieden.

Respekt zeigen

7.5.4. „Beziehungspflege"

Ganz am Ende des Gesprächs, eventuell wenn die Gesprächspartnerinnen bereits als Zeichen der bevorstehenden Auflösung der Gesprächssituation (des Interaktionssystems) aufgestanden sind, ist wieder Platz für belanglosere Themen, für eine Bemerkung zum Wetter, für die Frage, ob die Klientin das Wochenende für einen Ausflug nützt oder ähnliches. Kurzer Smalltalk, der demonstriert, daß man sein Gegenüber auch als „Bürger" wahrnimmt, der nicht nur Probleme, sondern auch ein funktionierendes Alltagsleben hat, über das man tratschen kann. Die Asymmetrie der Beratungssituation wird so abschließend ein wenig aufgelöst.

Asymmetrie auflösen

7.6. Hinweise zur Beratungstaktik

Die folgenden Hinweise beziehen sich auf einige weitere Aspekte der Gestaltung von Beratungsgesprächen, wurden von mir nicht geordnet und sollen eine kleine Unterstützung beim Nachdenken über und Gestalten von Gesprächen sein. Die Gesprächssituation ist stets eine höchst lebendige Angelegenheit und erfordert nicht nur die Beherrschung von Techniken, sondern auch den schöpferischen Einsatz der Persönlichkeit der Beraterin oder des Beraters.

Gestaltung der Beratungsgespräche

(1) Es sind nicht nur die Beraterinnen, die eine Gesprächssituation gestalten. Auch die Klientinnen und Klienten entwickeln mitunter originelle Strategien der Gesprächsführung. Was den Beratern auf den ersten Blick als dramatische Durchbrechung (zumindest ihres) Alltags oder als Ausdruck einer akuten Krise erscheint, kann für die Klienten möglicherweise ganz „normal“ sein, eine bewährte Strategie der Bewältigung schwieriger Aufgaben. Hier ein Beispiel dafür, wie eine Klientin bei ihren Kontakten dramatische Inszenierungen einsetzte:
Frau F., vor 15 Jahren aus Montenegro nach Wien gezogen, gestaltete Problemformulierungen zu besonders dramatischen Inszenierungen mit Ohnmachtsanfällen, Morddrohungen gegenüber ihrem Exgatten, Versuchen, ihre Kinder ins Heim zu transportieren. Wurde sie dabei wirklich ernst genommen, verstanden die Sozialarbeiterinnen ihre Auftritte also „wörtlich“, war sie höchst erstaunt. Die Dramatik gehörte für sie zum Handlungs-Repertoire, mit dem sie sich Beachtung verschaffen wollte und konnte. Vor allem Politikern half sie damit auf die Sprünge und erreichte erfolgreiche Interventionen. Von Sozialarbeiterinnen erwartete sie, daß sie sich von ihren Auftritten nicht ernsthaft beeindrucken ließen. Jene, die selbst in Panik gerieten, nahm sie allerdings selbst kaum ernst und fühlte sich von ihnen nicht richtig verstanden.
(2) Eingedenk dessen, daß wesentliche Teile des Veränderungsprozesses (vielleicht *die* wesentlichen) außerhalb der Beratungssituation stattfinden, können Broschüren oder auch Bücher zum Thema hilfreich sein, die man den Klientinnen zum Selbststudium mitgibt. In der nicht mit Beratungs- und Selbstdarstellungsstreß belasteten Situation zu Hause können sich die Klientinnen mit den Texten in Ruhe beschäftigen – und tun das auch. Manche Erklärungen durchdenken sie, können sie wiederholt lesen und besser annehmen. Bei der nächsten Besprechung kann die Beraterin dann fragen, ob die Klientin die Broschüre gelesen hat, was ihr daran geholfen hat, was für sie neu war, ob sie ihre eigene Situation darin wiedergefunden hat. Besonders nützlich erweisen sich vorbereitete Texte bei Personen, die begierig darauf

sind, „Ratschläge“ zu erhalten, also versuchen, der Beraterin einfache Handlungsanweisungen zu entlocken. Der Druck läßt sich mildern, wenn die Klienten das Gefühl haben, etwas in der Hand zu haben. Das Beratungsgespräch kann dann unbelasteter geführt werden.
(3) Schon die Vertreterinnen des klassischen Casework waren sich des Problems bewußt, daß eine Verbesserung der Gesprächsführungstechnik der Sozialarbeiterinnen die Gefahr in sich birgt, daß das Technische in der Interaktion überwiegt. Die Klienten merken das, fühlen sich – zu recht – nicht verstanden, die Effektivität der Gespräche nimmt wieder ab. Die Caseworkerinnen versuchten dieser Schwierigkeit mit dem Appell an die menschlich-interessierte Haltung zu begegnen. So brauchbar die Kenntnis professioneller Gesprächstechniken ist, scheint auch mir eine allzu schematische Anwendung nicht sinnvoll. Die Gesprächstechnik sollte m. E. variieren, die Sozialarbeiter sollten sich den Klienten als ganze, dreidimensionale Menschen erkennbar machen. Auch verschiedene Gesprächsformen des Alltags haben ihren selbstverständlichen Platz in einem guten Gespräch, und viele der besten Kolleginnen zeichnen sich durch Humor aus, den sie in ihre Klientenkontakte einfließen lassen. Die Haltung der Sozialarbeiterin sollte grundsätzlich interessiert sein (oder zumindest den Eindruck der Interessiertheit erwecken). Eine unaufdringliche Interessiertheit mit Respekt vor dem eigenen Lebensbereich der Klientinnen: Anteilnehmende Neugier nennt das Harro Dietrich Kähler (1991, 165).
(4) Und noch einmal zur Gesprächsführung der Klienten. Zu den Strategien, die so manche in Alltagsgesprächen anwenden, gehört auch das ständige Umkreisen des Problems, das Sich-Verlieren in Problemschilderungen. Es dient dazu, sich als hilfsbedürftig darzustellen. Die Menschen bestätigen sich damit, in einer schwierigen Lage zu sein und eigentlich nichts dagegen tun zu können. Als Beraterin wird man sich eine Zeit lang das Lamento der Klientin anhören, dann allerdings zur Offensive übergehen müssen, um Sachen auf den Punkt zu bringen und zusammenzufassen, Handlungsorientierung einzubringen. Die Körpersprache kann als Hilfsmittel dienen, um das „Umschalten“ vom akzeptierenden Zuhören auf einen stärker strukturierenden Gesprächsstil zu markieren: z. B. kann man mit Vorbeugen einen Akzent setzen und ausdrücken, daß man nun einen aktiveren Part im Gespräch zu spielen gedenkt.
Je geübter Sozialarbeiter in der Gesprächsführung sind, um so besser sollte es ihnen auch gelingen, Flexibiliät im Eingehen auf das Tempo

und den Erzählstil des Klienten mit Kontrolle über das Gespräch, seinen Ablauf und seine Zielgerichtetheit zu vereinbaren. Der Sozialarbeiter hat mit seiner Rolle die nötige Macht zur Verfügung, um ungünstige Entwicklungen des Gesprächs stoppen zu können. Wenn etwa Klienten zu weit abschweifen, nur mehr „schwätzen", können Sie auf Rahmen und Zweck des Gesprächs hinweisen: Was man hier zu tun hat; verweisen darauf, weshalb der Klient gekommen ist („Sie sind hierhergekommen, weil Sie ..."; oder: „Ich habe Sie eingeladen, weil ich für das Gericht einen Bericht machen soll. Was sollte ich Ihrer Meinung nach denn da schreiben?"). Nötigenfalls, wenn der Klient das im Laufe des Gesprächs vielleicht vergessen hat oder den Eindruck macht, es vergessen zu haben, wird man ihn auch darauf hinweisen müssen, daß man ihm nicht als Freund oder Freundin gegenüber sitzt, sondern eine andere Funktion hat.

(5) Thematisch spielt natürlich der Alltag der Klientinnen die wichtigste Rolle, aber nicht in all seinem Detailreichtum und vor allem nicht immer die spezifische Variation von gestern. Der Fokus liegt auf der „gewöhnlichen Struktur des Alltäglichen". Klienten berichten zuweilen ungewöhnliche Details häufiger als den Normalablauf. Vor allem dramatische Details aus den Berichten der Klienten sollte man stets genau lokalisieren: Wann ist das passiert, in welchem Zusammenhang, und passiert so etwas öfter? So kann der Berater vermeiden, daß ein Detail allzusehr aufgebauscht wird, an dessen Diskussion Berater und Klient dann hängen bleiben und so eine falsche Einschätzung der Gesamtsituation konstruieren. Auch die Skandalberichterstattung über den Alltag verzerrt die Wirklichkeit. „Das ist auch vorgekommen dazu, aber ist es das Charakteristische?" Alltag ist nie in allen seinen Facetten eindeutig. Im Rahmen der Grundstruktur eines demokratischen Erziehungsstils kann es zum Beispiel Einzelereignisse geben, die aus der Regel herausfallen, etwa wenn die Mutter doch einmal „die Nerven verliert".

(6) Die Unterscheidung, was an den Erzählungen der Klienten wichtig und was eher unwichtig ist, was weiterzubearbeiten lohnend sein könnte, ist zuweilen schwierig zu treffen. Der offene Ansatz der Fallarbeit gewichtet nicht sofort, sondern hält auch scheinbare Nebensächlichkeiten für potentiell bedeutsam. Wenn es aber um die Handlungsorientierung, um die Entscheidung über die weitere Vorgangsweise geht, muß man dann doch eine Entscheidung darüber treffen, was als wichtig behandelt werden soll. Der Entscheidungsvorgang

ähnelt zuweilen einem Indizienprozeß: Wo sich Hinweise häufen, könnte der entscheidende Ansatzpunkt liegen. Einzeldaten können bedeutungslos sein. Um beim obigen Beispiel zu bleiben: Eine Ohrfeige für das Kind heißt noch nicht, daß Gewalt gegen das Kind das zentral zu bearbeitende Problem ist.
Man kann von zwei Gefahren sprechen: Die eine wäre, sich von der Komplexität der Situation der Klienten überwältigen zu lassen, Unmengen von Daten und Informationen zu sammeln, sich in Details zu verlieren und damit als Fallarbeiter handlungsunfähig zu werden. Die andere Gefahr: Im Wunsch, rasch einen Überblick zu bekommen, rasch zu kategorisieren und zu bewerten, dann alles nur mehr einer einmal gefundenen Einschätzung unterzuordnen, zu wenig Komplexität zu sehen und damit falsch zu agieren: Der Sozialarbeiter kann zwar handeln, ist aber reflexionsunfähig. Karl E. Weick schlägt vor: „Wenn die Dinge klar sind, sollten Sie zweifeln; wenn Zweifel vorliegen, sollten Sie die Dinge behandeln, als ob sie klar wären ... das Gegenteil von Glauben (ist) nicht Unglaube, sondern Zweifel ..." (Weick 1995, 316). Für die Beratungssituation kann man meiner Meinung nach diese Faustregel gut gebrauchen. Um so eindeutiger und einfacher eine Situationsdarstellung sich anhört, um so wichtiger sind die Distanz dazu und der Versuch, Komplexität der Darstellung zu gewinnen. Je komplizierter und vielschichtiger sie ist, umso wichtiger wird die Klarheit der vorläufigen Handlungsentscheidung.
(7) Die Sozialarbeiter sollten ihre Fähigkeiten üben, indem sie in Gesprächen zu beliebigen Zeitpunkten auf die Metaebene umsteigen, also das Gespräch als Gespräch thematisieren: darüber sprechen, wie das Gespräch jetzt verläuft, wieder den Rahmen klären, eventuell Blockierungen ansprechen. Sie sollten dann versuchen, ebenso rasch wieder den Faden des Gesprächs aufzunehmen. Sie erhöhen damit ihre Sicherheit und erweitern ihr Repertoire.
(8) Ein professionell geführtes Beratungsgespräch unterscheidet sich auch dadurch von Alltagsgesprächen, daß der Berater versucht, vieles explizit zu machen. Es kann nicht vorausgesetzt werden, daß die Klienten ohnehin wissen, was ich will und was ich meine – und unter den Bedingungen einer asymmetrischen Interaktion mit Machtgefälle kann sich der Berater nicht darauf verlassen, daß seine nonverbalen Signale richtig gedeutet werden. Als Beispiel möchte ich auf die bevorstehende Beendigung des Gesprächs hinweisen. Während es im Alltagsgespräch oft reicht, auf die Uhr zu schauen oder sich auf dem

Sessel etwas weiter nach vorne zu setzen, um dem Gesprächspartner zu signalisieren, daß man nun bald das Gespräch beenden will, sind solche Signale im Beratungsgespräch vieldeutig und haben manchmal unangenehme Folgen. So kann der Klient zum Beispiel, weil er Angst hat, seine Anliegen nicht mehr vortragen zu können, hektischer werden, noch schneller reden. Oder er interpretiert die Signale des Sozialarbeiters als Zeichen von Unaufmerksamkeit und Desinteresse. Eher peinlich kann es werden, wenn dann gar der Klient ausspricht, was der Berater sich auszusprechen scheute: „Ich sehe, Sie haben's schon eilig."

Einfacher und für den Klienten angenehmer ist es da schon, rechtzeitig zu sagen: „Ich möchte Sie darauf hinweisen, daß ich jetzt noch zehn Minuten für Sie Zeit habe, dann müssen wir für heute Schluß machen. Gibt es etwas, was Sie mir noch unbedingt mitteilen wollen, bevor wir zum Abschluß kommen?"

Auf Ausgesprochenes kann sich der Gesprächspartner sachlich beziehen, aber auch man selbst kann daran erinnern („Ich habe Ihnen schon angekündigt, daß ich jetzt Schluß machen muß"). Nonverbale Signale hingegen sind nur schwer ohne Störung der Beziehung anzusprechen. Oft werden sie in Streitform thematisiert, wie z. B. bei klassischen Partnerstreits – „warum hast Du mich so angeschaut". Man kann sich auch nicht auf eigene nonverbale Signale berufen: „Ich habe schon vor zehn Minuten nervös auf den Tisch geklopft" – das kommt wohl nicht sehr gut.

Die Zeitkontrolle habe ich hier nur als Beispiel gewählt. Weitere sinnvolle Explizierungen können unter anderen sein: „Das wundert mich aber, haben Sie nicht vorher erwähnt ..."; „Das habe ich jetzt nicht ganz verstanden, könnten Sie mir das näher erklären?"; „Entschuldigen Sie, ich war jetzt einen Moment nicht ganz bei der Sache, weil ich über Ihre vorherige Äußerung nachgedacht habe ..."; „Ich kann mich schlecht auf das konzentrieren, was Sie sagen, wenn Sie so auf dem Sprung sind. Setzen Sie sich doch gemütlich zurecht, wir haben genügend Zeit."

Es gibt kaum einen guten Grund, den Klientinnen Informationen vorzuenthalten, die für sie wichtig sein könnten. Dies gilt auch für alle Informationen, die die Bedingungen des Gesprächs selbst betreffen. Wurde ich durch den Klienten aus einer Arbeitssituation gerissen und kann mich daher jetzt nicht konzentrieren? Habe ich nur beschränkte Zeit zur Verfügung? usw. In jedem Fall ist die am wenigsten peinliche Form des Umgangs damit die, es auszusprechen.

(9) Folgenden Hinweis zur Gesprächskontrolle möchte ich noch geben: Es mag auf den ersten Blick so scheinen, als müßten gute und intensive Gespräche lang sein. Ich denke, daß eher das Gegenteil gilt: Nach ca. 45 Minuten, spätestens einer Stunde, wird die Chance, daß noch Neues herauskommt, sehr gering. Dafür steigt die Wahrscheinlichkeit, daß der Gesprächspartner wichtige Gesprächselemente und Vereinbarungen vergißt, sie im langen Strom des Plauderns untergehen. Die meisten Gespräche lassen sich zufriedenstellend in viel kürzerer Zeit bewältigen. Sobald ein Gespräch „im Kreis geht", also bereits Gesagtes mit nur ein wenig anderen Worten wiederholt wird, sollte man es jedenfalls zielorientiert strukturieren. Verläuft ein Gespräch ergebnislos, wird sich das in der nächsten halben Stunde wahrscheinlich auch nicht mehr ändern. „Ich habe den Eindruck, daß wir heute nicht wirklich weiterkommen. Vielleicht liegt das daran, daß ...; ich möchte mich gerne in einer Woche noch einmal mit Ihnen unterhalten ..."

Es ist hilfreich, zu Beginn eines Gesprächs den Zeitrahmen festzulegen und dann bei dieser Struktur zu bleiben. Ist ein Gespräch für eine Stunde anberaumt, kann es nicht stillschweigend auf zwei Stunden verlängert werden. Jede Abkehr vom Zeitrahmen sollte besprochen und gemeinsam vereinbart, als Ausnahme gekennzeichnet werden. Andernfalls entsteht so etwas wie ein Gewohnheitsrecht des Klienten auf unbegrenzt lange Gespräche. Spätere Versuche der Beraterinnen, ein Gespräch zu strukturieren und zu begrenzen, werden in Zukunft nicht mehr ernstgenommen.

(10) Im Gesprächsverlauf (vor allem in der Konstruktionsphase) können und sollen die Sozialarbeiter alternative Erklärungsversuche anbieten. Auch wenn sie die Klienten nicht zu überreden versuchen, kann das zu Enttäuschungen führen. Der Klient hatte möglicherweise gehofft, mit seiner „Geschichte" durchzukommen, und nicht damit gerechnet, vom Sozialarbeiter in seiner Einschätzung in Frage gestellt zu werden. Wie die Konfrontation kann auch die „Uminterpretation" oder Infragestellung von Teilen der Geschichten der Klienten eine produktive Irritation erzeugen.

(11) Einen ganz besonderen Typus von Gesprächen stellen telefonische Beratungen dar. Hier ist nur ein Kommunikationskanal, nämlich der akustische, offen. Die Konzentration auf den verbalen Ausdruck schafft Distanzierung und Anonymität. In deren Schutz ist es manchen Klienten möglich, schon bei einem Erstgespräch intime Themen anzu-

sprechen, die sie sonst nur unter besonders günstigen Bedingungen zur Sprache bringen würden.
Die Telefonberaterin steht vor der Schwierigkeit, durch mangelnde visuelle Informationen nur schwer einschätzen zu können, wie ernst gemeint eine telefonische Anfrage ist. Es liegt nahe, daß die Anonymität des Telefons genutzt wird, um Scherzanrufe zu tätigen. Aber auch „ernste" Anrufe tarnen sich zuweilen als Scherzanrufe. Sicherheitshalber empfiehlt es sich also, das Anliegen des Anrufers so zu behandeln, als wäre es ernst gemeint, auch wenn man sich dessen nicht so sicher ist.
Ein Telefonat kann außerdem leicht beendet werden. Man braucht bloß aufzulegen, muß sich nicht einmal verabschieden, man hat keinen Weg zurückzulegen, um außerhalb des Gesichtsfeldes des Gesprächspartners zu kommen. Vor allem bei einem Erstanruf und/oder einem anonymen Anruf hat der Gesprächspartner keine Chance, die Kommunikation dann wieder aufzunehmen. Aufgrund der Leichtigkeit, sich daraus zu verabschieden, ist eine telefonische Beratung ständig vom Abbruch bedroht. Vor allem dann, wenn der Eindruck besteht, daß der Klient in einer Krise ist, sollte der Telefonberater bei auftretenden längeren Pausen selbst sprechen und so versuchen, die Verbindung aufrechtzuerhalten.
Am Telefon gilt noch stärker als bei face-to-face-Gesprächen, daß man als Beraterin manchmal verwirrt ist über den „Sinn" einer Geschichte, da keine nonverbalen Signale vorhanden sind, die die Einordnung erleichtern. Daher muß die Beraterin sich, bevor sie eine Auskunft gibt, deutlich vergewissern, was die Wünsche der Klientin sind und ob sie sie auch richtig verstanden hat. Mitunter fällt es den Anruferinnen schwer, deutlich zu sagen, worum es geht. Sie benötigen Unterstützung beim Formulieren ihrer Anliegen und Fragen. Die Beraterin kann Formulierungsvorschläge machen, ja dem Klienten sogar Fragen vorformulieren, von denen sie annimmt, daß sie der Klient möglicherweise stellen will. Bei bloß zögernder Zustimmung kann man annehmen, daß man den entscheidenden Punkt noch nicht erwischt hat. Protest oder Korrektur durch den Klienten hingegen sind bereits ein recht guter Einstieg für die weitere Beratung.
So manches Problem kann im Rahmen telefonischer Beratung gut bearbeitet werden. Das Telefon ist ein brauchbares Medium zum zeitsparenden Erledigen von Kommunikation begrenzter Komplexität. Höhere Verbindlichkeit, einen bei weitem umfassenderen Eindruck

vom Gesprächspartner erhält man aber in einer klassischen face-to-face-Situation. Klientinnen, die erkennbar mehr als nur einen Rat brauchen, sollte daher nahegelegt werden, eine geeignete Beratungseinrichtung aufzusuchen.

(12) Handlungsmöglichkeiten eröffnen: Sehr häufig gehen Einsichten den Handlungen nicht voraus, sondern stellen sich erst ein, wenn jemand einmal etwas anderes zu tun versucht hat. Es ist daher produktiver, Klienten Handlungsangebote zu machen, als sie von einer bestimmten Sichtweise zu „überzeugen". Auch wenn KlientInnen das Handlungsangebot, den Handlungsvorschlag nicht sofort annehmen, für sich akzeptieren, so haben sie ihn doch registriert und können es in Hinkunft in ihre Überlegungen einbeziehen. Sozialarbeiter berichten nicht so selten von Klienten, die einen Handlungsvorschlag im Beratungsgespräch zwar heftig ablehnen, später aber doch verwirklichen. Ich habe oben schon darauf hingewiesen, daß sich die Wirkung eines Beratungsgesprächs oft noch gar nicht im Gespräch selbst, sondern erst später im Alltag zeigt.

(13) Nun will ich Ihnen eine Sammlung von möglichen Fehlern des Fallarbeiters nicht vorenthalten, die Kolleginnen in einem kleinen Brainstorming aufgelistet haben. Mir ist natürlich bewußt, daß es leichter ist, Fehler aufzuzählen, als sie zu erkennen und zu vermeiden:

(a) Künstlichkeit
(b) Angst vor Nähe zur Lebenswelt der KlientInnen
(c) Handeln an Stelle der Klienten
(d) Handeln ohne die Klienten
(e) wichtige strukturelle Problem-Bedingungen nicht nachfragen
(f) am Klienten kleben
(g) entsetzt sein, statt neugierig
(h) etwas persönlich nehmen
(i) Situation nicht strukturieren
(k) Angst vor eigener Autorität haben
(l) zu schnell eingreifen.

Anregungen zur Diskussion, Fragen

(1) Welche Phasen sollte ein Beratungsgespräch haben? Überlegen Sie, ob die Reihenfolge der Phasen verändert werden könnte und welche Folgen das hätte.

(Fortsetzung S. 220)

(2) Üben Sie Ihre Gesprächstechnik fallweise auch in Alltagsgesprächen: Nehmen Sie sich z. B. vor, im Gespräch zurückhaltend zu sein; in einem anderen: aktiv zu sein und viel zu fragen; in einem weiteren: rechtzeitig auf das kommende Gesprächsende hinzuweisen usw.
(3) Nennen und beschreiben Sie einige Techniken der Exploration/der Konstruktion.
(4) Wodurch unterscheiden sich professionelle Beratungsgespräche von Alltagsgesprächen?
(5) Spielen Sie ein Beratungsgespräch in einem Rollenspiel durch. Versuchen Sie verschiedene der beschriebenen Techniken anzuwenden. Beobachter sollen versuchen, aufzuschreiben, welche Techniken angewendet wurden.

Literatur zur Vertiefung

Während es immerhin einige Literatur zum sozialarbeiterischen Erstgespräch gibt, herrscht ein Mangel an Zusammenfassungen für die Gesprächsführung in der Einzelfallarbeit. Die Literaturempfehlungen umfassen daher Bücher, die nur einige Aspekte behandeln und/oder nicht für die Sozialarbeit geschrieben sind:
Christian-Rainer Weisbach: Professionelle Gesprächsführung. Ein praxisnahes Lese- und Übungsbuch. München. So allgemein der Titel formuliert ist, kann dieses Buch einige Grundtechniken der Gesprächsführung anschaulich vermitteln. Als alleinige Grundlage für die Beratungsarbeit in der Einzelfallhilfe ist es allerdings weniger geeignet, weil spezifischere Techniken nicht dargestellt werden. Von einem Buch, das für Verkäufer genauso passen soll wie für Beraterinnen, kann man das auch nicht verlangen.
Susanne Zeller: Das Beratungsgespräch in der Sozialen Arbeit. Bielefeld. In diesem schmalen Band faßt Susanne Zeller das klassische Gesprächsverständnis des Casework zusammen. Ihre zentralen Referenzen sind dementsprechend die tiefenpsychologischen Autoren und die Gesprächspsychotherapie nach Carl C. Rogers.
Luitgard Brem-Gräser: Handbuch der Beratung für helfende Berufe. Band 1–3. München und Basel. In diesem umfangreichen Werk finden sich zahlreiche brauchbare Hinweise und die Darstellung verschieden-

ster Zugänge. Wegen seines Umfangs ist es allerdings nicht so leicht, zu finden was man braucht.

Wolfgang Eberling/Jürgen Hargens (Hrsg.): Einfach kurz und gut. Zur lösungsorientierten Kurzzeittherapie. Dortmund. Wer mehr über die in der Einzelfallarbeit ganz brauchbarer lösungsorientierter Beratung erfahren will, kann mit diesem Buch sein Repertoire erweitern. Wie bei der folgenden Empfehlung möchte ich jedoch die Einschränkung machen, daß das sozialarbeiterische Setting auch noch andere Gesprächsformen erfordert und die in therapeutischen Settings erprobten Techniken als Ergänzung, nicht als Ersatz für die anderen Techniken verwendet werden sollten.

Arist von Schlippe/Jochen Schweitzer: Lehrbuch der systemischen Therapie und Beratung. 2., durchges. Auflage. Göttingen. Wie beim zuvor genannten Buch sind die auf Gesprächsführung bezogenen Teile dieses Bandes hilfreich für die Soziale Einzelarbeit. Empfehlenswert vor allem in Verbindung mit der Lektüre sozialarbeitsbezogener Zusammenfassungen systemischer Ansätze (z. B. Pfeifer-Schaupp 1995).

Materialien zu Gesprächsführung

Im Anhang findet sich eine Liste von Beispielen sogenannten systemischen Fragens (Arist v. Schlippe/Jochen Schweitzer), einer Frageform, die neue Perspektiven für den Klienten (aber keineswegs nur für ihn) eröffnen soll und sich auch in der Sozialarbeitspraxis bewährt.

Fragen zur Wirklichkeitskonstruktion

– Fragen, die aktuelle Beziehungsmuster deutlich machen –

(1) Fragen zum Auftragskontext:
(a) Den Überweisungskontext erfragen:
* Wer hatte die Idee zu diesem Kontakt?
* Was möchte er/sie, was hier passieren soll?
* Warum gerade dieser Klient, warum gerade zu mir, warum gerade jetzt?
(b) Die Erwartungen erfragen:
* Wer will hier was von wem (von mir, von uns)?
* Wer ist optimistisch, wer skeptisch?
* Was müßte ich (müßten wir) tun, um die Erwartungen zu erfüllen?
* Was müßte ich (müßten wir) tun, damit es ein Mißerfolg wird?

2. Fragen zum Problemkontext

(a) „Das Problempaket aufpacken“:
* Aus welchen Verhaltensweisen besteht das Problem?
* Wem wird dieses Problemverhalten gezeigt, wem nicht?
* Wo wird es gezeigt, wo nicht?
* Wann wird es gezeigt, wann nicht?
* Woran würden Sie erkennen, daß es gelöst ist?
(b) Die Beschreibungen rund ums Problem erfragen:
* Wer hat es zuerst als Problem bezeichnet?
* Wer würde am ehesten bestreiten, daß es sich überhaupt um ein Problem handelt?
* Was genau meint Dr. X, wenn er/sie sagt „verhaltensgestört“?
(c) Den „Tanz um das Problem“ erfragen:
* Wer reagiert am meisten auf das Problemverhalten, wer weniger? Wen stört es, wen nicht?
* Wie reagieren welche anderen darauf?
* Wie reagiert das „Problemkind“ auf die Reaktionen der anderen?
* Wie reagieren die anderen auf die Reaktionen des „Problemkindes“? (bis ein Kreislauf deutlich wird)
(d) Erklärungen für das Problem erfragen:
* Wie erklären Sie sich, daß das Problem entstanden ist, wie daß es dann und dann auftritt und dann und dann nicht? Welche Folgen haben diese Erklärungen?
(e) Bedeutung des Problems für die Beziehungen erfragen:
* Was hat sich in den Beziehungen verändert, als das Problem begann?
* Was würde sich in den Beziehungen verändern, wenn das Problem wieder aufhören würde?

Fragen zur Möglichkeitskonstruktion

– Fragen, die bisher noch nicht verwirklichte Beziehungsmöglichkeiten durchspielen –

(1) Lösungsorientierte Fragen („Verbesserungsfragen“):
(a) Fragen nach Ausnahmen vom Problem:
* Wie oft (wie lange, wann) ist das Problem nicht aufgetreten?
* Was haben Sie und andere in diesen Zeiten anders gemacht?

* Wie haben Sie es geschafft, in diesen Zeiten das Problem nicht auftreten zu lassen?
(b) Fragen nach Ressourcen:
* Was möchten Sie in Ihrem Leben gern bewahren, wie es ist?
* Was machen Sie gern, gut?
* Was müßten Sie tun, um mehr davon zu machen?
(c) Die Wunderfrage:
* Wenn das Problem plötzlich weg wäre (weil eine Fee Sie geküßt hat, nach einer Operation, durch Gottes Wirken oder aus sonstigen Gründen): Was würden Sie am Morgen danach als Erstes anders machen? Was danach?
* Wer wäre am meisten überrascht davon?
* Was würden Sie am meisten vermissen in Ihrem Leben, wenn das Problem plötzlich weg wäre?
(2) Problemorientierte Fragen („Verschlimmerungsfragen"):
* Was müßten Sie tun, um Ihr Problem zu behalten oder zu verewigen oder zu verschlimmern? Was könnte ich/könnten wir tun, um Sie dabei zu unterstützen?
* Wie könnten Sie sich so richtig unglücklich machen, wenn Sie dies wollten?
* Wie könnten die anderen Sie dabei unterstützen? Wie könnten die anderen Sie dazu einladen, es sich schlechtgehen zu lassen?
(3) Kombination lösungsorientierter und problemorientierter Fragen:
(a) Fragen nach dem Nutzen, das Problem (vorläufig) noch zu behalten:
* Wofür wäre es gut, das Problem noch eine Weile zu behalten oder es gelegentlich noch einmal einzuladen?
* Was würde schlechter, wenn das Problem weg wäre?
(b) Zukunfts-Zeitpläne:
* Wie lange werden Sie Ihrem Problem noch einen Platz in Ihrer Wohnung gewähren? Wann werden Sie es vor die Tür setzen? Wie lange wäre es dafür noch zu früh?
(c) Fragen nach einem „bewußten Rückfall":
* Wenn Sie Ihr Problem schon längst verabschiedet hätten, es aber noch einmal „einladen" wollten: Wie könnten Sie das tun?
(d) „Als ob"-Fragen:
* Wenn Sie gegenüber anderen nur so tun wollten, als ob Ihr Problem wieder zurückgekehrt wäre, ohne daß es da ist, wie müßten Sie sich verhalten?
* Würden die anderen erkennen, ob Ihr Problem tatsächlich wieder da ist, oder ob Sie nur so tun, als ob?

Stilistische Aspekte

Angesichts der scheinbaren Eleganz und Leichtigkeit zirkulärer Fragen sei auf einige wichtige Aspekte zu deren Verwendung und Erlernen hingewiesen: Zirkuläre Fragen stoßen zwar oft viel schneller zu kritischen Gesprächsthemen vor. Aber auch sie müssen sich am Tempo der Klienten orientieren, müssen sich an kritische Themen allmählich herantasten und nicht „mit der Tür ins Haus fallen".
Zirkuläre Fragen sind kein Selbstzweck. Sie sind nur dann nützlicher als die einfacheren direkten Fragen, wenn sie mehr Informationen erzeugen als diese. In der Praxis werden sie sich mit direkten Fragen oft ablösen.
Auch zirkuläre Fragen müssen zum Sprachverhalten des Klientensystems passen. In Unterschichtsfamilien wird man eher fragen: „Wer nervt die Mama am meisten: die Oma oder der Papa?" und nicht: „Reagiert, deiner Meinung nach, die Mutter stärker auf das, was sie für großmütterliche Einmischungsversuche hält, oder stärker auf das, was sie für Vaters typisch männliche Unterdrückungsstrategien hält?" Bei Kindern wird man Fragen und Antworten oft bildlich verdeutlichen, zum Beispiel Prozentfragen anhand eines Maßbandes von einem Meter Länge.

Anfänger werden zirkuläres Fragen zunächst unvertraut, anstrengend, komplex finden, manchmal auch langweilig. Es braucht eine gewisse, allerdings endliche Zeit, bis einem diese Art des Fragens „in Fleisch und Blut übergeht", sich mit der eigenen Intuition verbindet und dann gar nicht mehr als Technik erlebt wird. Gerade als Anfänger sollte man sich davon nicht vorschnell entmutigen lassen: Es gilt immer, „angemessen ungewöhnlich" zu fragen und einen Spannungsbogen zu halten. (v. Schlippe/Schweitzer 1996, 146 f.; 163)

8. Soziale Feldarbeit

Übersicht

Das methodische Inventar der Individualhilfe umfaßt auch ein breites Spektrum der Beeinflussung des Lebensfeldes ihrer KlientInnen. Es wird sowohl in der Rekonstruktionsarbeit, als auch der Alltagsbegleitung genutzt. In diesem Kapitel reflektiere ich zuerst die allgemeineren Bedingungen methodisch kontrollierter Feldarbeit (Abschnitt 8.1.), um dann Informationsbeschaffung (8.2.), Verhandlungsführung (8.3.), Konfliktmanagement (8.4.), die Unterstützung bei der Aneignung von Alltagskompetenz (8.5.) und fallbezogene Öffentlichkeitsarbeit (8.6.) als Techniken der Feldarbeit vorzustellen. Feldarbeit in der Individualhilfe hat auch Aspekte des „Managens", also des zielorientierten Handhabens von Ressourcen, des Haushaltens mit eigenen und den Kräften anderer, nicht zuletzt der Klientinnen. Der sinnvolle Umgang mit Ressourcen, zumindest die allgemeinsten Kriterien des Einsatzes von Unterstützungsmitteln, behandle ich im Abschnitt 8.7. Daran schließen Überlegungen an, wie die Chancen der Klientinnen erweitert werden können, indem Personen aus ihrem Lebensfeld mit Aufgaben betraut werden, die dem Ziel der Individualhilfe dienlich sind. Die Rekrutierung und Anleitung „ehrenamtlicher Helfer" ist Gegenstand des Abschnitts 8.8. Case-Management und Clearing als Methoden der klientenorientierten Unterstützung werden im Abschnitt 8.9. behandelt. Den Abschluß bildet der Hinweis auf die notwendige Auswertung von Informationen aus Individualhilfeprozessen für erweiterte anwaltliche Tätigkeit, die Beeinflussung von Öffentlichkeiten zur Verbesserung der Bedingungen, unter denen die Adressaten der Sozialarbeit ihr Leben organisieren müssen (Abschnitt 8.10.).

8.1. Einsatzmöglichkeiten der Feldarbeit

Wir haben uns bisher schwerpunktmäßig mit der Beratung beschäftigt, die Bestandteil jedes Individualhilfeprozesses ist. In unserem dreistufigen Modell, den drei „Intensitäten" der Individualhilfe, ist die bloße Beratung der gelindeste Eingriff in den Lebenszusammenhang der Klienten, da die Sozialarbeiter als Berater nicht selbst im Feld agieren, sondern nur die selbständigen Bemühungen des Klienten, seinen Alltag wieder in den Griff zu bekommen, mit Informationen, Ermutigung und Reflexionshilfe unterstützen. Die Autonomie der Klienten bleibt vor allem gegenüber seinem lebensweltlichen Umfeld unangetastet, es bleibt ihm überlassen, wieweit er andere über seine Kontakte zur Sozialen Einrichtung informiert.

Veränderung der Beziehung

Übernimmt die Fallarbeiterin über die Beratung hinaus Aufgaben im Feld, so verändert das die Sozialarbeiter-Klient-Beziehung grundlegend. Der Klient hat nicht mehr die volle Kontrolle über die Informationen, die die Sozialarbeiterin über ihn erhält. Gleichzeitig können die Aktionen, die sie setzt, unerwartete Folgen für ihn haben. Er gerät in die Lage, auch anderen ihr Auftreten und ihre Aktionen erklären zu müssen bzw. mit Schlußfolgerungen konfrontiert zu sein, die lebensweltlich andere aus dem Auftauchen der Sozialarbeiterin ziehen. Der Prozeß wird für den Klienten schwerer kontrollierbar.

Es liegt also nahe, den Schritt ins Feld nicht leichtfertig zu tun und methodisch so abzusichern, daß die negativen Folgen für den Klienten minimiert werden. Andererseits ist die Arbeit im Feld auch eine Stärke des Casework und eröffnet Unterstützungsmöglichkeiten, die einem rein beratenden Vorgehen verschlossen bleiben müssen. Die Eigentätigkeit der Fallarbeiterin im sozialen Umfeld des Klienten kann Regelungen und Veränderungen erreichen, die der Klient selbst nicht zustandegebracht hätte, sei es, weil ihm die Fähigkeiten dazu (noch) fehlen, sei es, weil ihm das soziale Kapital fehlt, sei es, weil er in seiner Bewegungsfreiheit eingeschränkt ist (Krankenhaus- oder Gefängnisaufenthalt; Behinderung). Dieses Verständnis sieht die Rolle der Sozialarbeiterin im Feld als die eines verlängerten Arms des Klienten, dessen Wohlergehen sie bei allen ihren Aktionen letztlich verpflichtet bleibt.

Aber vielleicht ist dieses Bild doch zu einfach. Die Sozialarbeiterin steht schließlich mit dem Klienten über die Beratung in einem Dialogprozeß, bringt also eigene (professionelle) und institutionelle/gesellschaftliche Ziele und Sichtweisen ein, ist nicht bloße unkritische Auftragnehmerin des Klienten. So gesehen kann sie nie nur verlängerter Arm sein, sondern vertritt bei ihrem Auftreten gegenüber Dritten immer die Sozialarbeit als Profession, die Institution und den gesellschaftlichen Auftrag mit. Diese Last bürdet sie sich nicht selbst auf. Die Personen, denen sie im Feld begegnet, sehen sie in diesen Bezügen und können sie auf diese Rollen ansprechen.

Caseworker vertreten ein Spektrum sozialer Werte wie Integration, Menschenrechte, Achtung vor Individuen, Recht auf verschiedene Lebensweisen, soziale Gerechtigkeit. Sie vertreten diese Wertorientierung nicht nur aus eigener Überzeugung, sozusagen als „privates Hobby“, sondern bezahlt und beauftragt durch soziale Institutionen. Sie sind damit auch Agenten gesellschaftlicher Zielsetzungen und können gegenüber Dritten selbstbewußt auftreten, ihre Anliegen als gleichberechtigt gegenüber den Herangehensweisen anderer gesellschaftlicher Institutionen (zum Beispiel der Schule oder der Polizei) einbringen, propagieren und darüber verhandeln.

Das Anliegen des Sozialarbeiters in der Fallarbeit ist – aus den soeben genannten Gründen – immer ein anderes als das des Klienten. Er verdoppelt oder verstärkt nicht nur die Position seines Klienten im Feld, sondern nimmt eine eigene Position ein. Der Sozialarbeiter nimmt mit eigenen Augen und aus einer anderen Perspektive als der Klient dessen Lebensfeld wahr, beeinflußt es, speist Informationen ein und gewinnt Informationen. Der Sozialarbeiter wird ein weiterer „Spieler“ auf dem Feld. Er nimmt Kontakt zu Dritten auf und etabliert neue Beziehungen.

Integrationsperspektive

Die fallbezogene eigene Perspektive der Sozialarbeiterin im Feld ist die Verbesserung der Integration der Klientin in ihr gesellschaftliches Umfeld, die Beseitigung isolierender Barrieren, die Etablierung förderlicher und entwicklungsfreundlicher Bedingungen. Sie setzt Interventionen, die für die Klienten und für deren Umfeld förderlich sind und „erdet“ ihre Aktivitäten durch Absprachen im Feld, vor allem aber durch die regelmäßige Vor- und Nachbesprechung mit der Klientin.

Die Feldarbeit ist immer mit Beratungsarbeit verbunden, es können auch Personen aus dem Lebensfeld der Klientinnen zusätzlich Klientinnen von Beratungsarbeit werden. Ähnlich wie der von Melderinnen hat ihr Alltag „Ecken“, sind sie manchmal nicht in der Lage, adäquat auf Schwierigkeiten zu reagieren, die sie im Zusammenhang mit den Hauptbetroffenen haben. Sie benötigen Unterstützung und können sie von Fallarbeiterinnen erhalten, soweit die Interessen der Hauptbetroffenen dabei nicht gefährdet sind.

Dem Eintritt ins Feld geht die Überlegung voraus, welche Wirkungen mit dem Auftreten der Sozialarbeiterin verbunden sein könnten. Wir haben Stigmatisierung als sozialen Prozeß der Zuschreibung von Eigenschaften kennengelernt. Mit dem Erscheinen von Sozialarbeiterinnen im Lebensfeld der Klientinnen kann diese Zuschreibung in Gang gesetzt werden, eine Klientin als „Fürsorgefall“, als „Fall von ...“ klassifiziert werden, mit allen negativen Folgen, die das hat. Grundsätzlich sollte daher mit Klientinnen, wo dies irgend möglich ist, Einverständnis über die Intervention in ihrem Lebensfeld hergestellt werden. Andernfalls vergrößerte man ihre Abhängigkeit und die Undurchschaubarkeit ihrer Situation, statt ihren Einfluß auf ihre Lebensumstände zu erhöhen. Die Interventionen im Feld wären also in Abstimmung mit dem Klienten zu setzen und stets die Überlegung anzustellen, wo tatsächlich das Eingreifen der Sozialarbeiterin nützlicher ist, als die eigene, bloß von der professionellen Helferin unterstützte und moderierte Aktion der Klientin.

Die Rekonstruktionsarbeit soll die Lebenswelt der Klientinnen so beeinflussen, daß sie wieder gelingende Alltäglichkeit zurückgewinnt. Alltagsrekonstruktion ist geschicktem Management ähnlich: Mit einem möglichst geringen Aufwand an Interventionen soll unter Ausnutzung der vorhandenen Ressourcen ein selbsttätiges Funktionieren der lebensweltlichen Systeme erreicht werden. Mittel dafür sind u. a. die Herstellung von Verbindungen zwischen Teilsystemen des Feldes, Personalentwicklung, geordnete Konfliktaustragung, Setzen von Zielen, Installieren von Kontrollmechanismen, fallbezogene Öffentlichkeitsarbeit und punktuell auch das stellvertretende Handeln für die Klientinnen, wo diese keine Möglichkeit haben, selbst zu agieren.

Sparsamkeitsregel

Feldarbeit kann auch vom Schreibtisch aus geleistet werden: über das Telefon, über Korrespondenz, oder durch Kontakte mit Personen aus dem Lebensfeld der Klientinnen in den Beratungsräumen der Institution. Das Feld bezeichnet also nicht einen geographischen, sondern einen sozialen Ort.

Die methodische Kontrolle der Feldarbeit erfolgt neben den bereits bei der Beratungstätigkeit vorgestellten Formen der Dokumentation und Reflexion auch durch die ständige Rücksprache mit den Klientinnen (siehe Abbildung 21). Die mit ihnen vereinbarten Schritte und Zielsetzungen werden nach Durchführung wieder mit ihnen analysiert, auf ihre Wirksamkeit und Auswirkungen überprüft und interpretiert.

8.2. Informationsbeschaffung

Der Zugang zu wichtigen Informationen kann für Personen aus den verschiedensten Gründen entscheidend eingeengt sein:

Abbildung 21: Erweiterter Regelkreis methodischen Handelns

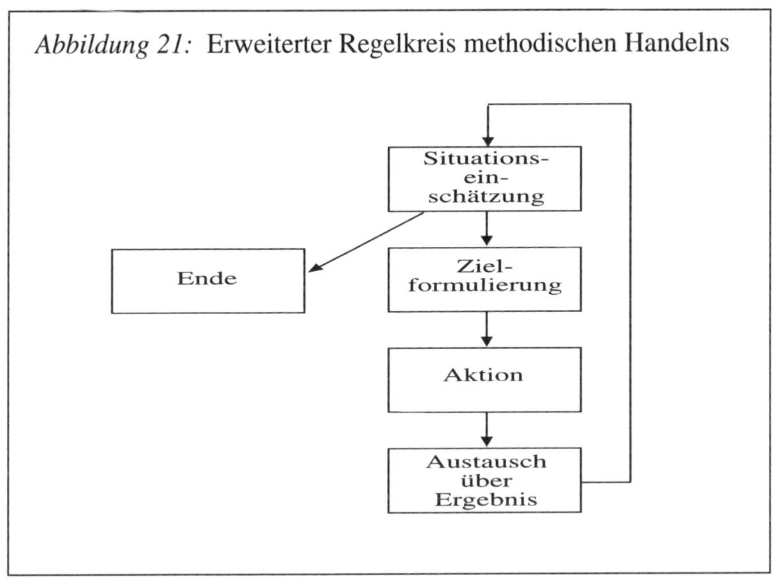

(a) Personen, die sich in einem Heim, einer Strafanstalt, einem Spital befinden und deren Bewegungsfreiheit damit eingeschränkt ist.
(b) Manche Menschen haben Angst vor dem Kontakt mit jenen Personen oder Institutionen, die für sie wichtige Informationen besitzen.
(c) Der Zugang zu manchen Informationen ist überhaupt nur Behörden möglich.
(d) Das geringe Sozialprestige mancher Menschen führt dazu, daß ihnen Informationen vorenthalten oder nur mangelhaft gegeben werden. Personen mit höherem Sozialprestige erhalten oft ausführlichere, genauere und die Informationsgeber bindendere Informationen als Klienten.
(e) Personen fehlen die kommunikativen Fähigkeiten, um die Informationen zu erhalten, die für sie wichtig sind. Sie lassen sich abweisen; lassen sich zu früh aus einem Gespräch verabschieden; sie haben Schwierigkeiten, beharrlich nachzufragen; sie reagieren emotionalisiert, wenn sie sich benachteiligt fühlen und liefern damit weitere Gründe für Abweisungen.
(f) Durch Angst, persönliche Konflikte und/oder zu geringe Kenntnisse sind manche Personen nicht immer in der Lage, Informationen richtig zu decodieren, die ihnen an sich bereitwillig gegeben wurden.

Wie diese kleine Aufzählung deutlich machen dürfte, liegt das Problem nicht nur am Fehlen erforderlicher Informationen, sondern auch an der Tatsache, daß der Klient sie nicht selbst beschaffen kann. Er ist dadurch in seiner Autonomie eingeschränkt. Als sozialarbeiterische Aufgabe bleibt neben dem Beschaffen der Informationen auch, die Klienten zu ermächtigen, sich in Zukunft selbst zu informieren.

In den beschriebenen Fällen können Sozialarbeiterinnen – im Sinne der Ermächtigungsstrategie möglichst gemeinsam mit den Klientinnen – die Informationen einholen. So weit wie möglich sollten die Klientinnen selbst agieren. Die Sozialarbeiterin unterstützt und begleitet sie dabei, springt nur ein, wenn die Aktion zu scheitern droht. Informationen sollten nur dann ohne Beteiligung der Klienten beschafft werden, wenn dafür gute Gründe vorliegen.

Begleiten

Man sollte sich nicht der Illusion hingeben, daß es möglich wäre, personenbezogene Informationen zu bekommen, ohne gleichzeitig in das Feld einzugreifen, selbst Informationen zu geben. Um Informationen zu erhalten, muß man Kontakt zum Feld aufnehmen und Kommunikation installieren. In diesem Moment beginnt der Informationsfluß in beide Richtungen. Auch die Informationsgeber gewinnen durch die Anfrage Informationen und verarbeiten sie, geben sie eventuell weiter usw.

Jedes Beschaffen einer personenbezogenen Information ist eine Intervention im Feld. Es hinterläßt selbst Information und verändert die Situation. Ein Beispiel:

Situationsveränderung

> Im Auftrag eines Häftlings kontaktierte ich seine geschiedene Frau. Der Klient wollte wissen, wie es seinem Kind geht. Seine Ex-Frau erfuhr dadurch zumindest sein Interesse am Kind, aber auch noch einiges über seine Haft, die Haftdauer, seine Wünsche bezüglich Kontakt zum Kind nach Haftentlassung.

Das mindeste, das die Informationsgeber erfahren, ist, daß der Klient Kontakt zur sozialen Einrichtung hat. Meist erfahren sie aber wesentlich mehr, weil der Anfrager ja in der Regel auch begründen muß, wofür die Information gebraucht wird. Vor der Aktion im Feld muß daher mit dem Klienten auch besprochen werden, welche Informationen man als Sozialarbeiter über ihn weitergeben muß, will und kann. Es sollte nicht unnötigerweise Wissen über die Klienten im Feld entstehen, das sich als Machtmittel gegen sie wenden kann.

Es ist sogar damit zu rechnen, daß Informanten versuchen, die Sozialarbeiter für ihre Zwecke zu aktivieren, ihnen ihr persönliches Leid mit den Klienten zu klagen und Aufträge zu erteilen. Sie wollen die

Sozialarbeiter zu Verbündeten für ihre Anliegen gegenüber dem Klienten machen. Die Frau aus dem obigen Beispiel benützte z. B. das Gespräch mit mir, um mir ihre Konflikte mit ihrem geschiedenen Gatten zu klagen und seine gewalttätigen Ausbrüche bei Alkoholisierung. Sie bat mich darum, ihn dazu zu überreden, die Kontakte zum Kind völlig einzustellen.

Auftragsübernahme

Wenn sich die Personen, von denen der Sozialarbeiter eigentlich nur eine Information wollte, sich mit ihren Schwierigkeiten besser darstellen können als der Klient, besteht die Gefahr, daß er Aufträge übernimmt (oder nicht deutlich genug ablehnt), die mit den Interessen des Klienten kollidieren; oder daß ihm Informationen über den Klienten entlockt werden, deren Weitergabe bedenklich ist oder mit dem Betroffenen nicht vereinbart war. Der Sozialarbeiter kommt in des Teufels Küche und muß larvieren. Die nötige Klarheit geht verloren und die Klienten bekommen den Eindruck, hintergangen zu werden. Solche Aufträge müssen daher klar abgelehnt werden, auch wenn sie auf den ersten Blick plausibel erscheinen.

Ähnliche Angebote zur Bildung einer Koalition kommen mitunter auch von anderen professionellen Helferinnen. René Simmen (1990, 93 ff.) beschreibt ein Koalitionsangebot durch eine am Fall beteiligte Psychologin. Kern von Koalitionsangeboten ist nicht das Ansinnen, zu kooperieren, sondern sich „hinter dem Rücken" der Klientin zu verbünden, Insider-Informationen auszutauschen. Aus der Sicht der Sozialarbeiterin sind Koalitionen schädlich, weil sie Loyalitätskonflikte auslösen. Aus der Sicht der Klientin handelt es sich um einen Vertrauensbruch, macht die Situation schwer durchschaubar und sie fühlt sich einer Übermacht ausgeliefert.

Zu den Varianten, mit denen Informationsgeber versuchen, den Sozialarbeiter zu ihrem Verbündeten gegen den Klienten zu machen, gehört auch, ihm die gewünschten oder auch darüber hinausgehende Informationen zwar zu geben, gleichzeitig aber um Vertraulichkeit zu ersuchen, d. h. ihm zu untersagen, sie an die Klienten weiterzugeben. Auch damit provozieren sie einen Loyalitätskonflikt. Bei aller Neugier: Es ist fast immer besser, eine Information nicht zu haben, als sie zu haben, aber nicht verwenden zu dürfen (was meist auch heißt, sie nicht überprüfen zu dürfen). Daher empfiehlt es sich, in der Regel ein solches Ansinnen abzulehnen („Ich kann Ihnen wirklich nicht zusagen, daß ich das nicht mit meinem Klienten besprechen werde. Schließlich ist das auch für ihn eine wichtige Information.").

Zusammenfassend kann gesagt werden, daß schon die vermeintlich „unschuldige“ Informationssuche für Klienten eine möglicherweise folgenreiche Intervention im Feld ist, die die Situation für den Betroffenen verändert. Mit ihr wird aus dem System nicht nur Information entnommen, sondern auch eingespeist. Das System verarbeitet diese eingespeiste Information dann nach seinen eigenen Regeln. Der weitere Weg der Information ist durch den Sozialarbeiter nicht völlig vorhersehbar und kontrollierbar.
Zur Erhöhung der Kontrollierbarkeit des Prozesses sollten daher einige Vorsichtmaßnahmen beachtet werden:

Vor- und Nachbesprechung

(a) Vorbesprechung mit dem Klienten (um seine Kenntnisse des Feldes zu nutzen und um ihm die Möglichkeit zu geben, seine bisherigen Erzählungen unter Kenntnis des bevorstehenden Eintritts des Sozialarbeiters ins Feld zu revidieren).
(b) Die Informanten über ihre Sicht der Situation befragen (um Kontext kennenzulernen).
(c) Unterstützungsperspektive auch bei Informanten einbringen („... mein Klient hat dieses Problem. Was könnte er Ihrer Meinung nach tun, um es zu lösen?).
(d) Eigene Perspektive einbringen („... als Vertreter des Sozialamts wäre ich natürlich interessiert an ...“).
(e) Nur Aufträge annehmen, die sowohl mit Aufträgen des Klienten als auch dem institutionellen/gesellschaftlichen Auftrag kompatibel sind.
(f) Nachbesprechung mit dem Klienten: Ihn über die Intervention informieren, ihm die eingeholten Informationen zur Verfügung stellen, Beratungssequenz anschließen, was diese Informationen nun für ihn bedeuten.

In der Nachbesprechung gibt der Sozialarbeiter die erhaltenen Informationen an den Klienten weiter und verbindet dies gegebenenfalls mit einem Interpretationsvorschlag, d. h. er teilt dem Klienten mit, wie er selbst die Information in ihren Auswirkungen auf den Prozeß einschätzt. Im Beispiel:

Die zu erwartenden Probleme mit dem Kontakt zum Kind nach der Haftentlassung teile ich dem Häftling mit und nehme sie als Anlaß für ein Beratungsgespräch. Die Information weckt möglicherweise starke Gefühle, die das Gespräch einige Zeit dominieren werden. Danach kann vorsichtig begonnen werden, über die Handlungsmöglichkeiten des Klienten in dieser für ihn unerfreulichen Situation zu sprechen.

8.3. Verhandlungsführung im Auftrag der Klienten und advokatorische Tätigkeit

Für den Klienten Verhandlungen zu führen, bedeutet einen weiteren Schritt in das Feld. Die Legitimation zu den Verhandlungen beruht auf der Basis eines mit dem Klienten ausgehandelten Auftrags. Mögliche Verhandlungspartner sind die relevanten Personen und Institutionen aus der Lebenswelt. Das können Familienmitglieder, selbst die Kinder, sein, oder auch Nachbarn, Behörden, Firmen usw.
Wie eine gute Rechtsanwältin ihre Klientin davor warnen wird, riskante oder aussichtslose Rechtsstreitigkeiten einzugehen, empfiehlt es sich auch für Fallarbeiterinnen, auf die wohlverstandenen Interessen der Klientinnen zu achten. Vor der „Verhandlung im Auftrag" (bei Lüssi: „vertreterische Verhandlung" [1992, 290 ff.]) stehen also folgende Überlegungen und Vorbereitungsmaßnahmen, die schon im Abschnitt über Informationsbeschaffung diskutiert wurden:

Wohlverstandene Interessen

(a) Überlegung, ob der Klient die Verhandlung selbst führen könnte.
(b) Wenn nein, ob er sie mit Vorbereitung und Unterstützung der Sozialarbeiterin selbst führen könnte.
(c) Beratung, welche Ziele überhaupt sinnvoll verfolgt werden können und möglicherweise durchsetzbar sind.

Doppelte Legitimation

In die Verhandlung selbst geht die Sozialarbeiterin mit der doppelten Legitimation durch den ausgehandelten Auftrag der Klientin und den eigenen gesellschaftlichen Auftrag (also z. B. auch die behördliche Autorität). Gegenüber der Klientin kann die Sozialarbeiterin nie völlig ungebrochen Auftragnehmerin sein, sondern spielt stets auch die Rolle der „Agentin einer realistischen Einschätzung von Chancen und Gefahren" beim Betreiben ihrer Interessen. Die Sozialarbeiterin kann es ablehnen, überzogene, unrealistische Wünsche zu vertreten.
Bei Verhandlungen gibt es zwei Arten von Zielen, die parallel und unabhängig voneinander verfolgt werden sollten (Fisher u. a. 1993): Beziehungsziele und Sachziele. Das Aufrechterhalten der Gesprächsmöglichkeit ist das wichtigste Beziehungsziel, die Sachziele ergeben sich je aus der Situation des Klienten, ganz allgemein kann man die

Verbesserung der Integration und der Handlungsmöglichkeiten des Klienten als das Ziel von Verhandlungen im Rahmen von Fallarbeit beschreiben.

Austausch von Vorteilen

Verhandlungen sind dann erfolgreich, wenn an ihrem Ende ein „Geschäft" steht, ein Austausch von Vorteilen zwischen den Verhandlungspartnern. Das heißt: Wer nur etwas verlangt, ohne auch etwas bieten zu können, was die Gegenseite interessiert, wird kaum sein Verhandlungsziel erreichen können. In der Vorbereitungsphase von Verhandlungen sollte also die Überlegung eine Rolle spielen, welchen Vorteil der Verhandlungspartner aus einem auch für den Klienten günstigen Abschluß ziehen könnte.

Als längerfristig erfolgreichste und zudem sozial verträgliche Verhandlungsstrategie bietet sich die „vorbehaltlos konstruktive" Strategie (Fisher u. a. 1993) an: Wir tun Dinge, die sowohl für die Beziehung (zum Verhandlungspartner) als auch für uns von Vorteil sind, ohne Rücksicht darauf, ob die Gegenseite ebenso handelt oder nicht (siehe dazu auch die Abbildung 22, die eine Verhandlungsstrategie vorstellt, die allerdings einiges an freundlicher Beharrlichkeit und an Emotionskontrolle voraussetzt).

Konsequente Verhandlungsführung ist einerseits zur Durchsetzung von Ansprüchen der KlientInnen gegenüber Behörden, Gerichten, Arbeitgebern, usw. nötig; andererseits muß sie angewendet werden, wenn Personen aus dem familiären oder nachbarlichen Umfeld Ansprüche an die Klientinnen stellen oder dazu ermutigt werden sollen, aktiv zu einer erträglicheren Situation beizutragen. Eine gute Gelegenheit, Verhandlungsgeschick unter Beweis zu stellen, bietet sich, wenn die Sozialarbeiterin versucht, durchaus berechtigte Ansprüche von Dritten an die Klienten „einzubremsen", sie in Ausmaß und Tempo auf ein verträgliches Maß zu reduzieren. Entscheidend für den Erfolg kann eine auf die Verhandlungspartner zugeschnittene Falldarstellung sein.

Rollenkonflikte der Verhandlungspartner

Recht nützlich für erfolgreiche Verhandlungsführung ist das Verständnis für die Rollenkonflikte, in denen sich die Verhandlungspartner befinden. Manche vertreten „im Auftrag" eine harte Linie, haben aber „als Menschen" Verständnis für ein konkretes Problem der Klientin. Oder auch umgekehrt: Privat vergönnten sie dem Klienten nichts, müssen aber als Angestellte seine gesetzlichen Ansprüche, die sie selbst für überzogen halten, realisieren helfen. Bei solchen Rollenkonflikten kann man dem Verhandlungspartner Verständnis signalisieren

Abbildung 22: Eine konstruktive Verhandlungsstrategie

1. Rationalität

Auch wenn die anderen emotional reagieren, sollten wir versuchen, unsere Emotionen durch Vernunft auszugleichen.

2. Verständnis

Auch wenn die anderen uns mißverstehen, sollten wir trotzdem versuchen, sie zu verstehen.

3. Kommunikation

Auch wenn die anderen uns nicht zuhören, so sollten wir doch mit ihnen Rücksprache halten, bevor wir Entscheidungen treffen, die sie betreffen.

4. Vertrauenswürdigkeit

Auch wenn die anderen versuchen, uns zu täuschen, und wir allen Grund haben, ihnen nicht zu trauen, sollten wir doch unsererseits nicht versuchen, sie zu hintergehen; wir sollten selbst vertrauenswürdig sein.

5. Zwangfreie Methoden der Einflußnahme

Auch wenn die anderen versuchen, auf uns Druck auszuüben, sollten wir diesem Druck weder nachgeben noch selbst versuchen, sie unter Druck zu setzen; wir sollten offen für überzeugende Argumente sein und selbst versuchen, die anderen zu überzeugen.

6. Den anderen akzeptieren

Auch wenn die anderen uns und unsere Interessen nicht der Beachtung wert finden, sollten wir sie und ihre Interessen ernst nehmen, uns mit ihnen auseinandersetzen und bereit sein, von ihnen zu lernen.

Diese Haltung sollte sich mit absoluter Beharrlichkeit in der Sache, also der Verfolgung der berechtigten Interessen des Klienten, kombiniern.

Gründen Sie Ihr Verhalten auf eine Risikoanalyse und nicht auf ein moralisches Urteil!

Verfolgen Sie Ihre Beziehungsziele unabhängig von Ihren Sachzielen: Machen Sie die Beziehung nicht von Zugeständnissen abhängig – versuchen Sie nicht, eine bessere Beziehung zu erkaufen.

Zeigen Sie Interesse, dann werden Sie es auch empfinden.

(leicht verändert aus: Fisher/Brown 1989)

Interpretationsangebote

und Interpretationsangebote machen, die für ihn einen brauchbaren Kompromiß in seinem Rollenkonflikt darstellen („Ich weiß, daß ich schon mehrmals Ihr Entgegenkommen in Anspruch nehmen mußte. Ich schätze Sie, weil Sie viel Verständnis in schwierigen Situationen aufbringen. Sie gehen jetzt sicher ein Risiko ein, aber ich denke, daß dieses Risiko nicht so groß ist. Glauben Sie, Sie könnten ein Entgegenkommen verantworten?").

8.4. Konfliktmanagement

Konfliktmanagement ist ein Beitrag zur Regelung von Konflikten zwischen Klienten oder zwischen Klienten und wichtigen Personen ihrer Lebenswelt oder nur zwischen Personen aus der Lebenswelt der Klienten. Die Vielfalt von Begriffen, mit denen konfliktlösende, konfliktberuhigende und konfliktregelnde Maßnahmen beschrieben werden, kann hier nicht in voller Breite entfaltet werden. Von Mediation über Konfliktmoderation bis zu sozio-therapeutischer Prozeßbegleitung werden verschiedene Intensitäten des Eingriffs und unterschiedliche Phasenverläufe der Konfliktbearbeitung unterschieden (ausführlich bei Glasl 1992).

Konfliktmoderation geht von der Annahme aus, daß beide Konfliktpartner legitime Interessen haben und eine Lösung, die von ihnen selbst (mit Unterstützung) ausverhandelt wurde, tragfähiger ist, als eine von außen aufoktroyierte. Konfliktmoderation ist die Methode, die Sozialarbeiter nutzbringend anwenden können, wenn sie als „Schiedsrichter" angerufen werden oder mit Konflikten im Lebensfeld der Klienten konfrontiert sind. Die Schiedsrichterrolle können sie zwar annehmen, allerdings nur für die Einhaltung der Regeln der Konfliktaustragung, nicht für die inhaltliche Entscheidung. Sie soll bei der Mediation und bei der Konfliktmoderation bei den Konfliktparteien bleiben.

Neutralität

Völlig neutral sind Vermittlerinnen aber nicht. Sie repräsentieren selbst Ziele und Werte, die in ihre Vermittlungstätigkeit einfließen. Sozialarbeiterische Grundwerte (z. B. Gewaltfreiheit zwischenmenschlicher Beziehungen) oder Grundwerte der Institution (z. B. besonderes Augenmerk auf die Bedürfnisse der beteiligten Kinder zu legen) leiten die Tätigkeit der Vermittlerin, Mediatorin oder Konfliktmoderatorin. Ihr regulierender Einfluß ist wertgeleitet.

Bekannte Anwendungsbereiche der Konfliktmoderation sind der außergerichtliche Tatausgleich (bzw. in Deutschland: Täter-Opfer-Ausgleich) und die Mediation in der Trennungsberatung.
Die Methode (ohne hier auf Differenzierungen einzugehen – es gibt verschiedene „Schulen") beruht auf der Inszenierung von Äquidistanz, auf der Anerkennung berechtigter Anliegen beider Konfliktgegner und auf der Hilfe beim Finden auch ungewöhnlicher Kompromisse. Die Autorität der Sozialarbeiter wird nicht eingesetzt, um die Entscheidung zu treffen, sondern zur Herstellung eines Arbeits- und Verhandlungsklimas, das den Konfliktgegnern eine Vereinbarung möglich macht.
Die Methode ist anspruchsvoll, und muß in einem schwierigen Feld agieren. Konflikte haben oft eine massive Eigendynamik, die inhaltlichen Fragen, um die der Konflikt ausgetragen wird, werden nicht selten überlagert von den emotionalen und symbolischen Wirkungen der Auseinandersetzung. Konflikte schaffen auch ihre Subjekte. Wer in einem entwickelten Konflikt engagiert ist, kann nicht so leicht zurück, ohne einen Prestigeverlust zu erreichen. Konsequenterweise benötigt man für Konfliktmoderation große Geduld, muß sich bewußt der Emotionalisierung entziehen und ruhig, aber beharrlich versuchen, den Sachinhalt zu verfolgen und ins Zentrum zu stellen. Sachinhalt
Die Konfliktmoderation bedient sich Techniken der Diskussionsleitung und Moderation:

(a) Setting arrangieren: als Moderatorin zentrale Position einnehmen, allen gleichmäßig zugewandt. Sich Gesprächsführung nicht länger aus der Hand nehmen lassen!
(b) Regeln setzen, die gewährleisten, daß alle ihre Anliegen vortragen können.
(c) An den Inhalten orientieren (berechtigte Interessen betonen).
(d) Auch ungewöhnliche Beiträge fördern und zulassen.
(e) Selbstdarsteller einbremsen.
(f) Immer wieder auf das eigentliche Thema orientieren.
(g) Ziel im Auge haben, aber ausreichende Behandlung verschiedener Gesichtspunkte zulassen.

Wichtige Techniken darüber hinaus sind:

Prozeßgestaltung

(h) Prozeß verlangsamen: Jeder möchte sofort Recht bekommen und etwas entschieden haben – gegensteuern zu schnellen Lösungen, die

dann wieder umgeschmissen werden. „Wir wollen jetzt noch nichts entscheiden!"
(i) Normalisieren: Den Konfliktpartnern rechtgeben und gleichzeitig relativieren (arbeiten am Widerstand): „Ja das passiert nun einmal, wenn Kinder beim Vater übers Wochenende sind".
(j) Gemeinsames betonen: „Ich sehe, Sie sind alle daran interessiert, daß wir dieses Problem gemeinsam lösen!"
(k) Zukunft fokussieren: Nicht wie es war, ist vorrangig, sondern wie es in der Zukunft anders sein könnte.
(l) Einzelne Bereiche sortieren: Wenn an einer Thematik nichts weitergeht, es einfach stehen lassen: „Dieses Thema lassen wir jetzt stehen, kommen wir später noch darauf zurück und gehen wir mit etwas weiter, was Ihnen leichter fällt."
(m) Einzelne Bereiche einschätzen: Man nimmt einen Teil heraus, um ihn genauer anschauen zu können: „Wie wäre das Zusammenleben für Sie, wenn Sie kein Kind hätten?"
(n) Optionen entwickeln: Phantasieren, wie Lösungen aussehen könnten. Dabei der Angst entgegenwirken, festgenagelt zu werden: „Ich schreibe es nur einmal auf, wir können es auch wieder verändern."
(o) Formulieren, was auch die „mächtigere" Seite von einer Lösung für Vorteile hätte.
(p) Vereinbarungen am Schluß noch einmal zusammenfassen, von allen bestätigen lassen, daß das jetzt ausgemacht ist. Den TeilnehmerInnen die Vereinbarungen schriftlich mitgeben.
(q) Details genau vereinbaren: Die Details sind meist der wichtigste Teil einer Vereinbarung: Wie genau soll passieren, was vereinbart wurde? Wer macht was wann? (Krabbe 1991)

Konfliktmoderation ist nicht immer erfolgreich. Die Eskalation kann zu weit fortgeschritten sein. Das Interesse zumindest einer Konfliktseite an der Aufrechterhaltung des Konflikts kann größer sein, als das Interesse an einer Lösung. Eine Seite kann mächtig genug sein, um auf Kompromisse nicht eingehen zu müssen. Diesfalls kann es im Interesse von Klienten möglich sein, Machtmittel, die man in seiner Position als Sozialarbeiterin zur Verfügung hat, einzusetzen, um das Ungleichgewicht zu verringern und so einen Austausch, ein „Geschäft" überhaupt erst zu ermöglichen.

8.5. Hilfe bei der Aneignung von Alltagskompetenz und Coaching

Die selbständige Bewältigung von Schwierigkeiten, die sich aus dem Alltag der Klienten ergeben, scheitert oft daran, daß sie sich die für sie nötigen Fähigkeiten bisher noch nicht angeeignet haben oder mit falschen und unzureichenden Strategien an die Lösung herangehen. Rekonstruktionsarbeit kann in diesem Fall versuchen, die Klienten bei der Aneignung von wichtigen Alltagsfertigkeiten zu unterstützen. Coaching umfaßt zusätzlich die unterstützende Begleitung der Klienten in schwierigen Alltagssituationen:

Training und/oder Begleitung

Herr L. hatte Anspruch auf Unterstützung durch das Sozialamt. Er scheute allerdings den Weg dorthin. Die stigmatisierende Wirkung der Sozialhilfe war ein Grund dafür, seine Unsicherheit, wie er dort auftreten sollte, ein weiterer. Er versuchte, seinen Sozialarbeiter dazu zu bringen, die nötigen Wege stets für ihn zu erledigen. In aktiver Beratung wurde ihm einerseits eine andere Einschätzung der Situation präsentiert: Man sehe ihn, wenn er auf das Sozialamt geht, eher als selbstbewußten Staatsbürger, der sein Recht auf eine Leistung wahrnehmen will (Interpretationsvorschlag). Die peinliche Situation der Antragstellung übte der Sozialarbeiter in einem kleinen Rollenspiel mit ihm. Beim ersten persönlichen Auftritt des Herrn L. beim Sozialamt ging der Sozialarbeiter noch mit, um ihm etwas Sicherheit zu geben. Bald jedoch war L. stolz darauf, auch diesen Weg selbst erledigen zu können.

Die „Lernhilfe“ zur Bewältigung von schwierigen Alltagssituationen umfaßt das gedankliche Durchspielen der Situation selbst (wie bei der Szenarientechnik), kleine Rollenspiele, aber auch die Neukonstruktion von Erklärungen und Begründungen, die an die Stelle der die Klienten selbst behindernden Denkmuster treten können. Bei ersten „Gehversuchen“ können die Klienten noch durch Begleitung oder durch die Zusage telefonischer Erreichbarkeit gestützt werden.

Eine schwedische Einrichtung für verwahrloste Jugendliche, die die Schule schon lange nicht mehr besucht hatten, stellte den Jugendlichen Betreuer zur Verfügung, die sie in die Schule und in die Klasse begleiteten, die ersten Tage sogar neben ihnen in der Bank saßen, um sie in der für sie schwierigen Situation zu unterstützen und sie laufend beraten zu können. Die Begleitung konnte schon nach einigen Tagen verdünnt werden und schließlich gingen die vorher schulentwöhnten Jugendlichen allein, freiwillig und angstfrei in die Schule. Die prinzipielle Erreichbarkeit der Betreuer im Notfall reichte ihnen als Rückversicherung, die ihnen einen Gefühl von Sicherheit gab.

Erfolgreich wird diese – pädagogische – Arbeit nur dann sein, wenn sie mit persönlichen Zielen der Klienten glaubhaft verbunden ist. Was nur den Sozialarbeitern ein Anliegen ist, werden die Klienten wohl kaum lernen.

Frau G., die in einem völlig chaotischen Haushalt lebte, wurde von ihrer Sozialarbeiterin in Haushaltsführung unterwiesen. Trotz hohen Zeitaufwands blieben die Bemühungen der Sozialarbeiterin, ihrer Klientin Kochen und Wäschepflege zu lehren, völlig ergebnislos. War die Sozialarbeiterin anwesend, bemühte sich Frau G., „weil die Sozialarbeiterin so eine nette Frau ist“. Doch wenn sie allein war, schien sie wieder alles verlernt zu haben. Es war ihr kein Anliegen, in einem „geordneten“ Haushalt zu leben.

Mitunter kann es nützlich sein, Personen aus dem lebensweltlichen Umfeld der Klientin beim Erlernen von neuen Verhaltensweisen zu unterstützen. Z. B. ist es für die Angehörigen von psychisch Kranken oder suizidgefährdeten Personen hilfreich und entlastend, zu wissen, wie sie mit dem Betroffenen reden sollen, wie viel oder wie wenig sie sich um ihn kümmern sollen, wofür sie Verantwortung tragen und wofür nicht (Sonneck 1995, 172ff.). Sie erlernen es, angeleitet von der Sozialarbeiterin, mit den Betroffenen besser umzugehen und ihre eigene Unsicherheit zu überwinden. Dadurch kann sich ihr Alltagsleben normalisieren, die Klienten leben in einer stabileren und konfliktärmeren Situation und bekommen adäquate Unterstützung zu Hause.

Ritualisierung

Gute Erfolge kann auch die Installierung neuer Rituale erzielen. Die Bewältigung schwieriger, bisher unbekannter und emotional belastender Situationen (etwa der Kontakt zum nunmehr geschiedenen Partner) kann Klienten wesentlich erleichtert und wieder in den bewältigbaren Alltag integriert werden, wenn ihnen Ritualisierungen angeboten werden: Die Erarbeitung eines ganz detaillierten und fixen Ablaufs, der grundsätzlich nicht verändert werden sollte. In diesem Fall geben die Sozialarbeiter die Regeln vor, besprechen sie ausführlich mit den Betroffenen, stehen unter Umständen auch bei den ersten Realisierungen hilfreich zur Seite. Unter Ritualisierung verstehe ich hier die Installierung von detailgenau geregelten Abläufen, die in der gegebenen subjektiv schwierigen Situation stets gleich ablaufen (können) und die betroffenen Personen daher von dem Zwang entlasten, sich immer wieder neu ein „passendes“ Verhalten auszudenken.

8.6. Fallbezogene Öffentlichkeitsarbeit

Sozialarbeiter schreiben Gutachten, beschreiben in Berichten und Bettelbriefen die Lebenssituationen ihrer Klientinnen. Die Beschreibungen, die sie produzieren, haben zuweilen beträchtlichen Einfluß auf die klientenbezogenen Entscheidungen von Behörden, Hilfsorganisationen und Gerichten. Sie beeinflussen die Art, wie Dritte den Klientinnen begegnen. Insofern ist die Fallbeschreibung, das „Gutachten", ein Eingriff in lebensweltliche Zusammenhänge des Klienten.
Schon am Beginn der Professionalitätsentwicklung der Sozialarbeit stand der Anspruch, daß Sozialarbeiterinnen als Expertinnen die soziale Situation richtig und umfassend darstellen und einschätzen können. Diese Kompetenz wird ihnen tatsächlich immer wieder zugeschrieben und verleiht den Falldarstellungen Autorität.
Falldarstellungen können zu verschiedenen Zwecken verfaßt werden:

Zur Unterstützung motivieren

(a) Um Personen aus der Lebenswelt der Klientinnen zu passender Unterstützung zu motivieren: Die Problemstellung wird dabei zu einer „Geschichte" verdichtet, die bereits auf die angesprochenen Personen zugeschnitten ist. Sie soll für die potentiellen Unterstützer als Handlungsbegründung brauchbar sein. Sie sollen diese Geschichte sich selbst und anderen erzählen können, mit ihr die Unterstützung für den Klienten begründend. Die Erzählung ist ein Angebot, die Situation des Klienten auch so zu sehen und beinhaltet eine motivierende Komponente. Ein Beispiel:

Einer Lehrerin, die Markus S. als „verhaltensgestört" etikettierte und auf eine Herausnahme des Knaben aus ihrer Klasse plädierte, erzählte der Sozialarbeiterin die familiäre Entwicklungsgeschichte in Form einer Leidensgeschichte des Knaben, der von seinen Eltern wenig Aufmerksamkeit und Zuwendung und nie stabile Familien- und Beziehungsverhältnisse erfahren habe. Der Lehrerin wurde dadurch erschwert, ihren Ausgrenzungswunsch weiter zu verfolgen – sie wäre dann ja auch eine instabile Erziehungsperson, die die familiäre „Tradition" fortsetzt.

Bei motivierenden Falldarstellungen ist zu bedenken, daß die Geschichten von den Adressaten interpretiert und weiter ausgebaut werden, was zu unerwarteten und unerwünschten Nebeneffekten führen kann. (Die Lehrerin, die zuerst mit Schuldzuschreibungen an Markus („verhaltensgestört") ihr Problem rationalisiert hatte, schwenkte aufgrund der oben erwähnten Geschichte auf eine Schuldzuschreibung an die Eltern um. Sie plädierte für eine Fremdunterbringung des Knaben und machte den Eltern massive Vorwürfe. Die Fronten verhärteten sich und wenig war gewonnen.) Vereinfachende Schuldzuschreibungen werden durch die Falldarstellungen der SozialarbeiterInnen möglicherweise nicht aufgehoben, sondern verschieben sich bloß. Das neu entstehende Bild wirkt weiter, über den Anlaßfall hinaus, und geht in die Sichtweise lebensweltlich relevanter Personen ein. Sozialarbeiterinnen liefern damit unwillentlich selbst Material für Etikettierungen. Gegen die alltagsgemäße Banalisierung und die Variation der Fallbeschreibungen durch die Personen im Feld ist grundsätzlich nichts einzuwenden – abgesehen davon, daß sie auch gar nicht verhinderbar wäre – sie zeigt sogar die Wirksamkeit der Einschätzungen der Sozialarbeiterinnen. Ein vorsichtiger Umgang mit den Falldarstellung sollte jedoch selbstverständlich sein.

Ressourcen aktivieren

(b) Zur Aktivierung von Ressourcen im formellen Bereich: Viele Soziale Einrichtungen wollen eine Falldarstellung durch die Sozialarbeiterin, bevor sie entscheiden, ob und wie sie selbst unterstützend tätig werden. Diese Darstellung ist manchmal auch schriftlich abzufassen und soll neben Grunddaten eine Zusammenfassung der Problemkonstellation enthalten. Mitunter wird auch eine „Prognose" gewünscht.

Sowohl die schriftliche als auch die mündliche Form können über den Anlaßfall hinaus Wirkungen haben. Die abgelieferte Interpretation der Fallgeschichte oder Fallsituation beeinflußt die Sichtweise und Herangehensweise der anderen Institution, sie wird als Experten-Statement wahrgenommen, eventuell archiviert oder erinnert. Es sind Vorsichtsmaßnahmen nötig, um Klienten bei solchen Verständigungsvorgängen zwischen „Experten" nicht tendenziell zu entmündigen. Ein Weg kann sein, sie in die Formulierung der Falldarstellung einzubeziehen, so daß sie Kontrolle über die Daten haben, die über sie ausgetauscht werden. Jedenfalls sollte die Darstellung der Situation, der Bericht oder Brief, für die Klienten einsehbar sein.

Auch in der fallbezogenen Kommunikation mit Sozialeinrichtungen ist die „klassische" Konstruktion einer Sozialgeschichte, die von der „unverschuldeten Notlage", meist die wirkungsvollste. Gemeint sind Geschichten, in denen Menschen, deren Leben als ein normales dargestellt wird, ohne schuldhaftes eigenes Zutun in eine schicksalhaft prekäre Situation gekommen sind. Eine Geschichte dieser Art mobilisiert Emotionen und motiviert zu aktiver Unterstützung. Ihr Pferdefuß ist, daß sie Klienten als hilflos und als bloße Opfer beschreibt, die Struktur der Geschichte macht sie zu „Kindern“. Haben die potentiellen Unterstützer länger mit den Klienten zu tun, kann die Erfahrung, daß diese selbst „kantig“, nicht nur Opfer, sondern auch Täter sind, zu Enttäuschungen führen, und aus der anfänglich emotional geprägten Zuwendung wird möglicherweise Ablehnung. Ein Beispiel:

Um potentielle Pflegeeltern zu motivieren, wurde ihnen der 5jährige Christoph als armes Kind dargestellt, das früh von seiner Mutter alleingelassen worden war, nie Liebe erfahren hat und deshalb einen großen Entwicklungsrückstand aufweist. Den Pflegeeltern ging das Herz über, sie waren sicher, dem armen Wurm die nötige Zuwendung geben zu können und nahmen ihn bei sich auf. Die Warnungen, daß Christoph auch sehr schwierig und aggressiv sei, gingen gegenüber der emotionalen Macht des anderen Teils der Geschichte unter. Als Christoph begann, die Spielsachen seiner Pflegeschwester zu zerstören, Kot an die Wand zu schmieren und die Pflegemutter zu beschimpfen, war die Kraft seiner Leidensgeschichte jedoch bald aufgebraucht und die Pflegeeltern verstießen ihn von einem Tag auf den anderen, mit heftigen Anschuldigungen gegen das unerträgliche Kind und die Sozialarbeiterin, die ihnen das angetan hätte.

Wenn längerfristige Unterstützung durch eine Person oder eine Institution gewünscht oder benötigt wird, ist die Darstellung der zu erwartenden bzw. der möglichen künftigen Probleme besonders wichtig. Manchmal, wie im Beispiel der Pflegeeltern, muß ihnen die Schwierigkeit der Aufgabe sogar gegen ihren Widerstand nahegebracht werden, um eine tragfähige Entscheidung für den Einstieg zu ermöglichen, die nicht beim ersten Windhauch von Problemen zusammenbricht und die Betroffenen um eine Zurückweisungserfahrung „reicher“ macht.

Entscheidungen vorbereiten

(c) Entscheidungsvorbereitende Gutachten: In manchen Verfahren haben Gutachten oder Fallberichte von Sozialarbeiterinnen bei Gericht entscheidendes Gewicht – zum Beispiel bei familien- und jugendrechtlichen Entscheidungen. Die Entscheidung, welche weitere Vorgangsweise für die Entwicklung der Klienten die günstigste ist, sollte nicht grundsätzlich mit Hilfe „nichtssagender“ Gutachten an die Richter abgeschoben werden (diese Situation aus der Richterperspektive behandelt Haas 1998). Die Verantwortungsübernahme durch die Sozialarbeiter selbst mag unangenehm sein, gehört aber zu einem fachlichen Unterstützungsdesign. Wobei es nicht die juristische Situation ist, die vom Sozialarbeiter zu klären ist, sondern die soziale. Aus der Einschätzung der sozialen Situation können sich klare Präferenzen für bestimmte Lösungen ergeben – oder Empfehlungen über Begleitmaßnahmen im Falle einer Entscheidung. In diesem Zusammenhang möchte ich noch einmal darauf hinweisen, daß das Gutachten über einen Klienten Teil des Prozesses der Fallarbeit ist. Es sollte daher wenn irgend möglich im Dialog mit den Klienten erstellt werden, auch auf die Gefahr hin, daß die Einschätzung der Sozialarbeiterin mit der Selbsteinschätzung der Klientinnen nicht übereinstimmt. Ich nehme an, daß jede Sozialarbeiterin selbstbewußt genug ist, Klientinnen auch ihnen unangenehme Dinge zu sagen und zu argumentieren, also mit offenen Karten zu spielen. Eine Einschätzung, die die Expertin den Klientinnen gegenüber nicht argumentieren und vertreten kann, sollte auch nur in krassen Ausnahmefällen niedergeschrieben an relevante Dritte weitergeben werden. Nötigenfalls wird die Auseinandersetzung mit den Klientinnen zu führen sein. Zu meinen, es könnte dadurch die „Beziehung“ leiden, ist m. E. bloße Selbsttäuschung. Welche „Beziehung“, wenn nicht eine autoritär strukturierte, könnte das denn sein, wenn entscheidende Dinge hinter dem Rücken eines „Partners“ stattfinden.

Öffentlichkeitsarbeit vornehmen

(d) Fall- und Situationsbeschreibungen für die Öffentlichkeitsarbeit: Um die öffentliche Meinung im Interesse der Klienten zu beeinflussen („advocacy“), dienen exemplarische Falldarstellungen zur Veranschaulichung von Problemsituationen und zur Darstellung des Expertentums der Sozialarbeiter. Es empfiehlt sich, dafür anonymisierte und zu „typischen“ Geschichten verdichtete Fallszenarien vorzubereiten (siehe auch meine Ausführungen S. 250 ff.).

8.7. Ressourceneinsatz

Ressourcen sind Unterstützungsquellen, mit deren Hilfe es Klienten möglich wird, ihre Lage zu stabilisieren und wieder Kontrolle über ihre Lebensverhältnisse zu erlangen. „Ressourcenorientierung“ in der Beratung (Simmen 1990, 68f.) macht sich zur Aufgabe, vorhandene oder neue Ressourcen zugänglich und verfügbar zu machen.

> „Konkret kann das heißen, daß es darum geht, den Zugriff bzw. die Nutzung vorhandener oder auch neuer möglicher Ressourcen zu unterstützen und zu fördern. Das bedeutet, den KlientInnen dabei behilflich zu sein, bereits vorhandene – aber momentan verbaute, zugeschüttete oder ‚vergessene‘ Ressour-

cen wieder frei und verfügbar zu machen. Das kann aber auch beinhalten, mit den KlientInnen zusammen neue, bisher ungenutzte bzw. unbekannte Quellen zu entdecken und zu erschließen." (ebd., 68)

Lebensweltliche Ressourcen

Es gibt lebensweltliche Ressourcen, deren Alltagsnähe sie besonders geeignet für Rekonstruktionsarbeit erscheinen läßt: z. B. familiäre und nachbarschaftliche Unterstützung. Die Netzwerkforschung verweist allerdings auch auf die Schwachstellen von Netzwerken mit hoher Intensität und Intimität. Geringe Freiheitsspielräume und große Abhängigkeiten können entstehen (Gerhardter 1998, 54f.). Durch die Aktivierung lebensweltlicher Ressourcen können sich auch neue – persönliche – Abhängigkeiten und Behinderungen für die Klientinnen ergeben. Die Pflege einer stark pflegebedürftigen Person durch Nachbarn oder Angehörige schafft z. B. über die Einschränkung durch die Behinderung hinaus noch eine persönliche Abhängigkeit von der Pflegeperson. Der Mißbrauch dieser Machtverhältnisse ist nicht seltener als Machtmißbrauch anderswo.

Marktvermittelte Ressourcen

Ähnliche Qualität wie lebensweltliche Hilfen können Unterstützungen haben, auf die ein gesicherter Rechtsanspruch besteht oder die über Marktbeziehungen „gekauft" werden können. Sie sind ebenfalls geeignet, in den Alltag eingebaut zu werden, zu seinem Bestandteil zu werden. Manche staatliche Unterstützungen und Versicherungsleistungen wurden bereits so selbstverständlich, daß ihre Inanspruchnahme subjektiv keine Durchbrechung alltäglicher Lebensorganisation mehr darstellt. Man denke beispielsweise an das Krankengeld, dessen Inanspruchnahme wohl kaum jemand als stigmatisierend oder als entwürdigendes Almosen empfinden würde. Ähnlich kann die Inanspruchnahme von sozialen Diensten wie „Essen auf Rädern" oder der Hauskrankenpflege nach einer „Gewöhnungszeit" für die Nutzerinnen Alltagsqualität erreichen, den Rückzug der Sozialarbeiterinnen ermöglichen.

Institutionelle Ressourcen

In der Folge spreche ich vom Einsatz jener Mittel, die gesellschaftlich zur Verfügung stehen und zu denen über die Institution der Zugang (leichter) möglich ist. Gemeint sind materielle Unterstützungsleistungen wie Hilfsmittel, Geldaushilfen, Sachaushilfen; immaterielle Ressourcen, wie z. B. Beziehungen, Zugänge zu therapeutischen Angeboten, Fachberatungen.

In jedem Fall bleibt abzuschätzen, welche Unterstützungsform den gewünschten Effekt am besten erbringt und nicht durch ihre Nebenwirkungen den Erfolg verhindert oder neue Probleme schafft („die

Probleme von heute sind die Lösungen von gestern"). Es sollen Ressourcen eingesetzt werden, die die Klientinnen bei der aktiven Bewältigung ihrer Problemsituation unterstützen.

Ressourcenkartei führen

Um gezielte und „paßgenaue" Unterstützung anbieten zu können, benötigt die Fallarbeiterin die Übersicht über im Gemeinwesen vorhandene Ressourcen. Sehr nützlich ist die Anlage einer Ressourcenkartei. Sie sollte folgende Daten beinhalten:

(a) Name, Adresse, Telefonnummer, eventuell Sprechzeiten, Ansprechperson
(b) offizielles Angebot
(c) mögliche Zielgruppen
(d) Einschätzung, wo der Einsatz sinnvoll ist und wo nicht (Qualitätseinschätzung)
(e) bisherige (auch widersprüchliche) Erfahrungen in Stichworten.

Die Kenntnis von Ressourcen und den Möglichkeiten ihrer Aktivierung gehört zu den entscheidenden Basiskompetenzen der Sozialarbeit. Sie ist in jedem Arbeitsbereich (thematisch und örtlich) rasch zu erwerben und bildet dann ein unverzichtbares Werkzeug für die Fallarbeit.

Zugang installieren

Direkter Ressourcenzugang, der nicht vom Wohlwollen Dritter abhängig ist, erleichtert die Rekonstruktionsarbeit, erhöht allerdings auch die Verantwortung der Sozialarbeiterinnen. Die Entscheidungskompetenz liegt dann in ihrer Hand, was allerdings auch zu Konflikten mit den Klientinnen führen kann, wenn man ihnen z. B. materielle Mittel verweigert, zu denen man zwar prinzipiell Zugang hat, deren Aktivierung man aber in der gegebenen Situation für nicht zielführend hält. Die Auseinandersetzung mit den Klientinnen, die dadurch manchmal erforderlich wird, muß kein Hindernis für gute Beratungsarbeit sein. Im Gegenteil: An ihr können exemplarisch wichtige Zielsetzungen der Alltagsrekonstruktion abgehandelt werden. Die Klientinnen erfahren die Sozialarbeiterinnen auch als Personen, die ihnen nicht jegliche Verantwortung abnehmen und mit denen sie sich aktiv auseinandersetzen müssen. So ist es z. B. in der Schuldnerberatung üblich, die Unterstützungs- und Vertretungsleistungen der Institution an Vorleistungen des Klienten zu koppeln. Ohne seine aktive Mithilfe und ohne ein Mindestmaß an Selbstdisziplinierung des Klienten wären die Aktivitäten der Schuldnerberatung nämlich kontraproduktiv.
Zusammenfassend kann man folgende Leitfragen bei der Planung des Ressourceneinsatzes festhalten:

(a) Was benötigt der Klient jetzt und sofort?
(b) Welche Möglichkeiten der Ressourcenaktivierung hat der Klient selbst zur Verfügung?
(c) Welche der Unterstützungen kann ihm eigenes Handeln erleichtern?

Über- und Unterversorgung

Überversorgung sollte vermieden werden, denn sie macht passiv und abhängig. Unterversorgung sollte vermieden werden, denn sie macht hoffnungslos und verbittert. Punktuelle Versorgung/Unterstützung im Sinne einer Hilfe zur Rekonstruktion von Alltag ist vorzuziehen. Wenn längerdauernde Unterstützung nötig ist, dann soll den Klienten ein direkter Zugang dauerhaft installiert werden, so daß die Unterstützung Teil ihres Alltags wird und den Charakter von Almosen verliert. Unterstützungen, die nicht berechenbar sind oder nur bei „Wohlverhalten“ gewährt werden, können entwürdigend sein und abhängig machen. Vor der Aktivierung von Ressourcen sollten mit dem Klienten mögliche unerwünschte Nebenwirkungen bedacht und besprochen werden.

8.8. Rekrutierung „ehrenamtlicher Helfer“

Die Personen und Institutionen der Lebenswelt können für die Klienten sowohl behindernd als auch hilfreich sein. Soziale Rekonstruktionsarbeit versucht, an der Gestaltung einer freundlichen und förderlichen Umwelt ihrer Klientinnen mitzuwirken und mögliche lebensweltliche Hilfspotentiale auszuschöpfen. Die als „natürliche Helfer“ in Frage kommenden Personen sind daher von besonderem Interesse. Im Zusammenhang mit Meldern wurde bereits die Möglichkeit erwähnt, sie als ehrenamtliche Mitarbeiter zu gewinnen, indem man ihnen die Übernahme von Teilaufgaben der Unterstützung anbietet. Familienmitglieder, Personen aus der Nachbarschaft, aber auch Lehrer, Arbeitskollegen usw. sind oft bereit, unterstützende Funktionen zu übernehmen.

Werben um Mithilfe

Sogar Personen, die sich zuerst über die Hauptbetroffenen bloß beschwert haben, übernehmen mitunter kleine unterstützende Aufgaben, wenn man ihnen mit Respekt begegnet und um ihre Mithilfe wirbt. Sie benötigen einen hinreichend klaren und verwirklichbaren Auftrag, und sie benötigen Anerkennung für ihre Kooperationsbereitschaft.

Wenn sie sich ernstgenommen und in ihrer Wichtigkeit für die Betroffenen bestätigt fühlen, ist eine schroffe Ablehnung des Ersuchens selten.
Natürlich gelten auch bei der Werbung um die Mitarbeit der lebensweltlich anderen die üblichen Vorsichtsmaßnahmen für die Arbeit im Feld: Vor allem gilt es, einen überlegten Umgang mit den Informationen über die Klienten zu pflegen, um nicht Intrigen und Machtspielen Vorschub zu leisten. Der Vorteil der „ehrenamtlichen Helferinnen" aus dem nahen lebensweltlichen Umfeld der Klienten ist jedenfalls ihre Alltagsnähe, die sie zu oft schwierigen, aber äußerst wichtigen Partnerinnen bei der Rekonstruktionsarbeit macht.
Die lebensweltlichen Helfer, auch die „schwierigen", haben ein Anrecht auf Rücksicht; auf Aufgaben, die sie nicht überfordern und ihre eigene Lebensqualität nicht beeinträchtigen; auf regelmäßige Anerkennung für ihre Bemühungen; auf Hilfe, wenn sie selbst in Schwierigkeiten geraten.

Installierung helfender Routinen

Alltagsnähe ermöglicht, daß die von Sozialarbeiterinnen angeregte und unterstützte lebensweltliche Hilfe nicht auf Dauer von den Aktivitäten der professionellen Helferinnen abhängig ist bzw. sein muß. Man regt damit auch neue Herangehensweisen im Alltag der betroffenen Personen an, die weit über den Interventionszeitraum hinaus wirken können. Das längerfristige Ziel wäre die Installation unterstützender Alltags-Routinen anstelle behindernder oder konfliktfördernder.

8.9. Clearing und Unterstützungsmanagement

Bedürfnisgerechtes Netzwerk

Ziel des Unterstützungsmanagements ist der Aufbau eines unterstützenden Netzwerks aus informellen (Nachbarschaft) und formellen (Sozialeinrichtungen) Helfern, das auf die spezifischen Bedürfnisse eines Klienten zugeschnitten ist. Es beinhaltet folgende Schritte:

(a) Assessment: Informationssammlung über die Interessen, Motivationen, Fähigkeiten, Finanzen, sozialen Netzwerke des Klienten und Einschätzung des Unterstützungsbedarfs.
(b) Entwicklung eines persönlichen Unterstützungsplans: Auf der Grundlage der gesammelten Informationen und der zur Verfügung stehenden materiellen und personalen Ressourcen wird ein speziell auf

die Bedürfnisse dieses Klienten zugeschnittener Plan gemeinsam mit dem Klienten erstellt.
(c) Vernetzung: Verbindung und Koordination verschiedener Unterstützer, Installieren einer „Routine der Zusammenarbeit" der Helfer.
(d) Kontrolle (Monitoring): Ständige Überprüfung des Fortschritts des Klienten. Wenn erforderlich, Neuanpassung des Unterstützungsplans (Reassessment).
(e) Advocacy: Anwaltliche Arbeit, sich für die Interessen der Klienten einsetzen (nach Wendt 1992).

Als Case-Manager sind die Sozialarbeiterinnen also Koordinatorinnen aller Informationen und aller Ressourcen, die die Klientinnen für ihre Problemlösung brauchen und auf die sie (rechtliche) Ansprüche haben. Case Management arbeitet mit klaren Zielen, die gemeinsam mit den Klientinnen zu formulieren und schriftlich festzuhalten sind, und versucht einen gezielten Mitteleinsatz. Case Manager können sich dann aus einem Fall zurückziehen, wenn die Personen sich die nötigen Unterstützungen und Dienstleistungen selbst organisieren können. Die Verfügung der Case Manager über ein „Fallbudget", mit dem Unterstützung finanziert werden kann, stärkt seine Position als Koordinator der Hilfen. Jedenfalls benötigt er/sie wenn schon nicht Geld, so zumindest Zugang zu Resssourcen und Autorität, um mit seiner Koordinationstätigkeit erfolgreich zu sein (Wendt 1991, 39 f.)

Helferkonferenzen

Ein Mittel für die Koordination der Unterstützer sind Helferkonferenzen, die alle mit einem „Fall" befaßten HelferInnen und die Klienten zu einer Besprechung vereint. Ziel ist die Aufgabenaufteilung, das Besprechen der verschiedenen Zugänge, die Nachjustierung des Unterstützungsplans, die Konfrontation der Klienten mit der Realität der verschiedenen Helfer, und die Chance für die Klienten, ihre Wünsche einzubringen. Die Helferkonferenz findet auf Veranlassung und unter der Leitung der koordinierenden Sozialarbeiter statt.

Clearing

Als Clearing kann man die orientierende Beratung der Klienten bezeichnen: Die Sozialarbeiter machen eine erste Aufnahme der Problemstellung und beraten die Klienten über für sie passende Ressourcen, ebnen ihnen den Weg zur Erlangung der „maßgeschneiderten" Unterstützung. Dies kann in einem Weiterverweis an eine Beratungs- oder Unterstützungseinrichtung bestehen, in einem Vorgespräch der Sozialarbeiter mit den entsprechenden Einrichtungen oder Personen, eventuell auch in einer Begleitung, wenn die Klienten ihrer bedürfen.

Beim Clearing geben die Sozialarbeiter nach der Problemklärung und der Veranlassung die Kontrolle über den Unterstützungsprozeß an die Klienten oder an eine andere Einrichtung oder Person ab, beim Case Management behalten sie die Kontrolle.
Clearing und Unterstützungsmanagement sind dort nützliche Instrumente, wo die Sozialarbeiter selbst nur wenig Ressourcen direkt zur Verfügung haben, oder wo sich aus den Bedürfnissen der Klienten die Notwendigkeit der Zuziehung mehrerer auch formeller Unterstützer ergibt. Nützlich für die Klienten wird es dann sein, wenn die Sozialarbeiter sehr gutes Wissen über die soziale Infrastruktur haben (wer bietet was wo in welcher Qualität an) und Problemsituationen der Klienten differenziert einschätzen können.
Die Verantwortung der Sozialarbeiter dafür, daß die Klienten im Prozeß ermächtigt und nicht abhängig gemacht werden, ist bei dieser Arbeitsmethode sehr groß, denn die gute Zusammenarbeit der Helfer mag vielleicht relativ leicht zu erreichen sein und kann eine „gute" Fallbehandlung vortäuschen, während die Klienten sich im Netz der sich selbst koordinierenden Helferinnen und Helfer verfangen und von diesen tendenziell entmündigt werden.

8.10. Beeinflussung von Öffentlichkeiten

Mit der Beeinflussung von Öffentlichkeiten bewegen wir uns in einem Bereich, wo sich nicht mehr der klare Rückbezug zu einem einzelnen Fall herstellt und zwar die Lebensfelder der Klientinnen beeinflußt werden, allerdings ohne daß die Sozialarbeiterin dabei einem konkreten Klienten oder einer Klientin verantwortlich wäre.

Wirkungen der Intervention

Bei jeder Intervention im Feld sind mehr oder weniger starke Auswirkungen zu beobachten, die Lebensfelder anderer Personen mitbetreffen. Das Auftreten von Sozialarbeiterinnen im Feld wird registriert, beeinflußt ihr Image sowie das ihrer Einrichtungen und das von Personen, die der Unterstützung bedürfen. Durch Interventionen im Feld werden Verbindungen hergestellt, die möglicherweise, auch ohne das Wissen der Sozialarbeiterinnen, noch über längere Zeit tragfähig sind und als Teil eines lebensweltlichen Netzwerks noch anderen Personen zur Verfügung stehen. So stellt sich die Veränderung des Mikroklimas von Teilen des Gemeinwesens als Nebenwirkung der fallbezogenen Feldarbeit dar. Andererseits sind jedoch gerade die Informationen, die im Zuge der Fallarbeit über spezifische Lebenslagen und Problemkonstellationen gesammelt werden, gleichsam nebenbei anfallen, wertvoll, und es wäre eine Verschwendung von Möglichkeiten, sie nicht über die Einzelfallarbeit hinaus zu nutzen. Genau diese Nutzung findet in der advokatorischen politischen und Öffentlichkeitsarbeit statt, die sich allerdings stärker als Aufgabe der Institutionen Sozialer Arbeit, und weniger der einzelnen Fallarbeiterinnen stellt (Müller 1990).

Politische Auswertung

Erster Schritt für die politische Auswertung des lebensweltbezogenen Wissens ist die gezielte Sammlung und Ordnung von Informationen, die man zwar durch die Fallarbeit erhalten hat, die aber Bedeutung über den Einzelfall hinaus haben:

(a) Informationen über „typische" Problemkonstellationen, das heißt nicht oder schwer bewältigbare Problemstellungen, wie sie sich offensichtlich einer Reihe von Betroffenen gleich oder ähnlich stellen.
(b) Informationen über spezifische Benachteiligungen von Personen mit einem sozial stigmatisierenden Merkmal.
(c) Informationen über den Mißbrauch oder die Mißachtung von Gesetzen, die durch Fallbetreuung bekannt wurden.
(d) Informationen über Möglichkeiten der Problembewältigung („Lernen vom Erfolg": Rosenfeld 1996).
(e) Informationen über wenig bekannte Ressourcen.
(f) Informationen über Defizite der formellen Netzwerke.

Aus diesem gesammelten Wissen können, nach Einholung weiterer Informationen, Schlußfolgerungen gezogen werden, die in dem Sinne „politisch" sind, als sie Vorschläge für die Gestaltung von Lebenswelten betreffen. Und zwar durch Maßnahmen, die in einem bestimmten Gebiet die sozialen Netze durch Ausbau oder bedarfsgerechte Umstrukturierung verbessern, die öffentliche Meinung zu Menschen mit prekärem Alltag beeinflussen, Vorschläge zu einer adäquaten Gestaltung von Lebenswelten etwa bereits im Planungsstadium geben können (siehe Vyslouzil 1998).

Die Verwertung des Wissens darüber, wie sich gesellschaftliche Zustände, Maßnahmen und Problemlagen bei den Betroffenen je individuell auswirken und deren Handlungsmöglichkeiten gestalten, komplettiert die Individualhilfe. Es bestehen folgende Möglichkeiten der Auswertung dieses Wissens:

Interne Öffentlichkeitsarbeit

(a) Beeinflussung der Politik der eigenen Organisation – interne Öffentlichkeitsarbeit: Nach Abstimmung eigener Erfahrungen mit denen der Kollegen wird die Adäquatheit des Angebots der Institution eingeschätzt und werden allenfalls Initiativen zu Verbesserungen gesetzt. Diese können unter anderem sein: Anpassung der Sprechzeiten an den Tagesrhythmus der KlientInnen; Erschließen neuer Ressourcen, um veränderten Problemlagen begegnen zu können; Sammeln von „typischen" Fallberichten, etwa aufgrund einer neuen Gesetzeslage, und Weitergabe an die Leitungsebene der Institution mit dem Vorschlag, Initiativen auf politischer Ebene zu setzen. Da Sozialarbeiter, die Individualhilfe vor Ort betreiben, am intensivsten Kenntnisse über die Adressaten der Einrichtung, deren Bedürfnisse und die Qualität und Adäquatheit des Angebots sozialer Dienstleistungen erwerben, ist ihre Rückmeldung für die Optimierung der Arbeit der sozialen Organisation unverzichtbar. Die institutionsinterne Öffentlichkeitsarbeit muß sich aber auch mit beharrenden Momenten in der Einrichtung selbst auseinandersetzen und hat daher mit Widerständen zu rechnen.

Andere Organisationen

(b) Öffentlichkeitsarbeit bei anderen Organisationen: Ein Teil dieser Arbeit wird sozusagen „nebenbei" geleistet bei jenen Institutionen, mit denen man im Laufe der Fallbetreuungen Kontakt hält. Darüber hinaus sind jedoch systematische Kontakte sinnvoll, die außerhalb konkreter Anlaßfälle darauf zielen, größeres Verständnis für die Problemlagen der Klientinnen zu erreichen. Es ist wichtig, nicht bloß die Arbeit der eigenen Einrichtung darzustellen, sondern auch und vor allem die Situation der Klientinnen unter dem Gesichtspunkt der Partnerorganisation zu beleuchten. Also: Was interessiert die Gesprächspartner am meisten, welche praktischen Informationen benötigen sie, welche Deutungen der Situation unserer Klientinnen haben sie, welche wollen wir ihnen anbieten, und wie erklären wir unsere Herangehensweise.

Dialog mit Teilöffentlichkeiten

(c) Dialog mit Teilöffentlichkeiten des Gemeinwesens (informellen Helfern): Sozialarbeit agiert in Lebensfeldern und Gemeinwesen und ist Bestandteil der Zivilgesellschaft. Sie kann ihre Position nützen, um das Verhalten von Menschen und das Meinungsklima zu beeinflussen. Gelegenheiten, in den Dialog mit Teilöffentlichkeiten zu treten, sollten daher aktiv wahrgenommen werden (z. B. die Einladung zu Vorträgen oder Fragestunden). Im Sinne des Selbstverständnisses moderner Public-Relations-Arbeit geht es um die Installierung eines echten Dialogs, also einer Zweiwegkommunikation, in der nicht nur Botschaften transportiert, sondern auch das Gespräch gesucht werden soll (Bogner 1990; Reiter/Streibel 1993). Gelegenheiten sollten genützt oder gezielt herbeigeführt werden, um kleine Verbesserungen des gesellschaftlichen Klimas für die Betroffenen zu erreichen und um Potenzen des Netzwerks auszuschöpfen. Gesprächspartner können sowohl potentielle Klienten als auch potentielle informelle Helfer sein. Bei öffentlichen Auftritten, z. B. bei Elternabenden, Stadtteilfesten usw. ist damit zu rechnen, daß man als Experte bzw. Expertin mit Einzelfällen konfrontiert wird, die vor dem Forum schwierig zu behandeln sind. In diesem Fall ist ein vorsichtiger allgemeiner Antwortversuch, gekoppelt mit dem Angebot eines Einzelgesprächs, eine sinnvolle Reaktion. Der Dialog erfordert Geduld und die Fähigkeit, die eigenen emotionalen Reaktionen auf „dumme" oder aggressive Wortmeldungen unter Kontrolle zu haben.

Politikberatung

(d) Politikberatung: Ob Sozialarbeiterinnen von Politikern als Experte/Expertin beigezogen werden oder sich bei ihnen ungefragt zu Wort melden, die fachliche Politikberatung zeichnet sich dadurch gegenüber politischen Aktivitäten oder politischem Engagement aus, daß sie sich auf das ExpertInnenwissen als Legitimation bezieht – nicht auf Machtverhältnisse (wenn auch Machtfragen stets mit eine Rolle spielen, z. B. allein durch die Möglichkeit des Zugangs zu Entscheidungsträgern). Unter Politikberatung ist das Zurverfügungstellen von Entscheidungsgrundlagen zu verstehen. Nicht Meinungen, sondern Fakten sollten im Vordergrund stehen. Wünscht man, daß die den Politikern vorgelegten Anliegen von diesen tatsächlich aufgegriffen werden, wird man gut vorbereitet sein müssen und tunlichst auch schriftliche Unterlagen zur Verfügung haben, die es den Politikern erleichtern, gegenüber Dritten zu argumentieren. Die (nicht zu umfangreichen) Unterlagen müssen unbedingt sowohl eine (allgemeinere) Argumentation beinhalten, weshalb eine Maßnahme nötig ist, als auch konkrete Handlungsvorschläge (Vyslouzil 1998). Anlaßfälle für aktive Politikberatung können zahlreich sein und reichen vom Wunsch nach Veränderung der Öffnungszeiten einer Kindertagesstätte bis zum Versuch der Einflußnahme auf die Planung eines neuen Stadtteils. Der Beamtenstatus von vielen Sozialarbeiterinnen kann ihnen den Zugang zu politischen Entscheidungsträgerinnen wie die Öffentlichkeitsarbeit insgesamt manchmal erschweren und verweist stärker auf Wege der internen Öffentlichkeitsarbeit oder die Möglichkeit, sich via eines Berufsverbandes Gehör zu verschaffen.

Anregungen zur Diskussion, Fragen

(1) Beschreiben und begründen Sie die Vorsichtsmaßnahmen bei der Interventionsform Informationsbeschaffung.
(2) Diskutieren Sie an Fallbeispielen die Ziele verschiedener Personen im Feld und vergleichen Sie diese Ziele mit denen der Sozialarbeiterin und der Klientin.
(3) Welche Techniken können im Rahmen der Konfliktmoderation angewendet werden. Nennen Sie eigene Beispiele für die Anwendung von Konfliktmoderierender Intervention.
(4) Beschreiben Sie das Coaching und diskutieren Sie die Unterschiede zwischen Coaching und Alltagsbegleitung.
(5) Überlegen Sie die Vor- und Nachteile der Kooperation verschiedener Helferinnen und Helfer und versuchen Sie die Unterschiede zwischen förderlicher Kooperation und Koalitionsbildung zu beschreiben.
(6) Welche Beispiele advokatorischer Öffentlichkeitsarbeit kennen Sie?

Literatur zur Vertiefung

Wenn auch eine zusammenfassende Darstellung der Interventionsmöglichkeiten im Feld und ihrer Einbindung in die Fallarbeit fehlt, so gibt es doch Literatur über verschiedene Interventionsformen:
Roger Fisher/William Ury/Bruce Patton: Das Harvard-Konzept. Sachgerecht verhandeln – erfolgreich verhandeln. Frankfurt/Main und New York. Eine ganz ausgezeichnete Einführung in erfolgreiches und (was mindestens so wichtig ist) sozial verträgliches Verhandeln.
Friedrich Glasl: Konfliktmanagement. Ein Handbuch für Führungskräfte und Berater. 3. Auflage. Bern und Stuttgart. Das Standardwerk zu Konflikttheorie und den verschiedenen Methoden des Konfliktmanagements. Umfangreich, aber lohnend vor allem für jene, die z. B. in Jugendarbeit oder Familienarbeit häufig mit Konflikten zu tun haben.
Grundzüge der Öffentlichkeitsarbeit für Sozialinitiativen stellt über-

sichtlich und praxisnah der Band „Öffentlichkeitsarbeit für Bildungs- und Sozialinitiativen. Ein Handbuch. Wien." von *Walter Reiter und Robert Streibel* (Hrsg.) vor.

9. Einige Anwendungsbereiche

Übersicht

Die Individualhilfe ist von ihrer Herangehensweise und ihrem instrumentellen Inventar eine nahezu universell einsetzbare Methode, die nicht auf bestimmte Problemkonstellationen oder Adressatengruppen beschränkt ist. Sie ist daher die Methode der Wahl für offene und/oder multiple Problemstellungen. Eine Auflistung und Charakterisierung der möglichen Einsatzbereiche der Arbeitsform würde den Rahmen dieser Einführung sprengen. Ich beschränke mich daher auf einige wenige Beispiele: das Jugendamt (Abschnitt 9.1.), die Straßensozialarbeit (9.2.), die Krisenarbeit mit Kindern und Jugendlichen (9.3.), und den Krankenhaussozialdienst als Beispiel für die Arbeit in totalen Institutionen (9.4.).

9.1. Jugendamt

Die Jugendämter sind trotz oder wegen ihrer behördlichen Funktion und ihrer flächendeckenden Organisation Anlaufstellen für vielfältige Problemlagen, sind Ansprechpartner für Institutionen wie für Betroffene. Die Spezifik der Arbeit in den Jugendämtern resultiert aus der relativ starken Sanktionsmacht, der rechtlichen Aufgabendefinition, der Vielfalt der Auftraggeberinnen und Melder, und der Notwendigkeit, sich ständig mit komplexen familiären Konstellationen auseinandersetzen zu müssen.

Vor allem die Definition der eigenen Rolle als Sozialarbeiterin bereitet in diesem Geflecht von Verpflichtungen oder vermeintlichen Verpflichtungen Schwierigkeiten. Die Verantwortung gegenüber den Klientinnen ist – eben wegen der relativen Macht der Sozialarbeiterinnen – eher hoch. Verstärkt wird sie noch dadurch, daß Sozialarbeiterinnen der Jugendämter gegenüber anderen sozialen Institutionen und Gerichten auch Stellungnahmen zur Situation ihrer Klientinnen abgeben, die auf Entscheidungen wesentlichen Einfluß haben.

Macht

Die breite Zuständigkeit der Sozialarbeit im Jugendamt, die sich nicht auf genau umrissene Problemstellungen eingrenzt, stellt eine gute Ausgangsbasis für offene Beratung und Individualhilfe dar. Das gesamte methodische Inventar kann eingesetzt und die Frage der Zuständigkeit kann fallbezogen pragmatisch geklärt werden, das heißt in Einschätzung der benötigten und hier vorhandenen Ressourcen.

Clearingfunktion

Wichtig ist auch die Verteilerfunktion der Arbeit im Jugendamt. Bei institutionell organisierter systematischer Ressourcenpflege im Gemeinwesen können die Jugendämter auch die Rolle einer Drehscheibe, die Betroffenen Orientierung in der unübersichtlichen Soziallandschaft bieten und sie mit den für sie interessanten beziehungsweise „passenden" Dienstleistungen und Ressourcen in Verbindung bringt, spielen (Thiersch 1992b; Müller B. 1995 und 1996a).

Nicht zu bestreiten ist allerdings, daß die Unübersichtlichkeit der Netzwerke, der rechtlichen Regelungen, die Vielfalt der Problemlagen, von Teil- und Subkulturen in unserer sich ausdifferenzierenden Gesellschaft auch professionell damit beschäftigte Institutionen wie das Jugendamt manchmal den Überblick verlieren läßt, worunter die Qualität des fallspezifischen Clearings leiden und was zu subjektiver Überforderung der Sozialarbeiter führen kann.

Die Beratung im Jugendamt beschäftigt sich mit der Sicherung materieller Ressourcen, aber auch mit „Erziehungsberatung", Rechtsberatung für Kinder und Erwachsene unter anderem in familienrechtlichen Angelegenheiten. Eine spezifische Rolle spielen dabei immer auch Fragen der Sicherung kindlicher Entwicklungschancen, weshalb ein spezielles Wissen über die Entwicklungsbedürfnisse, über altersspezifische Probleme und Verhaltensweisen von Kindern und Jugendlichen erforderlich ist.

Man ist mit verschiedenen kulturspezifischen Formen der Erziehung und des Umgangs mit Entwicklungsproblemen oder auch deren Definition konfrontiert, häufig auch mit konkurrierenden widersprüchlichen Wünschen von institutionellen oder individuellen Meldern, die die Sozialarbeiterinnen für ihre Partialinteressen zu instrumentalisieren versuchen. Der behördliche Status in Verbindung mit der professionellen Identität können als Schutz dagegen eingesetzt werden.

Attraktivität trotz Bürokratie

Die Vielfalt der Problemstellungen, mit denen man konfrontiert ist, der Kontakte, die man hier knüpfen kann, und die verhältnismäßig gut mit Machtmitteln ausgestattete Position machen die Arbeit im Jugendamt attraktiv. Die Einbindung in bürokratische Hierarchien und die mangelnde Attraktivität vieler administrativ vorgeformter Arbeitsvollzüge verschlechtern allerdings den Ruf des Arbeitsplatzes. Relative Unüberschaubarkeit, Zwang zu Entscheidungen, wobei auch Nichtentscheiden (etwa über eine Heimunterbringung) bereits eine

Entscheidung für eine Option mit möglicherweise weitreichenden Folgen ist, wird von vielen als Belastung empfunden.
Um so wichtiger ist hier die methodische Kontrolle, also die regelmäßige Reflexion der eigenen Fallarbeit – und das tunlichst nicht nur im exklusiven Team der gleichermaßen in zwar anderen, aber ähnlich gelagerten Dilemmata der Fallarbeit stehenden Kolleginnen des gleichen Amtes.

Familienkontext

Charakteristisch für die Fallarbeit im Jugendamt ist die Familienorientierung, also die Betreuung von Klienten im Familienkontext. Es ergeben sich daraus besondere Probleme. Unter anderem kann der Klientenstatus diffus sein bzw. besteht eine definierte Verpflichtung dem Kind gegenüber, während die Eltern (öfter: die Mutter) primäre Ansprechpartner und de-facto-Klienten sind (eine ausführlichere Auseinandersetzung mit dieser Frage in Pantuček 1997b, 97 ff.). Unter den gegebenen Bedingungen ist die Verknüpfung der schützenden Arbeit mit einer Empowermentperspektive eine besonders anspruchsvolle Aufgabe (exemplarisch am Beispiel des Kinderschutzes abgehandelt in Gutbrod u. a. 1995).

9.2. Strassensozialarbeit

Die Straßensozialarbeit als niederschwellig inszenierte Form der Hilfe ist für Einzelfallarbeit besonders interessant. Die lebensweltorientierte Form der Annäherung an das potentielle Klientel erfordert hohe Sensibilität der Sozialarbeiterinnen, die Beachtung von subkulturellen Spielregeln und Akzeptanz für das Mißtrauen von potentiellen Klienten. Kaum irgendwo sonst ist so deutlich, daß im Annäherungsprozeß an den Klienten bzw. das Problem vorerst die Sozialarbeiter selbst die Lernenden zu sein haben (anschaulich beschrieben am Beispiel des Aufbaus einer Stricherbetreuung bei Hinczіza 1998).

Sensible Annäherung

Gerade in einem oft unsicheren Milieu (etwa der Arbeit in der Drogenszene), in dem die involvierten Personen wenig Verläßlichkeit zeigen, gewinnt die Verläßlichkeit und Vertrauenswürdigkeit der Sozialarbeiter besondere Bedeutung. Der langsame Aufbau von Beziehungen schafft auch hier Verpflichtungen, und trotz der lebensweltnahen Selbstinszenierung der Straßensozialarbeit erfüllen die Kolleginnen für ihre Klienten auch die Funktion der Verbindung in die Welt außerhalb der Subkultur, in die gesellschaftliche „Normalität".

Selbstinszenierung

Langsamkeit im Warten, in der Annäherung, und Geduld bei der Beratungsarbeit kontrastiert mit der Schnelligkeit, die bei akuten Krisensituationen gefordert ist. Die Tugenden des Timings in der Fallarbeit kommen hier besonders deutlich zu Tage.

9.3. Krisenarbeit mit Kindern und Jugendlichen

Verschiedenste Einrichtungen, z. T. verbunden mit dem Angebot von Schlafplätzen für einen begrenzten Zeitraum, stehen Kindern und Jugendlichen in persönlichen oder familiären Krisensituationen zur Verfügung. Ihre Gemeinsamkeit ist, daß sie mit Situationen konfrontiert werden, in denen Konflikte zugespitzt sind und es für die Betroffenen so aussieht, als könnte es nicht mehr so weitergehen wie bisher. Die Zugänge zu den Kriseneinrichtungen sind vielfältig, es wenden sich Kinder und Jugendliche aus Eigeninitiative an sie, aber auch Institutionen, die bei einer Fallbearbeitung in eine Krisensituation gekommen sind, also nicht mehr weiterwissen und durch die vorübergehende Fremdunterbringung ein Zeichen setzen wollen.

Zeitdruck

Die Kriseneinrichtungen stehen von Beginn an unter einem gewissen Zeitdruck. Oft unter einem, den sie sich selbst setzen, weil die Unterbringung zeitlich begrenzt wird. Manche von ihnen stehen mit anderen Institutionen, zum Beispiel dem Jugendamt, in Konkurrenz um die Fallführung. Sie haben das – manchmal unfreiwillig oder nur mäßig freiwillig gekommene – Kind als ihren Klienten, um dessen Mitarbeit sie werben müssen, wie auch um die Mitarbeit der Eltern, weiterer Verwandter und mehrerer professioneller Helfer.

Ich weiß, daß ich hier nicht für alle Kriseneinrichtungen sprechen kann, mir geht es eher um die spezielle Konstellation, das besondere Setting der Einzelfallarbeit in einem zugespitzten Konflikt mit mehreren Beteiligten. Das Wiener Krisenzentrum Fiduz (Engel/Pantucek 1997) begegnete den komplexen Situationen mit einer konsequent freundlichen und um Mitarbeit werbenden Haltung gegenüber allen Beteiligten – und einer relativ klaren Ablaufstruktur, die aber flexibel gehandhabt wurde. Die entscheidenden Gespräche fanden jeweils mit den wichtigsten Konfliktparteien (i. d. R. Kind und dessen Eltern/ Stiefeltern) statt, wurden zum Teil in mehreren Einzelgesprächen vorbereitet. Während der Fallbearbeitung – hier für eine begrenzte Zeit von ca. vier bis acht Wochen, oft auch deutlich kürzer, ergab sich eine

hohe Kontaktdichte. Die Betreuungen hatten aber auch einen klaren Schlußpunkt. Er sollte erfolgen, bevor sich die Betroffenen an die Betreuung durch die Sozialarbeiter gewöhnen und dadurch die Wirkung der Interventionen gering wird.
Die beschriebene Arbeit erfordert fast zwingend das Vorgehen im Team. Das Agieren in einer komplexen Situation stellt hohe Anforderungen an Aufmerksamkeit, Übersicht und Selbstkontrolle. Die begleitende Beobachtung durch einen Kollegen und die Möglichkeit der kollegialen Reflexion erhöhen die Prozeßqualität unzweifelhaft.

9.4. Krankenhaussozialdienst

Sozialarbeit in einem Krankenhaus ist eine Variante der Arbeit in relativ separierten institutionellen Welten, denen Menschen vorübergehend oder dauernd ausgeliefert sind. Individualhilfe übernimmt hier die Funktion, Patientinnen und Patienten bei der Bewältigung einer Ausnahmesituation beizustehen.
Im Krankenhaus müssen Klienten einerseits mit der Tatsache des – eventuell bloß vorübergehenden – Verlustes der Funktionsfähigkeit von Teilen ihres Körpers fertigwerden. Sie sind damit in ihrer Handlungsfähigkeit eingeschränkt und erleben dies als Behinderung und Bedrohung, auch bezüglich ihrer Lebensperspektiven. Andererseits sind sie gerade in einer Zeit, in der sie ohnehin nicht ihr gesamtes Handlungsrepertoire zur Verfügung haben, noch einem für sie ungewohnten Lebensfeld ausgesetzt, während ihre Kontaktmöglichkeiten zum bisherigen Lebensfeld weitgehend beschnitten sind. Dies gilt für sozial Schwache in viel gravierenderem Maß, als für sozial ohnehin bestens integrierte Personen. Gleichzeitig bietet die Situation im Krankenhaus viele Verlockungen, um auf sie mit Regression zu reagieren, also mit der Wiederbelebung kindlicher Verhaltens- und Reaktionsmuster des „Sich-versorgen-Lassens", des freiwilligen Verzichts auf eigene gestalterische Aktivitäten.

Welt des Krankenhauses

Individualhilfe versucht hier, die KlientInnen bei der Einflußnahme auf beide Teile ihrer Lebenswelt, auf die institutionelle (also das Krankenhaus) und die außerinstitutionelle, ja weiter existierende Lebenswelt außerhalb der Anstalt zu unterstützen. Aufgrund der eingeschränkten Bewegungs- und Handlungsmöglichkeiten der Klienten steht hier mehr als anderswo stellvertretendes Handeln im Vordergrund. Man sichert ihre Wohnung, stellt Kontakte zu Verwandten und Bekannten her, verhandelt mit diesen und setzt seine professionelle und institutionelle Autorität ein, um eine weitere Isolierung der Klienten zu verhindern bzw. seinen Bedürfnissen und Wünschen adäquate Lösungen zu erreichen. Gegenüber dem institutionellen Personal und der Institutionslogik des Krankenhauses kommt oft die anwaltliche Funktion zum Tragen. Menschenrechte der Klienten, eventuell auch sein Recht, zu erfahren, was mit ihm warum geschehen wird, müssen oft ausgehandelt und erst durchgesetzt werden.

Welt „außerhalb“

Insgesamt werden also Voraussetzungen dafür geschaffen, daß nach einer Beendigung des Anstaltsaufenthalts die Bedingungen für eine Rekonstruktion von funktionierendem Alltag gewährleistet sind. Besteht diese Aussicht auf völlige Restaurierung selbständigen Alltags nicht, sondern werden Klientinnen pflegebedürftig bleiben, müssen mit dem Instrumentarium der Feldarbeit und des Case-Managements die Netze geknüpft werden, um ein nicht-isoliertes Leben außerhalb der Anstalt zu ermöglichen. Bleibt der Anstaltsaufenthalt als Dauerperspektive unvermeidlich, werden die Aktivitäten darauf gerichtet sein, den Klienten bei der subjektiven Bewältigung behilflich zu sein und sie bei der Sicherung eines trotzdem möglichst breiten Feldes von Handlungsmöglichkeiten zu unterstützen.

Restaurierung selbständiger Alltagsbewältigung

Die Arbeitsbedingungen in Spitälern sind durch die marginale Stellung der Profession im medizinisch dominierten Betrieb oft prekär. Zuständigkeiten und Einflußmöglichkeiten auf das Lebensfeld Krankenhaus selbst müssen vielfach mühsam geschaffen oder gegen Zumutungen und Versuche der Instrumentalisierung oder Marginalisierung der Sozialarbeit durch das medizinische System verteidigt werden. Die Gestaltung einer aktiven Rolle, die die Breite der methodischen Möglichkeiten der Individualhilfe auch einsetzen kann, erfordert manchmal – im Krankenhaus wie anderswo – auch das Durchbrechen von traditionellen Selbstbeschränkungen der Sozialdienste.

Anregungen zur Diskussion, Fragen

(1) Welche weiteren Anwendungsbereiche der Arbeitsform Individualhilfe sind Ihnen bekannt?
(2) Wie könnte man die fachliche Gleichberechtigung der Individualhilfe gegenüber der Medizin und der Pflege in einem Krankenhaus argumentieren?

Literatur zur Vertiefung

Die umfängliche Literatur zur Sozialen Fallarbeit in einzelnen Branchen bzw. mit mehr oder weniger genau definierten Adressatengruppen ist schwer zu überblicken. Nur wenige der zielgruppen- und problemspezifischen Methodiken beziehen sich ausdrücklich auf die Soziale Einzelfallarbeit, viele davon verwenden aber einen großen Teil der Elemente dieser Arbeitsform. Hier nur zwei Beispiele:
Gernot Sonneck (Hrsg.): „Krisenintervention und Suizidverhütung – ein Leitfaden für den Umgang mit Menschen in Krisen", erschienen in 3. Auflage in Wien, stellt die Arbeit mit suizidgefährdeten und depressiven Menschen vor. Die methodischen Hinweise, wenn auch spezifiziert auf die Krisenarbeit, werden den Leserinnen dieser Einführung bekannt vorkommen.
Ein ausgezeichnetes Kompendium für die Arbeit mit Mulitple-Sklerose-Patienten ist *René Simmens* Band „Coping-Beratung", erschienen in der Schriftenreihe der Schweizerischen Multiple Sklerose Gesellschaft in Zürich. Das mit zahlreichen Grafiken ausgestattete Buch ist auch für jene interessant, die mit andern Zielgruppen arbeiten.

10. Abgrenzung und Anschlußstellen an benachbarte Herangehensweisen

Übersicht

Individualhilfe als professionelle Arbeitsform kann in vielen Zusammenhängen eingesetzt werden, weil sie thematisch offen ist und auf etwas fokussiert, was Menschen immer haben, nämlich Alltag. In der Nähe des Alltags haben sich allerdings auch schon viele andere Angebote angesiedelt. Das Erlangen der nötigen Klarheit über die Aufgaben und Möglichkeiten der eigenen Profession muß also ergänzt werden durch Vorstellungen über die Rolle benachbarter Berufe. In dieser Nachbarschaft der Individualhilfe befinden sich nicht nur die anderen Arbeitsformen der Sozialarbeit, sondern auch psychologische, psychotherapeutische, psychiatrische, heilpädagogische und sozialpädagogische Herangehensweisen und Angebote. Die Abgrenzung (manchmal auch Nicht-Abgrenzung) zur Psychotherapie (Abschnitt 10.1.) scheint für die Identität der Sozialarbeit besonders bedeutend zu sein. Einige Überlegungen dazu stehen daher am Anfang dieses Kapitels. Dann werden die Schnittstellen zu anderen Arbeitsformen der Sozialarbeit, zur Gruppenarbeit (Abschnitt 10.2.), Familienarbeit (Abschnitt 10.3.) und Gemeinwesenarbeit (Abschnitt 10.4.), beschrieben. Nach der Verortung der Laienarbeit sind schließlich die Expertinnen anderer Fachrichtungen und deren Beitrag zu einer gelingenden Individualhilfe Thema der Diskussion (Abschnitt 10.5.).

10.1. Individualhilfe und Psychotherapie

Unklare Grenzen

Individualhilfe als sozialarbeiterische Arbeitsform unterscheidet sich in wesentlichen Punkten von den meisten psychotherapeutischen Arbeitsformen. Trotzdem sind und waren die Grenzen stets verschwommen und gegenseitige Befruchtung die Regel. Die „Leihgaben" der Sozialarbeit an die Psychotherapie und an andere Nachbarbereiche werden zwar selten ausgewiesen, sind allerdings beachtlich. Ich werde versuchen, einige der Unterschiede zu benennen – im vollen Bewußtsein, daß es TherapeutInnen gibt, die schon einmal wie SozialarbeiterInnen agieren (also Elemente der Individualhilfe in ihr methodisches Inventar einbauen), und daß nicht jeder Unterschied im Vergleich mit jeder der zahlreichen therapeutischen Schulen gleich deutlich ist. Anschließend möchte ich einige praktische Fragen der Abgrenzung von und Zusammenarbeit mit Psychotherapeutinnen und Psychotherapeuten andeuten.

Aufmerksamkeitsfokus

(a) Der bedeutendste Unterschied scheint mir der Aufmerksamkeitsfokus zu sein, und der liegt bei der Sozialarbeit eindeutig auf den Problemen des Alltags. Bei aller Achtung auf das eigene Vorgehen und das des Klienten im Gespräch liegt der Schwerpunkt doch außerhalb der Gesprächssituation, im Alltag, der den Unterstützungsprozeß begleitet (richtiger natürlich umgekehrt: der Unterstützungsprozeß begleitet den Alltag). Dies gilt gleichermaßen, wenn „nur" Beratung geboten wird, die Sozialarbeiterin also außerhalb der Gesprächssituation keine Aktionen setzt. Auch dann ist der Gegenstand nicht das Hier und Jetzt des Gesprächs, sondern der Diskurs wird als Instrument zur Reflexion und Steuerung des Lebensalltags eingesetzt. Kleinste praktische Alltagsfragen sind für die Individualhilfe interessant, bis zum Ausfüllen eines Formulars oder der Diskussion über die Ausgangsregelung der Kinder. Die Individualhilfe pflegt einen ganzheitlichen Zugang zum Lebenszusammenhang der Klientinnen und ist thematisch offen: Was derzeit nicht Thema ist, wird „aus dem Augenwinkel" beobachtet, kann schon bald Thema sein. Soziale Fallarbeit akzeptiert Störungen durch die Dynamik des Alltags in hohem Maße. Die Individualhilfe ist in der Regel flexibler in ihren Settings, kann mit Nicht-Freiwilligkeit umgehen, um die KlientInnen und ihre Zusammenarbeit werben.
Die meisten psychotherapeutischen Zugangsweisen entwickeln ihre Stärken hingegen mit Hilfe eines möglichst strikten Settings, auf der Basis von Freiwilligkeit, und i. d. R. mit größerer thematischer Strenge. Eingriffe in das lebensweltliche Umfeld der Klienten werden zwar von manchen Therapeuten vorgenommen, sind aber nicht Teil des methodischen Repertoires.

Interpretationsmodus

(b) Sozialarbeit hat keinen vorgegebenen Interpretationsrahmen für die Äußerungen/Handlungen der KlientInnen. Ihre hermeneutische Zugangsweise legt sogar explizit die „Rekonstruktion in der Sprache des Falles" nahe. Die meisten Therapieformen hingegen verfolgen je spezifische und typische Sichtweisen konsequent. Für sie ist der vorgegebene Interpretationsrahmen zentrales methodisches Instrument (z. B. Psychoanalyse: Interpretation anhand von Symbolbedeutungen;

systemische Familientherapie: Interpretation der Bedeutung einer Äußerung für das Familiensystem usw.). So kann Sozialarbeit die Sichtweise und Problemdefinition der KlientInnen als Ausgangspunkt des Gesprächs und der Kooperation akzeptieren. Der Versuch der Klärung, ob diese Sichtweise der Realität entspricht, ist wirkungsvoller Bestandteil des Beratungsprozesses.

Handeln im Feld

(c) Sozialarbeit handelt (bei Alltagsrekonstruktion und Alltagsbegleitung) auch im Feld. Sie unterwirft sich nicht der therapeutischen Selbstbeschränkung, bloß innerhalb des therapeutischen Settings zu agieren. Damit übernimmt die Sozialarbeiterin im Rahmen der Individualhilfe ein Stück weit auch praktische Verantwortung im Lebenskontext der Klientinnen, arbeitet an der Optimierung von unterstützenden Netzwerken.

Lebensweltbezogenes Orientierungswissen

(d) Sozialarbeit bringt in die Interaktion auch das Wissen über für die Klienten bedeutsame Regeln, Normen, Zusammenhänge, Ressourcen, Wege usw. – also lebensweltbezogenes Orientierungswissen ein.
(e) Persönliche und dienstliche Kontakte – also Zugangsmöglichkeiten zu Ressourcen, die den KlientInnen direkt nicht zugänglich sind, und das soziale Kapital der Institution werden in der Sozialarbeit als integrierter und wichtiger Bestandteil der methodischen Vorgangsweise eingebracht.

Die Abgrenzung zwischen Individualhilfe und Psychotherapie ist trotzdem nicht eindeutig. Elemente psychotherapeutischer Techniken haben ihren Platz im Repertoire der Individualhelferin, und so manche Sitzung mit dem Klienten wird sich auf den ersten Blick nicht sehr von einer psychotherapeutischen Sitzung unterscheiden. Umgekehrt lassen, wie bereits oben erwähnt, Psychotherapeutinnen immer wieder auch Elemente sozialarbeiterischer Interventionstechniken in ihre Arbeit einfließen, intervenieren z. B. im Feld für ihre KlientInnen.
Minderwertigkeitsgefühle von Sozialarbeitern der Therapie gegenüber sind jedenfalls nicht angebracht. Die Stärken liegen in jeweils anderen Bereichen, und der „Durchblick“ der Psychotherapeuten ist keineswegs notwendigerweise größer als der anderer Helfer.

Überweisung zur Psychotherapie

Eine praktische Fragestellung ist die der Überweisung von Klienten zur Psychotherapie. Wann soll überwiesen werden, wird dadurch der Individualhilfeprozeß beendet, und sollen/können Soziale Fallarbeit und Psychotherapie nebeneinander laufen. So wenig es möglich ist, hier einfache Kriterien anzugeben, seien doch einige Hinweise gegeben. Der Einsatz von Psychotherapie für einen Klienten ist aus der Sicht der Einzelhilfe m. E. dann angezeigt, wenn grobe psychische Verletzungen die Fähigkeit der Klientinnen entscheidend einschränken, ihr Leben befriedigend zu organisieren, wenn sie in Teilbereichen die Verfügung über sich selbst oder ihr Denken verloren haben, einem Stück ihrer Biografie oder einer aktuell unbeherrschbaren, scheinbar schicksalhaften familiären Kommunikationsform ausgeliefert sind. So wird zum Beispiel die vom Vater seit Jahren mißbrauchte Jugendliche neben der Unterstützung durch die Individualhilfe psychotherapeutische Unterstützung bei der Verarbeitung und Bewältigung ihrer Erlebnisse benötigen; wo die Ergebnisse familieninterner Kommunikation sich verselbständigten und für die Betroffenen anscheinend nicht mehr steuerbar sind, wird ihnen systemische Familientherapie vielleicht eine wichtige Hilfe sein können.

Andererseits eignet sich Psychotherapie nicht als Patentlösung, wenn ein Fall besonders unübersichtlich scheint. Der Umgang mit Komplexität stellt in therapeutischen Settings oft genauso ein Problem dar, wie in sozialarbeiterischen. Wenn auch das Setting und die striktere Methodik die Komplexitätsreduktion erleichtern mögen, kann doch die unübersichtliche Alltagssituation für die KlientInnen unbearbeitet bleiben.

Eine weitere Gefahr sei in diesem Zusammenhang benannt, die allerdings gleichermaßen für andere Überweisungsmöglichkeiten gilt: Überweisungen sind ein beliebtes Mittel maßnahmenorientierter Arbeit. Sie werden eingesetzt, sobald bestimmte Reizwörter oder Themen im Beratungskontext auftauchen, entlasten die Sozialarbeiterin vordergründig (sie kann vorweisen, „etwas getan“ zu haben), entmündigen aber die Klientinnen und lassen ihr Problem unbearbeitet. Ich will das an einem Beispiel verdeutlichen:

Ein männlicher Klient, den Sie bereits einige Zeit betreuen, erzählt Ihnen bei einer Sitzung, daß er seine Frau schlägt. Wie werden Sie agieren? So lautete eine Frage, die Studentinnen der Sozialarbeit bearbeiten sollten. Bei den Antworten häuften sich Vorschläge, die den Klienten zur Einzeltherapie oder gar die Familie in die Familientherapie schicken wollten. Ohne diese Möglichkeiten von vornherein ausschließen oder abwerten zu wollen (vielleicht ergibt sich im Laufe der Zeit tatsächlich, daß das sinnvoll sein könnte), scheint zu diesem Zeitpunkt die Überweisung doch höchst fragwürdig zu sein. Wieso soll ich das Setting, das immerhin so erfolgreich war, daß der Klient diese Frage thematisieren konnte, beenden, verändern oder das Thema hinausverweisen? Hier wurde das Problem formuliert, hier soll es bearbeitet werden.

Die Überweisung zur Psychotherapie, zur Maßnahme degradiert, wird genausowenig hilfreich sein wie andere Maßnahmen auch, weil sie mehr der kurzschlüssigen Absicherung und/oder Entlastung des Sozialarbeiters als dem Klienten dient. Vorbereitete, überlegte Überweisungen hingegen können eine sinnvolle Hilfestellung sein.

Die Aufgabe der Individualhilfe endet nicht notwendigerweise, wenn die Klienten psychotherapeutische Unterstützung erhalten. Oft genug verbleiben alltagnahe praktische Fragen in der Kompetenz der Individualhelferin. Psychotherapeutinnen sollten, wenn sie am Fall beteiligt sind, nicht als Vertreterinnen einer „Leitprofession" betrachtet und behandelt werden. So wie manche engagierte Ärzte überschreiten einzelne Psychotherapeuten die Grenzen ihres Faches und agieren nicht bloß therapeutisch, sondern auch sozialarbeiterisch. Sie intervenieren z. B. punktuell im Lebensfeld ihrer PatientInnen, was mitunter zu Problemen in der Zusammenarbeit mit Sozialarbeitern führen kann. Die Koordination des Vorgehens und die Achtung vor der Kompetenz jeder Berufsgruppe in ihrem Feld können zu besseren Ergebnissen führen.

Überweisung zur Individualhilfe

Selbstverständlich wird in gewissen Fällen auch eine Überweisung in die andere Richtung, von der Psychotherapie zur Individualhilfe, sinnvoll sein. Die Arbeit an den lebensweltlichen Ressourcen, Netzwerkarbeit, aber auch alltagsreflektierende und alltagsgestaltende Rekonstruktionsarbeit durch Sozialarbeiter können die Rahmenbedingungen für einen erfolgreichen psychotherapeutischen Prozeß verbessern. „Die soziale Wirklichkeit, die zerbrochene Ehe, das schwierige Kind, die finanzielle Verschuldung ist trotzdem da und muß bewältigt werden. Hier in der sozialen Wirklichkeit und Not beginnt unsere eigentliche Arbeit, wo vielfach diejenige des Psychotherapeuten und des Seelsorgers aufhört und zu Recht aufhört", zitiert Manfred Neuffer (1990, 192) Doris Zeller mit einer Äußerung aus dem Jahr 1964.

Den Vorteil des breiteren Handlungsrahmens der lebensweltorientierten Individualhilfe sollte man also schon im Interesse der KlientInnen nicht aufgeben, auch wenn dies aufgrund der größeren öffentlichen Anerkennung von PsychotherapeutInnen und Psychotherapie nahe liegen mag. (Simon 1992, 89 f.)

10.2. Individualhilfe und Gruppenarbeit

Selbsthilfegruppen und „peer support groups" (Selbsthilfegruppen mit professioneller Begleitung), die sich über besondere Problemlagen definieren (z. B. spezifische Krankheiten wie Krebs, Multiple Sklerose), werden vielfach als emanzipierte Alternative zu professioneller Betreuung gesehen. In der Praxis sind Klientinnen der Individualhilfe manchmal auch in Selbsthilfegruppen eingebunden oder nehmen an Sozialer Gruppenarbeit teil. Gruppen leisten etwas, was im Einzelkontakt nicht ebenso wirkungsvoll erreicht werden kann: Sie zeigen den Klienten, daß ihre Schwierigkeiten nicht bloß höchst individuelle sind, sondern (zumindest zum Teil) auch Ausdruck einer speziellen Lebenssituation sind und sich anderen Menschen in dieser Situation ähnlich stellen. Einer der Effekte der Gruppenarbeit ist also ein Normalisierungseffekt. Ein Stück weit können Klientinnen in diesen Gruppen Bekanntschaft mit den Strategien, Taktiken und Erfahrungen anderer ähnlich Betroffener machen, was ihr eigenes Handlungsrepertoire bereichert. Am wichtigsten jedoch ist die Hilfe dabei, die eigene Situation als nicht bloß individuelle wahrzunehmen und im Diskurs mit anderen eine persönliche Haltung dazu entwickeln zu können. Für die meisten ist die Gruppe eine Hilfe, akzeptable Deutungen für die belastende Situation zu finden, um sie in der alltäglichen Lebenspraxis „aushalten" zu können. Insofern kann die Beiziehung einer problemspezifischen Gruppe eine gute Unterstützung in einem Betreuungsprozeß sein (Nestmann 1991, 64f.). Wo das genau umrissene Problem (z. B. die Krebserkrankung, Leben mit Psychiatriepatienten in einem Haushalt) die einzige den Alltag durchbrechende und gefährdende Situation darstellt, kann die Gruppe für den Klienten sogar eine ausreichende Unterstützung sein. Andererseits werden in Gruppen oft komplexere individuelle Problemstellungen sichtbar, die themenspezifische Gruppenarbeit überfordern. Diesfalls wird die Zuweisung umgekehrt laufen müssen und Individualhilfe ergänzend oder anstelle der Gruppenarbeit eingesetzt werden.

Normalisierungseffekt der Gruppenarbeit

Ähnliches gilt für sozialpädagogische Gruppenarbeit bzw. für offene Gruppen in der Jugendarbeit. Sie können, wenn die Formulierung individueller Problemsichten dort ermöglicht wird, manchen potentiellen Klientinnen den Einstieg in individualisiernde Unterstützungsprozesse erleichtern. Voraussetzung dafür ist allerdings, daß individueller Unterstützungsbedarf von den Pädagogen erkannt und auf ihn

Einstieg in Individualhilfe

adäquat reagiert wird. Die Notwendigkeit der Verknüpfung der auf verschiedenen Ebenen ansetzenden Arbeitsformen, betont beim sogenannten Methodenintegrativen Ansatz (Pincus/Minahan 1980), liegt auch ganz im Sinne lebensweltorientiert verstandener Individualhilfe (Edler 1997).

10.3. Individualhilfe und Familienarbeit

Durchlässige Grenzen

Ähnlich wie zur Psychotherapie sind die Grenzen der Individualhilfe zur Familienarbeit durchlässig, familienorientiertes Arbeiten spielte bei den praktischen Adaptionen der Einzelfallhilfe für die Jugendämter (und nicht nur für sie) natürlicherweise eine Rolle. Die Familienarbeit wurde als Variante des Casework verstanden (Neuffer 1990, 194 ff.; siehe auch die Ausführungen S. 67 ff.). Eine weiter verbreitete methodische Sprache erhielt sie allerdings erst durch die Konjunktur der Familientherapie – und diese Sprache war dann kaum mehr kompatibel mit der Sprache des Casework. Tatsächlich ist auch heute Familienarbeit mit Individualhilfe verbunden: Familiäre Alltagsstrukturen sind so wichtig für das „Gelingen" oder „Scheitern" individuellen Lebens, daß die Familie als relevante Umwelt der KlientInnen in die Alltagsrekonstruktion selbstverständlich einbezogen wird. Ohne hier genauer auf die vielfältigen Arbeitsformen familienorientierter und familienbezogener Sozialarbeit eingehen zu können, sei doch darauf hingewiesen, daß ein Wechsel zwischen Einzel- und Familienarbeit im Fallverlauf problematisch sein kann. Zwar benötigt der Fallarbeiter für erfolgreiche Einzelarbeit mit Personen, die in familiären Bezugssystemen leben, unzweifelhaft profunde Kenntnisse über familiendynamische Vorgänge, vorsichtig sollte man m. E. allerdings damit sein, die Familie als Klient zu definieren. Suchen einzelne unsere Hilfe, so haben sie als einzelne auch Anspruch darauf. Hilferufe von Individuen sollen auch erkennbare Unterstützung für dieses Individuum zur Folge haben.

Abgrenzung und Verbindung

Wie kann die Abgrenzung und Verbindung von Einzelhilfe und Familienarbeit nun sinnvoll gestaltet werden? Bei Klientinnen, die in Verbindung mit anderen Haushaltsangehörigen leben, wird dann, wenn der (positive oder negative) Einfluß dieser Personen des engeren Lebensfeldes auf die problematischen Aspekte der Alltagsgestaltung deutlich ist, im Rahmen der Lebensfeldarbeit auch mit den Angehörigen zu arbeiten sein. Dabei bleibt der Einzelklient Auftraggeber. Wenn die Fallarbeiterin die Aktionen mit ihm koordiniert und im Beratungssetting vor- und nachbearbeitet, so sollte gesichert sein, daß seine Anliegen nicht untergehen. Familienarbeit als Lebensfeldarbeit, also bei Beibehaltung der klaren Definition eines einzelnen als Klienten, kann vor allem dort nützlich sein, wo individuelle Positionsbestimmungen zur Familie oder gar Ablösungsprozesse stattfinden, z. B. bei jugendlichen Ausreißerinnen oder bei Personen, die eine Trennung erwägen.

Familie als Klient

Familienarbeit im engeren Sinn ist Arbeit mit der Familie als Klientin. Dieses Arrangement bietet sich an, wenn von vornherein die Problemdefinition eine familiäre ist, also Schwierigkeiten des Zusammenlebens, der Kommunikation, der Alltagsgestaltung als Familie (Gruppe), nicht bloß individuelle Schwierigkeiten. Ein Umstieg von der Einzelhilfe zur Familienarbeit dürfte unter anderem dann sinnvoll sein, wenn sich im Laufe der Betreuung erweist, daß die individuelle Problemformulierung die Funktion eines „Präsentierten Problems" hatte, sich der/die Mutigste aus der Familie zur Sozialen Einrichtung vorgewagt hatte.

Spezialisierte Formen der Familienarbeit können gezielt eingesetzt werden: „sozialpädagogische Familienhilfe" oder „Familienintensivbetreuung" als Form der intensiveren Familienarbeit, die klassischen Caseworkkonzepten nahe ist, hat sich einen Platz im Angebotskanon erobert. Als spezialisierter Dienst wird Mediation als Vermittlung im Falle von Trennungsauseinandersetzungen angeboten.

Zuweisung

Familienarbeit und Familientherapie sollte Klienten der Individualhilfe zuweisen, denen die Gestaltung individueller Perspektiven sichtlich nicht gelingt. Umgekehrt wird die Einzelhilfe für Klienten dann Familienarbeit vorsehen, wenn Probleme der familiären Kommunikation im Vordergrund stehen.

10.4. Individualhilfe und Gemeinwesenarbeit

Das scheinbare Gegensatzpaar von Einzelhilfe und Gemeinwesenarbeit hat engere Verbindungen, als es auf den ersten Blick scheinen mag. Während sich Gemeinwesenarbeit dem Alltag von der Seite seines Ortes, dem Gemeinwesen, Grätzel, Stadtteil, Dorf, nähert, geht Individualhilfe, vor allem in der Rekonstruktionsarbeit, verändernd in die Zusammenhänge des Gemeinwesens hinein. Mit einem anderen Ausgangspunkt zwar, aber die beiden Ansätze treffen sich doch dort, wo sie auch gestaltend eingreifen. Gemeinwesenarbeit kann Bedingungen des Lebensfeldes verbessern und für Klienten der Einzelhilfe Ressourcen mobilisieren. Andererseits gestaltet Individualhilfe durch die Rekonstruktionsarbeit im Feld immer auch ein Stück des Alltags eines Gemeinwesens mit. Oder, wie es Margarita Edler (1991, 54) formuliert: Die Einzelfallhilfe ist eine notwendige, jedoch keine hinreichende Bedingung für Gemeinwesenarbeit – und umgekehrt.

Informationsgewinnung

Kolleginnen und Kollegen, die mit der Arbeitsform Individualhilfe operieren, gewinnen durch ihre verstehende und lebensweltorientierte Herangehensweise an den Alltag ihrer Klientinnen und Klienten eine Fülle von Informationen über Detailaspekte der Gemeinwesen, über lokale Machtstrukturen, Netzwerke, Lebensräume. Im Sinne des „Advocacy" ist die Verwertung dieses Wissens für Initiativen zur Verbesserung von strukturellen Alltagsbedingungen selbst Teil einer lebensweltorientierten Einzelhilfestrategie. Sozialarbeiter können so Beiträge liefern, die im Rahmen von sozialpolitischen Einmischungsstrategien den zivilgesellschaftlichen Diskurs im Interesse von Personengruppen beeinflussen, die der Unterstützung bedürfen. Ziel dieser Strategien wäre es, den Alltag eines Gemeinwesens so umzugestalten, daß bestimmte Problemstellungen nicht mehr mit Strategien professioneller Individualhilfe bearbeitet werden müssen, sondern die nötigen Ressourcen bereits zum selbstverständlich vorhandenen Ressourcenrepertoire des Gemeinwesens mit alltäglicher Erreichbarkeit gehören. So können zum Beispiel gut ausgebaute Soziale Dienste und Freizeiteinrichtungen für bewegungsbehinderte Menschen die Individualbetreuung oder gar die Überweisung in ein Altersheim unnötig machen und den Betroffenen ein Leben ermöglichen, das sie nicht als prekär oder defizitär empfinden.

Überweisung

Kann es vorkommen, daß IndividualhelferInnen einen Klienten oder eine Klientin an Institutionen der Gemeinwesenarbeit überweisen? Gemeindehäuser, Tauschbörsen, Nachbarschaftshilfezentren usw. sowie manche zivilgesellschaftliche Organisationen sind gut geeignet, um Menschen aufzunehmen, die ein soziales Betätigungsfeld oder ganz einfach soziale Kontakte suchen, die eine sinnhafte Einbindung in soziale Zusammenhänge benötigen, die ihnen die individualisierende professionelle Hilfe nicht bieten kann. Andererseits wäre es wünschenswert, wenn die Kolleginnen in der offenen Arbeit und in Zusammenhängen der Gemeinwesenarbeit rechtzeitig erkennen, wenn Individuen in persönliche Krisen geraten und individuelle professionelle Hilfe benötigen.

10.5. Individualhilfe und Laienarbeit

Laienarbeit und Ehrenamt haben eine längere Tradition als die professionelle Sozialarbeit und konnten in vielen Bereichen des Sozialwesens ihre Stellung erhalten. In letzter Zeit erhielt sie wieder stärkere Aufmerksamkeit durch die Diskussion um eine Neuorientierung der Sozialpolitik. Das Ehrenamt befindet sich allerdings in seiner Bedeutung auf dem Rückzug, da die Zahl der engagierten Laien rückläufig ist.

Stärken der Laienarbeit

Interessierte Laien haben ihre Stärken, auf die nicht verzichtet werden sollte: Sie sind engagiert und bereit, sich sehr intensiv in eine Betreuungsbeziehung einzulassen. Sie bringen vielfach auch intensive Kenntnisse lebensweltlicher Bedingungen mit. Die Schwäche von Laien liegt hingegen oft in der Beziehungsgestaltung. Sie gehen vielfach mit großem auch emotionalem Engagement an die Betreuung heran, sind enttäuscht bei Widerständen, haben Schwierigkeiten, emotionale Distanz zu halten, resignieren schließlich bei Rückschlägen oder ihr persönliches Engagement schlägt in Abgrenzung oder persönlich schwer zu verarbeitende Enttäuschung um, wenn KlientInnen sichtlich den manchmal hochgesteckten Erwartungen des Helfers nicht entsprechen.

Ohne mich hier auf die vielschichtige Fragestellung des Engagements von Laien in der Sozialarbeit wirklich einlassen zu wollen und im vollen Bewußtsein, daß die obige Charakterisierung (ungerecht) karikaturhafte Züge aufweist, sei doch darauf hingewiesen, daß die Beziehungsgestaltung, der adäquate Einsatz von Ressourcen usw. für gelernte Helferinnen schwierig genug sind.

Ergänzung

Laienarbeit als Ergänzung zu Individualhilfe hat dort Platz, wo sich keine hochkomplizierten Problemgefüge ergeben und wo nicht weittragende Entscheidungen zu treffen sind. Der Hauptort der Laienarbeit werden wohl auch in Zukunft eher die Sozialen Dienste sein, die unter Anleitung und Koordination von Professionellen stattfinden. In der unmittelbaren Fallarbeit sind Spezialbereiche mit relativ klar umrissenen Aufgaben (Freizeitbetreuung, Begleitung bei Amtswegen usw.) möglich.

Ein Sonderfall der Laienarbeit, die eigentlich keine Laienarbeit im engeren Sinne mehr ist, ist der Einsatz von ehemaligen Betroffenen bei der Betreuung von aktuell Betroffenen. Gute Erfolge können damit zum Beispiel bei der Arbeit mit Drogen- oder Alkoholabhängigen erzielt werden. Die genaue Kenntnis der subjektiven Schwierigkeiten beim Kampf mit den internen Triebkräften der Sucht ist ein kaum zu ersetzendes Kapital, das auch die Glaubwürdigkeit der Laienbetreuer bei den Betroffenen erhöht.

Ehemalige Betroffene

10.6. Experten anderer Fachrichtungen

Im Rahmen der Fallarbeit ist der Kontakt zu Experten unerläßlich, die sich, ausgehend von je ihrer Fachrichtung, mit bestimmten Aspekten des Lebens der Klienten befassen. Psychologen, Ärzte, Psychiater, Heilpädagogen und andere behandeln unsere Klienten, formulieren aus ihrer Sicht Einschätzungen und Ziele, geben den Klienten Handlungsanweisungen und versuchen manchmal auch, den Sozialarbeitern Aufträge zu geben. Aus der Sicht der lebensweltorientierten Individualhilfe sind sie wichtige Personen im Lebensfeld der Klienten, die über ihre Definitionsmacht (Staub-Bernasconi) die Lebensverhältnisse beeinflussen, aber auch potentielle Helfer. Potentielle deshalb, da Unterstützung für die Klienten zwar formell zu ihren Aufgaben gehört, sie aber nicht von vorneherein vorausgesetzt werden kann. Es kann vorkommen, daß die Gutachten oder die Vorgangsweise von Psychologinnen oder Ärzten (aber auch Sozialarbeiterinnen) KlientInnen mehr schaden als nützen, ihre Handlungsmöglichkeiten einschränken statt erweitern.

Definitionsmacht

Sozialarbeiterinnen sind aufgrund ihres Aufmerksamkeitsfokus in der Position, zwischen diesen Expertinnen und dem Alltag der Klientinnen vermitteln zu müssen. Sie erklären den Expertinnen Aspekte der Lebenssituation von Klientinnen, die vom jeweiligen fachlichen Standort nicht oder nur schwer sichtbar oder interpretierbar sind. Andererseits müssen sie gegenüber den Klientinnen manchmal eine Übersetzungsleistung erbringen und die Einschätzungen oder Vorschläge anderer Expertinnen in einem Zusammenhang und einer Sprache erklären, die sie für die Klientinnen begreifbar und verarbeitbar machen. Die spezifischen Herangehensweisen und Sprachen dieser Fächer sind naturgemäß den sozialarbeiterischen Sichtweisen nicht

Vermittlung zum Alltag

übergeordnet. Der Eindruck mag zwar zuweilen entstehen, weil die Beschäftigung mit dem Alltag im Vergleich zu spezialisierten Sichtweisen das Odium des Banalen und nicht wissenschaftlich Gesicherten hat. Diesem Vorurteil praktisch zu begegnen, kann heißen, in der Fallarbeit die Ansprüche der Klientinnen als ganze Menschen mit einem vielgestaltigen Lebensprozeß gegen bloß spezialisierte Sichten zur Geltung zu bringen.

Alltag thematisieren

Gegenüber den Experten anderer Fachbereiche wird man als Individualhelfer also die Probleme der Alltagsorganisation des Klienten thematisieren (wofür man mit den Klienten selbst Experte/Expertin ist). Daß Zuweisungen zu Fachleuten, wo erforderlich, selbst wichtiger Teil von Individualhilfe sein können und müssen, wissen alle Sozialarbeiter, die z. B. schon mit den Widerständen von Klienten gegen einen dringend nötigen Arztbesuch zu kämpfen hatten. Wie auch bei anderen Zu- und Überweisungen gehört es zu den Aufgaben der Individualhelferin, den Klienten auf das vorzubereiten, was ihn erwartet, an der Akzeptanz zu arbeiten und so günstige Voraussetzungen für den Erfolg der spezialisierten Hilfe zu schaffen.

Anregungen zur Diskussion, Fragen

(1) Diskutieren Sie, welche Stärken bzw. welche Schwächen Individualhilfe im Vergleich zu Ihnen bekannten psychotherapeutischen Herangehensweisen hat.
(2) Welche konkreten Formen der Zusammenarbeit sind mit Institutionen gemeinwesenorientierter Sozialarbeit möglich? Besprechen Sie diese Frage am Beispiel von Ihnen aus Praxiszusammenhängen bekannten Institutionen und Gemeinwesen.
(3) Sind Ihnen multiprofessionelle Teams aus der Praxis bekannt? Wie funktionieren sie, welchen Eindruck haben Sie von der Machtverteilung? Wie stark sind die Lebenszusammenhänge der KlientInnen dort Thema?
(4) Machen Sie ein Rollenspiel: Spielen Sie eine Fallkonferenz, an der verschiedene Professionen beteiligt sind. Zwei bis drei Beobachterinnen sollen aus der Position der Klientin die Konferenz verfolgen. Diskutieren Sie dann den Verlauf und das Ergebnis unter

(Fortsetzung S. 275

besonderer Berücksichtigung der Beobachtungen aus der Klientenposition.
(5) Überlegen Sie, wie Sie bei Familienberatung die Kontrolle der Betroffenen über den Prozeß sichern können und versuchen Sie Kriterien zu formulieren, wann Sie die Individualbetreuung eines Familienmitglieds für nötig halten würden.

Literatur zur Vertiefung

Aus der umfangreichen Literatur zur Sozialarbeit in speziellen Feldern der Anwendung seien hier nur exemplarisch einige genannt:
Die Spezifik der Arbeit im ASD wird in dem von *Dieter Geese* herausgegebenen Band „Allgemeiner Sozialdienst – Jenseits von Allmacht und Ohnmacht“, Weinheim, behandelt. Der gleiche Bereich wird unter dem Gesichtspunkt der Qualitätsentwicklung noch einmal von Burkhard Müller in seinem Buch „Qualitätsprodukt Jugendhilfe“ abgehandelt. Freiburg/Breisgau. Noch spezieller, auf die Arbeit mit Gewaltfamilien zugeschnitten, findet man ausgefeilte methodische Hinweise bei Erika Gutbrod u. a. (Hrsg.): Beratungskonzept Kinderschutz für die Kinderschutzarbeit in den Jugendsekretariaten der Stadt Zürich. Zürich.
Zwei empfehlenswerte Bände, die zwar für einen relativ engen Anwendungsbereich geschrieben wurden, aber trotzdem allgemein interessant sind, sind von *René Simmen* „Coping-Beratung“, Zürich, über die Arbeit mit Multiple Sklerose-Patienten und „Krisenintervention und Suizidverhütung“, Wien, von *Gernot Sonneck*, ein Handbuch für den Umgang mit depressiven Klientinnen und Klienten.
Ich möchte Sie zu eigenen Recherchen ermutigen – wie auch dazu, die vorhandene Literatur kritisch zu lesen und auf ihr methodisches Verständnis zu befragen.

11. Ethik der Individualhilfe

Übersicht Die Individualhilfe beeinflußt unmittelbar die Lebenswelten von Menschen und hat mit ihnen in Situationen zu tun, die für die Biografie der Klientinnen und Klienten Schlüsselstellen sind. Dadurch stellen sich Fragen eines verantwortungsbewußten Herangehens und der Respektierung der Rechte der Klientinnen und Klienten. Ethische Fragestellungen sind mit methodischen engstens verbunden. Das im Kapitel 3 skizzierte Menschenbild enthält implizit bereits ethische Prinzipien, ebenso wie die „Prinzipien" der Einzelfallhilfe bei Felix Biestek (Biestek 1970, 26f.). In diesem Kapitel wird vorerst die Notwendigkeit einer professionellen Ethik diskutiert (Abschnitt 11.1.). Die Verbindung von Ethik und Methodik steht im Blickfeld des Abschnitts 11.2., dann weise ich auf einige Fragen des Datenschutzes hin (Abschnitt 11.3.). Im Materialienteil findet sich mangels eines geeigneten Entwurfs aus dem deutschen Sprachraum ein Auszug aus dem derzeit gültigen Ethik-Kodex der National Association of Social Work (USA).

11.1. Professionelle Ethik

Hippokratische Ethik Die wohl bekannteste Formulierung einer professionellen Ethik stammt von Hippokrates, ist 2300 Jahre alt und versuchte die Verantwortung des Arztes als eine doppelte zu definieren: Gegenüber dem Individuum und gegenüber der ärztlichen Kunst. Beides bedingt einander. Interessanterweise gehörte die Reflexion auch schon zu den Forderungen des Hippokrates: Vor allem, wenn Behandlungen den gewünschten Erfolg nicht zeitigten, sei es die Pflicht des Arztes, den Verlauf zu rekonstruieren und die möglichen Gründe dafür zu suchen. Das Ziel der ärztlichen Tätigkeit sei, dem Menschen zu nützen, oder doch zumindest nicht zu schaden (Koelbing 1996).

Kodifizierung Die unvollkommene Professionalisierung der Sozialarbeit im deutschen Sprachraum zeigt sich unter anderem darin, daß es bisher noch nicht zu einer innerhalb der Profession weitgehend anerkannten Formulierung ethischer Grundprinzipien und zu keiner Kodifizierung der Klientenrechte kam. Es gibt noch keinen „Code of ethics" wie z. B. in den USA, der einerseits eine Leitlinie für berufsbezogene ethische Entscheidungen, andererseits die Festlegung von Standards zum Schutz der Klienten, und zum Dritten eine Abgrenzung gegenüber Zumutungen von Auftraggebern darstellt. Neben dem besonders detailliert ausgearbeiteten US-amerikanischen Kodex gibt es auch einige andere Kodizes, die allerdings etwas weniger klar formuliert sind (Großbritannien, Israel, Code of Ethics der International Federation of Social Work).

Der einleitende Hinweis auf die hippokratische Ethik läßt bereits erahnen, daß sich die ethischen Fragen der Individualhilfe und die der Medizin durchaus ähneln. Die Verantwortung der Expertin gegenüber dem Individuum ist da wie dort gegeben, die doppelte Verpflichtung gegenüber dem Patienten/Klienten und der professionellen Kunst. Professionelle Ethik ist selbstreflexiv. Sie ist sich dessen bewußt, daß es in der Ausübung der beruflichen Tätigkeit so etwas wie Interessenskonflikte gibt und daß die Kunst auch mißbräuchlich verwendet werden kann (der Hinweis auf den „volkspflegerischen" Mißbrauch der Fürsorge im Nationalsozialismus sei hier gestattet).

Trotzdem ist die Diskussion zu Fragen der Berufsethik kaum jemals in Schwung gekommen. Einige wenige Beiträge (Wegener 1992; Johach 1993; Gehrmann/Müller 1991; Pantucek 1996a) gehen unter in der Flut sozialarbeiterischer Diskussionsbeiträge zur Moral der anderen, zum Beispiel des Staates. Hans Thiersch (1995b, 23f.) schlug immerhin noch eine „kasuistische Moraldiskussion" vor, also die Falldiskussion unter Gesichtspunkten der Moral.

Reflexivität

Die Entwicklung von ethischen Standards müßte weniger allgemein formulierte hehre Ziele zum Gegenstand haben – an denen besteht kein Mangel. Interessanter und folgenreicher wäre die Festschreibung der Rechte, die Klienten gegenüber den Caseworkern und der Sozialen Institution haben. Verbunden mit einer Professionsgerichtsbarkeit, also der Möglichkeit des Lizenzentzugs bei schweren Verstößen gegen den Kodex, könnte dies zu einer größeren Sicherheit für die Konsumentinnen der Dienstleistung Einzefallhilfe führen. Es ist zwar allseits anerkannt, daß die Vertretung der Rechte der Klientinnen gegenüber Dritten zu den zentralen Aufgaben der Sozialarbeiterinnen gehört, aber die Rechte der Klientinnen und Klienten gegenüber den Sozialeinrichtungen im allgemeinen und ihren professionellen Beraterinnen und Betreuern im besonderen werden in der Praxis nur mangelhaft berücksichtigt und sehr wenig diskutiert.

Die allgemeine Erklärung der Menschenrechte als Dokument stellt heute weltweit eine weitgehend akzeptierte Norm dar, ist daher geeigneter Ausgangspunkt für Überlegungen in Richtung einer Konkretisierung der Rechte der Klientinnen Sozialer Arbeit auch gegenüber den betreuenden Sozialeinrichtungen und Sozialarbeiterinnen.

Klientenrechte

Es sei noch einmal klargestellt, daß gerade in der Individualhilfe der Beachtung der Autonomie der Individuen große methodische Bedeutung zukommt. Die Rechte auch gegenüber den Sozialarbeitern stehen nicht nur „freundlichen" Klienten zu, sondern auch „widerspenstigen", sympathischen wie unsympathischen. Versuchen sie ihre Rechte wahrzunehmen, ist die Auseinandersetzung damit nicht eine lästige Störung der methodischen Arbeit, sondern deren wichtiger Teil, kann der erste Schritt der Klientinnen zu einer Emanzipation aus dem Hilfsprozeß sein.

11.2. Ethik und Methodik

Ethische Beziehungsgestaltung

Im Anhang zu diesem Kapitel finden Sie einen Auszug aus dem Ethik-Kodex der NASW (USA), und zwar das hier vor allem interessierende Kapitel zu den Verpflichtungen des Sozialarbeiters gegenüber seinen Klienten. Bei der Lektüre fällt auf, daß klare Beziehungen und die Informiertheit des Klienten über das Unterstützungsprogramm sowie über alle ihn betreffenden Sachverhalte sehr betont werden. Als aufmerksame Leser dieses Buches wird Ihnen auffallen, daß einige Forderungen des Kodex bereits in früheren Kapiteln als methodische Anweisungen behandelt und begründet wurden. Tatsächlich ist die Einzelfallarbeit, wie sie hier vorgestellt wird (man kann das Etikett „lebensweltorientiert" oder „Empowerment-Perspektive" verwenden), eng mit ethisch korrekten Vorgangsweisen verbunden. M. E. kann man die penible Beachtung der Klientenrechte fast schon als Methode verstehen.

Die Respektierung der Persönlichkeitsrechte wäre keine zusätzliche Leistung der Fallarbeiter, sondern macht auch im Hinblick auf die Zielsetzung der Individualhilfe methodisch Sinn. Sie fördert die angestrebte Wiederverselbständigung der Klienten. Daß selbstbewußte Klienten ihre Rechte auch gegen Sozialarbeiter verteidigen können und müssen, mag folgendes Beispiel zeigen:

Eine Klientin, die ich im Jugendamt betreute und die mir sehr unselbständig schien, der ich deshalb im Interesse ihrer Kinder manchmal recht direktiv begegnen zu müssen glaubte, brachte zu einer Sitzung den Redakteur einer Lokalzeitung mit. Sie konnte dadurch ihre Position stärken. Mein erster spontaner Ärger – schließlich war dies auch ein Zeichen dafür, daß sie mir mißtraute – wich bald der Erkenntnis, daß die Frau damit aus ihrer Sicht ihre Selbständigkeit mir gegenüber behauptete und so einen produktiveren Dialog in Form einer Verhandlungsbeziehung erst ermöglichte. Gleichzeitig zeigte sie mir ihre Fähigkeit, Unterstützung für sich selbst zu organisieren, wenn dies aus ihrer Sicht nötig war.

Achtung

Die methodische Vorgangsweise, wie sie in diesem Buch vorgestellt wird, baut auf der Achtung vor den Sichtweisen der Klienten und der Respektierung ihrer Verantwortung für ihre Entscheidungen und Handlungen auf. Sie berücksichtigt jedoch ebenso die Bedeutung der situationalen Bedingungen, also die Beschränktheit der Entscheidungsmöglichkeiten der Menschen. Die Definition der Rechte von Personen, das Ausmaß der Verantwortung, das wir für andere haben, ist abhängig vom Stand der gesellschaftlichen Entwicklung, ist eine historische Größe. Sozialarbeiter waren und sind an der Durchsetzung und Formulierung dieser Rechte der Individuen sowie benachteiligter Gruppen und an der Entwicklung gesellschaftlicher Verantwortung für Benachteiligte beteiligt. Für viele ist das Interesse an diesem Element gesellschaftlicher Solidarität wichtiger Teil ihrer Berufs-Motivation. Ethische Verantwortung in der Fallarbeit äußert sich

(a) in einer klaren Beziehungsgestaltung;
(b) darin, die professionelle Aufgabe mit Interesse an den Schwierigkeiten des Prozesses und Interesse an den Klienten wahrzunehmen;
(c) darin, die Möglichkeiten der Unterstützung auszuschöpfen – auch dort, wo die institutionelle Routine überwunden werden muß;
(d) darin, den Klienten die Reflexion über die unterstützende Beziehung durch Hinweise auf die Bedingungen, Möglichkeiten und Grenzen der Beziehung zu erleichtern;
(e) darin, Klienten als Experten ihrer Lebenswelt mit Achtung zu begegnen;
(f) darin, zum Schutz der Klienten auch dann, wenn dies scheinbar von ihnen gewünscht wird, einen Übergang der professionellen in eine private Beziehung zu vermeiden (professionelle Grenzen einhalten).

Gerade der letzte dieser Punkte ist heikel und wird zuweilen kontrovers diskutiert. Die Achtung vor der Intimsphäre der Klientinnen umschließt m. E. vor allem alle Handlungen, die bei Klientinnen Hoffnungen auf eine auch privatere Bindung der Sozialarbeiterinnen an sie bestärken könnten. Eine Einladung auf einen Kaffee in die Wohnung anzunehmen, kann in einem Fall als freundlich-professionelles Interesse und Anerkennung des Klienten als gleichwertiger Gesprächspartner gelten und für die Fortsetzung des Unterstützungsprozesses gute Voraussetzungen schaffen. In einem anderen Fall kann damit die Hoffnung des Klienten oder der Klientin verbunden sein, den Sozialarbeiter in seine oder ihre private Lebenswelt hineinzuziehen, aus dem menschlichen und professionellen Interesse ein privates oder sexuelles Interesse zu machen. Verantwortungsbewußte Sozialarbeiter haben nicht nur ihre negativen, sondern auch ihre positiven Gefühle für Klienten unter Kontrolle zu halten.

Verantwortung

Fallarbeiter sollen die Autonomie der Klienten achten, also können sie i. d. R. nicht die Verantwortung für das Leben ihrer Klienten übernehmen. Sehr wohl tragen sie aber die individuelle Verantwortung für die eigenen Interventionen in diesem Leben und in der Lebenswelt, sowie für ihre Unterlassungen.

Der hippokratische Grundsatz, den Klientinnen (Patienten) zu helfen, mindestens aber nicht zu schaden, verlangt einen sorgfältigen Einsatz der Fallarbeit und ein besonderes Augenmerk auf die Gestaltung von Interventionen. Eingriffe der Sozialarbeiterin und die Beziehungsgestaltung selbst sollten so erfolgen, daß das Schadensrisiko für die Klientinnen gering gehalten wird.

Der amerikanische Kodex (siehe Dokumentation) verwendet die Formel der „informierten Entscheidung" bzw. „informierten Zustimmung". Er geht davon aus, daß Klienten über die Möglichkeiten und Risken sozialarbeiterischer Vorgangsweisen informiert werden müssen. Sie können dann eine Entscheidung treffen, wissend, worüber sie entscheiden und welche Folgen ihre Zustimmung haben kann.

11.3. Fragen des Datenschutzes

Besondere Berücksichtigung verdienen Fragen des Datenschutzes in der Sozialen Arbeit. Sozialarbeiterinnen erhalten im Betreuungsprozeß Zugang zu einer Fülle personenbezogener Daten:

(a) in der pseudoobjektiven Form einfacher Daten (Name, Adresse, Einkommen, biografische Daten)

(b) in der ebenfalls pseudoobjektiven Form von Experten-Diagnosen (ärztliche, psychologische, psychiatrische Gutachten, Gerichtsurteile, verschriftlichte Fallbeschreibungen durch Sozialeinrichtungen)
(c) durch mündliche Informationsweitergabe von anderen mit dem Fall befaßten Einrichtungen
(d) durch direkte verbale Information im Beratungsgespräch
(e) durch Mitteilungen aus dem Lebensfeld der KlientInnen
(f) durch eigene Wahrnehmung der Lebensverhältnisse der KlientInnen.

Diese Daten werden teils für eine wirkungsvolle Beratung benötigt, teils sammeln sie sich im Laufe der Fallbearbeitung an, ohne direkt nachgefragt worden zu sein. Sie alle werden notwendigerweise von den Sozialarbeiterinnen interpretiert und ihrem Gesamtbild von der Lebenssituation der Klienten eingeordnet. Es ist hier bereits der methodische Aspekt diskutiert worden, daß es in aller Regel kontraproduktiv ist, Klienten vor ihren eigenen Daten schützen zu wollen, ihnen also Informationen vorzuenthalten, die man über sie erhalten hat. Doch auch die Weitergabe von Informationen über die Klienten an Dritte sollte einem strengen Kalkül unterliegen. Die Tatsache, daß jemand Unterstützung sucht oder sie ihm oder ihr angetragen wird, kann von Institution und Sozialarbeiterin nicht als Freibrief für die ungezügelte Weitergabe der persönlichen Daten an Dritte gelten. Das Recht der Klienten auf Schutz vor unkontrollierter Weitergabe ihrer Daten ist Teil ihrer Menschenrechte.

Datenweitergabe

Der Datenaustausch im Berufsfeld, etwa an eine andere mit dem selben Klienten befaßte Einrichtung, mag für eine gute Koordination der Betreuung erforderlich sein. Klienten sollten aber vor solchen Kontakten zumindest informiert werden, um Stellung nehmen zu können. Letztlich obliegt ihnen die Entscheidung, ob sie die Weitergabe der Informationen, die die Sozialarbeiterin im Laufe des Betreuungsprozesses erhalten hat, gestatten. Ist laufender Datenaustausch vorgesehen, sollten die Klienten über dessen Ausmaß und die möglichen Folgen in Kenntnis gesetzt werden, damit sie eine informierte Zustimmung dazu geben können.

Schweigepflicht

Das Ausmaß der Schweigepflicht von Sozialarbeitern ist noch nicht zufriedenstellend geregelt. Ein Schutz adäquat der ärztlichen Schweigepflicht besteht noch nicht bzw. nur in Teilbereichen. Vor allem bei behördlicher Sozialarbeit ist der Schutz der Klientendaten nicht nur vom Willen der je betreuenden Fallarbeiterinnen abhängig, sondern auch von gesetzlichen Bestimmungen, die in bestimmten Fällen die Behörde zur „Amtshilfe“ verpflichten, also zur Weitergabe ihres Wissens an andere Behörden, eventuell auch an die Polizei. Eine Regelung zum Schutz der Klientendaten vor dem Zugriff von Einrichtungen mit anderen als sozial unterstützenden Zielen wäre wünschenswert.

Anregungen zur Diskussion, Fragen

(1) Diskutieren Sie, unter welchen Umständen Klienten durch Soziale Fallarbeit ein Schaden erwachsen könnte und überlegen Sie, wie Sie davor geschützt werden könnten.
(2) Welche Klientenrechte sieht der Code of Ethics der NASW vor?
(3) Beschreiben und diskutieren Sie die Probleme des Datenschutzes bei der Kooperation mit anderen Institutionen.

Literatur zur Vertiefung

Zur Entwicklung einer Berufsethik findet sich leider kaum ausführlichere und vertiefende Literatur. Ansätze in Richtung einer Diskussion von Klientenrechten sind in Beiträgen zur Kundenorientierung Sozialer Arbeit auszumachen. Exemplarisch dafür:
Herbert Effingers Beitrag „Kundenorientierung in der Sozialen Arbeit“. In: Pantuček, P./Vyslouzil, M.: Theorie und Praxis Lebensweltorientierter Sozialarbeit. St. Pölten.
Für eine moralisch inspirierte Diskussion der Sozialen Arbeit im allgemeinen und Fallarbeit im besonderen ist *Hans Thierschs* Band „Lebenswelt und Moral“. Weinheim und München, empfehlenswert.
Der vollständige Code of Ethics der NASW (USA) ist über Internet zugänglich: http://www.naswdc.org/code.htm.

Code of Ethics

Der folgende Text stellt Auszüge aus dem Ethik-Kodex der National Association of Social Work (USA) vor, wie er 1996 beschlossen und mit 1. Jänner 1997 in Kraft getreten ist (übersetzt von Peter Pantuček und Monika Vyslouzil).

0. Vorwort

Die Hauptaufgabe beruflicher Sozialarbeit ist das menschliche Wohlergehen zu fördern und beizutragen, die Grundbedürfnisse aller Menschen zu sichern, mit besonderem Augenmerk auf die Bedürfnisse und die Stärkung von Menschen, die verletzlich sind, unterdrückt sind und in Armut leben. Ein historisches und bestimmendes Charakteristikum der Sozialarbeit ist die Konzentration der Profession auf das Wohlergehen des Individuums im sozialen Zusammenhang und dem Wohlergehen der Gesellschaft. Grundlegend für Sozialarbeit ist die Aufmerksamkeit auf Umweltfaktoren, die Lebensprobleme erzeugen, dazu beitragen und sie beeinflussen.

SozialarbeiterInnen treten ein für soziale Gerechtigkeit und sozialen Wandel mit und für die KlientInnen. „KlientIn" wird umfassend verwendet für Individuen, Familien, Gruppen, Organisationen und Gemeinden. SozialarbeiterInnen berücksichtigen kulturelle und ethnische Verschiedenheiten und bemühen sich um ein Ende von Diskriminierung, Unterdrückung, Armut und anderen Formen sozialer Ungerechtigkeit. Diese Aktivitäten können stattfinden in Form direkter Praxis, Gemeinwesenarbeit, Supervision, Konsultation, Administration, Anwaltschaft, sozialer und politischer Aktion, Politikberatung und Umsetzung, Bildung, sowie Forschung und Evaluation. SozialarbeiterInnen bemühen sich, die Möglichkeiten von Menschen, ihre eigenen Bedürfnisse zu vertreten, zu stärken. SozialarbeiterInnen bemühen sich auch, die Reaktionen von Organisationen, Gemeinwesen und anderen sozialen Einrichtungen auf die Bedürfnisse von Individuen und soziale Probleme zu verbessern.

Die Aufgabe beruflicher Sozialarbeit beruht auf einigen grundlegenden Werten. Diese Werte, an denen SozialarbeiterInnen historisch festhalten, sind die Grundlage der einzigartigen Aufgabe und Perspektive von Sozialarbeit:

* Dienstleistung
* Soziale Gerechtigkeit
* Würde und Wert einer Person
* Wichtigkeit menschlicher Beziehungen
* Integrität
* Kompetenz.

Diese Konstellation von Grundwerten widerspiegelt, was für berufliche Sozialarbeit einzigartig ist. Grundwerte und Prinzipien, die sich davon ableiten, müssen im Kontext und unter Berücksichtigung der Komplexität menschlicher Erfahrungen ausgewogen sein. Professionelle Ethik ist das Herzstück von Sozialarbeit. Die Profession hat eine Verpflichtung, ihre Grundwerte, ethische Prinzipien und ethische Standards zu formulieren. Der NASW Ethikkodex definiert diese Werte, Prinzipien und Standards, um das Verhalten von SozialarbeiterInnen anzuleiten. Der Kodex gilt für alle SozialarbeiterInnen und SozialarbeitsstudentInnen, egal in welcher beruflichen Funktion sie arbeiten, unter wel-

chen formellen Rahmenbedingungen und mit welcher Zielgruppe.
Der NASW Ethikkodex dient sechs Zielen:

1. Der Kodex identifiziert Grundwerte, auf denen die Aufgabe der Sozialarbeit beruht.
2. Der Kodex faßt breite ethische Prinzipien zusammen, die die Grundwerte der Profession widerspiegeln, und legt eine Reihe spezifischer ethischer Standards zur Anleitung sozialarbeiterischer Praxis.
3. Der Kodex soll SozialarbeiterInnen unterstützen, relevante Überlegungen anzustellen, wenn professionelle Anforderungen zu Konflikten führen oder ethische Unsicherheiten auftreten.
4. Der Kodex bietet ethische Standards, an denen die Öffentlichkeit professionelle Sozialarbeit messen kann.
5. Der Kodex sozialisiert SozialarbeiterInnen, die neu im Feld der sozialarbeiterischen Aufgabe, der Werte, der ethischen Prinzipien und ethischen Standards sind.
6. Der Kodex formuliert Standards, die die Profession selbst nutzen kann um zu beurteilen, ob sich SozialarbeiterInnen unethisch verhalten haben. NASW hat formale Kriterien für Entscheidungen über ethische Beschwerden gegen seine Mitglieder. Durch die Anerkennung dieses Kodex verpflichten sich SozialarbeiterInnen bei der Umsetzung des Kodex zu kooperieren, in den Verfahren der NASW teilzunehmen und NASW-Disziplinarentscheidungen sowie Sanktionen, die daraus abgeleitet werden, anzuerkennen.

Der Kodex bietet ein Set von Werten, Prinzipien und Standards an, um Entscheidungen und Vorgangsweise anzuleiten, wenn ethische Fragen anstehen. Er gibt keine Richtlinien, wie sich SozialarbeiterInnen in allen Situationen verhalten sollen. Spezifische Anwendungen des Kodex müssen den Kontext miteinbeziehen, unter dem er zur Anwendung kommt. Es gibt die Möglichkeit von Konflikten zwischen den Werten, Prinzipien und Standards des Kodex. Ethische Verantwortlichkeit ergibt sich aus allen menschlichen Beziehungen, aus den persönlichen und den familiären bis zu sozialen und professionellen.
Darüber hinaus gibt der NASW Ehtikkodex keine genauen Angaben, welche Werte, Prinzipien und Standards die wichtigsten sind bzw. wichtiger als andere, sollten sie in bestimmten Situationen in Konflikt geraten. Es gibt zwischen SozialarbeiterInnen vernünftige Meinungsunterschiede in bezug auf die Rangordnung der Werte, der ethischen Prinzipien und ethischen Standards in Konfliktfällen. Eine ethische Entscheidungsfindung in einer bestimmten Situation muß sich auf das informierte Urteil der einzelnen SozialarbeiterInnen stützen und auch berücksichtigen, welche Fragen zur Beurteilung in einem kollegialen Überprüfungsgremium in bezug auf die ethischen Standards der Profession angewendet würden.
Ethische Entscheidungsfindung ist ein Prozeß. Es gibt viele Gelegenheiten in der Sozialarbeit, wo es keine einfache Antwort zur Lösung komplexer ethischer Fragen gibt. SozialarbeiterInnen sollten alle Werte, Prinzipien und Standards in diesem Kodex in Erwägung ziehen, die für eine Situation relevant sind, in der ein ethisches Urteil erforderlich ist. Die Entscheidungen der SozialarbeiterInnen und deren Aktivitäten sollten mit dem Geist und den Buchstaben dieses Kodex übereinstimmen.
Zusätzlich zu diesem Kodex gibt es viele andere Informationsquellen über ethisches Denken, die nützlich sein können. SozialarbeiterInnen sollten allgemeine ethische Theorien und Prinzipien in Erwägung ziehen, Sozialarbeitstheorie und Forschung, Gesetze, Verordnungen, institutionelle Vorschriften und andere relevante Ethikkodices, wobei von die-

sen Kodices jener des NASW die erste Quelle sein sollte. SozialarbeiterInnen sollten sich der Auswirkungen der ethischen Entscheidungsfindung auf ihre Klienten, ihre persönlichen Werte, kulturellen und religiösen Überzeugungen und Praktiken bewußt sein. Sie sollten sich bewußt sein der Konflikte zwischen den persönlichen und den professionellen Werten und verantwortungsvoll mit ihnen umgehen. Zur zusätzlichen Unterstützung sollten sie die entsprechende Literatur über professionelle Ethik und ethische Entscheidungsfindung konsultieren und entsprechende Beratung suchen, wenn sie mit einem ethischen Dilemma konfrontiert sind. Das kann eine Beratung mit einer institutionseigenen Stelle oder einem Ethikkommittee der SozialarbeiterInnenorganisation sein, einem Durchführungsorgan, erfahrenen KollegInnen, SupervisorInnen oder einem Rechtsbeistand.

Es können Situationen auftreten, in denen die ethischen Verpflichtungen der SozialarbeiterInnen mit den Richtlinien der Institution, mit relevanten Gesetzen oder Verordnungen in Konflikt kommen. Wenn solche Konflikte auftreten, müssen SozialarbeiterInnen einen verantwortungsbewußten Versuch unternehmen den Konflikt in einer Weise zu lösen, der mit den Werten, Prinzipien und Standards, wie sie in diesem Kodex ausgedrückt sind, übereinstimmt. Wenn es keine vernünftige Lösung für den Konflikt gibt, sollen SozialarbeiterInnen entsprechende Beratung suchen, bevor sie eine Entscheidung treffen.

Der NASW Ethikkodex wird genutzt von der NASW sowie von Individuen, Institutionen, Organisationen und Organen (wie z. B. Lizensierungs- und Regulierungsausschüssen, Anbietern von Versicherungen gegen Klagen gegen Praktiker, Gerichten, Vorständen, öffentlichen Ausschüssen und anderen professionellen Gruppen), die sich dafür entscheiden, den Kodex als Referenzdokument zu verwenden. Verletzungen der Standards in diesem Kodex bringen nicht unbedingt eine rechtliche Folge mit sich oder bedeuten eine Rechtsverletzung. So eine Entscheidung kann nur im Zusammenhang mit einem Rechtsverfahren bzw. vor Gericht getroffen werden. Vermutete Verletzungen des Kodex sind Gegenstand eines Verfahrens unter Kollegen. Solche Verfahren sind in der Regel getrennt von rechtlichen oder administrativen Verfahren und unabhängig von einer rechtlichen Überprüfung bzw. einem Verfahren, um der Profession die Möglichkeit zu geben, ihre eigenen Mitglieder zu beraten und zu disziplinieren.

Ein Ethikkodex kann ethisches Verhalten nicht garantieren. Darüber hinaus kann ein Ethikkodex nicht alle ethischen Fragen oder Meinungsverschiedenheiten lösen oder die Vielfalt und Komplexität wiedergeben, um die es geht, wenn man versucht, verantwortungsbewußte Entscheidungen in einer moralischen Gemeinschaft zu treffen. Ein Ethikkodex setzt vielmehr Werte, ethische Prinzipien und ethische Standards, nach denen Professionelle streben und an denen ihre Handlungen gemessen werden können. Das ethische Verhalten von SozialarbeiterInnen sollte ihrer persönlichen Verpflichtung entspringen, ethische Praxis auszuüben.

Der NASW Ethikkodex widerspiegelt die Überzeugung aller SozialarbeiterInnen, die Werte der Profession hochzuhalten und ethisch zu handeln. Prinzipien und Standards müssen von Individuen angewendet werden, die moralische Fragen erkennen und in gutem Glauben versuchen, ethisch haltbare Entscheidungen zu treffen ...

1. Die ethische Verantwortlichkeit der Sozialarbeiter gegenüber ihren Klienten

1.01 Die Verpflichtung gegenüber den Klienten

Die primäre Verantwortung der Sozialarbeiter ist es, das Wohlergehen ihrer Klienten zu fördern. Generell gehen die Interessen der Klienten vor. Trotzdem können die Verantwortlichkeit der Sozialarbeiter gegenüber der Gesellschaft oder spezielle gesetzliche Auflagen in Ausnahmefällen die den Klienten geschuldete Loyalität überwiegen, und Klienten sollten darauf hingewiesen werden (z. B. kann ein Sozialarbeiter gesetzlich verpflichtet sein anzuzeigen, daß ein Klient ein Kind mißhandelt hat oder daß er drohte, sich oder andere zu verletzen).

1.02 Selbstbestimmung

SA respektieren und fördern das Recht der Klienten auf Selbstbestimmung und unterstützen Klienten bei ihren Bemühungen, ihre Ziele zu erkennen und zu klären. SA können das Recht der Klienten auf Selbstbestimmung begrenzen, wenn, nach dem professionellen Urteil des Sozialarbeiters, die Handlungen der Klienten oder ihre möglichen Handlungen ein ernstes, voraussehbares und unmittelbares Risiko für sie selbst oder für andere darstellen.

1.03 Informierte Zustimmung

(a) Sozialarbeiter sollen ihre Dienste Klienten nur im Kontext einer professionellen Beziehung anbieten, die, soweit möglich, auf einer informierten Zustimmung beruht. Sozialarbeiter sollen die Klienten in einer klaren, verständlichen Sprache informieren über: den Zweck der Einrichtung; die Risken, die mit deren Nutzung verbunden sind; die Grenzen der Einrichtung, die sich aus den Anforderungen von Dritten (Geldgebern) ergeben; über relevante Kosten; über sinnvolle Alternativen; die Rechte der Klienten, die Zustimmung zu verweigern oder wieder zurückzunehmen; die Zeitspanne, auf die sich die Zustimmung bezieht. Sozialarbeiter sollen den Klienten Gelegenheit zu Fragen geben.

(b) Sind die Klienten Analphabeten oder haben sie Schwierigkeiten, sich in gebräuchliche Sprache der Einrichtung zu verständigen, haben sich die Sozialarbeiter darum zu bemühen, daß die Klienten ausreichend verstehen. Das kann durch eine eingehende mündliche Erläuterung geschehen oder durch die Einbeziehung eines qualifizierten Übersetzers.

(c) Sind die Klienten nicht in der Lage, eine informierte Zustimmung zu geben, sollen Sozialarbeiter die Interessen der Klienten schützen, indem sie die Zustimmung einer dritten Person einholen und die Klienten entsprechend ihrer Fähigkeiten, zu verstehen, dennoch informieren. In solchen Fällen sollen sich die Sozialarbeiter vergewissern, daß die dritte Person in einer Weise handelt, die mit den Interessen und Wünschen der Klienten im Einklang steht. Sozialarbeiter sollen entsprechende Maßnahmen setzen, die die Fähigkeiten des Klienten verbessern, um eine informierte Zustimmung zu erreichen.

(d) In Fällen, in denen Klienten unfreiwillige Betreuung erhalten, sollen Sozialarbeiter Informationen über die Art und das Ausmaß der Betreuung geben, sowie über die Möglichkeiten der Klienten, diese Betreuung zurückzuweisen.

(e) Sozialarbeiter, die Leistungen über elektronische Medien anbieten (wie z. B. Computer, Telefon, Radio und Fernsehen), sollen die Klienten über die Grenzen und die mit diesen Leistungen verbundenen Risken informieren.

(f) Sozialarbeiter sollen die Zustimmung des Klienten einholen, bevor sie den Klienten mittels Tonband oder Video aufnehmen oder die Beobachtung der Beratung durch dritte Personen zulassen.

1.04 Kompetenz

(a) Sozialarbeiter sollen Leistungen nur im Rahmen der Kompetenz anbieten, die sie durch Ausbildung, Training, Lizenz, Zertifizierung, durch Konsultationen, Supervision oder andere professionelle Erfahrungen erworben haben.
(b) Sozialarbeiter sollen Leistungen in wichtigen Bereichen oder Interventionstechniken oder -ansätzen, die für sie neu sind, nur anbieten, wenn sie dafür das entsprechende Studium, Training, Konsultation oder Supervision von in diesen Interventionen und Techniken entsprechend kompetenten Personen erhalten haben.
(c) Wenn es in einem sich entwickelnden Praxis-Bereich keine generell anerkannten Standards gibt, sollen Sozialarbeiter vorsichtig urteilen und verantwortliche Schritte setzen (beinhaltend entsprechende Ausbildung, Forschung, Training, Konsultation und Supervision), um ihre Kompetenz in der Arbeit sicherzustellen und die Klienten vor Schaden zu schützen.

1.05 Kulturelle Kompetenz und soziale Vielfalt

(a) Sozialarbeiter sollen die Kultur und ihre Funktion in bezug auf das menschliche Verhalten und die Gesellschaft verstehen und die Stärken erkennen, die in allen Kulturen gegeben sind.
(b) Sozialarbeiter sollen ein Grundlagenwissen über die Kultur ihrer KlientInnen haben. Sie sollen in der Lage sein, Dienste anzubieten, die gegenüber der Kultur der Klienten und den Unterschieden zwischen Menschen und kulturellen Gruppen sensibel sind.
(c) Sozialarbeiter sollen ausgebildet werden und Verständnis entwickeln für die soziale Vielfalt und Unterdrückung in Zusammenhang mit Rasse, ethnischer Herkunft, nationaler Herkunft, Hautfarbe, Geschlecht, sexueller Präferenz, Alter, Familienstand, politischer Ausrichtung, Religion und geistiger oder psychischer Behinderung.

1.06 Interessenskonflikte

(a) Sozialarbeiter sollen aufmerksam sein und Interessenskonflikte vermeiden, die der Ausübung professioneller Diskretion und unparteiischem Urteil entgegenstehen. Sozialarbeiter sollen Klienten informieren, wenn ein möglicher Interessenskonflikt auftritt und entsprechende Schritte setzen, um das Problem in einer Weise zu lösen, die die Interessen der Klienten in den Vordergrund stellen und soweit wie möglich schützen. In manchen Fällen kann der Schutz der Klienteninteressen bedeuten, daß die professionelle Beziehung zum Klienten beendet wird und der Klient anderswohin verwiesen wird.
(b) Sozialarbeiter sollen keinen unfairen Vorteil aus einer professionellen Beziehung ziehen oder andere ausbeuten, um ihre eigenen persönlichen, religiösen, politischen oder geschäftlichen Interessen zu fördern.
(c) Sozialarbeiter sollen keine doppelten oder mehrfachen Beziehungen mit Klienten oder früheren Klienten eingehen, in denen ein Risiko möglicher Ausbeutung oder Schaden für den Klienten entsteht. In Fällen, wo doppelte oder mehrfache Beziehungen unvermeidbar sind, sollen Sozialarbeiter Schritte setzen, um die Klienten vor Nachteilen zu schützen. Sie sind verantwortlich für klare, kulturell angepaßte Grenzen. (Doppelte oder mehrfache Beziehungen treten auf, wenn Sozialarbeiter mit Klienten in mehr als einer Beziehung zu tun haben, ob das nun professionell, sozial oder geschäftlich ist. Doppelte oder mehrfache Beziehungen können gleichzeitig oder hintereinander auftreten.)

(d) Wenn Sozialarbeiter Leistungen zwei oder mehreren Personen anbieten, die eine Beziehung untereinander haben (z. B. Paare, Familienmitglieder), sollen Sozialarbeiter mit allen Beteiligten klären, wer als Klient gesehen wird. Die professionelle Verpflichtung des Sozialarbeiters gegenüber den verschiedenen Personen, die die Leistung beanspruchen, muß offengelegt werden. Sozialarbeiter, die einen Interessenskonflikt zwischen den Personen erwarten, die die Leistung in Anspruch nehmen, oder die meinen, es kann zu einander widersprechenden Rollen kommen (z.B. wenn ein Sozialarbeiter in einem Vormundschaftsverfahren aussagen muß oder in einer Scheidungssache, die die Klienten betrifft), sollen ihre Rolle mit den Betroffenen klären und entsprechende Vorkehrungen treffen, die Interessenskonflikte gering halten.

1.07 Privatheit und Vertraulichkeit

(a) Sozialarbeiter sollen das Recht der Klienten auf Privatheit respektieren. Sozialarbeiter sollen persönliche Informationen von Klienten nicht nutzen, außer es ist unerläßlich zur Sicherung der Betreuung, zur Durchführung von Evaluation oder zur Forschung. Sobald eine persönliche Information gegeben wurde, sind Vertraulichkeitsstandards anzuwenden.

(b) Sozialarbeiter können vertrauliche Informationen weitergeben, wenn es eine gültige Zustimmung des Klienten oder einer rechtlich dazu legitimierten Person gibt.

(c) Sozialarbeiter sollen die Vertraulichkeit jeder Information schützen, die in einer professionellen Einrichtung erworben wurde, ausgenommen zwingende professionelle Gründe sprechen dagegen. Die generelle Erwartung ist, daß Sozialarbeiter Informationen vertraulich behandeln, außer wenn die Veröffentlichung notwendig ist um schweren, vorhersehbaren und drohenden Schaden für einen Klienten oder eine andere benennbare Person zu verhindern oder wenn das Gesetz oder Vorschriften die Veröffentlichung auch ohne Zustimmung des Klienten vorschreiben. Auf jeden Fall sollten Sozialarbeiter nur die geringst notwendige Informationsmenge preisgeben, um den gewünschten Effekt zu erzielen; es soll nur die Information, die direkt mit dem Zweck, für den die Veröffentlichung nötig ist, zu tun hat, gegeben werden.

(d) Sozialarbeiter sollen Klienten soweit als möglich über die Veröffentlichung vertraulicher Informationen und über die möglichen Konsequenzen informieren, wenn möglich bevor die Veröffentlichung stattfindet. Das trifft sowohl zu, wenn Sozialarbeiter vertrauliche Information aufgrund von gesetzlichen Vorschriften veröffentlichen, als auch bei der Veröffentlichung mit Zustimmung des Klienten.

(e) Sozialarbeiter sollen mit ihren Klienten und anderen interessierten Personen die Frage der Vertraulichkeit und die Grenzen der Rechte des Klienten auf Vertraulichkeit diskutieren. Sozialarbeiter sollen unter Bedachtnahme auf die Situation der Klienten überdenken, wo eventuell vertrauliche Information benötigt werden könnte und wo die Veröffentlichung dieser Information rechtlich vorgeschrieben werden könnte. Diese Diskussion sollte sobald als möglich in der Beziehung zwischen Sozialarbeiter und Klient stattfinden und wenn nötig während der Beziehung weitergeführt werden.

(f) Wenn Sozialarbeiter Familien, Paaren, Gruppen Beratung anbieten, sollen sie von den beteiligten Personen die Zustimmung einholen, das Recht jedes einzelnen auf Vertraulichkeit zu respektieren und die Vertraulichkeit von Informationen zu bewahren, die von den anderen mitgeteilt werden. Sozialarbeiter sollen die Teilnehmer einer Familien-, Paar- oder Gruppenberatung informieren, daß sie nicht garantieren können, daß sich alle

Teilnehmer an die Vereinbarung halten werden.

(g) Sozialarbeiter sollen Klienten, die an einer Familien-, Gruppen-, Ehe-, oder Gruppenberatung teilnehmen, über die Vorschriften informieren, die für Sozialarbeiter, deren Arbeitgeber und die Einrichtung betreffend der Veröffentlichung von vertraulichen Information zwischen den Teilnehmern dieser Beratung gelten.

(h) Sozialarbeiter sollen vertrauliche Informationen nicht an Dritte weitergeben, solange die Klienten einer solchen Freigabe nicht zugestimmt haben.

(i) Sozialarbeiter sollen in keiner Situation vertrauliche Informationen diskutieren, wenn die Privatheit nicht garantiert werden kann. Sozialarbeiter sollen vertrauliche Informationen nicht in öffentlichen oder halb-öffentlichen Räumen wie z. B. Gängen, Warteräumen, Aufzügen oder Restaurants diskutieren.

(j) Sozialarbeiter sollen die Vertraulichkeit während gerichtlicher Vorgänge, soweit es das Gesetz erlaubt, schützen. Wenn ein Gericht oder andere rechtlich autorisierte Einrichtungen vom Sozialarbeiter eine Freigabe von vertraulicher oder spezieller Information ohne Zustimmung des Klienten verlangen und eine solche Veröffentlichung dem Klienten schaden könnte, soll der Sozialarbeiter verlangen, daß das Gericht diesen Antrag zurückzieht oder ihn so weit wie möglich beschränkt oder die Akten unter Verschluß hält und sie für öffentlichen Zugang sperrt.

(k) Sozialarbeiter sollen die Vertraulichkeit von Klientendaten schützen, wenn sie auf Anfragen von Medien reagieren.

(l) Sozialarbeiter sollen die Vertraulichkeit von schriftlichen, elektronischen oder anderen Informationen der Klienten schützen. Sozialarbeiter sollen entsprechende Schritte setzen, um sicherzustellen, daß die Akten der Klienten in einer sicheren Umgebung aufbewahrt werden und daß die Akten nicht für andere als jene, die autorisiert sind, zugänglich sind.

(m) Sozialarbeiter sollen geeignete Vorsichtsmaßnahmen treffen, um die Vertraulichkeit von Informationen zu bewahren, die mittels Computer, E-Mail, Fax, Telefon, Anrufbeantwortern und anderen elektronischen und computer-technischen Medien übermittelt werden. Die Übermittlung von Daten, die die Identitiät preisgeben, sollte vermieden werden.

(n) Sozialarbeiter sollen Akten von Klienten auf eine Art transportieren bzw. entsorgen, die garantiert, daß die Vertraulichkeit der Klientendaten geschützt ist und die den staatlichen Vorschriften entspricht, die die Aktenaufbewahrung ... regeln.

(o) Sozialarbeiter sollen Maßnahmen treffen, die die vertrauliche Information von Klienten auch dann schützt, wenn der Sozialarbeiter seine Tätigkeit beendet, an einer weiteren Ausübung gehindert wird, bzw. nach seinem Tod.

(p) Sozialarbeiter sollen (personenbezogene) vertrauliche Informationen nicht preisgeben, wenn sie Klienten im Unterricht besprechen, außer der Klient hat der Veröffentlichung der vertraulichen Information zugestimmt.

(q) Sozialarbeiter sollen (personenbezogene vertrauliche) Informationen nicht preisgeben, wenn sie Klienten mit Konsulenten diskutieren, außer der Klient hat der Veröffentlichung der vertraulichen Information zugestimmt oder es gibt einen zwingenden Grund, sie zu veröffentlichen.

(r) Sozialarbeiter sollen die Vertraulichkeit von verstorbenen Klienten entsprechend der vorangehenden Standards schützen.

1.08 Zugang zu Akten

(a) Sozialarbeiter sollten Klienten einen entsprechenden Zugang zu den klientenbezogenen Akten gewähren. Sozialarbeiter, die befürchten, daß der Zugang der Klienten zu den Akten schwerwiegende Mißverständnisse oder Schaden für den Klienten verursachen könnte, sollten Unterstützung bei der Interpretation der Akten anbieten und sie mit dem Klienten besprechen. Sozialarbeiter sollten den Zugang von Klienten zu ihren Akten oder Teilen davon beschränken, wenn es in außergewöhnlichen Situationen zu erwarten ist, daß der Zugang schwerwiegenden Schaden für den Klienten bedeuten würde. Sowohl der Wunsch des Klienten nach Akteneinsicht, als auch die Gründe für die Verweigerung von Teilen oder dem ganzen Akt müssen in den Akten dokumentiert werden.

(b) Wenn Klienten Zutritt zu ihren Akten haben, müssen Sozialarbeiter entsprechende Maßnahmen setzen, daß die Vertraulichkeit der Daten anderer, die erwähnt oder besprochen werden, geschützt wird.

1.09 Sexuelle Beziehungen

(a) Sozialarbeiter sollen unter keinen Umständen mit Klienten sexuelle Beziehungen oder Kontakte eingehen, egal ob der Kontakt freiwillig oder erzwungen ist.

(b) Sozialarbeiter sollen sich nicht auf sexuelle Beziehungen oder Kontakte mit Verwandten von Klienten einlassen, oder mit Personen, die eine enge Beziehung zu den Klienten haben, wenn dadurch das Risiko entsteht, daß der Klient ausgenützt wird, oder möglicherweise Schaden erleidet. Sexuelle Aktivitäten oder Kontakte mit Verwandten von Klienten oder anderen Personen, mit denen Klienten eine persönliche Beziehung haben, können möglicherweise für den Klienten schädlich sein und es für den Sozialarbeiter und für den Klienten schwierig machen, professionelle Grenzen einzuhalten. Es sind die Sozialarbeiter, die die volle Verantwortung dafür tragen, klare, entsprechende und kulturell angepaßte Grenzen zu setzen – und nicht ihre Klienten, die Verwandten der Klienten oder andere Personen, mit denen Klienten eine persönliche Beziehung haben.

(c) Sozialarbeiter sollen mit früheren Klienten keine sexuellen Beziehungen oder Kontakte eingehen, da diese möglicherweise für den Klienten schädlich sein können. Wenn sich Sozialarbeiter im Widerspruch zu diesem Verbot verhalten oder meinen, daß eine Ausnahme von diesem Verbot aus besonderen Gründen gegeben ist, so sind es die Sozialarbeiter, nicht ihre Klienten, die die volle Verantwortung dafür tragen, nachzuweisen, daß der frühere Klient nicht absichtlich oder unabsichtlich ausgenützt, gezwungen oder manipuliert wurde.

(d) Sozialarbeiter sollen keine klinischen Leistungen für Personen erbringen, mit denen sie früher eine sexuelle Beziehung hatten. Klinische Leistungen für frühere sexuelle Partner zu erbringen kann schädlich für die Person sein und kann es schwierig für den Sozialarbeiter und den Klienten machen, die entsprechenden professionellen Grenzen einzuhalten.

1.10 Physischer Kontakt

Sozialarbeiter sollen sich nicht auf physischen Kontakt mit den Klienten einlassen, wenn die Möglichkeit von psychischen Schäden aufgrund solcher Kontakte gegeben ist (wie z. B. Umarmen oder Streicheln von Klienten). Sozialarbeiter, die vertretbaren physischen Kontakt mit Klienten haben, sind verantwortlich dafür, klare, entsprechende und kulturell angepaßte Grenzen zu setzen, die den physischen Konakt regeln.

1.11 Sexuelle Belästigung

Sozialarbeiter sollen ihre Klienten nicht sexuell belästigen. Sexuelle Belästigung beinhaltet sexuelle Anmache, sexuelles Ansprechen, Forderungen nach sexuellen Bevorzugungen und andere verbale oder physische Vorgänge sexueller Natur.

1.12 Abwertende Sprache

Sozialarbeiter sollten keine abwertende Sprache benützen, weder in der geschriebenen oder gesprochenen Kommunikation mit ihren oder über ihre Klienten. Sozialarbeiter sollen in allen Kommunikationen mit ihren und über ihre Klienten eine genaue und respektvolle Sprache benutzen.

1.13 Bezahlung für Dienste

(a) Wenn Bezahlung verlangt wird, sollen Sozialarbeiter sicher gehen, daß die Sätze fair und vernünftig sind und im Einklang mit den angebotenen Leistungen stehen. Es sollte auch die Zahlungsfähigkeit der Klienten berücksichtigt werden.
(b) Sozialarbeiter sollen vermeiden, daß sie Sachen oder Dienste von Klienten als Bezahlung für professionelle Leistungen annehmen. Tauschgeschäfte, besonders wenn es Dienste sind, tragen in sich das Potential für Interessenskonflikte, Ausbeutung und unklare Grenzen zwischen Sozialarbeitern und Klienten. Sozialarbeiter sollten an Tauschgeschäften nur in sehr beschränktem Ausmaß teilnehmen, wenn z. B. eine solche Vorgangsweise eine akzeptierte Praxis zwischen Professionellen in einer Gemeinde und für die Erbringung von Leistungen wesentlich ist, wenn sie ohne Druck vereinbart werden, wenn sie vom Klienten initiiert werden und mit der informierten Zustimmung des Klienten stattfinden. Sozialarbeiter, die Sachen oder Dienste von Klienten als Bezahlung für professionelle Leistungen annehmen, über nehmen die volle Verantwortung für den Nachweis, daß diese Vereinbarung nicht für den Klienten oder für die professionelle Beziehung schädlich ist.
(c) Sozialarbeiter sollen keine private Entlohnung oder andere Abgeltung für Dienstleistungen von Klienten verlangen, die solch eine Leistung durch die Einrichtung des Anstellungsträgers oder der Organisation der Sozialarbeiter bekommen können.

1.14 Klienten, die nur mangelhaft Entscheidungen treffen können

Wenn Sozialarbeiter anstelle von Klienten handeln, die nur mangelhaft Entscheidungen treffen können, müssen sie entsprechende Schritte setzen, um die Interessen und Rechte dieser Klienten zu schützen.

1.15 Unterbrechung der Leistung

Sozialarbeiter sollten entsprechende Vorkehrungen treffen, die die Kontinuität der Leistungen sichern im Fall, daß die Angebote unterbrochen werden durch Faktoren wie Unerreichbarkeit, Umzug, Krankheit, Behinderung oder Tod.

1.16 Ende der Leistung

(a) Sozialarbeiter sollen die Betreuung von Klienten und die professionelle Beziehung beenden, wenn die Leistungen und die Beziehung nicht mehr nötig sind, nicht mehr den Bedürfnissen des Klienten entsprechen oder nicht mehr im Interesse des Klienten sind.
(b) Sozialarbeiter sollten Vorkehrungen treffen, Klienten nicht zu verlassen, die noch der Unterstützung bedürfen. Sozialarbeiter sollten Betreuungen nur unter besonderen Umständen überraschend abbrechen, dabei alle Faktoren der Situation berücksichtigen und darauf achten, daß die negativen Effekte so gering wie möglich bleiben. Sozialarbeiter sollen dabei helfen, wenn nötig, die geeignete Fortsetzung der Betreuung zu arrangieren.
(c) Sozialarbeiter in Einrichtungen, die Bezahlung verlangen, können die Betreuung beenden, wenn die Klienten eine längerfristi-

ge Schuld nicht bezahlen und die finanzelle Vertragslage den Klienten klar gemacht wurde, wenn der Klient keine unmittelbare Gefahr für sich selbst oder andere darstellt und wenn die klinischen und anderen Folgen der momentanen Nichtbezahlung mit dem Klienten diskutiert wurden.

(d) Sozialarbeiter dürfen Leistungen nicht beenden, um eine soziale, finanzielle oder sexuelle Beziehung mit Klienten einzugehen.

(e) Sozialarbeiter, die die Beendigung oder Unterbrechung von Leistungen an die Klienten vorhersehen, sollen die Klienten davon verständigen und die Übertragung oder Fortsetzung der Leistung entsprechend den Bedürfnissen und Präferenzen der Klienten vorbereiten.

(f) Sozialarbeiter, die einen Arbeitsplatz verlassen, sollen Klienten über die Möglichkeiten der Fortsetzung der Betreuung und die Vor- und Nachteile dieser Möglichkeiten informieren.

Anstelle eines Schlußworts: Individualhilfe lernen

Ich habe in der vorliegenden Einführung versucht, ein Grundverständnis der Sozialen Fallarbeit (oder Individualhilfe, Einzelhilfe, Casework) zu vermitteln. Allerdings ist es schwierig, ja nahezu unmöglich, eine so menschenbezogene und damit auch notwendigerweise vielfältige Kunst auf dem Trockendock zu lernen. Vermittelbar sind hier bloß einige Grundformen und Grundlagen, deren Anwendung im Praxiszusammenhang ist jedoch noch einmal eine andere Aufgabe. Die in diesem Buch dargestellten methodischen Überlegungen und Erfahrungen können ein Leitfaden sein, um eigene Praxis zu befragen, sie sind brauchbar als Stütze der Selbstreflexion und eine gute Ergänzung zur laufenden Besprechung eigener Erfahrungen mit Kolleginnen und Kollegen, die im Arbeitsfeld bereits „zu Hause“ sind.

Arbeitsfeld erforschen

Wenn dies irgend möglich ist, sollten Sie, bevor Sie sich intensiver mit einzelnen Klienten beschäftigen, erst das Arbeitsfeld kennenlernen, das Gemeinwesen, in dem die Klienten ihr Leben organisieren müssen. Man hüte sich dabei vor allzu vorschnellen Urteilen. Informieren Sie sich über die Sozialstruktur, über die Charakteristik der verschiedenen Viertel, und erkunden Sie die Situation vor Ort, durch einen oder mehrere Rundgänge. Lassen Sie sich nicht nur von den Kolleginnen, sondern auch von Klienten die Institution und ihre Bräuche erklären. Lassen Sie sich von Klienten, ganz ohne Problemlösungsdruck, erklären, wie hier das Leben so läuft. Sie lernen so Grundstrukturen des Alltags kennen, sind richtigerweise zuerst selbst Lernender, bevor sie anderen zu erklären versuchen, wie sie ihr Leben bewältigen sollen. Hinweise auf Erhebungsmethoden für die Strukturen von Gemeinwesen, also das Lebensfeld der Klienten der Sozialen Einzelhilfe, findet man bei der Gemeinwesenarbeit (z. B. bei Ebbe/Friese 1989) – also ebenfalls einer klassischen Arbeitsform der Sozialarbeit. Nutzen Sie Gelegenheiten, Ihr Klientel bzw. die Adressatengruppe außerhalb der Beratungssituation kennenzulernen, um ein Gefühl für den Lebensstil der (Sub-)Kultur zu bekommen.

Lassen Sie sich außerdem die in der Institution charakteristischen Problemkonstellationen erklären: In welcher Situation sind die Klientinnen, mit welchen Lage-spezifischen Bedingungen haben sie zu kämpfen. Hier geht es vor allem darum, ein ausgewogenes Maß an Individualisierung zu ermöglichen. Es ist müßig, individuelle Gründe für Schwierigkeiten zu suchen, die alle gleichermaßen treffen. Jede Problemkonstellation hat ihre interne Logik, hat ihre objektive Komponente. So haben zum Beispiel Alkoholiker sowohl mit der physiologischen Dynamik ihrer Sucht als auch mit deren sozialen Folgen zu kämpfen, die sie nicht beliebig beeinflussen können, und unterliegen bis zu einem gewissen Grad einem „allgemeinen" Alkoholikerschicksal, das Professionelle kennen müssen, um adäquate Hilfe leisten zu können.

Von Klienten lernen

Bleiben Sie lernbereit. Lernen Sie von Ihren Klienten. Offen, indem Sie an sie mit Neugier herangehen und indem Sie Ihre Gesprächspartner ersuchen, Ihnen zu helfen. Wenn Klienten Lernbereitschaft und Interesse spüren, sind Sie ausgezeichnete Lehrmeister – und gewinnen dabei Selbstbewußtsein und einen noch einmal anderen Blick auf ihre Situation.

Lernen Sie auch indirekt von den Klienten, indem Sie Ihre Erfahrungen reflektieren. Nutzen Sie alle Gelegenheiten dafür. Wahrscheinlich haben Sie eine Kollegin oder einen Kollegen als Betreuer, der Sie bei Ihren ersten Fällen begleitet und Ihnen die Möglichkeit gibt, Ihre Entscheidungen und Vorgangsweisen rasch zu reflektieren. Auch die begleitende Supervision der Gesprächsführung ist eine große Hilfe.

Von Kolleginnen lernen

Bewahren Sie sich bei aller Lernbereitschaft eine kritische Distanz zu den Ratschlägen, woher immer sie kommen mögen. Letztlich wird es darauf ankommen, daß Sie einen eigenen, höchstpersönlichen Stil der Arbeit entwickeln, in dem Sie als Person mit Ihren Stärken und Schwächen erkennbar sind. Die bloße Kopie eines in einer Institution einmal von anderen geprägten Stils der Fallbearbeitung wird nicht zu guten Ergebnissen führen.

Besonderes Glück haben jene, die in eine Institution kommen, in der es möglich ist, Debatten über die Fallführung ernsthaft zu führen, wo sie lernen, zu begründen, was sie machen und wie sie es machen, wo individuelle Herangehensweisen, wenn sie fachlich begründbar sind, zugelassen werden – nicht aus Bequemlichkeit, die die Auseinandersetzung scheut, sondern aus Achtung vor den Qualitäten fachlicher Vielfalt.

Supervision

Während der praktischen Lernphase ist nicht nur eine fachliche Begleitung durch Mitglieder des Teams der Institution angebracht, sondern auch eine begleitende Supervision. Diese sollte von einer als

Supervisorin ausgebildeten Sozialarbeiterin durchgeführt werden, allerdings von einer, die nicht in die Institution (oder zumindest nicht in dieses Team) involviert ist. Thema der Berufsanfänger-Supervision sind die Schwierigkeiten der Einsteigersituation, die persönliche Positionierung zur Institution, zum Team, zu den Klienten und zur Berufspraxis allgemein. Die Supervision soll mit Hilfe gezielter unterstützter Reflexion zur Erarbeitung eines eigenen Standpunktes, einer Haltung, verhelfen.

Fortbildung

Die Aufrechterhaltung professioneller Kompetenz erfordert gerade in der hier vorgestellten Individualhilfe die ständige Fort- und Weiterbildung. Wählen Sie dabei einen Mix, der den Zugang zu neuen Informationen auf rechtlichem und für Ihren Arbeitsbereich relevanten medizinischem Gebiet genauso beinhaltet, wie die neueren sozialpolitischen Entwicklungen und die methodische Perfektionierung. Techniken verschiedener therapeutischer Herangehensweisen können wie das Training eigener Kommunikationskompetenz (z. B. Verhandlungs- und Moderationstechnik) Ihren Einsatz effektiver gestalten, Sie sollten sich aber dadurch nicht die Breite Ihres methodischen Repertoires beeinträchtigen lassen.

Lernen am Fall

Schließlich ist jeder „Fall" eine Lernmöglichkeit. Er erweitert Ihr Wissen sowohl über Lebensbedingungen und Bewältigungsstrategien, als auch über mögliche Wirkungen Ihres eigenen Einsatzes. Durch systematische interessierte Beobachtung und Selbstbeobachtung nützen Sie diese tägliche Fortbildungschance.

Man muß nicht alles mit der vollen „Schwere" betreiben, auch nicht Individualhilfe. „Leichtigkeit" (Baecker 1993) bedeutet, die Aufmerksamkeit gleichzeitig hier und auch woanders zu haben. Bedeutet, ein Problem auch aus den Augenwinkeln betrachten zu können. Aus dieser Perspektive werden mehr Lösungsmöglichkeiten sichtbar, als wenn man von vorneherein wie ein Panzer auf eine einmal sichtbar gewordene vermeintliche Problemstellung losgeht.

Schließlich möchte ich noch wiederholen, was ich bereits in der Einleitung zu diesem Buch geschrieben habe: Kompetenz erwirbt man sich nicht nur in der Fallarbeit, im Methodenunterricht oder der Fortbildung, sondern auch in der Freude daran, in unterschiedlichste soziale Situationen „hineinzugehen", sich dort neugierig Informationen über das Funktionieren von alltäglichen Lebenswelten zu holen. Oder, um mit Rosa Dworschak zu sprechen: „Das wichtigste ist, an Menschen interessiert zu sein."

Literatur

Aichhorn, A. (1972): Erziehungsberatung und Erziehungshilfe. Reinbek/ Hamburg.

Amann, A. (1983): Lebenslage und Sozialarbeit. Elemente zu einer Soziologie von Hilfe und Kontrolle. Berlin.

Arlt, I. (1921): Die Grundlagen der Fürsorge. Wien.

Arlt, I. (1958): Wege zu einer Fürsorgewissenschaft. Wien.

Baecker, D. (1993): Sechs Werte, die bleiben. In: SOCIALmanagement, H. 1, S. 55.

Balog, A. (1990): Multiples Selbst und Lebensentwurf. Dimensionen des Personenbegriffs. In: Österreichische Zeitschrift für Soziologie H. 3, S. 71–87.

Baron, R. (1991): Eine Profession wird gleichgeschaltet – Fürsorgeausbildung unter dem Nationalsozialismus. In: Feustel, A. (Hrsg.): Rückblicke. Konstruktionen über die Geschichte der Alice-Salomon-Schule. Berlin, S. 129–156.

Bauer, R. (Hrsg.) (1993): Intermediäre Nonprofit-Organisationen in einem Neuen Europa. Studien zur Vergleichenden Sozialpädagogik und Internationalen Sozialarbeit, Bd. 7. Rheinfelden / Berlin.

Beck, M. u. a. (Hrsg.) (1991): Psychosoziale Beratung. Klient/inn/en – Helfer/ innen – Institutionen. Tübingen.

Beck, U.(1986): Risikogesellschaft – Auf dem Weg in eine andere Moderne. Frankfurt/Main.

Beck, U./Beck-Gernsheim, E. (1990): Das ganz normale Chaos der Liebe. Frankfurt/Main.

Beck, U./Bonß, W. (Hrsg.) (1989): Weder Sozialtechnologie noch Aufklärung? Analysen zur Verwendung sozialwissenschaftlichen Wissens. Frankfurt/Main.

Belardi, N. u. a. (Hrsg.) (1980): Didaktik und Methodik Sozialer Arbeit. Frankfurt/Main, Berlin, München.

Berger, P. L./Luckmann, Th. (1980): Die gesellschaftliche Konstruktion der Wirklichkeit. Frankfurt/Main.

Bergmann, J. R. (1988): Ethnomethodologie und Konversationsanalyse – Lehrbrief der Fernuniversität Hagen. Hagen.

Berner, W. (1992): Schuldnerhilfe. Neuwied.

Biestek, F. (1970): Wesen und Grundsätze der helfenden Beziehung in der sozialen Einzelhilfe. Freiburg/Breisgau. (Original: The Casework Relationship. Chicago 1957).

Birtsch, V. (1995): Hilfe und Kontrolle bleiben in der sozialen Arbeit nicht aufhebbarer Widerspruch. In: Blätter der Wohlfahrtspflege, H. 9, S. 214.

Bischof, M./Wolff, St. (1995): Die Welt und die Verfahrensakten – Die Bedeutung der Gestaltung amtlicher Texte im betreuungsrechtlichen Genehmigungsverfahren. In: Betreuungsrechtliche Praxis, H. 2, S. 48–55.

Blandow, J. (1990): Scheitert ein ganzheitlicher, lebensweltorientierter Hilfeansatz an der Konkurrenz von Institutionen und Professionen? In: Gintzel, U./Schone, R.(Hrsg.): Zwischen Jugendhilfe und Jugendpsychiatrie. Münster, S. 8–20.

Bogner, F. M. (1990): Das neue PR-Denken. Strategien, Konzepte, Maßnahmen, Fallbeispiele effizienter Öffentlichkeitsarbeit. Wien.

Bourdieu, P. (1983): Ökonomisches Kapital, kulturelles Kapital, soziales Kapital. In: Kreckel, R. (Hrsg.): Soziale Ungleichheit. Göttingen, S. 78–92.

Brack, R. (1995): Der Beitrag klientbezogener Dokumentation zur Qualitätssicherung in der Sozialarbeit. In: Sozialarbeit, H. 11., S. 15–21.

Braun, K.-H./Gekeler, G./Wetzel, K. (1989): Subjekttheoretische Begründungen sozialarbeiterischen Handelns. Marburg.

Braun, K.-H./Pantucek, P. (1985): Handlungsstrategien in der Sozialen Arbeit und Erziehung. In: Braun, K.-H./Gekeler, G./Wetzel, K.: Subjektbezogene Handlungsstrategien in Arbeit, Erziehung, Therapie. Solms-Oberbiel, S. 27–48.

Brem-Gräser, L. (1993): Handbuch der Beratung für helfende Berufe Band 1–3. München/Basel.

British Association of Social Workers (1991): Code of ethics for Social Work. In: SOCIALmanagement, H. 2, S. 34–35.

Brunner, E.J./Schönig, W.: Theorie und Praxis von Beratung. Pädagogische und psychologische Konzepte. Freiburg/Breisgau 1990.

Buber, M. (1992): Das Dialogische Prinzip. Gerlingen.

Burgstaller Andrea (1989): „Liebe Julie“ – Brief über Eßsucht. In: Forum Kritische Psychologie, H. 22, S. 34–36.

Calvino, I. (1995): Sechs Vorschläge für das nächste Jahrtausend. Harvard-Vorträge. München.

Danzer, B. (1992): Die „Alltagswende“ im Arbeitsfeld Beratung. Regensburg.

DeShazer, St. (1989): Wege der erfolgreichen Kurztherapie. Stuttgart.

DeShazer, St. (1992): Muster familientherapeutischer Kurzzeit-Therapie. Paderborn.

Dewe, B./Scherr, A. (1991): Beratung oder Therapie. In: Blätter der Wohlfahrtspflege, H. 1, S. 6–7.

Dewe, B. u. a. (1987): Professionelle Arbeit kann warten, bis man sie braucht. Die Experten, die Profis und der gute Sozialarbeiter. In: sozialmagazin, H. 2, S. 30–36.

Dewe, B. u. a. (1996): Sozialpädagogik, Sozialarbeitswissenschaft, Soziale Arbeit? Die Frage nach der disziplinären und professionellen Identität. In: Puhl, R. (Hrsg.): Sozialarbeitswissenschaft. Neue Chancen für theoriegeleitete Soziale Arbeit. Weinheim/München, S. 111–125.

Dewe, B. (1998): „Lebenswelt“ – eine Orientierung für Sozialarbeit? In: Pantucek, P./Vyslouzil, M. (Hrsg.): Theorie und Praxis Lebensweltorientierter Sozialarbeit. St.Pölten, S. 13–28.

Dieckmann, J. (1989): Konfliktregulierung durch Dialoge. Orientierungshilfen für die soziale Arbeit. Freiburg/Breisgau.

Dörner, D. (1992): Die Logik des Mißlingens. Strategisches Denken in komplexen Situationen. Reinbek.

Dworschak, R. (1961): Über die Bedeutung der Bindung des Klienten an den Sozialarbeiter. (Unveröffentlichtes Manuskript) Wien.

Dworschak, R. (1969): Der Verwahrloste und sein Helfer. Aus der Praxis des Sozialarbeiters. München/Basel.

Dworschak, R. (1986): „Die Hauptsache ist, an anderen Menschen interessiert zu sein ...“ – Gespräch mit Felix Mendelssohn. In: Sozialarbeit in Österreich, H. 72, S. 16–21.

Ebbe, K./Friese, P. (1989): Milieuarbeit. Grundlagen präventiver Sozialarbeit im Gemeinwesen. Stuttgart.

Eberling, W./Hargens, J. (Hrsg.) (1995): Einfach kurz und gut. Zur lösungsorientierten Kurzzeittherapie. Dortmund.

Ebli, H. (1995): Professionelles Soziales Handeln in der Schuldnerberatung? Frankfurt/Main.

Ebmeier, J. (1993): Eine Steinzeit-Technologie? In: SozialExtra, H. 7/8, S. 23–24.

Eco, Umberto (1991): Semiotik. Entwurf einer Theorie der Zeichen. Frankfurt/Main, 2. korr. Auflage.

Edler, M. (1997): Klienten und ihre Welt. Die Einzelfallhilfe ist eine notwendige, jedoch keine hinreichende Bedingung für Gemeinwesenarbeit – und umgekehrt. In: Blätter der Wohlfahrtspflege, H. 3, S. 54–56.

Effinger, Herbert (1998): Kundenorientierung Sozialer Arbeit – ökonomische Engführung oder Erweiterung des Sozialen? In: Pantucek, P./Vyslouzil, M. (Hrsg.): Theorie und Praxis Lebensweltorientierter Sozialarbeit. St. Pölten, S. 29–48.

Effinger, H./Luthe, D. (Hrsg.) (1993): Sozialmärkte und Management. Herausforderungen bei der Produktion sozialer Dienstleistungen im Intermediären Bereich. Bremen.

Eichenbrenner I. (1992): Helfer für viele, viele Jahre – Bilder aus dem Alltag von zwei Armuts-Therapeuten. In: SozialExtra, H. 11, S. 3–4.

Engelke, E. (1992): Soziale Arbeit als Wissenschaft. Eine Orientierung. Freiburg/Breisgau.

Engelke, E. (1995): Soziale Arbeit – eine relativ selbständige Wissenschaft mit Tradition. In: Wilfing, H. (Hrsg.): Konturen der Sozialarbeit. Wien, S. 41–54.

Engelke, E. (1996): Soziale Arbeit als wissenschaftliche Disziplin. Anmerkungen zum Streit über eine Sozialarbeitswissenschaft. In: Puhl, R. (Hrsg.):

Sozialarbeitswissenschaft. Neue Chancen für theoriegeleitete Soziale Arbeit. Weinheim/München, S. 63–82.

Erler, M. (1993): Soziale Arbeit. Ein Lehr- und Arbeitsbuch zu Geschichte, Aufgaben und Theorie. Weinheim/München.

Fellöcker, K./Bernardis, A.: Reggae und Sozialarbeit. Ein Pilotprojekt lebensweltorientierter Suchtprävention. In: Pantucek, P./Vyslouzil, M. (Hrsg.): Theorie und Praxis Lebensweltorientierter Sozialarbeit. St. Pölten, S. 181–202.

Fine, S.F./Glasser, P.H. (1996): The First Helping Interview. Engaging the Client and Building Trust. London: Sage Publications.

Fisher, R./Brown, S. (1989): Gute Beziehungen – Die Kunst der Konfliktvermeidung, Konfliktlösung und Kooperation. Frankfurt/Main.

Fisher, R./Ury, W./Patton, B. (1993): Das Harvard-Konzept. Sachgerecht verhandeln – erfolgreich verhandeln. Frankfurt/Main/New York.

Foucault, M. (1992): Überwachen und Strafen. Die Geburt des Gefängnisses. Frankfurt/Main

Franke, A. (1991): Aspekte erfolgreicher Beratung. Hinderliche und förderliche Bedingungen des Beratungsprozesses. In: Blätter der Wohlfahrtspflege, H. 1., S. 11–12.

Frassine, I. (1988): Sozialarbeit und Sozialwissenschaft – das Ende eines schlampigen Verhältnisses? In: Aufrisse, H. 2, S. 33–39.

Frassine, I. (1990): Beziehungen in der Sozialarbeit. (Unveröffentlichtes Manuskript). St. Pölten.

Gadamer, H.-G. (1975): Wahrheit und Methode: Grundzüge einer philosophischen Hermeneutik. Tübingen.

Garfinkel, H. (1967): Studies in Ethnomethodology. New York.

Gehrmann, G./Müller, K.D. (1991): Moral und Effizienz in der Sozialarbeit. In: SOCIALmanagement, H. 2, S. 26–32.

Gehrmann, G./Müller, K.D. (1993): Selbstreflexives Arbeitskonzept: Handeln oder behandelt werden. In: SOZIALmanagement, H. 2, S. 27–30.

Geiser, K. (1995): Klientbezogene Aktenführung und Dokumentation in der Sozialarbeit. In: Sozialarbeit, H. 11, S. 3–14.

Geiser, K. (1996): Aktenführung und Dokumentation sind Grundlagen professioneller Sozialarbeit. In: Blätter der Wohlfahrtspflege, H. 1+2, S. 6.

Gerhardter, Gabriele (1998): Netzwerkorientierung in der Sozialarbeit. In: Pantucek, Peter/Vyslouzil, Monika: Theorie und Praxis lebensweltorientierter Sozialarbeit. St.Pölten, S. 49–72.

Germain, C.B./Gitterman, A. (1983): Praktische Sozialarbeit – Das „Life Model“ der sozialen Arbeit. Stuttgart.

Gildemeister, R. (1995): Professionelles soziales Handeln – Balancen zwischen Wissenschaft und Lebenspraxis. In: Wilfing, H. (Hrsg.): Konturen der Sozialarbeit. Wien, S. 25–40.

Glasl, F. (1992): Konfliktmanagement. Ein Handbuch für Führungskräfte und Berater. Bern/Stuttgart, 3. Auflage.

Goffman, E. (1972): Asyle. Über die soziale Situation psychiatrischer Patienten und anderer Insassen. Frankfurt/Main.

Gottlieb, B.H. (1985): Assessing and strengthening the impact of social support on mental health. In: Social Work, H. 30, S. 293–300.

Gottschalch, W. (1988): Wahrnehmen, Verstehen, Helfen: Grundlagen psychosozialen Handelns. Heidelberg.

Groddeck, N. (1994): Expansion, Qualifizierungsfalle und unterentwickelte Fachkultur. Stichworte zu gegenwärtigen Situation der Sozialarbeit/Sozialpädagogik als Arbeitsfeld und Fachdisziplin. In: Groddeck, N./Schumann, M. (Hrsg.): Modernisierung Sozialer Arbeit durch Methodenentwicklung und -reflexion. Freiburg/Breisgau, S. 26–40.

Groth, U. (1984): Schuldnerberatung. Frankfurt/Main.

Groth, U. (1994): Handbuch der Schuldnerberatung. Frankfurt/Main.

Grözinger, H. (1991): Sozialarbeit und therapeutische Zusatzqualifikation. Klientenauslese durch therapeutische Qualifizierung der Beraterinnen und Berater. In: Blätter der Wohlfahrtspflege, H. 1, S. 8–9.

Grunwald, K. u. a. (Hrsg.) (1996): Alltag, Nicht-Alltägliches und die Lebenswelt–Beiträge zu einer lebensweltorientierten Sozialpädagogik. Festschrift für Hans Thiersch zum 60. Geburtstag. Weinheim/München.

Gutbrod, E. u. a. (1995): Beratungskonzept Kinderschutz für die Kinderschutzarbeit in den Jugendsekretariaten der Stadt Zürich. Zürich.

Haas, H. (1998): Die Richterperspektive und die Sozialarbeit. In: Pantucek, P./Vyslouzil, M. (Hrsg.): Theorie und Praxis Lebensweltorientierter Sozialarbeit. St. Pölten, S. 107–112.

Haller, D. (1995): Grounded Theory als Forschungsstil in der Sozialarbeit. In: Sozialarbeit, H. 21, S. 21–29.

Hamilton, G.A. (1951): Theory and Practice of Social Casework. New York, Columbia University Press.

Hargens, J. (Hrsg.) (1997): Klar helfen wir Ihnen! Wann sollen wir kommen? Systemische Ansätze in der Sozialpädagogischen Familienhilfe. Dortmund.

Hargens, J./Albers, A. (1996): Die Stärke in der Schwäche: „. . . und wie haben Sie das bisher geschafft?“ Was lösungsorientierte Ansätze so anders und manchmal so erfolgreich macht. In: sozialmagazin: H. 3, S. 50–56.

Haupert, B. (1994): Wege und Ziele der Forschung im Rahmen professioneller Sozialarbeit. In: Wendt, W. R. (Hrsg.): Sozial und wissenschaftlich arbeiten: Status und Positionen der Sozialwissenschaft. Freiburg/Breisgau, S. 116–133.

Haupert, B. (1995): Programmatische Überlegungen zur Gegenstandbestimmung einer Theorie Sozialer Arbeit. In: Wilfing, H. (Hrsg.): Konturen Sozialer Arbeit. Wien, S. 69–85.

Hebenstreit-Müller, S. (1995): Hilfe braucht Fachlichkeit. In: Blätter der Wohlfahrtspflege, H. 5, S. 114–116.

Heiner, M. (Hrsg.) (1988): Selbstevaluation in der Sozialen Arbeit. Fallbeispiele zur Dokumentation und Reflexion beruflichen Handelns. Freiburg/Breisgau.

Heiner, M. (1995a): Nutzen und Grenzen systemtheoretischer Modelle für eine Theorie professionellen Handelns. In: neue praxis, H. 4 und 5, S. 427–441 und 525–546.

Heiner, M. (1995b): Auf dem Weg zu einer Technologie methodischen Handelns? Überlegungen zu einer Strukturierung professioneller Problembearbeitungsprozesse in der sozialen Arbeit. In: sozialmagazin, H. 6, S. 34–44.

Heiner, M. u. a. (1994): Methodisches Handeln in der Sozialen Arbeit. Freiburg/Breisgau.

Hellerich, G.: homo therapeuticus. Der Mensch im Netz der Helfer. Bonn 1985.

Hemminger, H./Becker, V. (1991): Wenn Therapien schaden. Kritische Analyse einer psychotherapeutischen Fallgeschichte. Reinbek.

Herriger, N. (1989): Der mächtige Klient. Anmerkungen zum Verhältnis von Alltagskompetenz und Berufskompetenz. In: Soziale Arbeit. H. 5, S. 165–174.

Herriger, N. (1991): Empowerment. Annäherung an ein neues Fortschrittsprogramm der sozialen Arbeit. In: sozialmagazin, H. 7–8, S. 26–34.

Herriger, N. (1996): Kompetenzdialog. Empowerment in der sozialen Einzelhilfe. In: Soziale Arbeit, H. 6, S. 190–195.

Hincziza, U. (1998): Sozialarbeit mit männlichen Prostituierten in Wien. In: Pantucek, P./Vyslouzil, M. (Hrsg.): Theorie und Praxis lebensweltorientierter Sozialarbeit. St.Pölten, S. 147–182.

Hitzler, R. (1994): Expertenwissen. Die institutionalisierte Kompetenz zur Konstruktion von Wirklichkeit. Opladen.

Hitzler, R./Honer, A. (1994): Bastelexistenz. Über subjektive Konsequenzen der Individualisierung. In: Beck, U./Beck-Gernsheim, E. (Hrsg.): Riskante Freiheiten. Individualisierung in modernen Gesellschaften. Frankfurt/Main, S. 307–315.

Holenstein, E. (1995): Ein Dutzend Daumenregeln zur Vermeidung interkultureller Mißverständnisse. Provisorische Fassung. Unveröffentlichtes Manuskript. Zürich.

Hollstein, W./Meinhold, M. (Hrsg.) (1973): Sozialarbeit unter kapitalistischen Produktionsbedingungen. Frankfurt/Main.

Hollstein-Brinkmann, H. (1992): Soziale Arbeit und Systemtheorien. Freiburg/Breisgau.

Holzkamp, K. (1983): Grundlegung der Psychologie. Frankfurt/Main/New York.

Holzkamp, K. (1984): Die Menschen sitzen nicht im Kapitalismus wie in einem Käfig. (Interview) In: Psychologie Heute, H. 11, S. 29–37

Honneth, A. (Hrsg.) (1993): Kommunitarismus. Eine Debatte über die moralischen Grundlagen neuer Gesellschaften. Frankfurt/Main.

Hörmann, G./Nestmann, F. (Hrsg.) (1988): Handbuch der psychosozialen Intervention. Opladen.

Huizinga, J. (1987): Homo Ludens. Vom Ursprung der Kultur im Spiel. Reinbek.

Hunter, M./Struwe, J. (1997): The Ethical Use of Touch in Psychotherapy. Thousand Oaks, London, New Delhi: SAGE Publications.

Husserl, E. (1977): Die Krisis der europäischen Wissenschaften und die transzendentale Phänomenologie. Den Haag.

Idel, T.-S. (1995): Graue Theorie und bunte Praxis. Stationen der Verwissenschaftlichung der sozialen Arbeit und ein Blick in die Praxis. In: Sozial-Extra, H. 4, S. 14–17.

Illich, I. (1979): Entmündigung durch Experten. Zur Kritik der Dienstleistungsberufe. Reinbek.

The Israel Association of Social Workers (1978): Values Professional Ethics.

Jall, H. (1995): Überlegungen zum Beratungserfolg in der Sozialen Arbeit. In: Soziale Arbeit, H. 7, S. 226–232.

Jantzen, W./Lanwer-Koppelin, W. (Hrsg.) (1996): Diagnostik als Rehistorisierung. Methodologie einer verstehenden Diagnostik am Beispiel schwer behinderter Menschen. Berlin.

Johach, H. (1993): Soziale Therapie und Alltagspraxis. Ethische und methodische Aspekte einer Theorie der sozialen Berufe. Weinheim/München.

Jurczyk, K./Rerrich, M. S. (Hrsg.) (1993): Die Arbeit des Alltags. Beiträge zu einer Soziologie der alltäglichen Lebensführung. Freiburg/Breisgau.

Just, W. (1990): Sozialberatung für Schuldnerinnen. Freiburg/Breisgau.

Kähler, H. D. (1991): Erstgespräche in der sozialen Einzelhilfe. Freiburg/Breisgau.

Kähler, H. D./Schulte-Altedorneburg, M. (1994): Selbstrecherchierte Arbeitsfeldanalysen. Eine programmatische Skizze mit Umsetzungshinweisen. In: Archiv für Wissenschaft und Praxis der sozialen Arbeit, H. 3, S. 173 –200.

Kardorff, E.v. (1986): Klienten. In: Rexilius, G./Grubitzsch, S. (Hrsg.): Psychologie. Reinbek.

Kardorff, E.v. (1988): Intervention: Kritik und Perspektiven. In: Hörmann, G./Nestmann, F. (Hrsg.): Handbuch der psychosozialen Intervention. Opladen, S. 306–326.

Kardorff, E.v./Stark, W. (1989): Soziale Netzwerke im Kontext. In: von Kardorff, E. u. a. (Hrsg.): Zwischen Netzwerk und Lebenswelt – Soziale Unterstützung im Wandel. München, S. 161–200.

Kasakos, G. (1980): Familienfürsorge zwischen Beratung und Zwang. Analysen und Beispiele. München.

Keller, R. (1994): Verstreute Expertisen. Psychologisches Wissen und Biographiekonstruktion. In: Hitzler, R. (Hrsg.): Expertenwissen. Opladen, S. 62–73.

Kersting, H. J. (1995): Riskante Zivilgesellschaft. Sozialarbeit zwischen Individualisierung und Gemeinsinn – Anforderungen an die Supervision. In: Blätter der Wohlfahrtspflege, H. 10, S. 249–251.

Keupp, H./Kardorff, E.v. (o.J.): Gutachtliche Stellungnahme zur Errichtung eines Hauptstudiengangs Psychologie mit dem Studienschwerpunkt ‚Gesundheitswesen‘ an der Uni Bremen. Bremen.

Keupp, H./Röhrle, B. (Hrsg.) (1987): Soziale Netzwerke. Frankfurt/Main/ New York.

Keupp, H./Straus, F./Gmür, W. (1989): Verwissenschaftlichung und Professionalisierung. Zum Verhältnis von technokratischer und reflexiver Verwendung am Beispiel psychosozialer Praxis. In: Beck, U./Bonß, W., Weder Sozialtechnologie noch Aufklärung. Frankfurt/Main, S. 149–195.

Keupp, H. (1991): Beratung und Therapie. In: Blätter der Wohlfahrtspflege, H. 1, S. 3–5.

Keupp, H. (1997): Psychosoziale Praxis in der Risikogesellschaft. In: sub–sozialarbeit und bewährungshilfe H. 1c, S. 4–23.

Klicpera, Ch. (1993): Soziale Dienste: Anforderungen, Organisationsformen, Perspektiven. Wien.

Kling-Kirchner, C. (1996): Mehr Qualifizierung in eigener Sache. In: Blätter der Wohlfahrtspflege, H. 10, S. 297–300.

Knieschewski, E. (1978): Sozialarbeit und Klient. Weinheim/Basel.

Koelbing, H.M. (1996): Hippokratische Ethik–Dauer im Wandel. In: Neue Zürcher Zeitung vom 22.1.1996, S. 21.

Koop, P.-H. (1987): Lebensfeldorientiertes Verstehen, in: neue praxis, H. 6, S. 540–544.

Korczak, D. (1992): Überschuldungssituation und Schuldnerberatung. Stuttgart.

Krabbe, H. (Hrsg.) (1991): Scheidung ohne Richter. Neue Lösungen für Trennungskonflikte. Reinbek.

Kraimer, K. (1994): Die Rückgewinnung des Pädagogischen. Aufgaben und Methoden sozialpädagogischer Forschung. Weinheim/München.

Kraimer, K./Haupert, B. (1992): Obdachlosigkeit in der Schweiz – Sozialarbeitsforschung als Lebensweltanalyse: Ein Werkstattbericht. In: Sozialarbeit, H. 3, S. 14–27.

Kühn, Dietrich (1995): Sozialmanagement. Konzepte und ihre Relevanz für die sozialen Dienste. In: Soziale Arbeit, H. 2, S. 38–44.

Kunstreich, T. (1997): Grundkurs Soziale Arbeit Sieben Blicke auf Geschichte und Gegenwart Sozialer Arbeit. Band 1. Hamburg.

Labov, W./Waletzky, J. (1966): Narrative Analysis: Oral Version of Personal Experience. In: Helm, J. (ed.): Essays on the Verbal and Visual Arts. Proceedings of the 1966 Annual Spring Meeting of the American Ethnological Society. Washington (USA), S. 12–44.

Landwehr, R. (1991): Alice Salomon und ihre Bedeutung für die Soziale Arbeit. In: Feustel, A. (Hrsg.): Rückblicke. Konstruktionen über die Geschichte der Alice-Salomon-Schule. Berlin, S. 15–68.

Lenz, A. (1996): Die Methode des Networking in der Trennungs- und Scheidungsberatung. In: neue praxis, H. 4, S. 301–313.

Leontjew, A. N. (1982): Tätigkeit, Bewußtsein, Persönlichkeit. Köln.

Lippitz, W. (1992): Lebenswelt – kritisch betrachtet. Ein Wort und viele Konzeptionen: Zur Karriere eines Begriffs. In: neue praxis, H. 4, S. 295–311.

Loley, M. (1996): Über Mitmenschlichkeit. St.Pölten/Wien.

Lowy, L. (1983): Sozialarbeit/Sozialpädagogik als Wissenschaft im angloamerikanischen und deutschsprachigen Raum. Freiburg/Breisgau.

Lowy, L. (1988): Case Management in der Sozialarbeit. In: Mühlfeld, C. u. a. (Hrsg.): Soziale Einzelhilfe (Brennpunkte Sozialer Arbeit). Frankfurt/Main S. 31–39.

Luhmann, N. (1973): Formen des Helfens im Wandel gesellschaftlicher Bedingungen. In: Otto, H.-U./Schneider, S. (Hrsg.): Gesellschaftliche Perspektiven der Sozialarbeit, Band 1. Neuwied/Berlin, S. 21–43.

Luhmann, N. (1987): Soziale Systeme. Grundriß einer allgemeinen Theorie. Frankfurt/Main.

Luhmann, N. (1988): Macht. Stuttgart.

Lurija, A.R. (1991): Der Mann, dessen Welt in Scherben ging. Reinbek.

Lüscher, K./ Fisch, R./Pape, Th. (1985): Die Ökologie von Familien, in: Zeitschrift für Soziologie, H. 1, S. 8–12.

Lüssi, P. (1992): Systemische Sozialarbeit. Bern, 2. Auflage.

Mahlmann, R. (1991): Psychologisierung des „Alltagsbewußtseins“. Opladen.

Maier, H. (1995): Ausgangspunkt war die praktische Hilfe. In: Blätter der Wohlfahrtspflege, H. 1 und 2, S. 8–10.

Martin, E. (1989): Didaktik der sozialpädagogischen Arbeit. Eine Einführung in die Probleme und Möglichkeiten. Weinheim/München.

Martin, E./Wawrinowski, U. (1991): Beobachtungslehre. Theorie und Praxis reflektierter Beobachtung und Beurteilung. Weinheim/München.

Maturana, H./Varela, F. (1987): Der Baum der Erkenntnis. Die biologischen Wurzeln menschlichen Erkennens. München.

Maturana, H. (1994): Was ist Erkennen? München.

Meier, Ch./Wolff, St. (1996): Konversationsanalyse als Supervision. Über Gesprächsbeendigungen in helfenden Beziehungen. (Unveröffentlichtes Manuskript) Hannover.

Meinhold, M. (1973): Zum Selbstverständnis und zur Funktion von Sozialarbeitern. Am Beispiel von Theorie und Praxis der sozialen Einzelhilfe. In: Hollstein, W./Meinhold, M. (Hrsg.): Sozialarbeit unter kapitalistischen Produktionsbedingungen. Frankfurt/Main, S. 208–225.

Meinhold, M./Guski, E. (1984): Einzelfallhilfe. In: Eyferth, H./Otto, H.-U./ Thiersch, H. (Hrsg.): Handbuch zur Sozialarbeit/Sozialpädagogik. Neuwied, S. 271–281.

Meinhold, M. (1988): Intervention in der Sozialarbeit. In: Hörmann, G./Nestmann, F. (Hrsg.): Handbuch der psychosozialen Intervention. Opladen, S. 70–80.

Mrochen, S. (1994): Sozialarbeiterisches/-pädagogisches Handeln in der Beratung. Kompetenzermittlung zwischen Einzelhilfe und Psychotherapie. In: Groddeck, N./Schumann, M. (Hrsg.): Modernisierung Sozialer Arbeit durch Methodenentwicklung und -reflexion. Freiburg/Breisgau, S. 68–80.

Mühlfeld, C. u. a. (Hrsg.) (1988): Soziale Einzelhilfe (Brennpunkte Sozialer Arbeit). Frankfurt/Main.

Oppl, H. (1988): Der Prozeß der Sozialen Einzelhilfe. In: Mühlfeld, C. u. a. (Hrsg.): Soziale Einzelhilfe (Brennpunkte Sozialer Arbeit). Frankfurt/ Main, S. 67–83.

Müller, B. (1985): Die Last der großen Hoffnungen. Methodisches Handeln und Selbstkontrolle in sozialen Berufen. Weinheim/München.

Müller, B. (1990): Öffentlichkeitsarbeit für soziale Organisationen. Aufgabe: Kommunikation mit dem Gemeinwesen. In: Blätter der Wohlfahrtspflege, H. 6, S. 181–184.

Müller, B. (1993a): Sozialpädagogisches Können. Ein Lehrbuch zur multiperspektivischen Fallarbeit. Freiburg/Breisgau.

Müller, B. (1993b): Wissenschaftlich denken – laienhaft handeln? Zum Stellenwert der Diskussion über sozialpädagogische Methoden. In: Rauschenbach, Th./Ortmann, F./Karsten, M.-E. (Hrsg.): Der sozialpädagogische Blick. Weinheim/München.

Müller, B. (1995): Außensicht – Innensicht. Beiträge zu einer analytisch orientierten Sozialpädagogik. Freiburg/Breisgau.

Müller, B. (1995): Fachlichkeit und Controlling in der Jugendhilfe. In: sozialmagazin, H. 7–8, S. 18–29.

Müller, B. (1996a): Qualitätsprodukt Jugendhilfe: kritische Thesen und praktische Vorschläge. Freiburg/Breisgau.

Müller, B. (1996b): Sozialpädagogischer Alltag und seine nächtliche Seite. Anmerkungen zum Verhältnis von psychoanalytischer Pädagogik und „alltagsorientierter“ Sozialpädagogik. In: Grunwald, K./Ortmann, F./Rauschenbach, Th./Treptow, R. (Hrsg.): Alltag, Nicht-Alltägliches und die Lebenswelt–Beiträge zu einer lebensweltorientierten Sozialpädagogik. Festschrift für Hans Thiersch zum 60. Geburtstag. Weinheim/München, S. 105–112.

Müller, C.W. (1972): Frühe Fallberichte als Beitrag zur Professionalisierung in der Sozialen Arbeit. In: Soziale Arbeit, H. 3, S. 78–80.

Müller, C.W. (1988): Wie Helfen zum Beruf wurde: eine Methodengeschichte der Sozialarbeit. (Band 1 und 2). Weinheim, 2. Auflage.

Müller, C. W. (1994): Methoden. Blicke zurück nach vorn. In: sozialmagazin, H. 6, S. 16.

National Association of Social Work (1996): Code of Ethics. Washington D.C.

Nestmann, F. (1982): Beratung und Beraterqualifikation. In: Müller, S. u. a. (Hrsg.): Handlungskompetenz in der Sozialarbeit/Sozialpädagogik I – Interventionsmuster und Praxisanalysen. Bielefeld, S. 33–65.

Nestmann, F. (1988): Psychosoziale Interventionsformen – Beratung. In: Hörmann, G./Nestmann, F. (Hrsg.): Handbuch der psychosozialen Intervention. Opladen, S. 101–113.

Nestmann, F. (1989): Förderung sozialer Netzwerke – eine Perspektive pädagogischer Handlungskompetenz. In: neue praxis, H. 2, S. 107–123.

Nestmann, F. (1991): Beratung, soziale Netzwerke und soziale Unterstützung. In: Beck, M. u. a. (Hrsg.): Psychosoziale Beratung. Tübingen, S. 45–69.

Neuffer, M. (1990): Die Kunst des Helfens. Geschichte der Sozialen Einzelhilfe in Deutschland. Weinheim/Basel.

Oelschlägel, D. (1990): Zum Verhältnis von Gemeinwesenarbeit und Familie – ein Versuch. In: Textor, M.R. (Hrsg.): Hilfen für Familien. Frankfurt/Main, S. 481–495.

Oppl, H. (1988): Der Prozeß der Sozialen Einzelhilfe. In: Mühlfeld, C. u. a.: Soziale Einzelhilfe (Brennpunkte Sozialer Arbeit). Frankfurt/Main, S. 67–83.

Otto, H.-U./Sünker, H. (Hrsg.) (1989): Soziale Arbeit und Faschismus. Frankfurt/Main.

Pantucek, P. (1996a): Professionelle Ethik. In: Sozialarbeit in Österreich, H. 4, S. 12–13.

Pantucek, P. (1996b): Arbeiten am Alltag. Sozialarbeit als Normalisierungsagentur. In: Bundessozialamt (Hrsg.): Symposion des Mobilen Beratungsdienstes. Wien.

Pantucek, P. (1997a): Mitmenschlichkeit und Professionalität. Ein Interview mit Maria Loley. In: Lange, J./Fellöcker, K. (Hrsg.): Sozialarbeit im ländlichen Raum. St. Pölten, S. 124–130.

Pantucek, P. (1997b): Familiensozialarbeit. (Skriptum der Bundesakademie für Sozialarbeit) St. Pölten.

Pantucek, P. (1998): Methodische Konsequenzen der Lebensweltorientierung. In: Pantucek, P./Vyslouzil, M. (Hrsg.): Theorie und Praxis Lebensweltorientierter Sozialarbeit. St. Pölten, S. 87–105.

Perlman, H. (1969): Soziale Einzelhilfe als problemlösender Prozeß. Freiburg/Breisgau.

Perlman, H. (1974): Das Modell des problemlösenden Vorgehens in der Sozialen Einzelhilfe. In: Roberts, R.W./Nee, R.H. (Hrsg.): Konzepte der Sozialen Einzelhilfe. Freiburg/Breisgau, S. 145–197.

Peters, H. (1968): Moderne Fürsorge und ihre Legitimation. Eine soziologische Analyse der Sozialarbeit. Köln.

Peters, H./Cremer-Schäfer, H. (1975): Die sanften Kontrolleure. Stuttgart.
Pfeifer-Schaupp, H.-U. (1993): Zirkuläre Selbstevaluation – Der Mythos von Sisyphos und die Sozialarbeit. In: sozialmagazin, H. 2, S. 47–49.
Pfeifer-Schaupp, H.-U. (1995): Jenseits der Familientherapie. Freiburg/Breisgau.
Pincus, A./Minahan, A. (1980a): Social Work Practice: Model and Method. Itasca, Illinois.
Pincus, A./Minahan, A. (1980b): Ein Praxismodell der Sozialarbeit. In: Specht, H./Vickery, A. (Hrsg.): Methodenintegration in der Sozialarbeit – Zur Entwicklung eines einheitlichen Praxismodells. Freiburg/Breisgau, S. 96–148.
Popper, K. (1995): Lesebuch: ausgewählte Texte zu Erkenntnistheorie, Philosophie der Naturwissenschaften, Metaphysik, Sozialphilosophie. Tübingen.
Popper, K. (1996): Alles Leben ist Problemlösen. Über Erkenntnis, Geschichte und Politik. München.
Possehl, K. (1993): Methoden der Sozialarbeit. Theoretische Grundlagen und 15 Praxisbeispiele aus der Sozialen Einzelhilfe. Frankfurt/Main.
Puhl, R. (Hrsg.) (1996): Sozialarbeitswissenschaft. Neue Chancen für theoriegeleitete Soziale Arbeit. Weinheim/München.
Quasthoff, U. M. (1980): Gemeinsames Erzählen als Form und Mittel im sozialen Konflikt oder Ein Ehepaar erzählt eine Geschichte. In: Ehlich, K. (Hrsg.): Erzählen im Alltag. Frankfurt/Main, S. 109–141.
Rauschenbach, Th./Gängler, H. (Hrsg.) (1992): Soziale Arbeit und Erziehung in der Risikogesellschaft. Neuwied.
Rauschenbach, Th. (1994): Inszenierte Solidarität: Soziale Arbeit in der Risikogesellschaft. In: Beck, U./Beck-Gernsheim, E. (Hrsg.): Riskante Freiheiten. Individualisierung in modernen Gesellschaften. Frankfurt/Main, S. 89–111.
Rehbein, J. (1980): Sequentielles Erzählen. Erzählstrukturen von Immigranten bei Sozialberatungen in England. In: Ehlich, K. (Hrsg.): Erzählen im Alltag. Frankfurt/Main, S. 64–108.
Reiter, W./Streibel, R. (Hrsg.) (1993): Öffentlichkeitsarbeit für Bildungs- und Sozialinitiativen. Ein Handbuch. Wien.
Richmond, M. (1917): Social Diagnosis. New York: Russel Sage.
Rinne, O.: Ein idealer Frauenberuf. Über die Auswirkungen faschistischer Herrschaft auf die sozialarbeiterische Ausbildung und Praxis. In: Feustel, A. (Hrsg.): Rückblicke. Konstruktionen über die Geschichte der Alice-Salomon-Schule. Berlin, S. 157–174.
Roberts, R.W./Nee, R.H. (Hrsg.) (1974): Konzepte der Sozialen Einzelhilfe. Freiburg/Breisgau.
Robinson, V.P. (1930): A Changing Psychology in Social Case Work. Philadelphia: University of Pennsylvania Press.

Rogers, C. (1978): Die klientenzentrierte Gesprächspsychotherapie. Frankfurt/Main (Original: Client-Centered Therapy), Boston 1951.

Röhrle, B. (1994): Soziale Netzwerke und soziale Unterstützung. Weinheim.

Rose, S.M./Black, B.L. (1985): Advocacy and Empowerment. Mental health care in the community. Boston/London.

Rosenfeld, J. M. (1996): Lernen vom Erfolg – Ein Schlüssel, um aus dem Schlamassel rauszukommen oder wie man Nutzer-freundliche Sozialarbeit voranbringen kann. Einführungsvortrag zum Forum „Lernen vom Erfolg". Berlin.

Saleebey, D. (ed.) (1992): The strength perspective in social work practice. White Plains NY.

Salomon, A. (1926): Soziale Diagnose. Berlin.

Salomon, A./Wronsky, S. (1927): Soziale Therapie. Berlin.

Schlippe, A. v./Schweitzer, J. (1996): Lehrbuch der systemischen Therapie und Beratung. Göttingen, 2., durchgesehene Auflage.

Schmidbauer, W. (1992): Hilflose Helfer. Über die seelische Problematik der helfenden Berufe. Reinbek, Überarbeitete Neuauflage.

Schmidbauer, W. (1997): Wenn Helfer Fehler machen. Reinbek.

Schmitt, R. (1995): Metaphern des Helfens. Weinheim.

Schmitz, E./Bude, H./Otto, C. (1989): Beratung als Praxisform „angewandte Aufklärung". In: Beck, U./Bonß, W. (Hrsg): Weder Sozialtechnologie noch Aufklärung? Analysen zur Verwendung sozialwissenschaftlichen Wissens. Frankfurt/Main, S. 122–148.

Schulz von Thun, F. (1981): Miteinander reden 1: Störungen und Klärungen; Allgemeine Psychologie der Kommunikation. Reinbek.

Schulz von Thun, F. (1989): Miteinander reden 2: Stile, Werte und Persönlichkeitsentwicklung; Differentielle Psychologie der Kommunikation. Reinbek.

Schumann, M. (1994): Modernisierung durch Methodenbildung. Ein Überblick. In: Groddeck, N./Schumann, M. (Hrsg.): Modernisierung Sozialer Arbeit durch Methodenentwicklung und -reflexion. Freiburg/Breisgau, S. 12–25.

Schuster, G. (1994): Die objektive Hermeneutik nach Oevermann. In: Arbeitskreis Qualitative Sozialforschung (Hrsg.): Verführung zum qualitativen Forschen. Wien, S. 101–115.

Schütz, A. (1960): Der sinnhafte Aufbau der sozialen Welt. Wien.

Schütz, A. (1972): Gesammelte Aufsätze. 3 Bände. Den Haag.

Schütz, A./Luckmann, Th. (1984): Strukturen der Lebenswelt. Band 1. Frankfurt/Main.

Schütze, F. (1983): Biographieforschung und narratives Interview. In: Neue Praxis, H. 3, S. 283–293.

Schütze, F. (1992): Die Fallanalyse. Zur wissenschaftlichen Fundierung einer klassischen Methode der Sozialen Arbeit. In: Rauschenbach, Th./Ortmann, F./Karsten M. E.: Der sozialpädagogische Blick. Weinheim/München, S. 191–210.

Schütze, F. (1994): Ethnographie und sozialwissenschaftliche Methoden der Feldforschung. Eine mögliche methodische Orientierung in der Ausbildung und Praxis der Sozialen Arbeit?. In: Groddeck, N./Schumann, M. (Hrsg.): Modernisierung Sozialer Arbeit durch Methodenentwicklung und -reflexion. Freiburg/Breisgau, S. 189–297.

Schwarz, G. (1994): Sozialmanagement. München.

Schwendter, R. (1991): Soziale Entwicklungstendenzen in einer neuen Zeit. In: Amt für Jugend und Familie der Stadt Wien (Hrsg.): Aktuelle Probleme der Heimerziehung 1971–1981–1991. Wien, S. 65–72.

Seibert, U. (1978): Soziale Arbeit als Beratung. Weinheim.

Seibert, U. (1990): Beratung in der Sozialarbeit/Sozialpädagogik: Methodenintegration. In: Brunner, E.J./Schönig, W. (Hrsg.): Theorie und Praxis von Beratung. Freiburg/Breisgau, S. 77–86.

Sennett, R. (1986): Verfall und Ende des öffentlichen Lebens. Die Tyrannei der Intimität. Frankfurt/Main.

Sidler, N. (1989): Am Rande leben – abweichen – arm sein. Konzepte und Theorien zu sozialen Problemen. Freiburg/Breisgau.

Simmen, R. (1990): Coping-Beratung. Entwicklung und Erprobung eines Coping-Modells für die Beratung von chronisch-kranken und behinderten Menschen. Ein Projektbericht. Zürich.

Simon, G. (1992): Soziale Einzelhilfe, eine Methode der Sozialarbeit. In: Soziale Arbeit, H. 3, S. 88–91.

Simon, M. (1995): Von Akademie zu Akademie. Zur historischen Entwicklung der Sozialarbeiterausbildung am Beispiel der Schule der Stadt Wien. In: Wilfing, H. (Hrsg.): Konturen der Sozialarbeit. Wien, S. 15–24.

Soeffner, H.-G. (1989): Auslegung des Alltags – Der Alltag der Auslegung. Zur wissenssoziologischen Konzeption einer sozialwissenschaftlichen Hermeneutik. Frankfurt/Main.

Sonneck, G. (Hrsg.) (1995): Krisenintervention und Suizidverhütung. Ein Leitfaden für den Umgang mit Menschen in Krisen. Wien, 3. erweiterte Auflage.

Springer, W. (1995): Alltag und Sozialer Raum als Focus sozialpädagogischen Handelns. In: neue praxis, H. 3, S. 281–285.

Stahl, Th. (1992): Neurolinguistisches Programmieren (NLP). Was es kann, wie es wirkt und wem es hilft. Mannheim.

Stark, W. (1993): Die Menschen stärken. Empowerment als eine neue Sicht auf klassische Themen von Sozialpolitik und sozialer Arbeit. In: Blätter der Wohlfahrtspflege, H. 2, S. 41–44.

Stark, W. (1996): Empowerment. Freiburg/Breisgau.

Staub-Bernasconi, S. (1986): Soziale Arbeit als eine besondere Art des Umganges mit Menschen, Dingen und Ideen – Zur Entwicklung einer handlungstheoretischen Wissensbasis Sozialer Arbeit. In: Sozialarbeit, H. 10, S. 2–71.

Staub-Bernasconi, S. (1991): Stellen Sie sich vor: Markt, Ökologie und Management wären Konzepte einer Theorie und Wissenschaft Sozialer Arbeit. In: Lewkowicz, M. (Hrsg.): Neues Denken in der Sozialen Arbeit. Freiburg/Breisgau, S. 12–46.

Staub-Bernasconi, S. (1994): Soziale Probleme, Soziale Berufe, Soziale Praxis. In: Heiner, M./M. Meinhold/H. v. Spiegel/S. Staub-Bernasconi: Methodisches Handeln in der Sozialen Arbeit. Freiburg/Breisgau, S. 11–101.

Staub-Bernasconi, S. (1996): Lebensfreude dank einer wissenschaftlichen Bedürfniskunde?! Aktualität und Brisanz einer fast vergessenen Theoretikerin Sozialer Arbeit: Ilse Arlt (1876–1960) (Manuskript, teilveröffentlicht). In: Sozialarbeit, H. 3, S. 18 –31.

Straumann, U. (1991): Personenzentriertes Konzept und soziale Arbeit. Auf dem Weg zu einer selbstoptimierenden Sozialarbeit. In: Blätter der Wohlfahrtspflege, H. 1, S. 12–15.

Straus, F. u. a. (1987): Die Bewältigung familiärer Probleme im sozialen Netzwerk. Überlegungen zur Praxisrelevanz der Netzwerkperspektive in der Familienarbeit. In: Keupp, H./Röhrle, B. (Hrsg.): Soziale Netzwerke. Frankfurt/Main/New York, S. 178–198.

Straus, F. (1990): Netzwerkarbeit. Die Netzwerkperspektive in der Praxis. In: Textor, M.R. (Hrsg.): Hilfen für Familien. Frankfurt/Main, S. 496–520.

Suter, J. (1986): Schuldnerberatung und Schuldenregulierung in der sozialen Arbeit. Heidelberg.

Textor, M.R. (Hrsg.) (1994): Allgemeiner Sozialdienst. Ein Handbuch für Soziale Berufe. Weinheim/Basel.

Thiersch, H. (1978): Alltagshandeln und Sozialpädagogik. In: Neue Praxis, H. 1, S. 6 –25.

Thiersch, H. (1981): Der mißverständliche Alltag – Rückfragen zum Konzept einer alltagsorientierten sozialen Arbeit. In: Literatur Rundschau Sozialarbeit, H. 5+6, S. 90–97.

Thiersch, H. (1986): Die Erfahrung der Wirklichkeit. Perspektiven einer alltagsorientierten Sozialpädagogik. Weinheim/München.

Thiersch, Hans (1989): Homo consultabilis: Zur Moral institutionalisierter Beratung. In: Böllert, K./Otto, H. U. (Hrsg.): Soziale Arbeit auf der Suche nach der Zukunft. Bielefeld, S. 175–193.

Thiersch, H. (1992a): Lebensweltorientierte Soziale Arbeit. Aufgaben der Praxis im sozialen Wandel. Weinheim/München.

Thiersch, H. (1992b): Schon wieder – und noch einmal – alltagsorientierte Sozialpädagogik. In: Otto, H.-U./Hirschauer, P./Thiersch, H. (Hrsg.): Zeit-Zeichen sozialer Arbeit: Entwürfe einer neuen Praxis. Neuwied/Berlin, S. 33–41.

Thiersch, H. (1993): Ganzheitlichkeit und Lebensweltbezug als Handlungsmaximen der sozialen Arbeit. In: Greese, D. u. a. (Hrsg.): Allgemeiner Sozialdienst – Jenseits von Allmacht und Ohnmacht. Münster, S. 140–154.

Thiersch, H. (1995a): Wohlfahrtsstaat im Umbruch – Perspektiven der Sozialen Arbeit. In: neue praxis. H. 3, S. 311–321.

Thiersch, H. (1995b): Lebenswelt und Moral. Beiträge zur moralischen Orientierung Sozialer Arbeit. Weinheim/München.

Trappl, E. (1998): Ethische, ökonomische und soziale Aspekte in der Allgemeinmedizin. In: Pantucek, P./Vyslouzil, M. (Hrsg.): Theorie und Praxis lebensweltorientierter Sozialarbeit. St.Pölten, S. 113–136.

Titze, M. (1992): Zur intersubjektiven Bestimmung von Normalität. Anmerkungen zum Normproblem. In: Kühn, R./Petzold, H. (Hrsg.): Psychotherapie & Philosophie; Philosophie als Psychotherapie? Paderborn, S. 159–180.

Tramsen, E. (1991): Die Politik der Sprache – der Code der Fürsorgerinnen. In: Feustel, A. (Hrsg.): Rückblicke. Konstruktionen über die Geschichte der Alice-Salomon-Schule. Berlin, S. 175–185.

Tuggener, H. (1983): Der Klient – Versuch über den Bedeutungswandel eines Begriffs. In: Staub-Bernasconi, S./von Passavant, Ch./Wagner, A. (Hrsg.): Theorie und Praxis der Sozialen Arbeit. Bern, S. 39–58.

Turney, D. (1997): Hearing voices, talking difference: a dialogical approach to antioppressive practice. In: Journal of Social Work Practice, Nr. 2, p. 115–126.

Ulrich, H./Probst, G. (1990): Anleitung zum ganzheitlichen Denken und Handeln. Ein Brevier für Führungskräfte. Bern/Stuttgart.

Vogel, H.-C. (1994): Gefühl und Verstand in systemtheoretischer Sicht. In: Klüsche, W. (Hrsg.): Grundpositionen Sozialer Arbeit. Mönchengladbach, S. 75–106.

Vyslouzil, M. (1992): Sozialarbeitsfortbildung. Ein Beitrag zur Fortbildungsplanung. Dissertation am Institut für Soziologie der Universität Wien.

Vyslouzil, M. (1998): Mehr Selbstbewußtsein im Umgang mit PolitikerInnen. In: Pantucek, P./Vyslouzil, M. (Hrsg.): Theorie und Praxis Lebensweltorientierter Sozialarbeit. St.Pölten, S. 137–145.

Walter, J.L./Peller, J.E. (1995): Lösungsorientierte Kurztherapie. Ein Lehr- und Lernbuch. Dortmund, 2. Auflage. (Originalausgabe: Becoming Solution-Focused in Brief Therapy. New York 1992)

Watzlawick, P./Beavin, J./Jackson, D. (1969): Menschliche Kommunikation. Stuttgart.

Wegener, B. (1992): Ethik der sozialen Arbeit. Eine Einführung. In: Soziale Arbeit. H. 8, S. 258–267.

Weick, K. E. (1995): Der Prozess des Organisierens. Frankfurt/Main.

Weigand, H. (1991): Alltagsbegleitung. Eigenes Leben sichern. In: Bock, Th./Weigand, H. (Hrsg.): Hand-werks-buch Psychiatrie. Bonn, S. 259–275.

Weisbach, C.-R. (1990): Beratung kann man lernen – ist empathische Kompetenz trainierbar? In: Brunner, E.J./Schönig, W. (Hrsg.): Theorie und Praxis von Beratung. Freiburg/Breisgau, S. 62–76.

Weisbach, C.-R. (1992): Professionelle Gesprächsführung. Ein praxisnahes Lese- und Übungsbuch. München.

Welzer, H. (1990): Von Fehlern und Daten. Zur Rolle des Forschers im interpretativen Paradigma. In: Psychologie und Gesellschaftskritik, H. 54/55, S. 153–174.

Wendt, W. R. (1990): Ökosozial denken und handeln. Grundlagen und Anwendungen in der Sozialarbeit. Freiburg/Breisgau.

Wendt, W. R. (Hrsg.) (1991): Unterstützung fallweise. Case Management in der Sozialarbeit. Freiburg/Breisgau.

Wendt, W. R. (1992): Das Unterstützungsmanagement als Muster in der methodischen Neuorientierung von Sozialarbeit. In: Soziale Arbeit, H. 2, S. 44–50.

Wendt, W. R. (1995a): Geschichte der sozialen Arbeit. Stuttgart, 4. Auflage.

Wendt, W. R. (1995b): Wissen ordnen für die Soziale Arbeit. In: Blätter der Wohlfahrtspflege, H. 1+2, S. 5–7.

Wieler, J./Zeller, S. (Hrsg.) (1995): Emigrierte Sozialarbeit. Portraits vertriebener SozialarbeiterInnen. Freiburg/Breisgau.

Willke, H. (1987): Strategien der Intervention in autonome Systeme. In: Baekker, D. u. a. (Hrsg.): Theorie als Passion. Niklas Luhmann zum 60. Geburtstag. Frankfurt/Main, S. 333–361.

Willke, H. (1994): Systemtheorie II: Interventionstheorie. Stuttgart.

Willke, H. (1997): Systemtheorie – Eine Einführung in die Grundprobleme. Stuttgart/New York.

Wolff, S. (1978): Klinisch-psychologische Tätigkeit in sozialpsychiatrischen Institutionen – Administrative Bedingungen und Möglichkeiten ihrer „alternativen" Gestaltung. In: Keupp, H./Zaumseil, M. (Hrsg.): Die gesellschaftliche Organisierung psychischen Leidens. Frankfurt/Main, S. xx–xx.

Wronsky, S./Salomon, A. (1926): Soziale Therapie. Ausgewählte Akten aus der Fürsorge-Arbeit. Berlin.

Wronsky, S./Muthesius, H. (1928): Methoden individualisierender Fürsorge in Deutschland. Karlsruhe.

Wygotski, L. S. (1985): Ausgewählte Schriften. Köln.

Zeelen, J. (1985): Psychiatrische Rehabilitation und Gesellschaftskritik – Forschungsverfahren in der holländischen Psychiatrie. In: Braun K. H./Gekeler G. (Hrsg.): Subjektbezogene Handlungsstrategien in Arbeit, Erziehung, Therapie. Solms-Oberbiel, S. 85–106.

Zeller, S. (1987): Das Beratungsgespräch in der Sozialen Arbeit. Bielefeld.

Zinner, G. (1990): Öffentlichkeitsarbeit als notwendiges Korrektiv sozialer Arbeit. Soziale Organisationen müssen die Auseinandersetzung mit der Öffentlichkeit suchen. In: Blätter der Wohlfahrtspflege, H. 6, S. 132–134.

Zygowski, H. (1989): Grundlagen psychosozialer Beratung. Opladen.

Autor

Peter Pantuček, geb. 1953; Sozialarbeiter, Soziologe, Supervisor. Professor an der Bundesakademie für Sozialarbeit St. Pölten. Anschrift: ppan@pantucek.vienna.at.

Hermann Bullinger, Jürgen Nowak
Soziale Netzwerkarbeit
Eine Einführung für soziale Berufe
1998, 244 Seiten, kart.lam.,
DM 34,– / öS 248,– / sFr 32,50
ISBN 3-7841-0960-8

Nicht erst seit der Globalisierung der Wirtschaft und Kultur sprechen SoziologInnen von Individualisierungsprozessen im gesellschaftlichen und sozialen Raum. Überkommene Beziehungsstrukturen wie Nachbarschaft, Verwandtschaft und Haushalt lösen sich auf. Sie werden durch vielgestaltige, lockere und weitmaschige Netzwerke ersetzt. Damit verändern sich auch die Ressourcen zur Bewältigung alltäglicher Probleme. Für die Soziale Arbeit ist dies von großer Bedeutung. Denn es gilt, bei der Unterstützung rat- und hilfesuchender KlientInnen diese Ressourcen in vielfältiger Hinsicht zu nutzen und einzubeziehen.

Im ersten Teil des Buches zeichnen die Autoren den historischen Verlauf dieser sozialen Umwälzungen nach. Hier werden auch die theoretischen Grundlagen für die mikro- und makrosoziologische Netzwerkanalyse beschrieben. Im zweiten Teil verdeutlicht das Buch die Vorteile und den Nutzen der Netzwerkperspektive für die Soziale Arbeit. Anschließend werden methodische Instrumentarien und Handlungsmodelle der sozialen Netzwerkarbeit vorgestellt und verschiedene Ansätze kritisch gewürdigt. Damit vermittelt dieser didaktisch aufbereitete Band wertvolles Handlungswissen für Studierende und Praktiker der Sozialen Arbeit.

Lambertus-Verlag GmbH, Postfach 1026, D-79010 Freiburg / Breisgau